BERND SENF

Der Nebel um das Geld

BERND SENF

Der Nebel um das Geld

Zinsproblematik ■ Währungssysteme
Wirtschaftskrisen

Ein AufklArungsbuch

Metropolis-Verlag
Marburg 2014

Bibliografische Information der Deutschen Bibliothek:

Die Deutsche Bibliothek verzeichnet diese Publikation in der Deutschen Nationalbibliografie, detaillierte bibliografische Daten sind im Internet über **http://dnb.ddb.de** abrufbar.

Metropolis-Verlag für Ökonomie, Gesellschaft und Politik GmbH
Copyright: Metropolis-Verlag, Marburg 2014
http://www.metropolis-verlag.de
Alle Rechte vorbehalten
11., unveränderte Auflage 2014

"Der Nebel um das Geld" erschien zwischen 1996 und 2009 in zehn Auflagen im Verlag für Sozialökonomie - Gauke GmbH, Kiel.
Lektorat: Gabriele Gauke und Werner Onken
Umschlaggrafik: Karsten Schomaker, Berlin
Grafiken und Layout: José Agueras und Karsten Schomaker, Berlin
Die Website des Autors: www.berndsenf.de

ISBN 978-3-7316-1085-5

Inhaltsverzeichnis

Vorwort zur 10. Auflage

Die Zuspitzung der Weltfinanzkrise 2008 und ihre Ausweitung zur Weltwirtschaftskrise kam für die meisten Politiker, Wirtschafts- und Finanzexperten völlig überraschend. Für mich – und vermutlich auch für viele Leser meiner Bücher und Teilnehmer meiner Veranstaltungen – war es keine Überraschung, ganz im Gegenteil. Schon das Titelbild dieses Buches (seit der 1. Auflage 1996 unverändert) deutet an, dass die Verknüpfung von Geld und Zins langfristig fünf Krisentendenzen hervor treibt, die sich immer mehr verschärfen müssen, wenn nicht wesentliche Grundlagen des bestehenden Geldsystems verändert werden. Es weist auch darauf hin, dass dieser Zusammenhang wie durch eine dichte Nebelwand verschleiert ist. Was 1996 noch mehr oder weniger unter der Oberfläche brodelte, ist nun mit aller Vehemenz an die Oberfläche durchgebrochen.

Obwohl die 1. Auflage dieses Buches schon vor 13 Jahren erschien, besteht für mich bis heute kein Anlass für inhaltliche oder didaktische Korrekturen. Auch wenn einige neuere währungspolitische Entwicklungen in diesem Buch nicht mehr verarbeitet sind, erscheint die allgemein verständliche Vermittlung funktioneller Zusammenhänge des Geldsystems und internationaler Währungssysteme nach wie vor geeignet und gefragt zu sein. Spätestens jetzt (wenn schon nicht lange Jahre vorher) ist es an der Zeit, die tieferen Ursachen der Weltfinanzkrise aufzuarbeiten und die not-wendigen Konsequenzen daraus zu ziehen – anstatt (wie so weit verbreitet) dem Wesentlichen auszuweichen und lediglich mit höchst fragwürdigen und gefährlichen Mitteln die Symptome zu bekämpfen.

Das vom Zinssystem hervor getriebene exponentielle Wachstum der Geldvermögen bedeutet auch ein exponentielles Wachstum der Schulden – und der jährlich aufzubringenden Zinslasten, unter denen immer mehr Schuldner zusammenbrechen müssen. Denn Geldvermögen und Schulden sind Spiegelbilder. Solide dingliche Sicherungen der Kredite können mit dem Schuldenwachstum auf Dauer unmöglich Schritt halten, und also trägt das System die Tendenz zu immer leichtfertigerer Kreditvergabe und zur Herausbildung von Spekulationsblasen in sich. Die Banken, Investmentfonds und Hedgefonds folgen lediglich dem systembedingten „monetären Stauungsdruck". Individuelle Schuldzuweisungen und das Beklagen von Gier und Verantwortungslosigkeit von Bankmanagern greifen dabei viel zu kurz. Die Spielregeln des Systems gilt es grundlegend zu verändern, damit sich solche und ähnliche Fehlentwicklungen nicht wiederholen können.

Der Zins ist nach meinen Erkenntnissen allerdings nicht der einzige Problempunkt im bestehenden Geldsystem. Weitere Probleme liegen in der Art der Geld- und Kreditschöpfung des Bankensystems und in der Schuldenfinanzierung des Staatshaushalts – sowie in der globalen Entgrenzung gegenüber spekulativen Kapitalströmen im Zuge von Neoliberalismus und Globalisierung. Diese Zusammenhänge werden in meinen Büchern „Der Tanz um den Gewinn" bzw. „Die blinden Flecken der Ökonomie" ausführlich abgeleitet.

Während die Massenmedien solchen grundlegenden Betrachtungen immer noch viel zu wenig Raum geben, ist ein wachsendes Interesse daran im Internet zu beobachten. So hat zum Beispiel ein Vortrag von mir auf Video über „Tiefere Ursachen der Weltfinanzkrise" von Oktober 2008 bis zum Jahreswechsel eine Zugriffszahl von über 37.000 erreicht. Manchmal braucht es wohl erst die Zuspitzung von Krisen, um ein wachsendes Interesse an tieferen Ursachen und möglichen Auswegen entstehen zu lassen. In solchen Zeiten zeigt sich auch, dass es richtig war und ist, unabhängig vom jeweils herrschenden Trend geduldig und unbeirrt an tieferen Einsichten dran zu bleiben und sie so verständlich wie möglich in die Öffentlichkeit zu tragen. Ich hoffe, dass dieses Buch weiterhin mit dazu beiträgt, die kollektive Verdrängung der Problematik des Geldsystems mehr und mehr aufzulösen und langfristig tragfähige – sozial- und umweltverträgliche – Grundlagen eines anderen Geldsystems und Wirtschaftens zu schaffen.

Berlin, den 30.12.2008   *Bernd Senf*

1. Einführung

Die Selbstverständlichkeit des Geldes

Wir alle haben täglich mit Geld zu tun, und wir haben uns vollständig daran gewöhnt, daß man für Geld etwas kaufen kann. Wir nehmen es mit einer Selbstverständlichkeit entgegen, z.B. für geleistete Arbeit oder als Sozialleistung vom Staat, und wir geben es mit einer ebensolchen Selbstverständlichkeit wieder aus. Oder wir legen es an, damit es Zinsen bringt. "Geld muß arbeiten" — diesen Satz haben wir alle schon gehört, und die meisten haben ihn ganz verinnerlicht. Wer Geld übrig hat und es nicht "arbeiten" läßt, scheint ein bißchen weltfremd zu sein. Oder er muß schon andere gute Gründe haben, das Geld zurückzuhalten, um damit z.B. zu spekulieren und den günstigsten Moment dafür abzuwarten — aber letztlich auch wieder, um noch mehr Geld daraus zu machen.

Aber hat schon mal irgend jemand Geld wirklich arbeiten sehen? Zwei Studenten der Wirtschaftswissenschaft haben sich in ihren Semesterferien einmal zusammen Zeit genommen, um der Frage auf den Grund zu gehen, wie und wann und wo Geld eigentlich arbeitet. Dazu haben sie einen 100-DM-Schein in ein Glas gelegt, darunter etwas Erde, haben ihn regelmäßig gegossen und ihm tagsüber Licht gegeben. Und dann haben sie ihn ununterbrochen beobachtet, der eine tagsüber, der andere nachts. Aber keiner von ihnen hat das Geld jemals arbeiten sehen. Vermehrt hat es sich allerdings auch nicht... Hätten sie das gleiche mit ein paar Samenkörnern gemacht, dann wären im Laufe der Zeit erst Keimlinge, dann Pflanzen daraus geworden, und die hätten nach einiger Zeit dann auch Früchte getragen. Aber das Geld? Wo und wie passiert es, daß aus Geld automatisch mehr Geld wird?

Wie das Geld eigentlich arbeitet, sich von selbst vermehrt, ist eine der Fragen, die sich kaum jemand stellt, weil wir uns so daran gewöhnt haben, daß es einfach so ist. Es war immer so, und es wird wohl auch immer so bleiben. Was soll man sich darüber also groß Gedanken machen. Man überlegt sich zwar, wie man an Geld herankommt, um davon seinen Lebensunterhalt zu bestreiten. Aber wie das alles mit dem Geld funktioniert und warum man sich für Geld etwas kaufen kann, darüber denken die wenigsten nach.

Erschütterungen des Geldsystems

Nur hin und wieder werden die Menschen aufgerüttelt und darauf gestoßen, daß es mit dem Geld wohl doch nicht so automatisch funktioniert. Das ist besonders der Fall bei Währungskrisen. Auf einmal sind die Medien voll von Schlagzeilen, Sensationsberichten und Kommentaren — z.B. über die Krise des englischen Pfundes oder der italienischen Lira, des französischen Franc oder des amerikanischen Dollar; oder über die Erschütterungen des Europäischen Währungssystems oder gar des Weltwährungssystems. Es gibt große Unruhen an den internationalen Devisenmärkten und hektische Geschäftigkeit unter den Notenbankpräsidenten, Finanzministern oder gar Regierungschefs der betreffenden Länder, die sich zu schnell einberufenen Konferenzen treffen, um die Krise zu meistern. Und die Währungsexperten werden interviewt, schreiben Kommentare, geben Analysen, Empfehlungen. Nur: die breite Öffentlichkeit versteht in der Regel so gut wie kein Wort, weil die Ausführungen der Experten meist zu kompliziert sind. Was also bleibt, ist für die meisten nur die Möglichkeit, den jeweiligen Experten und Politikern entweder zu vertrauen oder zu mißtrauen. Für viele werden Währungsfragen so zu einer Sache des Glaubens, nicht des Verstehens. Und das in Angelegenheiten, von denen sie selbst — was die Auswirkungen anlangt — direkt betroffen sind, und zwar in einem existentiellen Bereich, der die Kaufkraft des Geldes und damit letztlich die Sicherung ihres Lebensunterhalts betrifft. Sich in solchen existentiellen Fragen dem blinden Glauben an Experten und Politiker auszuliefern, erscheint mindestens problematisch. Gut, jeder weiß: "Geld regiert die Welt". Aber was soll's? Einfluß darauf hat man ja wohl eh nicht, und also sollen sich lieber andere damit beschäftigen, die mehr Ahnung davon haben. Hauptsache, man kommt selbst gut über die Runden. (Das ist eine weit verbreitete Haltung.) Wenn es mal nur so wäre! ...

Inflation, Deflation und soziale Katastrophen in Deutschland

Deutschland hat in diesem Jahrhundert zwei dramatische Währungskrisen erlebt, durch die das Geld seine Kaufkraft vollständig verloren hat und der Geldverkehr als Grundlage des Warenverkehrs völlig zusammengebrochen ist: die große Inflation 1923 und die Zeit kurz nach dem Zweiten Weltkrieg. Beide Male wurde das bis dahin gültige, aber in der Kaufkraft entwertete Geld mit einer Währungsreform außer Kraft gesetzt, und an deren Stelle wurde eine neue Währung geschaffen. Die Inflationen haben die Existenzgrundlagen einer großen Zahl von Menschen in kürzester Zeit zerstört, und auf der anderen Seite haben sich wenige durch frühzeitiges Umsteigen in Sachwerte ungeheuer bereichert. Die Verschärfung der sozialen Gegensätze im Gefolge der Inflation von 1923 war historisch sicherlich ein wesentlicher Faktor, der den Boden für den Faschismus mit bereitet hat.

Und dann noch einmal 1929 und in den Jahren danach: Eine Geldpolitik in Deutschland, die mit einer sogenannten Deflationspolitik ins totale Gegenteil verfiel und die Geldmenge derart verknappte, daß die Konjunktur drastisch abgewürgt und die Wirtschaft in die Massenarbeitslosigkeit getrieben wurde — verheerende Auswirkungen einer Geldpolitik, die man jeweils den Politikern und Experten überlassen hatte. Aber die Folgen mußte die breite Bevölkerung tragen — und mit dem sich daran anschließenden Weg in den Faschismus und in den Zweiten Weltkrieg sogar die halbe Welt. Denn ohne die damalige Massenarbeitslosigkeit einerseits und die diesbezügliche Hilflosigkeit der demokratischen Parteien der Weimarer Republik andererseits hätte sich der Faschismus in Deutschland vermutlich nicht als Massenbewegung entfalten können.

Die Konsequenzen, die für jeden einzelnen und für die Gesellschaft von der Kaufkraft des Geldes und vom Funktionieren oder Nichtfunktionieren eines Währungssystems ausgehen, können also ungeheuer sein. In Zeiten von Währungskrisen können sie sich — das hat die deutsche Geschichte dieses Jahrhunderts wiederholt gezeigt — zu sozialen Katastrophen zuspitzen. Aber auch schon vom "Normalbetrieb" eines Geldsystems gehen erhebliche Wirkungen auf ökonomische, ökologische und soziale Entwicklungen aus, deren Zusammenhänge durch den "Nebel um das Geld" verdeckt werden und den meisten Menschen verborgen sind. Aber das muß nicht so bleiben.

Probleme der deutsch-deutschen Währungsunion

In Deutschland gab es in diesem Jahrhundert ein drittes großes währungspolitisches Ereignis, nämlich die deutsch-deutsche Währungsunion nach dem Fall der Mauer. Mit der schnellen Einführung der D-Mark im Gebiet der ehemaligen DDR, also in den heutigen neuen Bundesländern, wurden viele Hoffnungen verbunden und von den meisten Politikern geschürt. Die D-Mark schien vielen wie die Sonne am Firmament, wie ein Schlüssel zum vermeintlichen Paradies der westlichen Konsumgesellschaft. Und die ersten Erfahrungen mit dieser D-Mark, ermöglicht durch die 100 DM Begrüßungsgeld und durch den unverhältnismäßig günstigen Umtausch alter DDR-Währung in D-Mark, schien diese anfängliche Euphorie zu bestätigen. Aber als der Rausch nachließ, kam die Ernüchterung:

Von einem Tag auf den anderen — ganz unvorbereitet — wurde die Wirtschaft der ehemaligen DDR dem rauhen Klima der westdeutschen Konkurrenz und des Weltmarktes ausgesetzt — und wie von einem Orkan hinweggefegt. Ihre Produktionsstruktur brach in weiten Bereichen zusammen. Dies sind natürlich einerseits Nachwirkungen der vorangegangen 40 Jahre unproduktiver sozialistischer (oder sich so nennender) Planwirtschaft, andererseits aber auch — in der Heftigkeit des Krisenausbruchs — Folgen der schnellen (allzu schnellen?) Währungsunion. Es ist zu befürchten, daß die Massenarbeitslosigkeit und die weit verbreitete Perspektivlosigkeit großer Teile der Bevölkerung in den neuen Bundesländern ein weiteres Mal in der deutschen Geschichte den Boden bereitet für eine Eskalation von Gewalt.

Politiker haben oft versagt — auch in Maastricht?

Soll man die Währungsfragen wirklich in blindem Glauben den Politikern und Experten überlassen, die vorgeben, von Geld- und Währungspolitik Ahnung zu haben bzw. in unser aller Interesse zu handeln? Oder sollte man nicht mindestens versuchen, sich einen Einblick in die Zusammenhänge des Geldsystems und die Hintergründe von Währungskrisen zu verschaffen, um entsprechende Entwicklungen und die jeweiligen geld- und währungspolitischen Vorschläge und deren Auswirkungen — auch auf sich selbst — besser einschätzen zu können. Man muß nicht gleich Finanzminister, Wirtschaftsminister oder Notenbankpräsident werden wollen, und nicht einmal Referent in der volkswirtschaftlichen Abteilung der betreffenden Institutionen oder von Banken und Unternehmen, um Grund genug zu haben, sich mit den Funktionen von Geld und Währung vertraut zu machen — denn sie betreffen und treffen uns alle.

Das gilt auch und besonders für die angestrebte Währungsunion, die in den Verträgen von Maastricht von wenigen Politikern beschlossen wurde, ohne daß vorher eine breitere politische Diskussion in den einzelnen Ländern stattgefunden hätte. In etlichen Ländern haben die Politiker offensichtlich große Angst vor einer Volksabstimmung über diese Frage gehabt, weil dies eine breitere öffentliche Diskussion in Gang gesetzt hätte. In Dänemark hat die erste Volksabstimmung über Maastricht ja auch zu einer knappen Ablehnung geführt, in Frankreich nur zu einer knappen Zustimmung. Es hätte auch anders ausgehen können, und wer weiß, zu welchem Ergebnis eine Volksabstimmung in Deutschland geführt hätte. Aber dazu hat man es gar nicht erst kommen lassen. Obwohl die Entscheidung für eine Europäische Währungsunion und für die Aufgabe der bisherigen nationalen Währungen von ungeheurer Tragweite ist.

Der Nebel um das Geld läßt sich lichten

Das vorliegende Buch macht den Versuch, den weit verbreiteten Nebelschleier um das Geld aufzulösen und zunehmend Klarheit über dessen Funktionen und mögliche Funktionsstörungen entstehen zu lassen. In meinen mehr als 25 Jahren Lehrtätigkeit in den verschiedensten Bereichen habe ich immer wieder die Erfahrung gemacht, daß nichts wirklich Wichtiges so kompliziert ist, als daß man es nicht auch auf allgemeinverständliche Weise darstellen könnte. Das gilt auch für das Geld. Eine Voraussetzung für das Durchdringen und Auflösen des Nebelschleiers ist allerdings sehr wichtig: die Bereitschaft, sich auf scheinbar ganz einfache, manchmal sogar dumm klingende Fragen einzulassen, ganz ähnlich wie das kleine, neugierig gebliebene Kind, das immer wieder fragt, wenn es etwas nicht verstanden hat: Warum? Warum? Warum?

Ich habe viele solcher Fragen, die mir im Laufe der Jahre selbst gekommen sind, aber auch immer wieder von Studenten gestellt wurden, im folgenden Text aufgegriffen und versucht, schrittweise entsprechende Anworten zu entwickeln. Nicht irgendwelche fertigen Anworten, die man auch nur wieder glauben oder nicht glauben kann. Vielmehr habe ich mich bemüht, die Bewegung des Denkens derart anzuregen und zu unterstützen, daß es schließlich ganz von selbst die entsprechenden Zusammenhänge erkennt und sich die entsprechenden Anworten erarbeiten kann. Diese Art des fließenden, zusammenhängenden Denkens — im Unterschied zum weit verbreiteten erstarrten und zersplitterten Denken — kann richtig Spaß machen, auch wenn der Gegenstand der Erkenntnis nicht immer Grund zur Freude ist. Eine solche Herangehensweise kann einem das vielfach durch komplizierte Wissenschaftssprache angeschlagene Vertrauen in die eigene Denk- und Erkenntnisfähigkeit wieder zurückgeben, und das wachsende Selbstvertrauen wirkt sich auch auf andere Gebiete aus. Machen wir uns also auf den Weg, auf die Erkenntnisreise durch den Nebel der das Geld umgibt. Wer sich auf diese Reise mitbegibt, wird am Ende nicht nur klarer sehen, sondern auch das Gefühl haben, eine Abenteuerreise mitgemacht zu haben.

2. Auf der Suche nach den Geheimnissen des Geldes

2.1 Woher kommt das Geld in unserem Portemonnaie?

Fangen wir mit der Frage nach dem Geld bei uns selber an: Woher könnte der 10-DM-Schein kommen, den wir in unserem Portemonnaie haben? Welchen Weg könnte er durchlaufen haben, bis er bei uns gelandet ist? Versuchen wir, die einzelnen Stationen dieses Weges Schritt für Schritt zurückzuverfolgen. Mal sehen, wohin uns das führt.

Zum Beispiel könnte das Geld dadurch im Portemonnaie gelandet sein, daß jemand für seine Arbeit bezahlt worden ist, z.B. von einer Firma, in der er oder sie beschäftigt ist. — Wo könnte die Firma nun ihrerseits das Geld her haben? — Aus dem Verkauf der Produkte, die sie herstellt. — Und woher haben die Leute, die das Produkt kaufen, ihr Geld? — Aus der Bezahlung ihrer Arbeit, z.B. in einer anderen Firma. — Und woher hat die das Geld? ... Wir sehen, wir beginnen uns schon im Kreise zu drehen. Eine Antwort darauf, wo das Geld wirklich herkommt, ist all das noch nicht.

Versuchen wir es auf einem anderen Weg: Das Geld im Portemonnaie könnte auch von einer Bank kommen. Dort hat man ein Konto, und davon hat man Geld abgehoben. — Und woher stammt z.B. das Geld auf dem Konto? — Aus dem Lohn für die Arbeit. — Heißt das, daß die Firma das Geld bar eingezahlt hat? — Nein! Die Firma hat es von ihrem Konto auf das Konto des Beschäftigten überwiesen. — Aber dafür hat sie doch kein Bargeld gebraucht, oder? — Nein. — Und woher kommt dann das Bargeld, was man vom Konto abhebt? ...

Oder noch anders: Das Geld im Portemonnaie eines Studenten könnte z.B. vom Bafög-Amt stammen, also vom Staat. — Woher könnte denn der Staat das Geld haben? — Aus Steuereinnahmen, zum Beispiel aus Lohnsteuern. — Und woher haben die Steuerzahler das Geld? — Das haben sie mit ihrer Arbeit verdient, z.B. in einer Firma. — Und die Firma? ... Und schon drehen wir uns wieder im Kreis.

Dreht sich das Geld im Kreis?

Man könnte die Reihe solcher Beispiele beliebig fortsetzen. Wenn ich solche Fragen in den Kursen mit den Studentinnen und Studenten diskutieren lasse, ergeben sich immer wieder neue Beispiele, und die Diskussion dreht sich nach einer Weile immer wieder im Kreis bzw. verliert sich irgendwo im Nebelhaften. Jeder neue Anlauf landet wieder in der gleichen Verwirrung, und es scheint gar keinen Sinn zu haben, überhaupt darüber nachzudenken; man bekommt es ja doch nicht auf die Reihe.

Aber dann kommt meist irgendwann die scheinbar erlösende Antwort: Das Geld kommt doch von der Zentralbank, von der Deutschen Bundesbank, die es in Umlauf bringt. Das also scheint des Rätsels Lösung zu sein. Und alles atmet erleichtert auf. Aber wie? Wie bringt sie das Geld in Umlauf, das schließlich bei uns im Portemonnaie landet? Und wenn nicht gerade Student(inn)en mit Vorkenntnissen in Sachen Geldpolitik im Kurs sitzen, breitet sich sehr schnell betretenes Schweigen aus. Ja, wie denn eigentlich? — Mit Hilfe der Geldpolitik. — Und was ist das? — Na, z.B. verändert die Bundesbank den Diskontsatz. — Und wieso kommt dadurch Geld in Umlauf? — Naja — sagt dann z.B. ein Student, der bei einer Bank gearbeitet hat — es gibt restriktive oder expansive Geldpolitik — Aha, denken die anderen. Aber das klingt ihnen schon viel zu kompliziert, und verstanden haben sie es dadurch immer noch nicht.

Der Nebel zwischen der Bundesbank und uns

Zwischen der Quelle des Geldflusses, der Zentralbank, und dem Portemonnaie jedes Einzelnen liegen weite Bereiche des Flusses im Nebel verborgen. Irgendwo ist es ja ein Kreislauf des Geldes, aber auch wieder kein geschlossener Kreislauf, denn das Geld muß doch erst in den Kreislauf hineingeflossen sein, ehe es sich darin bewegen kann. Wenn man erst einmal anfängt zu fragen, verliert man sich sehr schnell im Nebel, und deswegen haben sich viele wahrscheinlich das Fragen irgendwann einmal abgewöhnt. Aber es besteht gar kein Grund zum Resignieren. Wir haben ja gerade erst mit Fragen angefangen, und wir werden uns schrittweise den Zusammenhängen nähern, einen Nebelschleier nach dem anderen beiseite schieben und die Verbindung zwischen den einzelnen Bruchstücken, die jeder jetzt schon im Kopf hat, mehr und mehr herstellen. Aber etwas Geduld braucht es schon.

2.2 Was wäre eine Wirtschaft ohne Geld?

Wenn jemand danach gefragt wird, welche Funktion sein Daumen hat, würde ihm auf Anhieb das eine oder andere einfallen, aber die Aufzählung bliebe sicherlich sehr unvollständig. Wenn er sich hingegen den Daumen verletzt hat, wird ihm nach und nach klar, wofür er alles den Daumen braucht, wie viele verschiedene Funktionen der Daumen für ihn erfüllt, die er sich niemals vorher bewußt gemacht hat. Er hatte sich so daran gewöhnt, daß sein Daumen funktioniert, und erst jetzt, wo der Daumen ausfällt, wird ihm schmerzlich deutlich, was ihm alles an Handgriffen nicht mehr möglich ist — oder ungemein erschwert wurde.

Wir wollen uns an die Funktion des Geldes ähnlich herantasten, allerdings nur gedanklich. Die reale Erfahrung, welche Funktion das Geld hat und was es bedeutet, wenn sie zusammenbrechen, mußte die Generation meiner Eltern und Großeltern in Deutschland in diesem Jahrhundert zweimal durchmachen. Den Generationen danach fehlt bisher (zum Glück) diese Erfahrung, und wir wollen nicht hoffen, daß wir sie nicht auch noch durchmachen müssen. Aber wir können versuchen, uns vorzustellen, welche Probleme in einer arbeitsteiligen Wirtschaft auftreten würden, wenn es kein Geld gäbe, sondern wenn sich der Tausch stattdessen in Naturalform vollziehen würde: Ware gegen Ware.

Probleme des Naturaltausch

Symbolisch wollen wir den Naturaltausch wie folgt darstellen (der unterschiedliche Charakter der Waren, ihr unterschiedlicher "Gebrauchtswert", wird durch die verschiedenen geometrischen Figuren, in diesem Fall durch Dreieck und Viereck angedeutet):

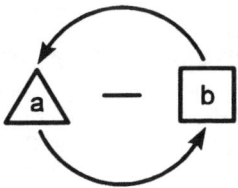

Abb. 1: Naturaltausch Ware a gegen Ware b.

Arbeitsteilung zwischen Stadt und Land

Stellen wir uns hierzu erst einmal eine weniger komplexe, weniger hoch entwickelte Wirtschaft vor als die heutige. Eine Wirtschaft, wo sich eine grobe Arbeitsteilung herausgebildet hat, z.B. die Arbeitsteilung zwischen Stadt und Land, zwischen Handwerk in den Städten und Agrarproduktion auf dem Land, so wie es vor ein paar hundert Jahren auch bei uns der Fall gewesen ist. (Diese Art von Arbeitsteilung hat es nicht immer gegeben; in früheren Zeiten bildeten Handwerk und Landwirtschaft noch eine zusammenhängende Einheit — in den sich selbst versorgenden Gemeinschaften, die über den ganzen Erdball verteilt existierten).

In der Stadt gab es z.B. den Tischler, den Schmied, den Schneider, den Zimmermann und viele andere Handwerker, die sich jeweils auf ein Handwerk spezialisiert hatten. Von ihrem Produkt fertigten sie viel mehr, als sie für sich selbst brauchten. Das meiste produzierten sie für andere, für den Austausch. Durch ihre Spezialisierung fehlte ihnen eine Menge anderer Produkte, die sie für ihren Lebensunterhalt brauchten, aber selbst nicht herstellen konnten, z.B. Produkte anderer Handwerker und Produkte aus der Landwirtschaft zu ihrer Ernährung. An diese anderen Produkte kamen sie nur heran über den Tauschhandel, über den Warenaustausch. (Produkte, die für den Austausch produziert werden, wollen wir "Waren" nennen).

Abb. 2a und b sollen den denkbar einfachsten Teil von Arbeitsteilung (Spezialisierung) und Austausch darstellen. Die Stadt hat sich auf die Ware a (handwerkliche Produkte) spezialisiert, das Land auf die Ware b (Agrarprodukte). Beide benötigen aber auch das jeweils andere Produkt, was sie selbst — aufgrund ihrer Spezialisierung — nicht oder nicht mehr herstellen. Durch die Spezialisierung sind sie also in soweit wechselseitig voneinander abhängig und auf den Austausch angewiesen. Nehmen wir an, die Hälfte produzieren sie jeweils für den eigenen Bedarf, die andere Hälfte für den Austausch. *Abb. 2a* zeigt dann die Situation vor dem Austausch, *Abb. 2b* zeigt sie danach.

15

Räumlich vollzog sich der Austausch z.B. auf den Marktplätzen in den Städten, wo an bestimmten Tagen einerseits die Bauern aus der Umgebung ihre Agrarprodukte anboten, anderseits die Handwerker ihre handwerklichen Produkte. Der Gang zum Markt wurde häufig mit dem Kirchgang verbunden, und so fanden sich in vielen Städten die Marktplätze um die Kirche herum. Damals waren die Märkte noch konkrete Markplätze, und der Begriff "Marktwirtschaft" hatte noch einen konkreten Bezug zu eben diesen Märkten (während der Inhalt dieses Begriffs inzwischen viel abstrakter geworden ist; wo gibt es heute noch richtige Märkte im ursprünglichen Sinne des Wortes?).

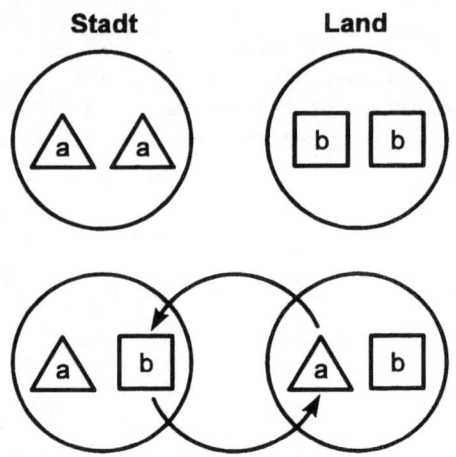

Abb. 2a und b: Arbeitsteilung und Austausch zwischen Stadt und Land: Handwerkliche Produkte (a) gegen Agrarprodukte (b).

Stellen wir uns also so einen mittelalterlichen Markt vor und fragen uns, welche Probleme sich wohl ergeben hätten, wenn sich der Austausch ohne Geld, also in Naturalform vollzogen hätte, als "Naturaltausch".

Die Frage nach dem Austauschverhältnis

Nehmen wir z.B. den Tischler, der seine Tische verkaufen will, und den Bauern, der einen Tisch braucht und dafür im Austausch Gemüse anbieten kann, z.B. Kohlköpfe. Zu allererst stellt sich natürlich die Frage nach dem Austauschverhältnis der beiden Waren. Mit den Hintergründen für die Bildung des Austauschverhältnisses wollen wir uns hier nicht näher beschäftigen, z.B. welche Rolle dabei die jeweilige Knappheit der Ware spielt, oder die Dringlichkeit, mit der die jeweiligen Käufer auf die Ware angewiesen sind; oder der Arbeitsaufwand, der zur Herstellung der betreffenden Ware jeweils erforderlich war. Dies sind alles Fragen der Wert- und Preisbildung, die ich an anderer Stelle ausführlich behandelt habe[1] und die Gegenstand der sogenannten Wert- und Preistheorie in den Wirtschaftswissenschaften sind. Diese Frage stellt sich im übrigen bei jeder Form des Warenaustauschs, beim Naturaltausch ebenso wie beim Tausch Ware gegen Geld. Wir wollen uns hier dagegen mehr auf die Formveränderungen des Austauschs bis hin zum Geld konzentrieren, um so die Funktion des Geldes zunehmend besser verstehen zu können.

---

[1] Bernd Senf: Politische Ökonomie des Kapitalismus, Band 1, Mehrwert 17, Berlin 1978

Die Umständlichkeit des Naturaltauschs

Gehen wir also einmal davon aus, daß es für den Tausch zwischen Tisch und Kohlköpfen ein Austauschverhältnis von 1:100 gegeben hätte. Für die Hingabe des Tisches bekommt der Tischler 100 Kohlköpfe, und dann? Was soll er mit 100 Kohlköpfen, wenn er nur einen davon braucht? Die anderen 99 könnte er aufheben und lagern, um sie später nach und nach zu verbrauchen. Aber bis dahin wären sie alle verdorben. Die andere Möglichkeit, daß er nur einen Kohlkopf eintauscht und dafür nur 1/100 des Tisches hingibt, ist auch keine Lösung. Denn 1/100 von einem Tisch ist kein Tisch mehr, und der Bauer könnte damit nicht das Geringste anfangen. Was also bleibt?

Entweder kommt der Tausch gar nicht zustande, obwohl der Bauer einen Tisch braucht und der Tischler einen Kohlkopf, oder aber der Tischler muß sehen, wie er die anderen 99 Kohlköpfe so schnell wie möglich wieder weitertauscht, noch ehe sie verdorben sind. Also findet er z.B. den Schneider, von dem er gern eine Hose kaufen würde, nehmen wir an im Austausch gegen 50 Kohlköpfe. Dann wäre aber der schwarze Peter nur weitergeschoben an den Schneider, denn der muß sich nun seinerseits darum kümmern, wie er die 49 Kohlköpfe los bekommt, wenn er selbst nur einen Kohlkopf verbrauchen will. Der Tischler hat auch immer noch 49 Kohlköpfe übrig und muß weiter nach möglichen Tauschpartnern suchen.

Nun, man sieht schon an diesem einfachen Beispiel, daß die ganze Angelegenheit ungeheuer kompliziert würde, und anstatt sich auf die Produktion konzentrieren zu können, wären die einzelnen Handwerker und Bauern fast nur noch mit der Suche nach geeigneten Tauschpartnern beschäftigt. Und vermutlich würden dennoch die Tauschgeschäfte nicht aufgehen, sondern wegen der Umständlichkeit und der zeitlichen Verzögerung soundso viel von den verderblichen Waren verderben, noch ehe sie den Weg zum Verbraucher gefunden haben. Sobald das Austauschverhältnis zweier Waren nicht mehr einfach nur 1:1 ist, oder vielleicht noch 1:2 oder 1:3, wird der Naturaltausch kompliziert, jedenfalls dann, wenn man von der eingetauschten Ware viel weniger Stück braucht, als man bekommen hat.

Naturaltausch blockiert die Produktivität

Wenn der Tausch von Waren nur etwas Beiläufiges wäre, eine Randerscheinung in einer Gesellschaft, und wenn man auf den Austausch nicht angewiesen wäre, weil man sich größtenteils selbst versorgt, dann wäre die Umständlichkeit des Naturaltausches nicht weiter problematisch. Wenn es zu kompliziert würde, würde man auf den Austausch eben einfach verzichten. Aber in einer arbeitsteiligen Wirtschaft, in der jeder Einzelne existentiell auf den Austausch angewiesen ist, in der seine eigenen Existenzgrundlagen vom Funktionieren des Austausches abhängig sind, weil er ja selbst auf die Produkte des anderen angewiesen ist, hätte ein derart umständlicher Austausch wie der Naturaltausch verheerende Folgen. Er würde den Fluß der produzierten Waren vom Produzenten zum Verbraucher erheblich blockieren — und dadurch auch die Produktion der Waren lähmen.

Wir kommen also zu dem Ergebnis: In einer arbeitsteiligen Wirtschaft würde der Naturaltausch den Handel und die Produktion enorm behindern und die Entfaltung der Produktivität blockieren. Dies übrigens um so mehr, je weiter sich die Arbeitsteilung schon entwickelt hat, je höher der Grad der Spezialisierung der einzelnen Wirtschaftsteilnehmer ist, also je komplexer die Struktur der Wirtschaft ist.

Man stelle sich nur vor, die heutige Wirtschaft würde auf den Naturaltausch zurückgeworfen (z.B. weil das Geldsystem zusammengebrochen ist): Bei den Hunderttausenden von unterschiedlichen Waren gäbe es ein totales Chaos, Menschen wären nur noch mit dem Organisieren des Tauschhandels beschäftigt, um sich den nötigsten Lebensunterhalt zu sichern, und wenn dies nicht mehr auf dem Weg des Tausches möglich ist, wären massenweise Plünderungen, Raub und Diebstahl an der Tagesordnung. Und keine Rechtsordnung und Staatsgewalt könnte dem noch Einhalt gebieten. Wenn es um das nackte Überleben geht, drohen schließlich alle Dämme von Recht und Ordnung, von Sitte und Moral zu brechen. Unter solchen Umständen würde natürlich auch die Produktion zusammenbrechen, und es gäbe auch von dieser Seite her immer weniger zu verteilen. Wenn an die Stelle einer zusammengebrochenen Währung nicht ganz schnell eine neue, funktionierende Währung tritt, droht der gewaltsame Zerfall der Gesellschaft, der Rückfall in die Barbarei. Dazu bedarf es gar keiner anderen Ursachen, z.B. religiöser oder ethnischer Konflikte. Allein der Zusammenbruch des Geldsystems würde auf Dauer Hunger und Elend und die Eskalation von Gewalt hervortreiben.

2.3 Vom Naturaltausch zum allgemeinen Tauschmittel

In der allmählichen historischen Herausbildung der Tauschgesellschaft haben die Menschen die Umständlichkeit der Naturaltausches offensichtlich mehr und mehr erkannt, denn sie haben sich in allen entwickelteren Tauschgesellschaften etwas einfallen lassen, was den Tausch vereinfacht: ein allgemeines Tauschmittel.

Allgemein begehrte Waren wurden zu Tauschmitteln

Bestimmte Waren, die in der jeweiligen Gesellschaft einen hervorragenden Gebrauchswert hatten, die insofern von allen begehrt wurden und verwendet werden konnten, wuchsen in die Rolle eines allgemeinen Tauschmittels hinein, wurden zum Vermittler der Austausches. Eine Ware wurde zunächst einmal gegen das Tauschmittel eingetauscht, von dem man sicher sein konnte, daß man es leicht gegen andere Waren würde weitertauschen können — eben aufgrund seiner allgemeinen Beliebtheit und Begehrtheit, aufgrund seines besonderen, allgemein geschätzten, hervorragenden Gebrauchswertes (in *Abb. 3* symbolisch dargestellt durch das hohe Rechteck, was über die anderen Figuren hinausragt).

Diese besondere Ware, dieses allgemeine Tauschmittel funktioniert wie eine Drehscheibe (symbolisiert durch den Kreis): Man konnte mit dem Verkauf einer Ware auf diese Drehscheibe aufsteigen, sich mit ihr in jede beliebige Richtung drehen und in jede beliebige

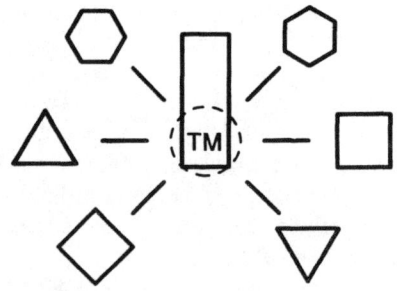

Abb. 3: *Allgemein begehrte Waren wurden zum Tauschmittel (TM) — zur "Drehscheibe" im Warentausch. Ihr Gebrauchswert stand zunächst im Vordergrund*

andere Ware wieder aussteigen (selbstverständlich begrenzt durch den Umfang der jeweiligen Kaufkraft). So war in manchen Tauschgesellschaften z.B. Salz das allgemeines Tauschmittel. Es war eine Art Überlebensmittel, weil es dazu diente, das Fleisch der gejagten oder geschlachteten Tiere zu pökeln und dadurch über längere Zeit haltbar zu machen. Das Salz brauchte also jeder — in einer Zeit, wo es noch keine Kühlschränke oder andere Konservierungsmittel gab.

Knappheit, Teilbarkeit und Haltbarkeit

Außerdem war das Salz in diesen Tauschgesellschaften relativ knapp und nicht beliebig vermehrbar, sondern nur unter großem Aufwand zu gewinnen. Dadurch verkörperte eine Handvoll Salz einen gewissen Wert und eine gewisse Kaufkraft im Verhältnis zu anderen Waren. Salz hatte außerdem noch den großen Vorteil, daß es in beliebig kleine Mengen zu teilen war. Diese Eigenschaft erleichterte den Tausch dann, wenn das Austauschverhältnis von 1:1 abwich.

Hätte z.B. unser Tischler seinen Tisch erst einmal gegen einen Topf voll Salz eingetauscht, dann hätte er im nächsten Schritt einen Löffel Salz davon gegen einen Kohlkopf tauschen können — und hätte nicht den Ärger gehabt mit den 99 Kohlköpfen, für die er selbst gar keine Verwendung hatte. Und mit dem übrigen Salz hätte er in Ruhe andere Waren tauschen und den entsprechenden Preis in der entsprechenden Salzmenge bezahlen können. Darüber hinaus besaß das Salz über längere Zeit eine gewisse Haltbarkeit, die allerdings nicht unbegrenzt war.

Der Tauschwert tritt in den Vordergrund

Die Zwischenschaltung eines allgemeinen Tauschmittels zwischen den Tausch von Waren bringt also eine enorme Vereinfachung des Tauschhandels mit sich. Und je mehr sich die Menschen daran gewöhnt hatten, daß dieses Tauschmittel allgemein akzeptiert wurde, um so mehr trat sein konkreter Gebrauchswert im Bewußtsein der Menschen in den Hintergrund. In den Vordergrund trat dagegen immer mehr seine Eigenschaft, Tauschmittel zu sein und Tauschwert zu besitzen, das heißt Kaufkraft zu verkörpern, also Drehscheibe zu sein zwischen den verschiedenen Waren mit ihren unterschiedlichen Gebrauchswerten *(Abb. 4)*:

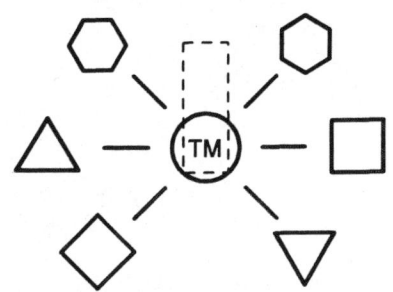

Das Salz wurde schließlich nicht mehr eingetauscht, um zum Pökeln verwendet zu werden, sondern nur noch, weil man wußte, daß es jeder zum Pökeln verwenden konnte. Und schließlich konnte sogar dieses Wissen oder diese Funktion des Salzes verloren gehen (z.B. weil andere Konservierungsmethoden gefunden wurden), und dennoch konnte es als allgemeines Tauschmittel weiter funktionieren, weil sich alle daran gewöhnt hatten, *daß* es funktioniert.

Es gab in den verschiedenen Tauschgesellschaften die verschiedensten allgemeinen Tauschmittel, so z.B. Felle (die auch ein Über-

Abb. 4: Der Gebrauchswert des Tauschmittels (TM) tritt in den Hintergrund, der Tauschwert in den Vordergrund.

lebensmittel waren, um sich im Winter vor Kälte zu schützen), oder Speere (die ein Arbeitsmittel zum Jagen von Tieren darstellten). Oder auch Kühe, von deren Milch sich die Menschen ernähren konnten, oder Schafe, deren Wolle genutzt wurde. Alle diese Tauschmittel hatten gegenüber dem Salz den Nachteil, daß sie nicht beliebig teilbar waren und daß sie den Tauschhandel insoweit weniger erleichterten als das Salz. Aber dem Naturaltausch waren diese Formen des Austausches immer noch überlegen. Eine weite Verbreitung als Tauschmittel fanden auch Getreidekörner, die entweder als Nahrung oder zur Aussaat verwendet werden konnten.

3. Funktionsweise und Problematik der Goldwährung

Das Gemeinsame der bisher erwähnten allgemeinen Tauschmittel war, daß sie — mindestens ursprünglich — getauscht wurden wegen ihres hervorragenden Gebrauchswertes. Es handelte sich um konkrete Waren, für die man eine bestimmte Verwendung hatte. Und ihr hervorragender Gebrauchswert war es ursprünglich, der sie in die Rolle des allgemeinen Tauschmittels hatte. hineinwachsen lassen. Alle diese Tauschmittel waren auch vergänglich, verderblich und befanden sich insoweit auf einer Ebene mit den übrigen Waren, die mit der Zeit ihren Gebrauchswert auch mehr oder weniger einbüßten. Das Salz z.B., wenn es mit Wasser zusammenkam, löste sich auf, das Fell verrottete, der Speer rostete, Kühe und Schafe alterten und starben irgendwann. Auf der anderen Seite verfaulte das Gemüse des Bauern, und sogar der Tisch des Tischlers wurde irgendwann vom Holzwurm befallen und unterlag der Vergänglichkeit, wenn auch in viel längeren Zeitspannen als das Gemüse des Bauern. Tauschmittel einerseits, Waren andererseits — alle waren mehr oder weniger vergänglich.

Demgegenüber erschien es als ein riesiger Fortschritt, als Edelmetalle, allen voran Silber und Gold, die Rolle des allgemeinen Tauschmittels einnahmen. Sie waren praktisch unvergänglich, unverderblich; sie verfaulten nicht, verrosteten nicht, verdunsteten nicht, lösten sich nicht in Wasser auf, verrotteten nicht und wurden auch nicht vom Holzwurm befallen. Das Gold bewahrte zu alledem auch noch seinen offenbar unwiderstehlichen Glanz. Aufgrund seiner Knappheit verkörperte es darüber hinaus auf geringem Volumen eine große Kaufkraft, so daß der Transport größerer Mengen von Kaufkraft — z.B. auch im Fernhandel — viel weniger aufwendig war als in der Form von Tauschmitteln mit viel größerem Gewicht und Volumen. Außerdem konnte das Gold — wenn auch etwas umständlicher als das Salz — in beliebig kleine Mengen unterteilt werden, die ursprünglich jedesmal genau ausgewogen werden mußten.

Die Prägung von Münzen

Diese Umständlichkeit wurde aber schließlich auch noch überwunden durch die Prägung von Münzen, auf denen jeweils eine bestimmt Maßeinheit aufgeprägt wurde. Die Richtigkeit der Angaben garantierte der König (oder wer immer das Prägerecht besaß), und der sichtbare Ausdruck dafür war das Porträt des Königs auf der Rückseite der Münze. Die ersten Goldmünzen tauchten wohl im antiken Griechenland um 700 v.Chr. auf und verbreiteten sich von dort aus relativ schnell über den gesamten antiken Handelsraum.

Warum war Gold begehrt?

Die Antwort auf die Frage, warum historisch gerade Gold (und andere Edelmetalle) in die Rolle des allgemeinen Tauschmittels hineingewachsen sind, liegt noch weitgehend im Dunkeln. Eine der immer wiederkehrenden "Erklärungen" ist der Hinweis auf seine Knappheit und auf seinen Glanz. Aber sind nicht auch andere Stoffe der Natur oder andere Gegenstände knapp und glänzend, ohne deswegen zum allgemeinen Tauschmittel geworden zu sein? Heutzutage glänzt bestimmter Modeschmuck genauso schön wie echtes Gold, und der Laie muß erst den eingravierten Stempel suchen, um herauszufinden, ob es sich um echtes Gold handelt oder nicht. Der Glanz allein kann es also sicherlich nicht sein.

Ist es dann der Wert des Goldes, der das Gold (oder auch den Goldschmuck) so begehrt macht? Aber wodurch entsteht denn der Wert? Durch den Aufwand, der für die Goldgewinnung erforderlich war? Aber warum sollte man etwas unter großem Aufwand gewinnen, womit niemand wirklich etwas Konkretes anfangen kann? Gold wird doch nur begehrt, weil man sich daran gewöhnt hat, daß es wertvoll ist — und wertbeständig. Aber irgendwie beißt sich bei diesen Begründungen die Katze in den Schwanz, dreht sich die Argumentation im Kreis, handelt es sich um einen Zirkelschluß: "Gold ist begehrt, weil es wertvoll ist; und es ist wertvoll, weil begehrt ist." Mir scheint das ein bißchen dürftig zu sein als Erklärung dafür, daß Gold zum allgemeinen Tauschmittel wurde, als Erklärung für die Entstehung der Goldwährung, die — wie wir noch sehen werden — für die Entwicklung von Ökonomie und Gesellschaft von fataler Bedeutung werden sollte.

Verschüttetes Wissen um die heilende Kraft des Goldes

Ich will demgegenüber eine andere These vertreten, die es nach meiner Ansicht verständlicher werden läßt, warum gerade Gold und andere Edelmetalle zu Tauschmitteln wurden. Ich vermute, daß sich die Menschen in früheren Kulturen der besonderen Qualitäten, des besonderen Gebrauchswertes der Edelmetalle voll bewußt waren und über ein Wissen verfügten, das durch die Jahrtausende hindurch immer mehr verschüttet wurde und in den letzten Jahrzehnten mehr und mehr wiederentdeckt wird.[2] Gemeint ist das Wissen um die Existenz einer Lebensenergie, die unseren Körper durchströmt und umströmt und — wenn sie frei strömen kann — als Lust und Liebe erlebt wird.

Edelmetalle und Lebensenergie

Auch die mit Edelsteinen besetzten Goldkronen der Könige dürften diesen Ursprung haben. Die energetische Anregung und Beeinflussung des sog. "Kronen-Chakras" im Bereich des oberen Schädels bewirkt — das weiß man mittlerweile aus der Wiederentdeckung dieses alten Wissens — eine Erweiterung und Vertiefung spiritueller Erfahrungen und entsprechend damit verbundener Inspirationen. Auch die Auskleidung von Räumen mit Gold schafft bestimmte heilende und spirituell anregende Energiequalitäten. Die Wurzeln für die von Gold ausgehende Faszination scheinen also viel tiefer zu liegen, als allgemein angenommen wird.

---

[2] Siehe Bernd Senf: Die Wiederentdeckung des Lebendigen, Verlag Zweitausendeins, Frankfurt/Main 1996

Patriarchat und Zerstörung lebensenergetischen Wissens

Das Wissen um die Funktionen der Lebensenergie ist in einem sich über Jahrtausende hinziehenden und über die ganze Welt sich verbreitenden Prozeß immer mehr zerstört und unterdrückt worden — im Gefolge des vor ungefähr 6000 Jahren beginnenden Umschlags von einer vorher friedlichen und liebevollen Lebensweise in Sexualunterdrückung und Gewalt. Dies ist das Ergebnis neuerer Forschungen, die noch viel zu wenig bekannt geworden, aber nichts desto weniger sehr überzeugend sind, über die Entstehung und Ausbreitung von Gewalt und den entsprechenden Umschlag von vorher matriarchalen in patriarchale Gesellschaftsstrukturen.[3] Das überlieferte Wissen um die Funktionen der Lebensenergie und ihrer Nutzungsmöglichkeiten für Heilungen wurde in Europa mit den Hexenverbrennungen regelrecht ausgerottet, und die entsprechende sexualfeindliche Moral wurde mit dem Kolonialismus auch noch in die Teile der Welt getragen, wo dieses Wissen noch überlebt hatte — mit ganz wenigen Ausnahmen einzelner Kulturen, die bis in dieses Jahrhundert von der Ausbreitung der Gewaltwellen verschont geblieben sind.

... und übrig blieb der Tauschwert

Dieses in vorpatriarchalischen Kulturen offenbar weit verbreitete Wissen um die Lebensenergie und um die heilenden und spirituellen Qualitäten von Edelmetallen scheint mir der tiefere Grund dafür zu sein, daß die Edelmetalle (allen voran das Gold) so allgemein begehrt waren und deswegen zu allgemeinen Tauschmitteln wurden. Nachdem sich die Tauschgesellschaft an das Funktionieren dieses Tauschmittels gewöhnt hatte, konnte es sogar dann noch funktionieren, als das ursprüngliche Wissen um seinen besonderen Gebrauchswert längst verschüttet und zerstört war. Ohne eine derartige (oder eine andere?) tiefere Erklärung bleibt es jedenfalls völlig rätselhaft, wieso in der Geschichte auf einmal das Gold so allgemein begehrt gewesen sein soll. Diese Entwicklung dürfte auf mehr als einfach nur auf Zufall beruhen. Die Zerstörung des hervorragenden Gebrauchswertes von Gold (und des Wissens darum) ist in *Abb. 5a* durch den von oben kommenden Blitz (als Symbol für Repression) dargestellt.

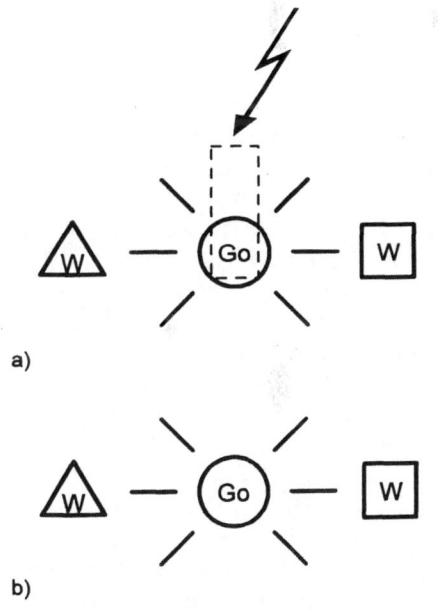

a)

b)

Abb. 5a und b: Das Wissen um den Gebrauchswert von Gold ging verloren, und übrig blieb der abstrakte Tauschwert.

---

[3] James DeMeo: Entstehung und Ausbreitung des Patriarchats, in emotion 10, Berlin, 1991

Was danach übrig blieb ist allein der vom Gebrauchswert losgelöste "abstrakte Tauschwert" des Goldes (dargestellt durch den Kreis in *Abb. 5b*). Gerade diese Loslösung von irgendwelchen sonstigen konkreten Verwendungen schien das Gold zu einem besonders geeigneten reinen Tauschmittel werden zu lassen, das in einer sich entfaltenden arbeitsteiligen Wirtschaft den Fluß der Waren viel besser gewährleisten konnte als die vorangegangenen Tauschmittel. Denn die anderen Tauschmittel waren immer auch noch Waren mit bestimmten Gebrauchswerten, konnten also auch noch für ganz andere Zwecke verwendet werden als zum Tausch. Und insoweit sie für diese anderen Zwecke verwendet wurden, waren sie gleichzeitig in ihrer Eigenschaft als Tauschmittel aus dem Verkehr gezogen. Das Salz z.B., das zum Pökeln verwendet wurde, konnte eben nicht gleichzeitig als Tauschmittel verwendet werden und insoweit den Fluß der Waren unterstützen. Gebrauchswert und Tauschwert standen noch in einem Widerspruch zueinander. Das Gold schien diesen Widerspruch aufgelöst und sich zum reinen Tauschmittel gemausert zu haben.

3.1 Was bestimmt den Wert des Goldes?

Worin war nun der Wert des Goldes bzw. seine Kaufkraft begründet? Über diese Frage haben sich Ökonomen immer wieder Gedanken gemacht.

Ist es der Arbeitsaufwand?

Eine mögliche Antwort liegt darin, daß das Gold — wie alle anderen Waren auch — einen bestimmten Arbeitsaufwand verkörpert, der erforderlich war, um diese Ware zu gewinnen oder herzustellen. Damit ist nicht nur der Arbeitsaufwand gemeint, der unmittelbar zur Gewinnung oder Herstellung eingesetzt wurde ("lebendige Arbeit"), sondern auch derjenige, der in dem zur Herstellung erforderlichen Material und in den dabei verwendeten Produktionsmitteln steckt ("vergegenständlichte Arbeit"), anteilig auf die einzelne Ware umgelegt. Alle Waren wären demnach — so unterschiedlich ihre Gebrauchswerte sein mögen — aus einer gleichen gemeinsamen Quelle hervorgegangen: der menschlichen Arbeitskraft (A) — symbolisch dargestellt in *Abb. 6*.

Ihr Wert würde sich ergeben aus der Menge des in sie eingeflossenen Arbeitsaufwandes. Und dieser sei der gemeinsame Nenner aller unterschiedlichen Waren und deswegen auch Grundlage für ihren Austausch, für ihren "Tauschwert" (dargestellt durch die gleiche Form des Kreises bei allen Waren). Die Preise der Waren würden sich im großen und ganzen, auf Dauer und im Durchschnitt um ihren jeweiligen "Wert" herum bewegen, und größere Abweichungen würden immer wieder korrigiert (z.B. dadurch, daß bei überhöhten Preisen und entsprechend überhöhten Gewinnen, neue Produzenten angelockt

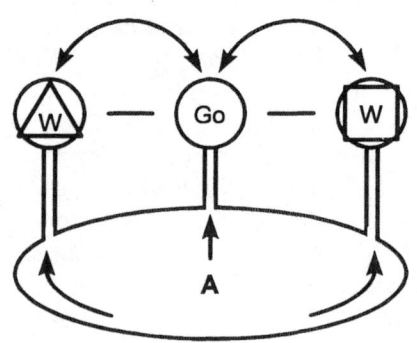

Abb. 6: Bestimmt der Arbeitsaufwand (A) den Wert der Waren (W) und des Goldes?

24

würden. Das wachsende Angebot würde dann den Preis wieder auf den Wert der Ware herunterdrücken.)

Der Wert des Goldes wäre demnach, wie der Wert jeder anderen Ware, durch den in ihm steckenden Arbeitsaufwand bestimmt, und die Kaufkraft des Goldes ergebe sich daraus, daß man auf Dauer und im Durchschnitt damit Waren kaufen kann, die den gleichen Wert besitzen, gleichwertig sind. Das Gold wäre demnach ein "Äquivalent" (gleichwertig) zu den Waren mit dem jeweils gleichen Arbeitsaufwand.

Diese Sichtweise der "Arbeitswertlehre" geht in ihren Grundlagen zurück auf die alten Klassiker der Ökonomie (Adam Smith, David Ricardo), und sie wurde weiter ausgebaut und vertieft durch Karl Marx, der darauf seine Analyse der Struktur und Dynamik des Kapitalismus begründete (wie er sie in seinem Hauptwerk "Das Kapital" systematisch entwickelte).

Ist es die Knappheit?

Eine andere Auffassung geht davon aus, daß sich die Preise der Waren und auch des Goldes aus dem jeweiligen Verhältnis von Angebot und Nachfrage ergeben, die sich in der Regel so verhalten, wie in *Abb. 7* dargestellt. Mit steigendem Preis geht die Nachfrage zurück, während das Angebot zunimmt. Beträgt der Preis z.B. p_1, so übersteigt die Nachfrage das Angebot, was Preiserhöhungen ermöglicht und mit sich bringen wird. Bei p_2 ist es umgekehrt, der Angebotsüberhang wird zu entsprechenden Preissenkungen führen, so daß sich der Preis hinbewegen wird auf einen "Gleichgewichtspreis" $\bar{p}$, bei dem Nachfrage und Angebot zur Deckung kommen. Diese Markttheorie der sog. "Neoklassik" kennt den Begriff des "Wertes" einer Ware nicht mehr und leugnet damit auch die Existenz einer tieferliegenden gemeinsamen Quelle aller Wertschöpfung in der menschlichen Arbeitskraft. Die von den Klassikern angenommene Verbindung der einzelnen Waren zu dieser gemeinsamen Quelle wurde durch die Neoklassik sozusagen abgeschnitten *(Abb. 8)*.

Bezogen auf die Kaufkraft des Goldes in einer Goldwährung folgt daraus die Auffassung, daß sie sich ergibt aus dem Verhältnis des angebotenen Sozialprodukts zu der nachfragewirksamen Goldmenge.

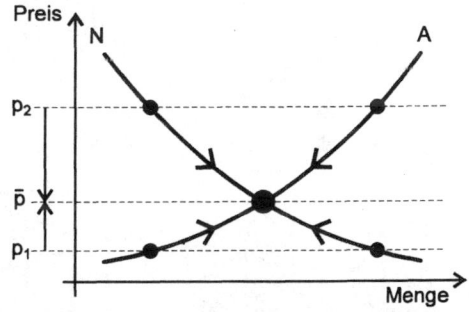

Abb. 7: Bestimmt das Verhältnis von Nachfrage (N) und Angebot (A) den Wert — oder den Preis (p)?

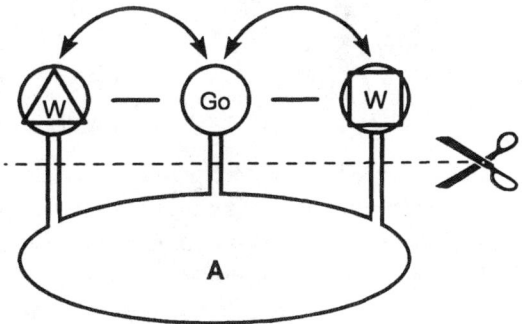

Abb. 8: Die Neoklassik schneidet die Frage nach der Quelle der Wertentstehung ab.

Goldzufluß und Inflation

In *Abb. 9a* stehen z.B. vier Stück Sozialprodukt einer Goldmenge von vier Stück gegenüber, so daß die Kaufkraft eines Stückes Gold gerade einem Stück Sozialprodukt entsprechen würde. Würde sich aus irgendwelchen Gründen (z.B. durch neue Goldfunde) die Goldmenge verdoppeln, während das Sozialprodukt mengenmäßig gleichbleibt *(Abb. 9b), so* würde der Überhang des Goldes und damit der gesamtwirtschaftlichen Nachfrage die Preise in die Höhe treiben und ebenfalls verdoppeln (100% Inflation). Das Sozialprodukt würde dadurch in seinen Preisen wie eine Ziehharmonika auf das Doppelte auseinandergezogen (angedeutet durch den geschlängelten Pfeil), ohne daß sich dessen Menge verändert. Nach dem Auseinanderziehen sind nach wie vor nur vier Stück Sozialprodukt produziert worden *(Abb. 9c),* aber deren Preise sind auf das Doppelte aufgebläht. Während man vorher für ein Stück Gold ein Stück Sozialprodukt kaufen konnte, bekommt man jetzt nur noch ein halbes Stück Sozialprodukt dafür — die Kaufkraft des Goldes hat sich entsprechend halbiert. Das ist nur ein anderer Ausdruck dafür, daß sich die Preise der Waren verdoppelt haben.

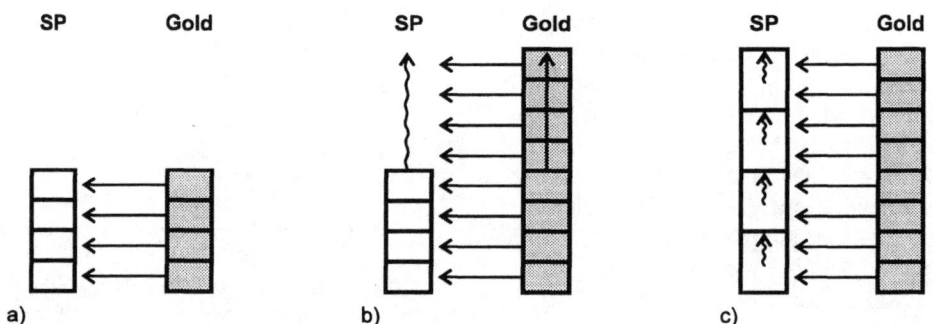

Abb. 9a bis c: Verhältnis zwischen Sozialprodukt (SP) und nachfragewirksamer Goldmenge: Goldvermehrung bewirkt Inflation.

Goldabfluß und Deflation

Die umgekehrte Wirkung würde bei einer Goldverknappung eintreten *(Abb. 10a bis c),* z.B. dadurch, daß Gold zurückgehalten (gehortet) und damit dem Kreislauf entzogen wird; oder dadurch, daß es ins Ausland abfließt. Bei einer Halbierung der umlaufenden Goldmenge müßten die Preise halbiert werden, um die Waren noch absetzen zu können (Deflation). Das bedeutet gleichzeitig, daß die Kaufkraft des Goldes sich verdoppeln würde: Für ein Goldstück bekommt man jetzt zwei Stück Sozialprodukt.

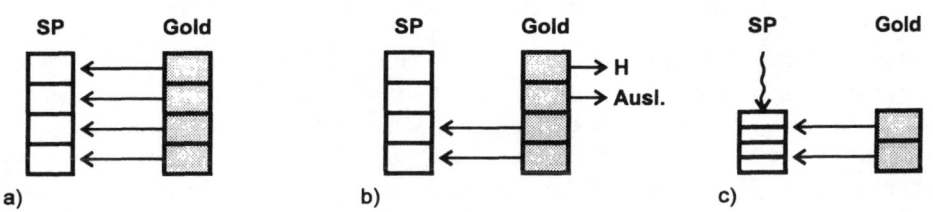

Abb. 10a bis c: Verhältnis zwischen Sozialprodukt (SP) und nachfragewirksamer Goldmenge: Goldabfluß führt zu Deflation.

Wirtschaftswachstum bei begrenzter Goldmenge?

Das gleiche würde eintreten, wenn sich das Sozialprodukt verdoppelt (Wirtschaftswachstum), während die umlaufende Goldmenge die gleiche bleibt *(Abb. 11a bis b)*. Das mengenmäßig verdoppelte Sozialprodukt ließe sich unter diesen Bedingungen nur zu halbierten Preisen absetzen (Deflation), das heißt die Kaufkraft des Goldes hätte sich verdoppelt. Die Frage ist in diesem Fall nur, ob es bei ständig sinkenden Preisen überhaupt zu einem Wirtschaftswachstum kommen würde oder ob die Konjunktur nicht aufgrund des Nachfragemangels zusammenbrechen würde. Die Geschichte hat jedenfalls immer wieder gezeigt, daß länger anhaltende Deflation die Wirtschaft in die Krise treibt (wie die Deflation in Deutschland Anfang der 30er Jahre).

Dieser Zusammenhang läßt sich auch theoretisch ableiten. Aber dazu später mehr (in Kapitel 6). Wenn also weder Inflation noch Deflation eintreten sollen, müßte sich in einem Goldwährungssystem die umlaufende Goldmenge und die sich daraus ergebende Güternachfrage parallel zum Warenangebot, also zum Sozialprodukt entwickeln. Ein steigender oder sinkender Preisindex wäre ein Ausdruck dafür, daß sich Sozialprodukt und umlaufende Goldmenge auseinander entwickelt haben.

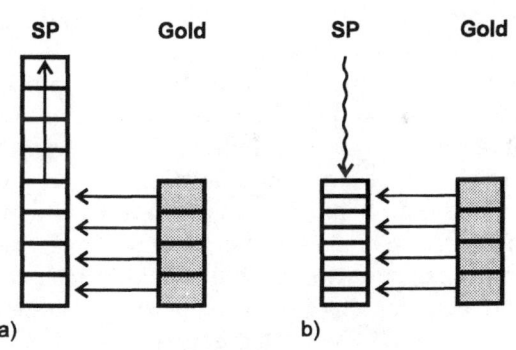

Abb. 11a bis b: Wachsendes Sozialprodukt (SP) bei gleichbleibender Goldmenge führt zu Deflation.

27

3.2 Die Vorstellungen vom "Goldautomatismus"

Aufgrund der Faszination für das Gold und seiner scheinbar hervorragenden Eigenschaften als allgemeines Tauschmittel hat man in der Geschichte lange Zeit darauf vertraut, daß sich diese Zusammenhänge von selbst regulieren würden. Es gab Theorien über den sog. "Goldautomatismus", die zu dem Ergebnis kamen, daß sich im Rahmen einer Goldwährung immer wieder automatisch eine Angleichung zwischen Sozialprodukt und Goldmenge ergeben würde. Und dennoch: die Goldwährung existiert nicht mehr. Sie brach auf der ganzen Linie im Gefolge des Ersten Weltkriegs zusammen, und die Rückkehr zur Goldwährung in den 20er Jahren hatte Anfang der 30er Jahre katastrophale Folgen. Worin lagen also ihre Mängel, und welche Konsequenzen hat man daraus für die folgenden Währungssysteme gezogen?

Diesen Fragen werden wir schrittweise nachgehen, um darüber auch zu einem tieferen Verständnis der heutigen Währungssysteme und Währungskrisen zu gelangen. Hat man angesichts der immer wieder ausbrechenden Währungskrisen — z.B. der Dollar-Krise Anfang der 70er Jahre oder der Erschütterung des Europäischen Währungssystems in jüngster Zeit — vielleicht gar nicht die richtigen Konsequenzen gezogen aus den Mängeln der Goldwährung? Oder sollte man vielleicht lieber wieder zur Goldwährung zurückkehren — oder mindestens zu einer Anbindung der umlaufenden Geldmenge an eine Golddeckung?

Goldwährung und "Goldautomatismus" innerhalb eines Landes

Kehren wir gedanklich erst einmal wieder zurück zu einem Geldsystem, in dem das Gold als Goldmünze allgemeines Tauschmittel ist. Wodurch könnte denn automatisch gewährleistet werden, daß die umlaufende Goldmenge sich an das Sozialprodukt anpaßt? Die Theorie des Goldautomatismus sagt dazu folgendes: Angenommen, die Goldförderung erfolgt — wie auch der Abbau anderer Rohstoffe, z.B. im Kohle- oder Erzbergbau — auf privatwirtschaftlicher Grundlage, also am Gewinn orientiert. Würde zuviel Gold gefördert und in Umlauf kommen, würden auf der einen Seite die Preise der anderen Waren und auch die Löhnen steigen, und dadurch auch die Kosten der Goldförderung; auf der anderen Seite würde die Kaufkraft des Goldes sinken. Dadurch würde die vorher rentable Goldproduktion unrentabel und entsprechend eingeschränkt, das heißt die umlaufende Goldmenge würde sich dem Sozialprodukt wieder anpassen. Im umgekehrten Fall wäre es genau anders herum: Eine wachsende Produktion bei zunächst gleichbleibender Goldmenge würde die Preise — und damit auch die Kosten der Goldförderung — sinken lassen und auf der anderen Seite die Kaufkraft des Goldes erhöhen. Dadurch würde die Goldförderung rentabler und entsprechend ausgeweitet, so daß sich die Goldmenge dem wachsenden Sozialprodukt automatisch anpaßt.

Internationale Goldwährung und "Goldautomatismus"

Sogar im internationalen Maßstab ging man davon aus, daß es einen Goldautomatismus gäbe, der automatisch immer wieder zu einem Zahlungsbilanzausgleich der einzelnen Länder führt. Auch diese Argumentation will ich kurz erläutern: Wenn zwei Länder A und B in außenwirtschaftlichen Beziehungen miteinander stehen (nehmen wir zunächst die Handelsbeziehungen, das heißt den Export und Import von Waren), dann ergeben sich im Zusammenhang mit den Warenströmen (gerade Pfeile) auch entsprechende Geldströme (geschlängelte Pfeile): Die Importe müssen mit Geld bezahlt werden, und wenn es sich um eine Goldumlaufwährung handelt, bedeuten Importe einen Abfluß von Gold ins Ausland. Entsprechend führen Exporte zu einem Goldzufluß (Abb. 12a). Ist nun die Bilanz zwischen Exporten und Importen (die sog. Handelsbilanz) unausgeglichen, dann sind auch die damit einhergehenden Geldströme unausgeglichen. Land A hat in unserem Beispiel eine positive (aktive) Handelsbilanz, also netto einen Goldzufluß, Land B hat eine negative (passive) Handelsbilanz und entsprechend einen Goldabfluß (Abb. 12b). Die Folge wären steigende Preise (Inflation) in A und sinkende Preise (Deflation) in B (dargestellt durch den aufwärts bzw. abwärts gerichteten Pfeil in (Abb. 12c). Dies wiederum hätte Auswirkungen auf die jeweiligen Exporte und Importe. Land B wird weniger aus Land A importieren (wegen der dortigen Inflation), und Land A wird mehr aus Land B importieren (wegen der dort sinkenden Preise). Dadurch entstände eine automatische Tendenz zum Ausgleich der Handelsbilanz.

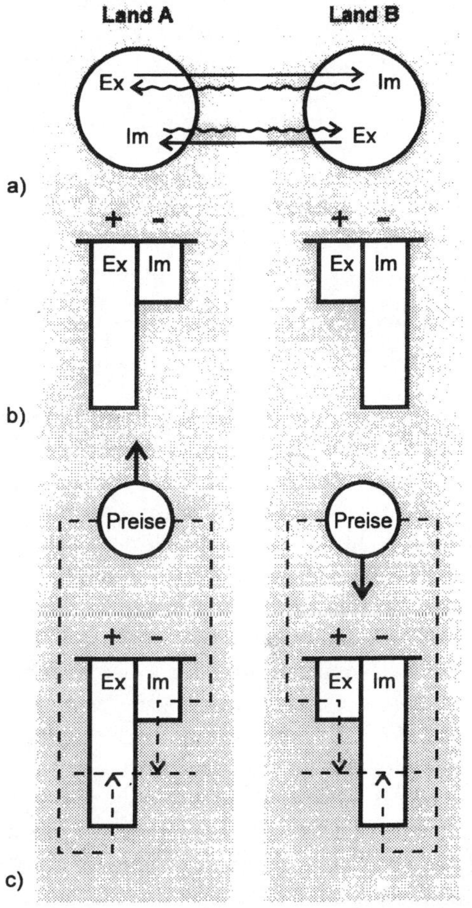

Ein anderer Teil der Zahlungsbilanz, die sog. Kapitalverkehrsbilanz, würde dem gleichen Automatismus unterliegen.

Abb. 12a bis c: Internationaler Goldautomatismus: Handelsbilanzüberschuß im Land A bringt Goldzufluß, steigende Preise und Tendenz zum Handelsbilanzausgleich.

Geldkapital, was ins Ausland ausgeliehen und dort angelegt wird, führt zu Kapitalexport. Sind für Land A die Kapitalimporte größer als die Kapialexporte, fließt auf diese Weise zusätzliches Geld auf den Kapitalmarkt, und aufgrund des erhöhten Geldangebots wird der Zins sinken. In Land B ist es genau umgekehrt. Zinssenkungen in Land A lassen aber den Anreiz für Kapitalexporte von B nach A zurückgehen, und steigende Zinsen in B lassen den Anreiz für Kapitalexporte von A nach B ansteigen. Also kommt es auch hier — bei anfänglich unausgeglichener Kapitalverkehrsbilanz — zu einem automatischen Ausgleich.

Handelsbilanz und Kapitalverkehrsbilanz zusammengenommen (plus die unbedeutende Schenkungsbilanz) ergeben zusammen die sog. Zahlungsbilanz. Und wenn beide Teilbilanzen sich durch den Goldautomatismus automatisch ausgleichen, kommt es auch zu einem automatischen Zahlungsbilanzausgleich. So jedenfalls nach der Theorie, die eine scheinbar überzeugende Legitimation für die Goldwährung als Grundlage eines nationalen wie eines internationalen Währungssystems abgab.

Voraussetzungen für das Funktionieren der Goldwährung

Aber damit das Ergebnis, wie es in den Lehrbüchern so elegant abgeleitet wurde, auch tatsächlich zustande kam, mußte natürlich eine ganze Menge an Voraussetzungen erfüllt sein. Diese Voraussetzungen werden wir jetzt einmal nach und nach unter die Lupe nehmen und fragen, was sich am Ergebnis verändert, wenn einzelne der Voraussetzungen nicht oder nicht mehr erfüllt sind.

Parallelität zwischen Goldmenge und Sozialprodukt

Fangen wir zunächst einmal bei einer nationalen Goldwährung an. Was ist z.B. von der Aussage zu halten, daß sich die umlaufende Goldmenge jeweils dem Sozialprodukt, das heißt der produzierten und angebotenen Warenmenge anpaßt, daß sich also beide parallel entwickeln? Voraussetzung dafür wäre ja bei einer wachsenden Wirtschaft eine entsprechend mitwachsende Goldförderung. Aber gibt es denn überhaupt genügend Goldvorkommen, daß es nur einer gesteigerten Goldförderung und eines entsprechenden Arbeitsaufwandes bedürfte, um die Goldmenge zu vergrößern? Ist das nicht eine ziemlich unrealistische Annahme? Manche Länder haben überhaupt keine bekannten Goldvorkommen im Boden, bei anderen Ländern sind sie sehr knapp. Und dann gab es in der Geschichte immer wieder neu entdeckte Goldvorkommen, die die Goldförderung auf einmal verhältnismäßig billig werden ließen. Darüber hinaus wurden von Europa aus eine Reihe von Raubzügen organisiert, die den anderen Kulturen mit brutaler Gewalt die Goldschätze entrissen und in riesigen Mengen nach Europa brachten. In der Theorie findet sich kein einziger Hinweis auf diese Problematik. Und dann auch noch die Annahme, die Goldförderung würde privatwirtschaftlich betrieben. Waren es nicht überwiegend die Könige und Kaiser, und später die Regierungen einzelner Staaten, die das Monopol nicht nur der Münzprägung, sondern auch der Goldförderung hatten?

Allein schon diese Einwände machen deutlich, daß es mit der Goldwährung wohl nicht so reibungslos funktionieren konnte, wie das Lehrbuchwissen uns glauben machen will. Ob eine Wirtschaft ausreichend mit Gold versorgt wurde, hing von allen möglichen Faktoren ab, von denen ich hier nur einige angedeutet habe. Und die Schwankungen, die auf diese Art in die umlaufende Goldmenge kamen, mußten sich zwangsläufig übertragen auf die gesamte Wirtschaft, die zum Absatz ihrer Waren auf den kontinuierlichen Fluß des Goldes als Zahlungsmittel angewiesen war. Wenn aber dieser Goldfluß keine Beständigkeit hatte und von allen möglichen Faktoren abhing, die mit der Produktion der Waren und mit der Entwicklung des Sozialprodukts wenig oder gar nichts zu tun hatten, dann war dieses Gold ein sehr fragwürdiges Zahlungsmittel für die Sicherung eines möglichst störungsfreien Wirtschaftsablaufes. Durch seine eigenen Schwankungen konnte es vielmehr eine Fülle von Störungen in den Wirtschaftskreislauf hineintragen, die bei einem kontinuierlichen und dem Sozialprodukt angepaßten Fluß des Geldes nicht hätten auftreten müssen.

Aus den genannten Gründen ist auch die Anwendung der Arbeitswertlehre auf das Gold nicht haltbar, so sehr sie — bezogen auf andere Waren — eine tiefere Erklärung der Wertbildung und Wertschöpfung ermöglicht, und damit auch eine Erklärung für die Entstehung von Mehrwert und von Kapital, wie Marx dies in seinem "Kapital" systematisch abgeleitet hat. Aber Marx und denen, die sich an ihm orientiert haben, hätte auffallen müssen, daß es sich bei Gold um eine nicht beliebig reproduzierbare, das heißt unter Arbeitsaufwand wiederherstellbare Ware handelt, eben aufgrund der begrenzten Vorkommen. Die Arbeitswertlehre findet aber nur Anwendung auf reproduzierbare Waren, also nicht auf Gold, und z.B. auch nicht auf Grund und Boden. Wenn aber der Preis des Goldes selbst gar nicht in seinem Arbeitswert begründet ist *(Abb. 13)*, sondern von ganz anderen Faktoren bestimmt wird, ist es dann nicht fragwürdig, ausgerechnet diesen unsicheren Wertmaßstab als das Maß aller Dinge zu nehmen, als "Äquivalent" zu den Waren mit gleichem Arbeitsaufwand?

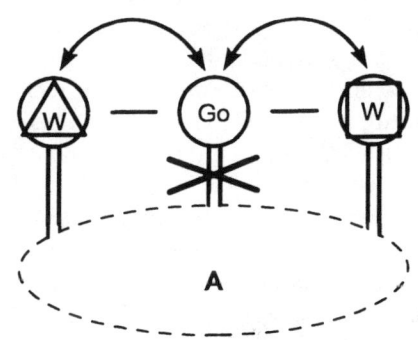

Abb. 13: Gold ist nicht beliebig durch Arbeitsaufwand reproduzierbar — und also auch kein "Äquivalent".

Ist das nicht ähnlich, als würde man alle Längen in Metern ausdrücken, aber das Metermaß selber würde in seiner Länge schwanken wie ein Gummiband, was mal mehr und mal weniger gespannt wird? Die Arbeitswertlehre, angewendet auf reproduzierbare Waren, hat einen Erklärungswert für die Entfaltung der Warenproduktion und für die Struktur und Dynamik des Kapitalismus. Aber die Kaufkraft des Goldes und die Funktion der Goldwährung, geschweige denn ihre Funktionsstörungen und die von ihr ausgehenden Störungen des gesamten Wirtschaftsablaufes, können mit der Arbeitswertlehre nicht hinreichend erfaßt werden.

3.3 Die Goldillusion und ihre fatalen Folgen

Das Festhalten an der Vorstellung, Gold sei aufgrund des in ihm steckenden Wertes ein "Äquivalent", etwas den Waren Gleichwertiges, ein brauchbarer allgemeiner Wertmaßstab, hat noch in den 20er Jahren auch bei vielen Linken eine weitgehende Hilflosigkeit und Blindheit in Währungsfragen mit sich gebracht. Auf der Grundlage dieser Sichtweise konnten die extremen Schwankungen in der Kaufkraft des Geldes (Inflation 1923, Deflation nach 1929) nicht verstanden werden, und die Ursachen für die verheerenden Wirtschaftskrisen wurden woanders gesucht, nur nicht im Geld, im Währungssystem, in der völlig verfehlten Geldpolitik, die damals innerhalb weniger Jahre von einem Extrem ins andere fiel und beide Male die Wirtschaft und Gesellschaft ins Chaos stürzte.

Die Entzauberung des Goldes durch Silvio Gesell

Es gab damals nur eine Richtung, die die geld- und währungspolitischen Zusammenhänge klar gesehen hat, aber sich weder links noch rechts noch in der politischen Mitte wirksam Gehör verschaffen konnte, und in der Öffentlichkeit ansonsten auch zu wenig. Gemeint ist die sog. "Freiwirtschaftliche Bewegung", deren theoretische Grundlagen von Silvio Gesell gelegt wurden, vor allem in seinem Hauptwerk "Die Natürliche Wirtschaftsordnung", deren erste Fassung 1916 erschien. Wir werden uns noch ausführlich mit seinen Gedanken beschäftigen, auf die ich selbst erst vor wenigen Jahren gestoßen bin und die ich mittlerweile für umwälzend halte.

Aber Silvio Gesell und die, die sich auf ihn beziehen, sind bis heute Außenseiter geblieben, seine Gedanken wurden fast ein ganzes Jahrhundert lang weitgehend ignoriert, sowohl von der sog. "bürgerlichen Ökonomie" wie auch von der marxistischen "Politischen Ökonomie". Er hat sich mit seinen Einsichten und Ansichten zwischen alle Stühle gesetzt. Nach seinem Selbstverständnis hat er damals schon wesentliche theoretische Grundlagen geschaffen für einen "Dritten Weg" — weder Kapitalismus noch Sozialismus (bzw. Kommunismus). Es handelt sich dabei um eine Frage, die nach dem Zusammenbruch der sozialistischen Systeme und den sich immer weiter zuspitzenden Krisen des Kapitalismus von besonders großer Dringlichkeit geworden ist.

Den Entwurf für einen Dritten Weg, für eine — wie er es nannte — "Natürliche Wirtschaftsordnung" (NWO), hat Gesell abgeleitet aus einer grundlegenden Analyse und Kritik zunächst des Goldwährungssystems und der später geschaffenen Papierwährungen. Nach seiner Ansicht schleppen diese Währungssysteme — bei allen Unterschieden im einzelnen — den gleichen fundamentalen und verhängnisvollen Fehler mit sich herum: die untrennbare Verknüpfung von Geld und Zins. Wir kommen im einzelnen darauf zurück.

Gesell war es auch, der schon Anfang des Jahrhunderts — zu einer Zeit, als die Wirtschaftswissenschaftler und Politiker noch mit Überzeugung an der Goldwährung festhielten — eine grundlegende Kritik der Goldwährung entwickelte. Einen wesentlichen Punkt seiner Kritik haben wir schon herausgearbeitet: Aufgrund der durch äußere Faktoren bedingten Schwankungen des Goldumlaufes sei die Goldwährung eine völlig unzureichende Grundlage für ein kontinuierliches, der Wirtschaftsentwicklung angepaßtes Fließen des Geldes und der Waren. Er konnte zeigen, daß in Phasen der Geschichte, in denen der Goldumlauf knapp war (z.B. aufgrund mangelnder Goldfunde), das Wirtschaftsleben allgemein gelähmt war und schwere Krisen ausbrachen. In anderen Zeiten dagegen, in denen sich der Goldumlauf deutlich erhöhte, habe es einen allgemeinen Wirtschaftsaufschwung gegeben, weil dadurch der Warenfluß überhaupt erst in Gang gekommen sei.

Merkantilismus und Gold

So erklärte Gesell z.B. auch die Auffassung des Merkantilismus (die uns heute sehr merkwürdig erscheint), eine Volkswirtschaft würde um so reicher, je mehr sie exportiert und dadurch Goldzuflüsse hat. Wie soll eine Gesellschaft dadurch reicher werden, daß sie immer mehr von ihrem realen Sozialprodukt an andere Länder abgibt? Die Exporterlöse können doch allenfalls Grundlage dafür sein, daß man aus dem Ausland in entsprechender Höhe importieren kann. So würden wir heute denken. Das Erstrebenswerte scheint doch eine auf Dauer und im Durchschnitt ausgeglichene Zahlungsbilanz zu sein. Das steht heute auch in allen entsprechenden Lehrbüchern. Müssen die früher dumm gewesen sein, als sie glaubten, allein der Zufluß von Gold mache eine Gesellschaft schon reicher. Die Quelle des Reichtums liegt doch in der Produktion, und das Geld ist doch allenfalls wie ein Gutschein, mit dem man diese Produktion kaufen kann ...

Aber so dumm waren die Merkantilisten in Frankreich mit ihrer Auffassung damals gar nicht, unter den damals gegebenen Bedingungen, wo Gold das einzige allgemeine Zahlungsmittel war und Frankreich selbst kaum über Goldvorräte verfügte. Die ganze Wirtschaft war auf Gold angewiesen, damit die produzierten Waren fließen und abgesetzt werden konnten. Ohne Gold lief nichts. Der Fluß und damit die Produktion der Waren wurde gelähmt. Was nützten die ganzen Produktionsmöglichkeiten, wenn sie nicht zur Wirklichkeit wurden? Anstatt das Produktionspotential brach liegen zu lassen, holte man sich lieber über den Exportüberschuß das für den Warenfluß notwendige Gold herein und gab von dem wachsenden Kuchen, der durch den Gold- und Warenfluß produziert wurde, ein Stück ans Ausland ab. Es blieb dann immer noch mehr übrig als vorher, wo fast gar nichts produziert worden war.

Das also war die Logik des Merkantilismus, und sie war unter den damals gegebenen Voraussetzungen richtig. Sie wird allerdings in dem Moment falsch, wo man entweder auf andere Weise an das Gold herankommt, z.B. durch hinreichende Goldfunde im eigenen Land, oder durch Raub gegenüber anderen Völkern, die ihrerseits über Goldvorräte verfügen. Oder natürlich durch Schaffung eines anderen Geldes, was als Zahlungsmittel funktioniert und mit dem Gold nichts mehr zu tun hat, so wie das in unserem heutigen Währungssystem der Fall ist.

Blüte des Hochmittelalters — Folge des Geldsystems?

Eine andere historische Epoche, nämlich das Hochmittelalter mit seinem Aufblühen des Wirtschaftslebens, der Künste und der Architektur, wurde von Gesell und anderen Freiwirtschaftlern ebenfalls interpretiert als Folge des Geldsystems. In dieser Zeit (ca. 1100-1350) waren die Fürsten und Könige in Europa dazu übergegangen, an Stelle der harten Silber- und Goldmünzen ganz dünne Münzen mit einem Bruchteil des ursprünglichen Edelmetallgehalts zu prägen. Im Grunde handelte es sich um nichts anderes als um Münzfälscherei, Falschmünzerei: Eine Münze mit einer bestimmten aufgeprägten Zahl hatte z.B. nur noch 1/10 des ursprünglichen Goldgehaltes.

Das Motiv der Fürsten war sicherlich ein eigennütziges: Sie wollten auf diese Weise ihres Staatskasse auffüllen bzw. sich elegant eine größeren Zugriff auf die Wirtschaftsleistungen des Volkes verschaffen, das heißt ihren persönlichen Reichtum vergrößern. Aber in Zeiten, wo der Gold- bzw. Silberumlauf vorher knapp und das Wirtschaftsleben dadurch weitgehend gelähmt war, wirkte diese Falschmünzerei wie ein Wunder: Indem diese Münzen schnell von Hand zu Hand weitergegeben wurden, weil niemand sie wegen ihres offensichtlich geringen Goldgehaltes als Wertgegenstand aufbewahren wollte, belebten sie den Absatz und damit auch die Produktion von Waren. Hinzu kam, daß die Münzen in gewissen Abständen zurückgerufen und — unter Abzug einer bestimmten Gebühr (dem sog. "Schlagschatz") gegen neue Münzen umgetauscht wurden, während die alten ihre Gültigkeit verloren. Dem Horten von Münzen war damit der Boden entzogen, und es kam zu einem lang anhaltenden Wirtschaftsaufschwung, der bekannten Blüte des Hochmittelalters.

Der Wirtschaftsaufschwung kam natürlich auch den Herrschenden zugute, die sich über die entsprechenden Abgaben einen Teil des Sozialproduktes abzweigten. Aber sie hatten dadurch auch viele Mittel zur Verfügung, um große Aufträge für Bauwerke und Kunstwerke zu vergeben und auf diese Weise auch die Kultur — wenn auch auf sehr fragwürdige Weise, nämlich als Ausdruck der bestehenden Herrschaftsstruktur — zur Blüte zu bringen. Das Aufblühen von Wirtschaft und Kultur soll abrupt abgebrochen sein, als diese Art der Münzen, die sog. "Brakteaten", wieder durch harte Münzen ersetzt wurden.[4] (Diese Erfahrungen sind übrigens kein Freibrief für unbegrenzte inflationäre Geldschöpfung, sondern nur ein Argument dafür, in Zeiten zu knapper Geldmenge und entsprechender Deflation die Geldmenge auf ein angemessenes Maß anzuheben, damit der Fluß der Waren wieder in Gang kommt.)

Gesells Vision einer Papierwährung

Daß es möglich sein könne, an Stelle des Goldes (oder eines durch Gold gedeckten Papiergeldes) eine Papierwährung zu schaffen, die völlig losgelöst vom Gold funktioniert, hat Gesell schon zu Beginn des Jahrhunderts überzeugend abgeleitet. Aber es überstieg damals offenbar das Vorstellungsvermögen so ungefähr aller, jedenfalls der Ökonomen und Währungsfachleute aus rechten, mittleren wie linken Kreisen, aus der bürgerlichen Ökonomie wie aus der marxistischen Politischen Ökonomie. Gesell wurde für diese seine Vorstellungen entweder belächelt oder ganz ignoriert. Dabei war er in dieser Vision nur seiner Zeit um einige Jahrzehnte voraus. Die Goldwährungen brachen schon im Gefolge des Ersten Weltkriegs zusammen, aber an die Stelle trat nicht etwa ein Geldsystem, wie es Gesell gefordert hatte (in dem die Geldmenge in kontinuierlichem Fluß gehalten und der Entwicklung des Sozialprodukts angepaßt wird). In Deutschland trat an die Stelle vielmehr eine Papierwährung, die alle bisherigen Zügel sprengte und eine derartige Vermehrung der Geldmenge mit sich brachte, daß die Inflation unglaubliche Ausmaße annahm. Auf dem Höhepunkt der deutschen Inflation kostete ein Brot schließlich 1 Billion Mark!

Kein Wunder, daß sich nach diesen Erfahrungen die Menschen nach der Goldwährung zurücksehnten, die dann auch 1924 in Deutschland wieder eingeführt wurde — ohne auch nur von einer einzigen der damaligen politischen Parteien problematisiert worden zu sein. Es handelte sich um eine sog. Goldkernwährung, deren Funktions-

---

[4] Siehe hierzu ausführlich Hans Weitkamp (1993): Das Hochmittelalter — ein Geschenk des Geldwesens, 3. Auflage HMZ-Verlag, CH - 3652 Hilterfingen. Weitkamp bringt den Zusammenbruch der Geldzirkulation zu Beginn des 14. Jahrhunderts auch in Zusammenhang mit der Ausrottung des Templerordens durch die katholische Kirche und den französischen König. Der Templerorden hatte bis dahin die Rolle einer Art europäischer Zentralbank inne. Für das Ende des Hochmittelalters waren noch zwei andere Faktoren wesentlich: dramatische Klimaverschlechterungen ("kleine Eiszeit") mit entsprechenden Ernteausfällen und die Ausbreitung der Pest.

weise und Problematik wir noch näher behandeln werden. Aber vorher wollen wir erst noch einige Probleme der Goldumlaufwährung diskutieren.

Goldwährung und Beweglichkeit der Preise

Kommen wir zurück auf die Diskussion des Goldautomatismus. In diesem Zusammenhang war ja die Rede davon, daß es bei wachsender Goldumlaufmenge Inflation gäbe und bei zurückbleibender Goldmenge Deflation, das heißt sinkende Preise. Die Wirksamkeit des Goldautomatismus setzt also eine Beweglichkeit der Preise als Reaktion auf steigende bzw. sinkende Nachfrage voraus. Wie sieht es damit in der Realität aus?

In bezug auf steigende Preise dürfte die Voraussetzung wohl erfüllt sein. Denn wenn genügend Nachfrage vorhanden ist, die einen Absatz der Waren auch bei erhöhten Preisen erlaubt, dann werden die Anbieter in einer privatwirtschaftlich organisierten Wirtschaft sich diese Chance nicht entgehen lassen — vorausgesetzt, es gibt nicht so etwas wie staatlich festgelegte Preise oder einen Preisstop. Aber wie verhält er sich bei zurückgehender Nachfrage? Reagieren wirklich alle Anbieter nach und nach mit einer Senkung ihrer Preise? Wenn sie sich untereinander in Konkurrenz befinden, dann wird ein Anbieter mit Preissenkungen anfangen, um seinen Absatz wieder in Gang zu bringen und Käufer an sich zu ziehen. Die anderen müssen dann wohl oder übel nachziehen, wenn sie ihre Kunden halten oder zurückgewinnen wollen. Das heißt unter funktionierenden Konkurrenzverhältnissen führt sinkende Nachfrage tatsächlich zu sinkenden Preisen.

Aber wie sieht es aus, wenn nur wenige Anbieter vorhanden sind und sich dann auch noch untereinander absprechen, oder sich jedenfalls stillschweigend darin einig sind, sich keine gegenseitigen Preiskämpfe zu liefern, um sich auf diese Weise nicht die Gewinne zu verderben? Also in Fällen von Marktvermachtung, von Olygopolen (das heißt wenigen Anbietern), oder sogar von Kartellen (wo direkte Preisabsprachen stattfinden) oder gar von Monopolen (wo überhaupt nur ein Anbieter existiert)? In solchen Fällen würden sich die Unternehmen ihr Geschäft selbst verderben, wenn sie mit Preissenkungen reagierten. Wenn es sich zudem noch um Waren handelt, auf die die Käufer angewiesen sind, wo sie nicht einfach auf andere Waren ausweichen oder gar darauf verzichten können, sind die Möglichkeiten der Ausnutzung von Marktmacht besonders groß.

Daraus kann gefolgert werden: Mit zunehmender Marktvermachtung wird die Beweglichkeit der Preise nach unten — als Reaktion auf einem Nachfragerückgang — immer geringer. Es kann sogar sein, daß von Großunternehmen und Konzernen in einer solchen Situation die Preise erhöht werden, mit der Begründung, daß man schließlich die hohen Fixkosten der Produktionsanlagen einholen und also bei zurückgehender Nachfrage pro abgesetztem Stück einen höheren Fixkostenanteil berechnen muß. Kurzum: Die Annahme einer Beweglichkeit, einer Flexibilität der Preise nach unten ist mit zunehmender Vermachtung der Märkte immer unrealistischer geworden. Und in den letzten hundert Jahren hat die sog. wirtschaftliche Konzentration, das heißt die Herausbildung von Großunternehmen und Großkonzernen, enorm zugenommen.

Wenn aber die Flexibilität der Preise nach unten nicht mehr (oder nicht mehr in dem Ausmaß) gegeben ist, dann kommen bestimmte Anpassungsprozesse des Goldautomatismus gar nicht mehr zustande. Entsprechend unterbleibt auch die automatische Rückkehr zu einem Gleichgewicht. Das gilt sowohl für den Automatismus innerhalb eines Landes wie auch international. Anstatt daß die Preise heruntergehen, wird bei zurückgehender Nachfrage die Produktion reduziert und damit auch die Beschäftigung, das heißt es entsteht verstärkt Arbeitslosigkeit. Die auf diese Weise eingeleitete Krise wird sich immer weiter ausbreiten, weil die Arbeitslosen weniger kaufen können, dadurch auch die Nachfrage in anderen Bereichen sinkt und auch dort Arbeitskräfte entlassen werden müssen usw.. Der Glaube an den Automatismus der Goldwährung konnte dann dazu führen, daß man in der Politik tatenlos zusah, wie sich die Wirtschaftskrise immer mehr verschärfte — anstatt sich von dem Irrglauben zu verabschieden und ein Geldsystem zu schaffen, das einen kontinuierlichen Fluß von Geld und Waren sicherte und wo die Geldmenge gezielt und wirksam an die Entwicklung des Sozialprodukts angepaßt wurde.

Goldautomatismus und Flexibilität der Löhne

Eine weitere Voraussetzung für das Funktionieren des Goldautomatismus war die Flexibilität der Löhne nach oben und unten, auch wieder als Reaktion auf einen gesamtwirtschaftlichen Nachfrageüberhang bzw. Nachfragemangel. Auch diese Voraussetzung ist zunehmend unrealistisch geworden, worüber manche Ökonomen sehr traurig sind, weil es ihre Modellvorstellungen durcheinander bringt. Dabei darf aber nicht vergessen werden, was "Flexibilität der Löhne nach unten" heißen kann — und was es in Zeiten des Frühkapitalismus bedeutet hat und auch heute noch vor allem in Ländern der Dritten Welt bedeutet: Wenn man den Arbeitsmarkt sich selbst oder der sogenannten Selbstregulierung überläßt, können die Löhne abrutschen auf ein Niveau, bei dem Menschen mangels Kaufkraft verhungern.

Die Geschichte hat gezeigt, daß es auf dem Arbeitsmarkt keine Untergrenzen der Löhne gibt, die gewährleisten würden, daß die Lohnabhängigen sich von ihren Löhnen ein menschenwürdiges Dasein schaffen können. Daß die Verhältnisse in unseren Breiten nicht mehr so barbarisch sind wie zu Zeiten des Frühkapitalismus oder wie heute noch in Ländern der Dritten Welt, ist ganz wesentlich der Arbeiterbewegung und den Gewerkschaften zu verdanken, die immer wieder um die Verbesserung der Lohn- und Arbeitsbedingungen gekämpft haben. Ohne Kampf, ohne entsprechende Organisierung, ohne die Schaffung einer Gegenmacht gegen die Kapitalbesitzer hätte sich vermutlich nichts oder nur sehr wenig in dieser Richtung bewegt.

Daß also die Löhne nicht mehr beliebig nach unten "flexibel" sind, ist eine historische Errungenschaft der Gewerkschaften, bedeutet einen historischen Fortschritt. Schade für die Theorien, die immer noch und immer wieder auf der Annahme der Flexibilität von Preisen und Löhnen aufbauen. Deren Eleganz wird dadurch natürlich gestört. Aber geht es um die Rettung überholter realitätsferner Theoriegebäude und ihrer ideologischen Vertreter, oder geht es um die Schaffung menschenwürdiger Arbeits- und Lebensbedingungen? Wenn sich die Realität — in diesem Fall zum Glück

— anders entwickelt hat, als sich die Theorie das vorstellt, dann muß eben die Theorie korrigiert und der Realität angepaßt werden, und nicht umgekehrt!

Auch in dieser Hinsicht, das heißt in der unterstellten Flexibilität der Löhne nach unten, treffen also die Voraussetzungen für das Funktionieren des Goldautomatismus immer weniger zu. Allein schon die wenigen von uns diskutierten Punkte lassen verständlich werden, warum das Goldwährungssystem sich historisch immer mehr überholt hat.

Gesells Entdeckung der Widersprüchlichkeit des Goldes (Geldes)

Es gibt aber noch einen anderen problematischen Punkt, der dem Gold anhaftet, seitdem es zum allgemeinen Tauschmittel geworden ist, und der dem Geld bis heute anhaftet, obwohl sich das heutige Währungssystem vom Goldwährungssystem in vieler Hinsicht unterscheidet. Diesem einen Punkt hat Silvio Gesell besondere Aufmerksamkeit geschenkt, und in ihm sieht er den grundlegenden Konstruktionsfehler aller bisherigen Währungssysteme, der die Wirtschaft immer wieder unvermeidlich in Krisen stürze und eine Verschärfung sozialer Konflikte hervortreiben müsse. Es handelt sich um einen Problempunkt, den vor ihm fast alle anderen Richtungen in der Ökonomie übersehen hatten — und den auch nach ihm nur wenige aufgegriffen bzw. gewürdigt haben. In den Hauptströmungen der Wirtschaftswissenschaften ist er bis heute fast völlig unbeachtet geblieben. Ich halte diesen Punkt für eine umwälzende Entdeckung, für die die Zeit damals vielleicht noch nicht reif war, aber inzwischen mehr und mehr herangereift sein könnte, nachdem der Sozialismus weitgehend zusammengebrochen ist und die Krisen des Kapitalismus immer unübersehbarer werden. Gesell jedenfalls leitete aus der Einsicht in diesen Problempunkt die theoretischen Grundlagen für einen Dritten Weg zwischen Kapitalismus und Sozialismus ab.

Geld als Tauschmittel und Geld als Ware

Es geht um den von Anfang an und bis heute widersprüchlichen Charakter des Geldes (damals also des Goldgeldes), der in sich den Keim für eine destruktive Dynamik trägt: Einerseits hatte das Goldgeld eine *öffentliche Funktion,* nämlich als allgemeines Tauschmittel den Fluß der Waren zu ermöglichen. Die gesamte Wirtschaft war auf das Fließen des Goldes angewiesen, damit der Warenabsatz und damit auch die Warenproduktion nicht ins Stocken kamen. War die Wirtschaft erst einmal arbeitsteilig entwickelt, so bedurfte es zur Verbindung der einzelnen Teile der gesellschaftlichen Arbeitsteilung eines Tauschmittels, eines Vermittlers, und das Gold war in diese Funktion hineingewachsen.

Auf der anderen Seite hatte Gold aber auch eine *private Funktion,* einen privaten Charakter, konnte als Ware — wie jede andere Ware auch — privat angeeignet und nach Belieben des Privatbesitzers verwendet werden. Es konnte z.B. zu-

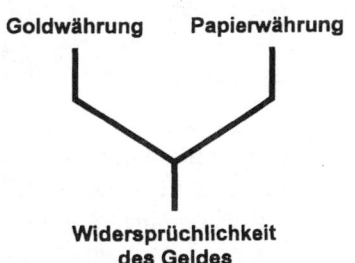

Abb. 14: *Goldwährung und Papierwährung unterscheiden sich von einander, sind aber in gewisser Hinsicht auch identisch.*

rückgehalten, gehortet werden (aus welchen Gründen auch immer). Und durch das Horten wurde es dem gesamtwirtschaftlichen Kreislauf entzogen und verlor insoweit seine öffentliche Funktion als Tauschmittel. Der private Charakter des Goldes als Wertaufbewarungsmittel stand also im Widerspruch zu seiner öffentlichen Funktion als Tauschmittel! Das Gold war also von seinen Funktionen her in sich widersprüchlich, in sich gespalten.

Genau die gleiche Widersprüchlichkeit haftet dem Geld bis heute an, obwohl sich ansonsten das heutige Währungssystem vom damaligen Goldwährungssystem in vieler Hinsicht unterscheidet. Aber in diesem einen und für Gesell zentralen Punkt sind Goldwährung und Papierwährung identisch, "funktionell identisch bei gleichzeitigen Unterschieden" *(Abb. 14)*.

3.4 Die Problematik des Gold/Geld-Hortens

Warum ist dieser Punkt so problematisch? Weil er es mit sich bringen kann, daß das private Interesse am Zurückhalten von Geld die öffentliche Funktion des Geldes und damit den gesamtwirtschaftlichen Kreislauf stört. *Abb. 15* will diesen Zusammenhang kurz verdeutlichen. Gehen wir davon aus, daß einem bestimmten Sozialprodukt eine entsprechende Geldmenge gegenübersteht, die ausreichen würde, das Sozialprodukt zu den gegebenen Preisen nachzufragen und zu kaufen *(Abb. 15a)*.

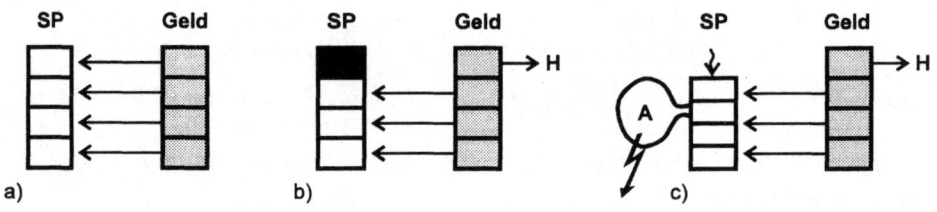

Abb. 15a bis c: Horten von Gold (Geld) reißt eine Lücke in den gesamtwirtschaftlichen Kreislauf und führt zu Arbeitslosigkeit (A) und Krisen.

Wird nun ein Viertel der bisher umlaufenden Geldmenge zurückgehalten, also von den Geldbesitzern gehortet (H), dann fehlt der entsprechende Betrag in der gesamtwirtschaftlichen Nachfrage, und entsprechend läßt sich ein Viertel des Sozialprodukts — jedenfalls zu den bestehenden Preisen — nicht mehr absetzen *(Abb. 15b)*. Wenn die Preise aufgrund des Nachfragemangels entsprechend gesenkt werden, also die Wirtschaft in eine Deflation gerät, sinken entsprechend die Gewinne der Unternehmen, die nun ihrerseits versuchen müssen, die Kosten zu senken, z.B. durch Kurzarbeit, Entlassung, Rationalisierung. Bei diesem sich verschärfenden Konkurrenzkampf brechen etliche Unternehmen zusammen und bleiben auf der Strecke. Unternehmen mit Marktmacht können sich vielleicht vor Preissenkungen schützen, werden dann aber um so mehr den anderen Unternehmen die Nachfrage entziehen und deren Untergang beschleunigen. Wie auch immer, die Wirtschaft wird in eine Krise geraten, die sich von Runde zu Runde immer weiter ausbreitet. (Der Ballon in *Abb. 15c* deutet die Arbeitslosigkeit an und der Blitz nach unten die ausbrechende Krise.)

Privates Interesse im Widerspruch zum öffentlichen Interesse

Die Ursache für all das liegt in der Wahrnehmung der privaten Interessen der Geldbesitzer. Weil sie das Geld als Ware betrachten, mit der sie als Privatbesitzer machen können, was sie wollen, können sie das Geld auch zurückhalten, horten. Aber in Wahrnehmung ihrer privaten Interessen verletzen sie in eklatanter Weise die öffentliche Funktion des Geldes als Tauschmittel und richten dadurch unübersehbaren öffentlichen Schaden an. Dennoch wird ihr Privatinteresse durch die Rechtsordnung geschützt — durch eine Rechtsordnung, die insoweit die gleiche Spaltung in sich trägt wie das Geld selbst: Einerseits erkennt sie das Geld als allgemeines Zahlungsmittel an (mit dem z.B. der im Kaufvertrag vereinbarte Preis einer Ware bezahlt werden kann), andererseits schützt sie aber auch den Privatbesitz und die beliebige private Verwendung des Geldes, also auch das Horten.

Das in sich gespaltene Geld

Dieser entscheidende Konstruktionsfehler hat sich durch Jahrtausende gehalten und ist — wie gewohnheitsmäßig — auch in die der Goldwährung folgenden Währungssysteme übernommen worden. In dieser Widersprüchlichkeit unterscheidet sich das heutige Geld in nichts von dem damaligen Goldgeld: Während das fließende Geld die Grundlage für den Fluß der Waren, für einen weitgehend störungsfreien Wirtschaftsablauf und für die dadurch bewirkte Sicherung der Lebensgrundlagen der Gesellschaft darstellt und die einzelnen Teile der arbeitsteiligen Gesellschaft zu einem Ganzen verbindet, bewirkt zurückgehaltenes Geld das genaue Gegenteil: Es unterbricht den Fluß den Waren, stört den gesamtwirtschaftlichen Kreislauf, erzeugt Krisen, verschärft die sozialen Konflikte und läßt die Gesellschaft in Teile auseinanderbrechen. Fließendes Geld wirkt insoweit positiv, zurückgehaltenes Geld wirkt gesellschaftlich negativ. Es handelt sich dabei um das gleiche Geld, man sieht ihm den Gegensatz, rein äußerlich nicht an. Er ergibt sich allein aus dem Unterschied zwischen Fließen und Nicht-Fließen, zwischen Fließen und Erstarren. Das Geld ist insoweit in sich gespalten, ist "gespaltenes Geld" *(Abb. 16)*.

Unsere Sprache macht es uns nicht gerade leicht, die Problematik des "gespaltenen Geldes" zu erkennen. Denn gerade dasjenige Geld, was nicht im Kreislauf fließt, nennt man "flüssige

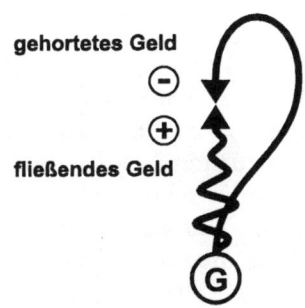

gehortetes Geld

fließendes Geld

Abb. 16: Das in sich gespaltene Geld: fließendes Geld wirkt gesamtwirtschaftlich positiv, gehortetes Geld wirkt negativ.

Mittel" oder "Liquidität", nur weil der Besitzer dieser Mittel jederzeit darüber verfügen kann. Gesamtwirtschaftlich oder gesellschaftlich betrachtet bewirken die "flüssigen Mittel" genau das Gegenteil dessen, was ihr Name vermuten läßt. Sie blockieren den Fluß der Waren, wenn sie länger zurückgehalten werden, als für den Kauf von Waren erforderlich wäre.

Privates Horten als öffentliche Verkehrsbehinderung

In Wirklichkeit ist die blockierende Wirkung von Horten noch viel größer, als wir bisher abgeleitet haben. Berücksichtigt man nämlich, daß das Geld in einem Jahr nicht nur einmal den Wirtschaftskreislauf durchläuft, sondern mehrmals, z.B. zwölfmal, dann können mit einer bestimmten Geldmenge zwölfmal so viele Warenumsätze ermöglicht werden. Ein bestimmtes Sozialprodukt braucht in diesem Fall nur eine Geldmenge, die 1/12 seiner eigenen Größe entspricht. Die im Laufe eines Jahres entstehende Nachfrage ergibt sich also allgemein nicht einfach aus der Geldmenge, sondern aus Geldmenge mal Umlaufgeschwindigkeit.

Wird nun unter diesen Bedingungen von der bisher umlaufenden Geldmenge ein bestimmter Betrag für ein Jahr zurückgehalten, so bedeutet das in unserem Beispiel den 12fachen Ausfall an Nachfrage und an Umsätzen. Je größer also die Umlaufgeschwindigkeit der Geldes, desto mehr vervielfacht sich die blockierende Wirkung des Hortens einer bestimmten Geldsumme. Das Privatinteresse am Horten von 100 Geldeinheiten richtet also in unserem Beispiel einen gesellschaftlichen Schaden von 1200 Geldeinheiten an Umsatzausfall an.

Und dieses gesellschaftsschädigende Privatinteresse wird auch noch gesetzlich geschützt! Für die Behebung oder Linderung der so verursachten Schäden, z.B. in Form von Arbeitslosenunterstützung, muß die Gesellschaft als Ganzes aufkommen und nicht die Privatbesitzer des Geldes, die aus reinem Privatinteresse das Geld zurückgehalten und es dadurch seiner öffentlichen Funktion als Tauschmittel entzogen haben. Mit einigem Abstand betrachtet, müßte man doch sagen, Zurückhaltung des Geldes ist ein Mißbrauch seiner öffentlichen Funktion, es behindert den Geldverkehr und damit auch den Warenverkehr, es handelt sich also um eine "öffentliche Verkehrsbehinderung", um einem Mißbrauch eines öffentlichen Verkehrsmittels.

Der gesetzliche Schutz des Geldmißbrauchs

Ein solcher Mißbrauch ist normalerweise, wenn es sich um andere öffentliche Verkehrsmittel handelt, gesetzlich verboten und wird nicht noch geschützt. Und das Übertreten dieser Verbote wird entsprechend bestraft. Beim Geld hingegen ist alles ganz anders. Ist das nicht merkwürdig? Gerade beim Geld, auf dessen Fluß die ganze Gesellschaft so dringend angewiesen ist. Bei einer Blockierung öffentlicher Verkehrsmittel kann man ja zur Not noch mehr oder weniger auf andere Transportmittel umsteigen. Aber zum Geld gibt es in einer arbeitsteiligen Wirtschaft praktisch keine Alternative. Und dann überläßt man es dem privaten Interesse Einzelner, ob, in welchem Ausmaß und wie lange sie den Geld- und Warenverkehr blockieren? Eine Absurdität, die aber seit Jahrtausenden der Geldwirtschaft so zur Gewohnheit geworden ist, daß sie sich niemand mehr bewußt gemacht hat. Die Widersprüchlichkeit des Geldes, gleichzeitig öffentliche Funktion und Privatbesitz zu sein, wurde total verdrängt.

Die Aufdeckung des Verdrängten

So wie Sigmund Freud um die Jahrhundertwende verdrängte und unbewußte Anteile in der menschlichen Psyche entdeckt hat, so hat Gesell ziemlich genau zur gleichen Zeit die verdrängten und unbewußten Anteile des Geldes entdeckt. Nur: die Erkenntnisse der Psychoanalyse haben sich seither einigermaßen herumgesprochen; die Erkenntnisse von Gesell hingegen sind bis heute den wenigsten Menschen bekannt geworden. Aber das kann sich ja noch ändern. Es wird Zeit, auch diese kulturell verdrängten Inhalte in bezug auf das Geld ins Bewußtsein zu heben und aufzuarbeiten.

Gold ist kein Äquivalent, sondern anderen Waren überlegen

Kommen wir zurück auf das gehortete Gold. Jeder Besitzer von Gold hatte zwar, wie wir gesehen haben, die Möglichkeit, das Gold zurückzuhalten und seiner Verwendung als Tauschmittel zu entziehen; aber warum sollte er daran Interesse haben? Ist Gold nicht ein Äquivalent für Waren, eine Möglichkeit, damit gleichwertige Waren mit bestimmten Gebrauchswerten zu kaufen? Selbst hat es doch gar keinen konkreten Gebrauchswert, sondern ist nur noch "abstrakter Tauschwert". Warum sollte man ausgerechnet dieses nutzlose Etwas zurückhalten, dessen einziger Wert doch nur darin besteht, Tauschmittel zu sein?

"Weit gefehlt!" hätte Silvio Gesell gesagt. Das Gold ist kein Äquivalent, nichts Gleichwertiges, sondern es ist den meisten anderen Waren überlegen. Und zwar gerade dadurch, daß es unverderblich ist, daß es nicht veraltet, nicht verfault, nicht rostet, nicht verrottet. All die Eigenschaften, die das Gold als allgemeines Tauschmittel ja so geeignet erscheinen ließen, machen es gegenüber den anderen Waren überlegen. Fast alle anderen Waren verderben, verfaulen, verrotten, veralten mehr oder weniger schnell im Laufe der Zeit. Das Gold hingegen schwebt über den Dingen, über dem Zeitlichen, scheint den Wirkungen der Zeit auf alles Endliche entzogen, entrückt zu sein. Die Zeit, die sonst überall ihre Spuren hinterläßt, geht spurlos am Gold vorbei. Fast alle anderen Waren unterliegen dem Zahn der Zeit. (Diese Überlegenheit des Goldes über die übrigen Waren ist in *Abb. 17* symbolisch dargestellt.)

Ein weiterer Unterschied kommt hinzu: Waren zurückzuhalten und zu lagern, verursacht Lagerkosten, und zwar je länger, um so mehr. Oder um sie einigermaßen auf dem gleichen Stand zu halten und ihren Gebrauchswert zu be-

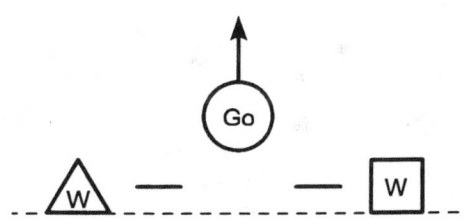

Abb. 17: Gold (Geld) ist kein Äquivalent, sondern den Waren überlegen (weil es zurückgehalten werden kann, ohne zu verderben).

wahren, müssen sie gepflegt werden, verursachen also bestimmte "Durchhaltekosten". Gold zurückzuhalten verursacht hingegen so gut wie keine Lager- und Durchhaltekosten. Auch darin liegt ein fundamentaler Unterschied zwischen Gold und den meisten Waren.

Ein dritter Unterschied kommt hinzu: Gold zurückzuhalten eröffnet jederzeit die Möglichkeit, in Waren- oder Goldvermehrungsmöglichkeiten einzusteigen und damit zu spekulieren. Spekulationsgeschäfte erfordern genau den richtigen Zeitpunkt des Einsteigens und Aussteigens, z.B. in Aktien, in Grundstücke, in spekulative Warenkäufe, in Devisenspekulation, in Spekulation mit Kunstgegenständen usw. Um genau den richtigen Zeitpunkt wahrnehmen zu können, muß das nötige Geld aber verfügbar, zurückgehalten, "flüssig" sein. Zurückgehaltenes Gold (Geld) besitzt also auch einen sog. "Liquiditätsvorteil" — ein Begriff, der in den 30er Jahren von Keynes geprägt wurde.

3.5 Die bisherigen Verknüpfungen von Gold/Geld und Zins

Warum also sollte der Geldbesitzer, der Geld übrig hat (das er nicht für seinen Lebensunterhalt, für seinen Konsum verbraucht) auf alle diese Vorteile freiwillig verzichten? Lieber hält er das Geld zurück, als diese Vorteile aufzugeben — es sei denn, man bietet ihm einen Anreiz, der diese Vorteile mehr als aufwiegt. Dann (und nur dann) ist der Geldbesitzer bereit, sein "überflüssiges" (zurückgehaltenes) Geld anderen, die es brauchen, mindestens zeitweise zur Verfügung zu stellen. Dieser Anreiz ist der Zins! Der Zins zieht das dem Wirtschaftskreislauf entzogene Geld wieder auf die Ebene der Waren und in den Kreislauf zurück *(Abb. 18)*, macht das zurückgehaltene, erstarrte Geld wieder zu fließendem Geld, zu einem allgemeinen Tauschmittel, das den Tausch der Waren vermittelt. Ohne den Zins bleibt der Fluß der Waren unterbrochen.

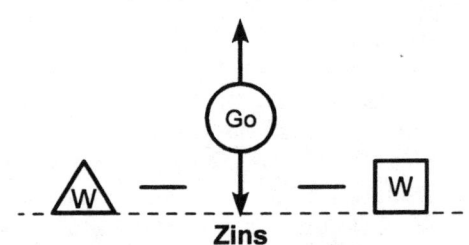

Abb. 18: Der Zins zieht das sonst gehortete Gold (Geld) auf die Ebene der Waren zurück.

Der Zins als Erpressung

Diese seit Jahrtausenden bestehende Selbstverständlichkeit, daß man Geld, was man anderen ausleiht, nicht nur zurückfordert, sondern auch noch einen Zins darauf erhebt, hat also hierin ihre tiefere Ursache: In der Überlegenheit des Goldes (Geldes) gegenüber den meisten anderen Waren — und damit in der Überlegenheit der Gold-(Geld-)besitzer gegenüber anderen Warenbesitzern.[5]

---

[5] Eine zusätzliche Erklärung für die historische Entstehung des Zinses bringt Gunnar Heinsohn. Er sieht sie in unmittelbarem Zusammenhang mit der Entstehung von Privateigentum (von allem an Boden) — als wesentlichen Grundlage für die dingliche Sicherung von Krediten. Siehe hierzu Gunnar Heinsohn (1984); Privateigentum, Patriarchat, Geldwirtschaft. Eine sozialtheoretische Rekonstruktion der Antike (Frankfurt, Main).

Die Abhängigkeit der Wirtschaft vom Geld

Die anderen Warenbesitzer, z.B. die Unternehmen, in denen die Waren produziert wurden, sind darauf angewiesen, ihre Waren so schnell wie möglich abzusetzen, weil sie sonst nur verderben bzw. Durchhaltekosten verursachen würden. Sie haben großes Interesse daran, daß das Geld zurückfließt und den Warenfluß ermöglicht. Das gleiche gilt für den Handel. Um die Waren vom Produzenten zu kaufen und vorübergehend bis zum Weiterverkauf auf Lager zu nehmen, braucht der Handel Geld. Die Zeit, bis das Geld aus dem Verkauf der Waren wieder fließt, muß überbrückt werden. Der Handel muß sich also für diese Zeit Geld leihen. Er ist ebenfalls dringend auf Geld, auf Kredit, angewiesen. Das gleiche betrifft die Unternehmen, die Investitionen durchführen wollen und diese nicht oder nur zum Teil aus eigenen Mitteln finanzieren können. Auch sie sind auf Kredit angewiesen. Von der Durchführung der Investition hängt möglicherweise ihr Überleben im Konkurrenzkampf ab. Und private Haushalte, die ein Haus bauen wollen, können das in der Regel auch nur dann finanzieren, wenn sie einen mehr oder weniger großen Teil über Kredite abdecken. Auch der Staat braucht zur Finanzierung eines Teils des Staatshaushalts Kredite. Alle, Produktionsunternehmen, Handel, private Haushalte und Staat, benötigen also dringend das Geld, was andere übrig haben — und sei es auch nur vorübergehend als Kredit mit entsprechender Rückzahlung.

Die Geldbesitzer sitzen am längeren Hebel.

Am Markt für Kredite, am Kapitalmarkt, stehen sich also zwei Seiten gegenüber, die einen fragen Kredite nach, die anderen bieten Kredite an. Aber es sind keine gleichen Partner oder Marktteilnehmer, die sich da gegenüberstehen, sondern sie unterscheiden sich in einem Punkt ganz wesentlich: Die einen können beliebig lange warten, und die anderen können es nicht. Die einen können ihr Geld ohne Schaden und sogar mit einer Reihe von Vorteilen zurückhalten, und die anderen sind dringend auf das Geld angewiesen, weil ihre Existenz mehr oder weniger davon abhängt. Je länger sie warten, um so größer wird der Schaden oder auf um so mehr mögliche Vorteile (z.B. des Hausbaus) müßten sie verzichten. Das zurückgehaltene Geld ist also insofern kein Äquivalent, sondern eine Art Erpressungsmittel. Erst einmal dem Kreislauf entzogen, seiner öffentlichen Funktion beraubt, geben es die Geldbesitzer nur frei für ein entsprechendes Lösegeld. Der Zins ist wie ein Lösegeld der Gesellschaft an die Entführer des Geldes, damit sie den Mißbrauch beenden und das Geld wieder frei geben. Unterhalb einer bestimmten Höhe des Lösegeldes läuft überhaupt nichts; dies ist, der Mindestzins, der die sonstigen Vorteile der Geldzurückhaltung mindestens ausgleichen muß. Darunter lassen die Geldbesitzer gar nicht mit sich reden, sondern halten ihr Geld lieber ganz zurück. Je mehr der Zins darüber ansteigt, um so mehr rücken sie nach und nach ihr Geld heraus und lassen es auf den Kapitalmarkt fließen.

Der Zins als Umlaufsicherung des Geldes

Der Zins wirkt also wie ein Magnet auf das zurückgehaltene Geld. Ist er zu schwach, bleibt das Geld gehortet, und je stärker der Magnet wird, um so mehr zieht er das bislang zurückgehaltene Geld auf den Kapitalmarkt und damit in den gesamtwirtschaftlichen Kreislauf zurück. Denn vom Kapitalmarkt aus kann das Geld weiter fließen zu den Kreditnehmern, die das Geld ihrerseits dringend brauchen und es auch gleich ausgeben, also Nachfrage nach Waren entfalten werden. *Abb. 19* stellt diesen Zusammenhang noch einmal grafisch dar:

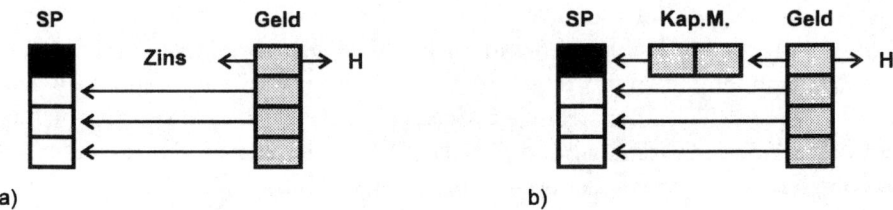

Abb. 19a und b: Den Zins zieht das sonst gehortete Geld (H) wieder auf den Kapitalmarkt, wo es als Kredit weiter fließen und zu Nachfrage nach Sozialprodukt (SP) werden kann.

In *Abb. 19b* wird davon ausgegangen, daß die Magnetwirkung des Zinses groß genug, das heißt der Zins hoch genug ist, um alle gesparten Gelder auf den Kapitalmarkt zu locken, und daß eine entsprechend hohe Kreditnachfrage das Geld im Kreislauf weiterfließen und nachfragewirksam werden läßt. Die vorher bestehende Lücke im gesamtwirtschaftlichen Kreislauf (*Abb. 19a*) wäre unter diesen Bedingungen geschlossen, das Geld würde seine öffentliche Funktion als Tauschmittel voll wahrnehmen. Aber eben nur unter der Bedingung, daß denjenigen, die eh schon Geld "überflüssig" haben, ein ausreichender Zins gezahlt wird von denen, die das Geld nötig haben und auf sein Fließen angewiesen sind.

> *Der Zins ist wie ein Lösegeld*
> *Der Gesellschaft*
> *An die Entführer des Geldes,*
> *Damit sie den Mißbrauch beenden*
> *Und das Geld wieder freigeben*
>
> *Sie können das Lösegeld erpressen,*
> *Seine Höhe bestimmen,*
> *Auf dessen Auszahlung bestehen,*
> *Und werden in Allem*
> *Von Recht und Gesetz geschützt.*
>
> *Die Erpressung findet nicht nur*
> *Einmal im Jahr statt*
> *Und geht dann*
> *Als Sensation durch die Presse,*
> *Sondern tagtäglich,*
> *Seit Jahren,*
> *Jahrzehnten,*
>
> *Jahrhunderten,*
> *Jahrtausenden,*
> *Und alle haben sich daran gewöhnt*

Der Zins als mehrfacher Krisenverursacher bzw. -verstärker

Nun könnte man ja sagen: Wenigstens schafft es der Zins, den sonst gestörten Fluß des Geldes und der Waren wiederherzustellen und für ein Gleichgewicht zwischen gesamtwirtschaftlichem Angebot und gesamtwirtschaftlicher Nachfrage zu sorgen. Zum Glück gibt es also den Zins, sonst würde der Kreislauf ja wirklich ins Stocken geraten, mit all den schlimmen Folgen für die Gesamtwirtschaft und für die Gesellschaft. Das stimmt schon, aber wenn man beginnt, über die Auswirkungen des Zinsen tiefer nachzudenken, kommt man zu dem Ergebnis, daß es sich bei ihm um eine sehr fragwürdige "Umlaufsicherung des Geldes" handelt. Auch diesen weitgehend verdrängten Aspekt hat Silvio Gesell ins Bewußtsein gehoben. Die mehrfache Problematik des Zinses liegt in seiner Verursachung bzw. Verstärkung der

- ökonomischen Krise
- ökologischen Krise
- sozialen Krise
- Krise des Staatshaushalts
- Schuldenkrise der Dritten Welt.

Abb. 20 stellt die durch den Zins verursachten bzw. verschärften Krisen symbolisch durch die fünf Blitze dar. Wir werden uns in Kapitel 7 ausführlich mit dieser These beschäftigen.

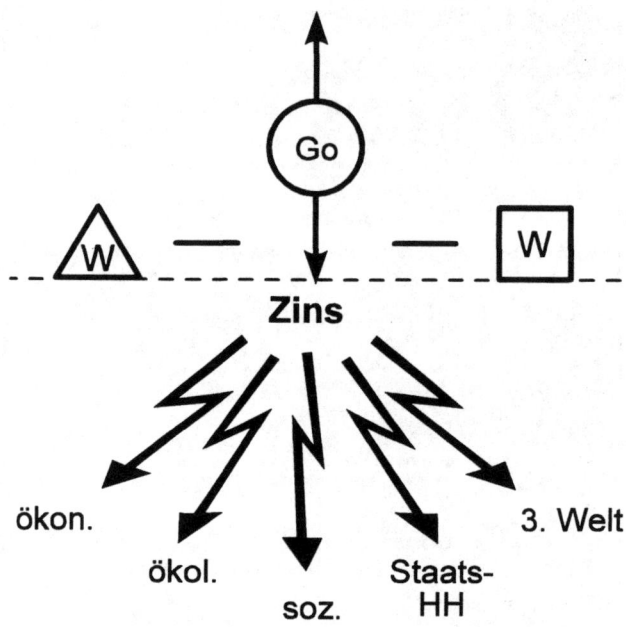

Abb. 20: Der Zins zieht zwar das Geld wieder in den Kreislauf, treibt aber selbst fünf Krisentendenzen hervor.

3.6 Die Banknote mit "Golddeckung" als Zahlungsmittel

Wenden wir uns jetzt noch einmal direkt der Goldwährung zu und in diesem Zusammenhang der Frage, wie sich aus der Goldumlaufwährung eine Papierwährung entwickeln konnte.

Papiergeld mit voller Golddeckung

Der erste Schritt bestand darin, daß Gold — anstatt es auf lange Handelswege zu transportieren und sich der Gefahr des Überfalls und Raubes auszusetzen — von den Händlern sicherheitshalber bei Banken deponiert wurde. Sie erhielten dafür eine entsprechende Quittung, eine "Banknote", auf der quittiert wurde, welche Goldsumme bei der Bank hinterlegt worden war. Diese Banknote konnte auch jederzeit wieder in Gold eingelöst werden, und allein diese Sicherheit reichte aus, um sie immer mehr als Zahlungsmittel zu akzeptieren. Anstatt daß der Empfänger die Banknote nun seinerseits in Gold einlöste, gab er sie ebenfalls als Zahlungsmittel weiter. Und so gewöhnte sich der Handel mehr und mehr daran, daß die Banknote genau die gleiche Kaufkraft besaß wie das Gold, das für sie hinterlegt worden war. Die Banknote, das Papiergeld, war also zunächst noch voll durch Gold gedeckt. (*Abb. 21* soll die feste Anbindung des Papiergeldes G an das Gold darstellen).

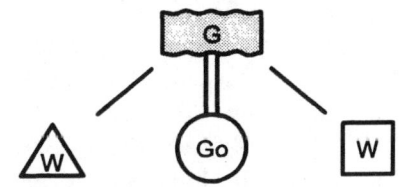

Insofern handelte es sich bei dem Papiergeld zunächst einmal um nichts anderes als eine technische Vereinfachung des Zahlungsverkehrs. Aber dabei blieb es nicht. Es wurden vielmehr fast unauffällig die Weichen gestellt in Richtung einer allmählichen

Abb. 21: Anstelle von Gold (Go) kam Papiergeld (G) in Umlauf, das zunächst zu 100% durch Gold "gedeckt" war.

und dann immer weiter fortschreitenden Loslösung des Papiergeldes von der Golddeckung, bis hin zu dem Punkt, wo die immer dünner werdende Verbindung zwischen beiden schließlich ganz durchtrennt wurde? Wie kam es dazu?

3.7 Goldkernwährung und Ausweitung der Geldmenge

Nehmen wir einmal an, nach einer allgemeinen Gewöhnung an die zunächst voll durch Gold gedeckten Banknoten sei nur noch jeder Vierte zur Bank gegangen und habe die Banknote in Gold eingelöst. (Ein Grund konnte z.B. darin liegen, daß er das Gold mit ins Ausland nehmen und in die dortige Papierwährung eintauschen wollte.) Die Bank hätte also von ihren Goldvorräten nur noch ein Viertel an Goldreserven gebraucht für den Fall, daß jemand die Banknote in Gold einlösen wollte. Die anderen drei Viertel waren für diesen Zweck nicht mehr erforderlich. Entweder konnten sie direkt als Gold ausgeliehen werden, oder noch besser: Auf ihrer Grundlage setzte die Bank noch einmal die vierfache Menge an Banknoten in Umlauf, indem sie entsprechende Kredite vergab und darauf vertraute, daß nur jede vierte Banknote zur Goldeinlösung vorgelegt wurde. Das ist natürlich nur ein ganz einfaches Zahlenbeispiel. Selbstverständlich wird die Bank ein gewisses Sicherheitspolster eingebaut haben, um zu vermeiden, daß sie im Ernstfall in Bezug auf das Gold zahlungsunfähig wurde. Aber das Beispiel macht deutlich, daß es mit zunehmender Akzeptanz des Papiergeldes für die Bank möglich wurde, auf einer bestimmten Basis von Gold immer mehr Papiergeld in Umlauf zu setzen (symbolisch dargestellt in *Abb. 22*).

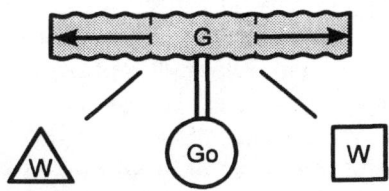

Abb. 22: Auf der Basis von Gold (Go) konnte ein Vielfaches von Papiergeld (G) aufgebaut werden.

Wenn die Papiergeldmenge als großer Kreis dargestellt wird und die Golddeckung als kleiner Kreis *(wie in Abb. 23)*, dann ergibt sich das Bild einer sog. "Goldkernwährung". Das so geschaffene Papiergeld hatte dabei die gleichen widersprüchlichen Eigenschaften wie das Gold beibehalten und mußte auch immer wieder mit dem Zins in den Kreislauf hineingelockt werden. Das Geld hatte zwar seine Form verändert, war aber in sich gespalten geblieben — in seine öffentliche Funktion als Tauschmittel und seine private Funktion als Wertaufbewahrungsmittel.

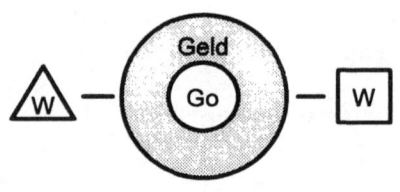

Abb. 23: Goldkernwährung: Nur noch ein Kern der Papiergeldmenge war durch Gold "gedeckt".

Man könnte nun meinen, eine Goldkernwährung müsse durch die Ausweitung der Geldmenge notwendig zur Inflation führen. Das ist aber nicht zwangsläufig der Fall, dann nämlich nicht, wenn sich das Wachstum der Geldmenge parallel zum Wachstum des Sozialprodukts entwickelt, das heißt wenn mit wachsendem Sozialprodukt der Prozentsatz der Golddeckung entsprechend geringer würde, der Goldkern also immer mehr zusammenschmelzen würde. Eine solche gezielte Geldmengensteuerung hat es aber in der Goldkernwährung nie gegeben. Stattdessen hat man jeweils feste Prozentsätze der Golddeckung beschlossen und die Zentralbanken verpflichtet, mit ihrer Geldpolitik (deren Instrumente und Wirkungsweise wir noch kennenlernen werden) die Geldmenge den jeweiligen Schwankungen der Goldvorräte anzupassen. Die Einhaltung der Spielregeln der Goldkernwährung hat in der Geschichte immer wieder zu verheerenden Auswirkungen geführt. So schreibt z.B. Yoshito Otani über die Auswirkung der Goldwährung in England folgendes:

"Da war z.B. der Goldabfluß. Gold war vor allem im internationalen Handel gefragt, und so kam es oft vor, daß die Bankkunden für auswärtige Zahlungen Gold abhoben. Schon in diesem einfachen Fall mußte der Banknotenumlauf im Land gedrosselt werden, und zwar im Verhältnis von Gold zu Banknote um das drei- bis vierfache des abgehobenen Goldes, was praktisch bedeutete, daß irgendeinem Wirtschaftsteilnehmer Kredite verweigert oder gekündigt werden mußten, ohne daß er das geringste mit dieser Ursache zu tun hatte.

Unter diesen Voraussetzungen hat z.B. England in den fünfzig Jahren von 1816 bis 1866 nicht weniger als siebzehn Wirtschaftskrisen erlitten. Eine der schwersten war die von 1846, als England durch eine Mißernte große Mengen an Korn und Kartoffeln einführen mußte. An sich war es keineswegs zu arm, um die fehlenden Lebensmittel einzukaufen. Die vergangenen Jahre hatten eine rasche Entwicklung der Wirtschaft gebracht, und die Goldvorräte der Banken zeigten einen Höchststand. Aber die Lieferländer nahmen nur Gold in Zahlung, welches nun in der Höhe von mindestens 9 Mio. Pfund ins Ausland ging, davon volle 7½ aus dem Barschatz der Bank von England. Man braucht kein Wirtschaftsexperte zu sein, um zu erraten, was passierte, als die entsprechende Menge von Banknoten aus dem Verkehr verschwand. Im Verlauf weniger Monate brach die ganze Wirtschaft zusammen ..."[6]

Die gesamtwirtschaftlichen Wirkungen von Goldabflüssen bzw. Goldzuflüssen als Folge unausgeglichener Zahlungsbilanzen waren also in der Goldkernwährung ungleich viel stärker als bei voller Golddeckung. Im Rahmen des internationalen Goldwährungssystems hatte sich jedes Land mit nationaler Goldwährung verpflichtet, diese Spielregeln einzuhalten. Allerdings gab es auch immer wieder Phasen, in denen von einzelnen Ländern die Spielregeln verletzt wurden und die Golddeckung aufgehoben wurde. Den Hintergrund hierfür bildete häufig die Finanzierung von Aufrüstung und Krieg. So wurde z.B. in Deutschland, das 1873 zur Goldkernwährung übergegangen war, pünktlich mit Beginn des Ersten Weltkriegs 1914 die Golddeckung aufgehoben. Wir wollen uns deshalb im folgenden etwas eingehender mit dem Zusammenhang zwischen Kriegsfinanzierung und Geldschöpfung beschäftigen.

3.8 Kriegsfinanzierung und Auflösung der Goldwährung

Möglichkeiten der Kriegsfinanzierung

Zur Veranschaulichung des Zusammenhangs müssen wir den gesamtwirtschaftlichen Kreislauf noch um den Staatshaushalt erweitern. Der Staat nimmt auf der einen Seite Steuern ein (z.B. durch direkte Besteuerung der Einkommen: St, wie in *Abb. 24* dargestellt), auf der anderen Seite verwendet er das Geld für Staatsausgaben (A_{st}), um auf diese Weise Teile des Sozialprodukts zu

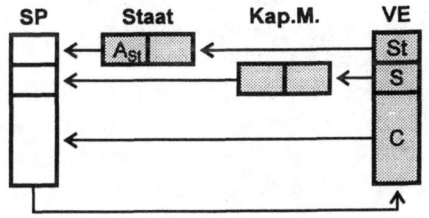

Abb. 24: *Gesamtwirtschaftlicher Kreislauf mit Staat und Kapitalmarkt.*

kaufen (Straßen, Schulen, Verwaltungsgebäude, Rüstungsgüter usw.). Will eine Regierung die Staatsausgaben für Rüstung oder Krieg steigern, so stehen ihr im Prinzip folgende Möglichkeiten zur Verfügung:

- Kürzung der übrigen Staatsausgaben
- Steuererhöhungen
- höhere Kreditaufnahme am Kapitalmarkt
- Auslandsverschuldung
- Geldschöpfung

---

[6] Yoshito Otani (1981): Untergang eines Mythos, 2. Auflage, S. 193f, Kapitel "Das Geld", Arrow Verlag Gesima Vogel, Neu-Ulm.

Kürzung der übrigen Staatsausgaben

Die Kürzung der übrigen Staatsausgaben, z.B. der Sozialausgaben oder der Subventionen, schafft unmittelbar entsprechende politische Konflikte. Jede von den Kürzungen betroffene Gruppe wird sich mehr oder weniger dagegen zur Wehr setzen. Die Regierung bringt damit mindestens Teile der Bevölkerung gegen sich auf, und dies in Zeiten, wo sie auf die Unterstützung und möglichst sogar Begeisterung der Bevölkerung für Kriegsvorbereitung oder Krieg angewiesen ist.

Steuererhöhungen

Steuererhöhungen werden für die Bevölkerung ebenfalls direkt spürbar. Bei direkter Steuer sowieso, weil nach Steuerabzug weniger Geld übrig bleibt als vorher; aber auch bei indirekter Steuer, die auf die Preise überwälzt wird und also die Preise in die Höhe treibt. Je nach Steuerart werden auch hier einzelne gesellschaftliche Gruppen mehr oder weniger getroffen. Insofern schaffen Steuererhöhungen bei den betroffenen Gruppen Unmut.

Kreditaufnahme am Kapitalmarkt

Erhöhte Kreditaufnahme des Staates am Kapitalmarkt bringt den Staat in Konkurrenz zu anderen Kreditnachfragern, z.B. den Privatunternehmen, die Investitionskredite aufnehmen wollen. Die durch den Staat verstärkte Nachfrage nach Krediten treibt das Zinsniveau in die Höhe, und der Staat selbst müßte entsprechend höhere Zinsen zahlen, um gegenüber den privaten Kreditnachfragern überhaupt eine Chance am Kapitalmarkt zu haben und die Privaten in die Defensive zu drängen. Hohe Zinsen erhöhen aber für die Zukunft die Zinsbelastungen des Staatshaushalts, und außerdem dämpfen sie die privaten Investitionen.

Es bliebe noch eine andere Möglichkeit, von der Regierungen in Kriegszeiten immer wieder Gebracht gemacht haben: die sog. Zwangsanleihe. Wenn der Kapitalmarkt schon freiwillig nicht genügend Kredite zu tragbaren Zinsen hergibt, dann sollen die Haushalte direkt gezwungen werden, Staatsanleihen zur Kriegsfinanzierung zu kaufen, die sie zu diesen Bedingungen freiwillig nicht kaufen würden. Das macht sich für die Regierung natürlich auch nicht gut. Man kann zwar der Bevölkerung klarmachen, daß die Anleihen später um so leichter zurückgezahlt werden können, je besser der Krieg gewonnen wird und je mehr fremde Gebiete erobert und unterworfen werden; die Bevölkerung kann auf diese Weise auch interessenmäßig in die Kriegsideologie eingebunden werden. Aber dennoch ist die Zwangsanleihe für die Regierung keine elegante Lösung. Besser wäre es schon, es ginge noch anders, noch unauffälliger, weniger offensichtlich, mit weniger ökonomischen, politischen und sozialen Konflikten — jedenfalls erst einmal, solange die breite Zustimmung der Bevölkerung für den Krieg erforderlich ist und der Krieg noch keine eigene Dynamik entwickelt hat.

Kreditaufnahme im Ausland

Auslandsverschuldung, das heißt Kreditaufnahme der Regierung im Ausland, wäre prinzipiell eine weitere Möglichkeit der Rüstungs- oder Kriegsfinanzierung. Aber erstens belastet auch das den Staatshaushalt in Zukunft mit entsprechenden Zinslasten, die außerdem noch in Devisen aufgebracht werden müssen; zweitens wird das Land insoweit natürlich von anderen Ländern abhängig. Im Kriegsfall können derartige Kapitalströme vom Ausland sehr schnell gestoppt werden, es sei denn, es handelt sich um Verbündete. Aber Deutschland, was ja den Ersten wie den Zweiten Weltkrieg im Alleingang begonnen hatte, konnte in dieser Hinsicht nicht auf viel Unterstützung rechnen. (Für die USA sah das nach dem Zweiten Weltkrieg wesentlich anders aus. Wir kommen später darauf zurück.)

Je undurchsichtiger die Finanzierung des Krieges für die Bevölkerung, um so leichter läßt sie sich durchsetzen. Ehe die Bevölkerung dahintersteigt, sind schon vollendete politische oder militärische Tatsachen geschaffen und wird eine Eigendynamik in Gang gesetzt, aus der es kein Zurück mehr gibt. Das alles soll nicht heißen, daß die Geldpolitik die wesentliche Ursache der Kriege gewesen wäre, aber sie hat die Kriege mit ermöglicht und dazu beigetragen, daß die Bevölkerung über die tatsächlichen Kosten des Krieges bewußt getäuscht wurde.

Kriegsfinanzierung durch Geldschöpfung

Kommen wir also zu der für die Regierung elegantesten Lösung der Kriegs- bzw. Rüstungsfinanzierung, nämlich der Geldschöpfung, bekannter unter dem Namen "Gelddrucken" oder "Notenpresse". Gemeint ist hier nicht das Drucken von Geld, was zur Geldversorgung der Wirtschaft, zur Anpassung der Geldmenge an das Sozialprodukt, ohnehin erforderlich ist, sondern die darüber hinausgehende Geldschöpfung. Der Geldhahn der Zentralbank wird einfach über das (für eine stabile Wirtschaftsentwicklung) erforderliche Maß hinaus aufgedreht, und das zusätzliche Geld fließt an den Staat, der auf diese Weise seine Staatsausgaben erhöhen kann *(Abb. 25)*.

Das ist eine feine Sache für die Regierung, denn sie hält sich auf diese Weise die ganzen Konflikte, die mit den anderen Formen der Haushaltsfinanzierung verbunden gewesen wären, erst einmal vom Hals. Vornehm ausgedrückt heißt dieses Gelddrucken "Kreditaufnahme des Staates bei der Zentralbank", und anstandshalber sind die Kredite

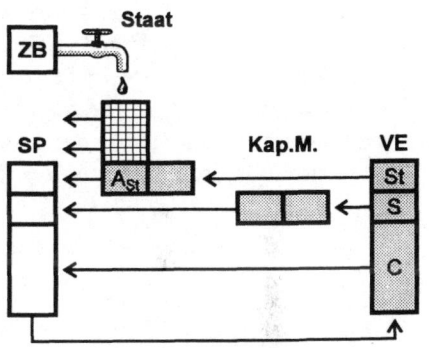

Abb. 25: Zusätzliche Staatsausgaben, "finanziert" über Geldschöpfung, führen zu Nachfrageüberhang.

auch mit einer Rückzahlungspflicht und einem Zins ausgestattet. Oder es heißt, daß die "Zentralbank Staatsanleihen aufkauft". Auch das hört sich noch ganz gut an. Aber es ändert nichts daran, daß es sich im Grunde um zusätzlich geschöpftes Geld handelt, dem — mindestens zunächst einmal — keine neu geschaffenen Gegenwerte in Form von zusätzlichem Sozialprodukt gegenüberstehen.

Anstatt dem Staat direkt das Geld von der Zentralbank zufließen zu lassen, kann die Finanzierung über Geldschöpfung auch auf Umwegen geschehen; nämlich dadurch, daß die Zentralbank neu geschöpftes Geld mit den Mitteln der Geldpolitik (die wir später noch im einzelnen kennenlernen werden) in den Wirtschaftskreislauf pumpt, wo ein Teil des überschwappenden Geldes entweder auf den Kapitalmarkt wandert oder zusätzlich gehortet wird. Der Staat könnte nun Staatsanleihen am Kapitalmarkt unterbringen, das heißt Kredite aufnehmen, ohne deswegen andere Kreditnehmer zurückdrängen zu müssen. Bei hinreichend attraktiver Verzinsung könnte er vielleicht sogar einen Teil der zusätzlich gehorteten Gelder aus der Reserve locken.

Wie auch immer, die letzte Quelle für die Finanzierung zusätzlicher Staatsausgaben läge in der Schöpfung von zusätzlichem Geld, dem kein entsprechendes zusätzliches Sozialprodukt gegenübersteht. Eine solche beliebige Geldschöpfung wäre natürlich im Rahmen einer Goldwährung oder Goldkernwährung nicht möglich gewesen; also mußte die Golddeckung aufgehoben werden, mußte die Bindung des Papiergeldes an das Gold völlig durchgetrennt werden (in *Abb. 26* symbolisch durch die Schere dargestellt). Etwas undurchsichtig ausgedrückt, lautete die offizielle Formulierung etwa so: "Die Zentralbank wird vorübergehend von der Goldeinlösepflicht entbunden". Hätte man dies getan, um die Geldmenge flexibel und gezielt an die Entwicklung des Sozialprodukts anzupassen, wäre es sogar ein vernünftiger und notwendiger Schritt

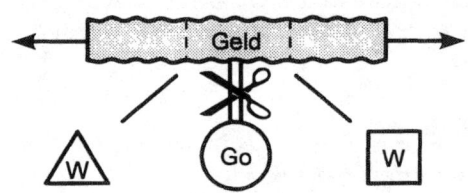

Abb. 26: Die Auflösung der Goldbindung ermöglichte eine unbegrenzte Auswirkung der Papiergeldmenge.

gewesen. Aber der Hintergrund für die vollständige Abkoppelung des Geldes vom Gold war in Deutschland und in anderen Ländern ein ganz anderer: Es ging um die Schaffung von Voraussetzungen für die hemmungslose Geldschöpfung — als dem undurchsichtigsten und dadurch wirksamsten Mittel der Kriegsfinanzierung.

4. Auswirkungen geldschöpfungsfinanzierter Staatsverschuldung

Wie wirken sich nun solche zusätzlichen geldschöpfungsfinanzierten Staatsausgaben auf die Gesamtwirtschaft aus? Das hängt wesentlich von der Ausgangssituation ab, in der sich die Wirtschaft zu diesem Zeitpunkt befindet. Die Wirkungen sind zunächst ganz andere, wenn in der Ausgangssituation Vollbeschäftigung und ausgelastete Kapazitäten gegeben sind, als wenn es sich um Massenarbeitslosigkeit und unausgelastete Kapazitäten handelt. Wir wollen beide Extreme einmal modellhaft durchspielen und dabei gleichzeitig Bezug nehmen auf zwei entsprechende historische Situationen in Deutschland: auf die Zeit während und nach dem Ersten Weltkrieg und auf die Zeit nach der Machtergreifung der Nationalsozialisten 1933.

4.1 Staatsverschuldung bei Vollbeschäftigung

In *Abb. 27a* wird davon ausgegangen, daß es kaum Arbeitslosigkeit gibt und daß die Produktionskapazitäten der Wirtschaft voll ausgelastet sind. Die Staatsnachfrage N_{st} beträgt in der Ausgangssituation 1/4 der volkswirtschaftlichen Gesamtnachfrage. Angenommen nun, durch Geldschöpfung wird die Staatsnachfrage auf das Dreifache ihres bisherigen Umfangs erhöht. Gesamtwirtschaftlich betrachtet führt dies zu einem Nachfrageüberhang, dem keine entsprechende Steigerung des Sozialprodukts gegenübersteht, weil die Kapazitäten ausgelastet und keine zusätzlichen Arbeitskräfte verfügbar sind. (Eine gewisses Wachstum des Sozialprodukts könnte dann allenfalls durch verschiedene Methoden der Produktivitäts- und Intensitätssteigerung erreicht werden.)[7] Unter diesen Bedingungen käme es zu einem gesamtwirtschaftlichen Nachfrageüberhang und — bei freier Preisbildung in einer Marktwirtschaft — zu einer allgemeinen Aufblähung der Preise, das heißt zur Inflation *(Abb. 27b)*.

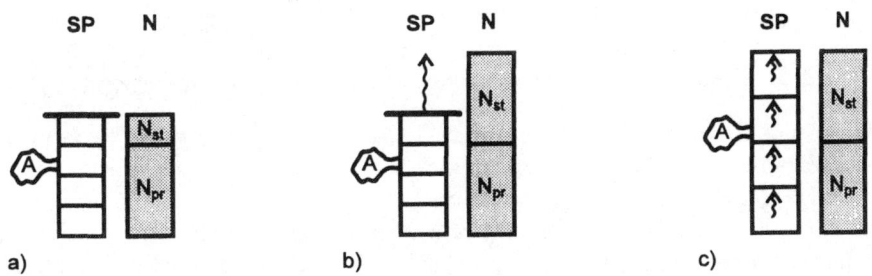

a)   b)   c)

Abb. 27a bis c: Bei Vollbeschäftigung und ausgelasteten Kapazitäten führen geldschöpfungsfinanzierte Staatsausgaben zur Inflation.

---

[7] Siehe hierzu im einzelnen Bernd Senf: Politische Ökonomie des Kapitalismus, Bd. 1, S. 126-155.

Wo die Staatsnachfrage vorher nur 1/4 des Sozialprodukts gekauft hat, kauft sie in unserem Beispiel nach erfolgter Inflation die Hälfte. Die private Nachfrage N_{pr} hingegen, die vorher 3/4 des Sozialprodukts kaufen konnte, wird durch die Inflation auf die Hälfte des Sozialprodukts zurückgedrängt (Abb. 27c). Vorher konnte sie in unserem Beispiel drei Stück Sozialprodukt kaufen, hinterher nur noch zwei. Die Privatnachfrage ist zwar in der Geldsumme ("nominell") gleich groß geblieben, aber die Inflation hat die "reale" Kaufkraft dieser Geldsumme vermindert und sie auf diese Weise zurückgedrängt. Natürlich ist auch die Kaufkraft des Geldes in der Hand des Staates entwertet worden, aber dafür verfügt der Staat — bedingt durch die Geldschöpfung — jetzt über die dreifache Geldsumme, und im Endeffekt verfügt er damit über einen gewachsenen Anteil am Sozialprodukt. Gesamtwirtschaftlich betrachtet reißt er sich damit sozusagen einen zusätzlichen Teil des Sozialprodukts unter den Nagel, der den Privaten durch Inflation und realen Kaufkraftverlust weggenommen wird.

Aber wie soll man sich dieses Gerangel um das Sozialprodukt konkret vorstellen? Das Zurückdrängen der privaten Nachfrage (z.B. nach Konsumgütern) nützt doch wenig, wenn der Staat mit dem zusätzlich geschöpften Geld zusätzliche Rüstungsgüter kaufen und zusätzliche Soldaten bezahlen will! Firmen, die vorher zivile Produktion hergestellt haben, können doch in der Regel nicht einfach auf Rüstungsproduktion umstellen. Insoweit sie es rein technisch können, schafft der Staat durch seine Aufträge genügend Gewinnanreize für eine entsprechende Umstellung. (Und was die Soldaten anlangt, so werden durch die Wehrpflicht Arbeitskräfte aus der Produktion abgezogen, und die zivile Produktion muß entsprechend eingeschränkt werden.)

Andere Unternehmen, die sich technisch nicht auf Rüstung umstellen können, werden von der zivilen Produktion weniger absetzen, müssen Leute entlassen bzw. gehen in Konkurs; während in der Rüstungsindustrie (durch das dorthin fließende Geldkapital) zusätzliche Kapazitäten geschaffen und die Ressourcen (Arbeitskraft, Material und Maschinen) verstärkt in diese Bereiche hineingezogen werden — die dann natürlich an anderer Stelle im Bereich der zivilen Produktion fehlen. Diese Umstrukturierung der Wirtschaft von ziviler Produktion auf Rüstungsproduktion geht natürlich nicht von heute auf morgen, sondern braucht eine gewisse Zeit, aber sie wird sich dennoch durchsetzen, weil im Rüstungsbereich die größeren Gewinne zu machen sind.

4.2 Staatsverschuldung bei Massenarbeitslosigkeit

Wie wirkt sich demgegenüber eine durch Geldschöpfung finanzierte Staatsverschuldung bei anfänglicher Massenarbeitslosigkeit und unausgelasteten Kapazitäten aus? Abb. 28a und b stellen diesen Fall grafisch dar.

Selbst bei gleichbleibenden Steuersätzen bringt der Wirtschaftsaufschwung dem Staat höhere Steuereinnahmen, und die Sozialausgaben (z.B. für Arbeitslosenunterstützung) gehen zurück. Auf diese Weise könnten sogar die aufgenommenen Kredite vom Staat an die Zentralbank zurückgezahlt werden.

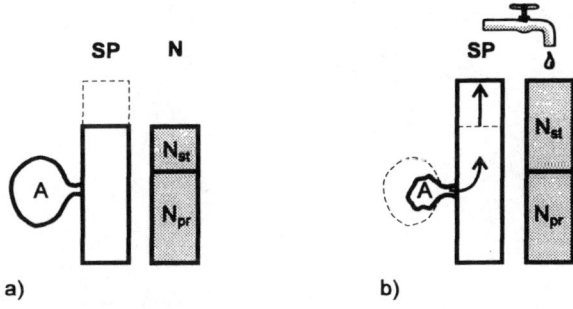

Abb. 28a und b: Bei Massenarbeitslosigkeit führen geldschöpfungsfinanzierte Staatsausgaben in Richtung Vollbeschäftigung.

Die Rolle der Goldwährung und ihrer Auflösung bzw. Wiedereinführung in Deutschland

Was wir hier nur modellhaft durchgespielt haben, hat erstaunliche Bezüge zur deutschen Währungsgeschichte in der ersten Hälfte dieses Jahrhunderts und den damit einhergehenden sozialen Katastrophen:

- Erster Weltkrieg (1914 - 1918) und große Inflation (1923)
- Deflation und Massenarbeitslosigkeit (1929 - 1933)
- Nationalsozialismus und Zweiter Weltkrieg (1933 - 1945)

Welcher Anteil in diesem Zusammenhang der Goldwährung, ihrer Auflösung bzw. Wiedereinführung zukam, soll im folgenden in groben Zügen erläutert werden.

5. Währungsentwicklung und Währungskrisen in Deutschland (1914 - 1948)

5.1 Vom Ersten Weltkrieg zur Inflation 1923

Das 1871 gegründete Deutsche Reich hatte 1873 die Goldkernwährung eingeführt und sich damit auch den Spielregeln des internationalen Goldwährungssystems unterworfen (die wir weiter oben ausführlich diskutiert haben). Mit Ausbruch des Ersten Weltkriegs wurde in Deutschland die feste Bindung des Papiergeldes an den Goldkern aufgehoben. Welche entscheidende geldpolitische Weiche durch die damalige Aufhebung der Goldbindung gestellt wurde und welche verhängnisvollen Folgen sich daraus ergeben konnten, blieb der Bevölkerung weitgehend verborgen. Von offizieller Seite hieß es lediglich, daß "die Reichsbank von ihrer Verpflichtung zur Goldeinlösung vorübergehend entbunden" sei. Dieser Schritt ebnete den Weg in eine hemmungslose Geldschöpfung, die die schlimmste Inflation der Geschichte zur Folge hatte: Auf dem Höhepunkt der Inflation 1923 war schließlich die damalige Mark auf ungefähr 1 Billionenstel ihrer ursprünglichen Kaufkraft abgesunken! Wie konnte es zu einer solchen Katastrophe kommen?

In der Ausgangssituation 1914 gab es in Deutschland zwar keine Vollbeschäftigung, aber auch keine mit 1929 - 1933 vergleichbare Massenarbeitslosigkeit. Die Regierung versuchte zunächst, einen Teil der Kriegskosten über Kriegsanleihen bei der Bevölkerung zu finanzieren. Von Beginn des Krieges an wurde aber auch kräftig Geldschöpfung betrieben, so daß ein gesamtwirtschaftlicher Nachfrageüberhang, zunehmende Auslastung der Kapazitäten und annähernd Vollbeschäftigung eintraten. Als die Geldschöpfung dennoch weiterbetrieben wurde, kam es immer mehr zur Verknappung des zivilen Güterangebots, was unter marktwirtschaftlichen Bedingungen zur Inflation führen würde. Dadurch aber, daß die Konsumgüter (insbesondere die Lebensmittel) im Krieg teilweise über staatlich ausgegebene Bezugsscheine zugeteilt wurden, wurde die Nachfrage künstlich beschränkt, und die sonst auftretenden Preissteigerungen wurden künstlich unterdrückt. Auf diese Weise blieb die Inflation zunächst unter der Oberfläche bzw. wurde "zurückgestaut".

Die Hoffnung der Regierung, die Kriegsanleihen eines Tages aus der Kriegsbeute und einem entsprechenden Wirtschaftsaufschwung (mit höherem Steueraufkommen) zurückzahlen zu können, wurden nicht erfüllt. Ganz im Gegenteil: Der Krieg ging für Deutschland unter ungeheuren Opfern auf beiden Seiten verloren, und statt der erhofften Kriegsbeute bekam es durch den Vertrag von Versailles von den Siegermächten Unsummen von Reparationsverpflichtungen auferlegt (132 Mrd. Goldmark). Darüber hinaus waren die inneren Kriegsschulden aus den Kriegsanleihen auf einen Betrag von 154 Mrd. Mark angewachsen — dreimal soviel wie das Sozialprodukt vor dem Krieg (1913) betragen hatte.

Nach dem Zusammenbruch des Kaiserreichs war die erste deutsche Demokratie, die Weimarer Republik, also mit enormen Hypotheken belastet:

- den Kriegsfolgen durch Zerstörung
- den hohen Kriegsschulden im Innern
- den hohen Reparationsverpflichtungen.

Auf der Konferenz von Versailles war von Seiten der Siegermächte vermutlich das Motiv mit im Spiel, Deutschland für diesen Krieg, den es vom Zaun gebrochen und immer weiter eskaliert hatte, zu bestrafen. Ein weiterer Grund für die hohen Reparationsverpflichtungen lag sicherlich darin, daß sich etliche der Siegermächte selbst gegenüber dem Ausland verschuldet hatten (insbesondere gegenüber den USA als dem Hauptlieferanten von Waffen und Lebensmitteln) und nun ihrerseits ihre Auslandsschulden zurückzahlen mußten und dafür Mittel brauchten. Schließlich bestand wohl auch die Absicht, Deutschland in den nächsten Jahrzehnten wirtschaftlich derart zu schwächen, daß es nicht wieder zu einer Wirtschafts- und Militärmacht heranwachsen und einen neuen Krieg beginnen könnte. Das genaue Gegenteil dieser Absicht ist schließlich eingetreten: Mit der Machtergreifung der Nationalsozialisten 1933 begann die Wiederaufrüstung und die Vorbereitung auf den Zweiten Weltkrieg. Und es gibt viele Kritiker, die einen historischen Zusammenhang sehen zwischen Versailles und dem Aufkommen der faschistischen Massenbewegung in Deutschland.[8]

Welche Rolle spielte in diesem Zusammenhang die Geldschöpfung? Nach dem Ersten Weltkrieg wurde das mit der Notenpresse zusätzlich gedruckte Geld u.a. zur Rückzahlung der Kriegsanleihen, das heißt zur Abtragung der inneren Staatsschulden verwendet. Die bis dahin weitgehend zurückgestaute Inflation trat 1922 immer mehr an die Oberfläche. Die reale Kaufkraft der zurückgezahlten Beträge und der Sparguthaben oder Lebensversicherungen schmolz auf diese Weise in dramatischem Tempo zusammen, während auf der anderen Seite die Schuldner, allen voran der Staat, durch die Inflation immer mehr entlastet wurden. "Als die Mark schließlich beim Kurs von 4,2 Billionen Papiermark für einen Dollar stabilisiert wurde, waren z.B. die Kriegsschulden von ehemals 154 Mrd. Mark keine vier Cent mehr wert."[9] Zu den Schuldnern gehörten auch die Unternehmen und Grund- bzw. Hauseigentümer, die sich verschuldet hatten. Für sie bedeutete die Inflation faktisch so etwas wie einen weitgehenden Schuldenerlaß. Wer z.B. in Zeiten stabiler Währung einen Kredit von einer Million Mark aufgenommen und dafür ein Mietshaus erworben hatte, konnte in Zeiten galoppierender Inflation die eine Million spielend zurückzahlen und seine Schulden loswerden — mit einem Betrag, der vielleicht gerade mal einem Brot entsprach; während er als Hauseigentümer noch auf Jahrzehnte hinaus Mieten kassieren konnte. Riesige Sachvermögen waren auf diese Weise von einem Teil der Gesellschaft (fast im wahren

---

[8] Einer, der auf Seiten der Siegermächte sehr früh vor den drohenden Folgen zu harter Reparationsverpflichtungen gewarnt hatte, war übrigens John Maynard Keynes, der als Mitglied der britischen Delegation an der Konferenz von Versailles teilnahm und unter Protest sein Mandat niederlegte. Zu dieser Zeit war noch nicht erkennbar, daß er eines Tages zu den größten Ökonomen des Jahrhunderts gezählt würde.

[9] Czada/Tolksdorf/Yenal: Internationale Währungsprobleme, S. 37

Sinne des Wortes) "für'n Appel und 'n Ei" als schuldenfreies Eigentum erworben worden.

Die Inhaber von Sachvermögen (wie Fabriken, Häuser, Boden) sowie die Schuldner waren demnach die großen Gewinner der Inflation, wohingegen die Inhaber von Geldvermögen die Geschädigten waren. Und wer vorher über große Geldvermögen verfügte, war in der Regel rechtzeitig in Sachvermögen umgestiegen, während die kleinen und mittleren Sparer massenweise um ihre mühsam angesparten und fest angelegten Beträge betrogen wurden und mehr oder weniger große Teile ihres Eigentums verloren. So gesehen kam die galoppierende Inflation einer stürmischen Welle massenhafter Enteignungen — vor allem des Mittelstands oder Kleinbürgertums — gleich.

Die Oberschichten, die sich durch die Inflation in entsprechendem Maße bereichert hatten, hätten natürlich — als Ausgleich für den faktischen Schuldenerlaß — mit entsprechend höheren Steuern belastet werden können, um daraus z.B. die Reparationen zu bezahlen. Entsprechende Vorschläge wurden seinerzeit von Silvio Gesell formuliert, blieben aber in der politischen Diskussion unbeachtet.[10] Stattdessen hat es die Regierung vorgezogen, den Geldhahn einfach immer weiter aufzudrehen bzw. die Geldpresse in Bewegung zu setzen — wohl auch in der Illusion, auf diese Weise die riesigen Beträge der Reparationen schneller aufbringen zu können. Die Folge davon war allerdings, daß die Inflation sich nur noch immer weiter beschleunigte und der Kurs der Mark am internationalen Devisenmarkt und gegenüber dem Gold und dem Dollar (aber auch gegenüber anderen Währungen) ins Bodenlose abstürzte.

Ein weiterer Faktor, der mit zur Beschleunigung der Inflation beitrug, war die Besetzung des Ruhrgebiets durch französische Truppen 1922. Hintergrund dafür war die Nichterfüllung von Reparationsverpflichtungen in Form von Sachleistungen. Als daraufhin der passive Widerstand von Arbeitern und Staatsbediensteten ausgerufen wurde und sich über längere Zeit hinstreckte, wurde der Streik aus der Staatskasse "finanziert", das heißt die Löhne und Gehälter wurden aus neu gedrucktem Geld bezahlt. Dadurch wurde der Wirtschaftskreislauf abermals von einer Flut zusätzlicher Mark überschwemmt, der keine wachsende, sondern umgekehrt eine sinkende Produktion gegenüberstand. Es ist nur allzu verständlich, daß die deutsche Wirtschaft unter diesen Bedingungen auch nicht in der Lage war, Exportüberschüsse am Weltmarkt zu erzielen und dadurch Devisen zu erwirtschaften, die für eine Abzahlung der Reparationen hätten verwendet werden können.

Das Tempo der Inflation nahm schließlich derartige Ausmaße an, daß z.B. der Lohn, den die Arbeiter am Ende einer Woche bekamen, nur noch ein Zehntel oder ein Hundertstel oder ein Tausendstel von dem wert war, was man zu Beginn der Woche dafür hätte kaufen können. Was sollte man überhaupt noch Geld als Zahlungsmittel (im Austausch gegen Güter oder Arbeitskraft) annehmen, wenn es im selben Moment schon fast nichts mehr wert war? Es war unmöglich geworden, die Löhne oder Zinsen dem allgemeinen Inflationstempo anzupassen und immer wieder nach oben zu korrigieren. Und wer sich überhaupt noch darauf einließ, irgendwelche Forderungen in Geld begleichen zu lassen, war der Dumme.

---

[10] Siehe hierzu Silvio Gesell: Gesammelte Werke, Bd. 12 (1920 - 1921), S. 301f.

Weil die Geldschöpfung derart astronomische Ausmaße erreicht hatte, kam die Reichsbank (bzw. die von ihr beauftragten Druckereien) rein technisch gar nicht mehr mit, genügend neue Geldscheine zu drucken. Auch das Papier dafür wurde zunehmend knapper. Man behalf sich schließlich damit, auf schon bedruckte, aber noch nicht ausgelieferte Bogen hinter die vorhandenen Zahlen einfach noch einige Nullen aufzudrucken, oder auch z.B. der Zahl 100 noch den Zusatz "Millionen" oder "Milliarden" oder "Billionen" anzuhängen. Bei den Briefmarken wurde genauso verfahren, und Briefmarkensammler können heute noch bestaunen, daß das Porto für einen Brief 1923 eine Million oder eine Milliarde Mark kostete.

"Im Sommer 1923 erforderte die Geldscheinproduktion der Reichsbank 50 Großdruckereien im Reich, die in Tag- und Nachtschichten Noten druckten. Mehrfach waren die Scheine zu dem Zeitpunkt, da sie an den Schaltern ausgegeben werden sollten, schon nichts mehr wert. Die letzte Note hatte schließlich einen "Nennwert" von 100 Billionen Mark. Außerdem waren noch mehr als 100 Druckereien mit der Herstellung von Notgeld der Industrie, der Banken und der Gemeinden beschäftigt. Mancherorts klammerte man sich an irgendeinen bescheidenen Sachwert. Da gab es Bielefelder Seidenscheine, Leinenscheine mit Spitzenborte, fein säuberlich als Geld bedruckt. Aluminiumscheine, Sohlengeld, Osterwiecker Glacelederscheine, Allgäuer Milchgeld, Geldscheine aus Sperrholz, Münzen aus Pappe und aus Ton."[11]

Da unter solch chaotischen Zuständen immer weniger Menschen oder Firmen bereit waren, das Geld als Zahlungsmittel anzunehmen, brach der Zahlungsverkehr in Geldform immer mehr zusammen. Als Gegenleistung für Waren, Dienstleistungen oder Arbeitskraft wurden schließlich vielfach nur noch Naturalien angenommen: Die Bergarbeiter z.B. brachten (im wahren Sinne des Wortes) Kohle mit nach Hause und tauschten sie beim Bauern gegen Lebensmittel ein. Und sie konnten dabei noch zufrieden sein, daß sich ihre Entlohnung relativ leicht weitertauschen ließ, weil alle die Kohle zum Heizen brauchten. In anderen Branchen war es mit der Naturalentlohnung viel schwieriger. Womit sollten denn z.B. die Arbeiter im Maschinenbau entlohnt werden? Mit irgendwelchen Maschinenteilen, die sie kaum jemals wieder gegen andere Waren würden eintauschen können?

In der schon damals hochkomplexen arbeitsteiligen Wirtschaft gab es also einen dramatischen Rückfall in den Naturaltausch, und Millionen von Menschen versuchten verzweifelt, auf diese umständliche und zeitraubende Art das Notwendigste für ihr Leben und Überleben zu bekommen. Privilegiert waren diejenigen, die ein Stück Land hatten, um sich aus Garten- bzw. Ackerbau oder Tierhaltung selbst zu versorgen — und den eventuellen Überschuß teuer gegen andere Naturalien oder Wertgegenstände wie Schmuck, Teppiche, Möbel und Kunstwerke einzutauschen. Die Unterschichten in den Städten, die über derlei Dinge nicht verfügten, konnten höchstens den in Naturalien gezahlten Lohn eintauschen. Und wenn der Tausch nicht mehr die notwendigsten Lebensmittel einbrachte, dann mußten diese eben anders "organisiert", das heißt geklaut werden. Als es für viele Menschen ums nackte Überleben ging, brach die öffentliche Ordnung immer mehr zusammen, griffen Raub und Diebstahl immer mehr um sich.

---

[11] Karl Walker: Das Geld in der Geschichte, Rudolf-Zitzmann-Verlag, S.129 - 130.

Die Umständlichkeit des Naturaltauschs führte natürlich zu massiven Stockungen im Absatz der produzierten Waren, und also kam in immer mehr Bereichen der Wirtschaft auch die Produktion ins Stocken, Firmen brachen zusammen und Arbeiter wurden entlassen. Den ursprünglich Selbständigen aus dem Mittelstand oder Kleinbürgertum gingen ihre Existenzgrundlagen verloren, und sie stürzten nicht nur ab auf die Ebene der Lohnabhängigen (die sie bis dahin vielfach als "Proleten" von oben herab betrachtet und sich selbst als etwas Besseres gefühlt hatten), sondern noch tiefer in die Arbeitslosigkeit und ins soziale Elend. Für Millionen von Arbeitern und Kleinbürgern brachte die Weimarer Republik mit der stürmischen Inflation eine erste Welle von individuellem und sozialem Identitätsverlust — ein Boden, der kaum geeignet war, ein Vertrauen dieser Menschen in die noch junge Demokratie entstehen zu lassen. Die soziale Katastrophe der großen Inflation bildete damit einen ersten Nährboden für das Aufkommen extemistischer Strömungen in der Weimarer Republik.

5.2 Währungsreform 1923 und Rentenmark

Mit der ohnehin notwendig gewordenen Währungsreform Ende 1923 hätte die historische Chance bestanden, tragfähige Grundlagen für ein auch langfristig funktionsfähiges Geldsystem zu schaffen. Nach den Vorstellungen von Gesell wären dazu folgende Voraussetzungen notwendig gewesen:

- keine Bindung der Geldmenge an Gold, aber auch
- keine inflationäre Geldschöpfung, sondern
- eine Steuerung der Geldmenge entsprechend der Entwicklung des Sozialprodukts ("Indexwährung").

Darüber hinaus sollte der Zins als unzuverlässiges und vor allem destruktives Mittel der Geldumlaufsicherung ersetzt werden durch

- eine Umlaufsicherungsgebühr auf gehortetes Geld.[12]

Auf diese Weise sollte das Geld in kontinuierlichem Fluß gehalten und dadurch eine wirksame Geldmengensteuerung durch die Zentralbank ermöglicht werden. Wie sah die Währungsreform auf dem Höhepunkt der Inflation nun aus, und in welchem Verhältnis stand sie zu den geldtheoretischen Vorstellungen von Gesell? Im November 1923 wurde die sog. "Rentenmark" geschaffen — gedacht als Übergangswährung für den inländischen Zahlungsverkehr. Der Umstellungskurs betrug 1 Billionen Mark zu 1 Rentenmark. Damit fielen zunächst einmal bei allen bisher in Geld ausgedrückten Zahlen jeweils 12 Nullen weg, was als solches natürlich schon eine Vereinfachung darstellte. Aber das allein hätte nicht genügt, um eine stabile Währung zu schaffen. Viel wesentlicher war die Garantie, daß das neue Geld — im Gegensatz zur alten Mark — knapp gehalten werden sollte. Wäre die Geldpresse mit der neuen Rentenmark weiter

---

[12] Die Problematik des Zinses und der Vorschlag einer Umlaufsicherungsgebühr als Alternative werden ausführlich behandelt in Kapitel 7.

auf Hochtouren gelaufen und weiter Geldschöpfung betrieben worden, so hätte sich das neue Geld ebenfalls mehr oder weniger schnell entwertet — je nach dem Tempo der Geldschöpfung. Das Sinnvollste wäre natürlich gewesen, das neue Geld an die Entwicklung des Sozialprodukts anzukoppeln und dafür klare Regeln festzulegen. Stattdessen hat man der Bevölkerung erzählt, die Rentenmark sei durch den Grund und Boden Deutschlands gedeckt. Und weil jeder wußte, daß der Boden nicht einfach ausgeweitet werden konnte, gab es bei der Bevölkerung ein hinreichendes Vertrauen in die Knappheit und Stabilität des neuen Geldes.[13]

Die Koppelung der Geldmenge an den Bodenbesitz oder an den Bodenertrag ist geldtheoretisch nicht gerade eine sinnvolle Konstruktion. Aber den Menschen saß der Schock der Inflation so tief in den Knochen, daß es ihnen wohl am wichtigsten war, daß das neue Geld nicht beliebig ausgedehnt werden konnte. Für diesen Zweck schien der unvermehrbare Boden als "Deckungsgrundlage" des Geldes vielen ganz plausibel. Dieses Vertrauen der Bevölkerung (und sei es auch ein Irrglaube gewesen) reichte aus, um die Rentenmark schnell zu einem allgemein akzeptierten Zahlungsmittel werden zu lassen, so daß der Zahlungsverkehr wieder in Gang kam und der Rückfall in den Naturaltausch überwunden wurde. Mit dem Fluß des neuen Geldes wurde auch der Fluß der Waren wieder angeregt, und mit ihm der Absatz und die Produktion. Die Wirtschaft kam wieder in Gang, die Konjunktur wurde belebt, und die Beschäftigung stieg an.

Die Rentenmark war damit die erste Papierwährung, die nicht mehr an Gold gebunden war und dennoch in ihrer Kaufkraft stabil blieb. Was noch zehn Jahre vorher von den meisten Menschen — auch von den bürgerlichen und marxistischen Ökonomen — für völlig undenkbar gehalten worden war, war auf einmal Realität geworden: ein kaufkraftstabiles Geld ohne Goldbindung! Silvio Gesell hatte schon um die Jahrhundertwende eine ähnliche Vision entwickelt — und war dafür nur ausgelacht oder völlig ignoriert worden. Offenbar war er mit dieser Vision seiner Zeit weit voraus gewesen. Durch die Realität der Rentenmark war der Mythos von der Goldwährung als einzig stabiler Grundlage des Geldes ein wesentliches Stück aufgelöst. Das Papiergeld konnte sich durchaus vom Gold abkoppeln, wenn nur gewährleistet war, daß die Geldmenge nicht inflationär aufgebläht, sondern auf andere Art als durch die Goldbindung an die Zügel genommen wurde. Und dennoch war der Mythos nur ein Stück aufgelöst und noch nicht ganz überwunden. Denn an die Stelle des Goldes war nun der nicht vermehrbare Boden als vermeintliche Deckungsgrundlage des Papiergeldes getreten. Ohne "Deckung" schien das Geldsystem nicht funktionieren zu können bzw. notwendig zur Inflation zu führen.

Und denjenigen, die — wie Gesell — eine Indexwährung, eine Koppelung der Geldmenge an die Entwicklung des Sozialprodukts forderten, wurde unterstellt, sie wollten Deutschland in eine neue Inflation treiben. Ohne auf die inhaltlichen Argumente einzugehen, wurde sie als "Inflationisten" beschimpft und bekämpft, und zwar von allen Seiten des politischen Spektrums. Nach dem Inflationsschock hatten sie politisch überhaupt keine Chance, mit ihren Vorstellungen einer Indexwährung — oder gar

---

[13] "Rentenmark" wurde das neue Geld deswegen genannt, weil der regelmäßige Ertrag aus Bodenbesitz auch "Bodenrente" oder "Grundrente" heißt — nicht zu verwechseln mit "Altersrente".

einer Überwindung des Zinssystems — politisch ein Bein auf den Boden zu bekommen, und blieben nur eine unbedeutende Splittergruppe.

5.3 Rückkehr zur Goldkernwährung 1924

So sehr sich also mit Einführung der Rentenmark ein Teil der Vision von Gesell erfüllt hatte, so sehr blieb die Währungsreform 1923 — gemessen an diesen Vorstellungen — doch auf halbem Weg (genauer gesagt: auf einem Drittel des Weges) stecken. Und selbst dieses Drittel Fortschritt wurde schon im darauffolgenden Jahr 1924 mit der Rückkehr Deutschlands zur Goldkernwährung wieder aufgegeben, und die Deutschen verfielen erneut dem Mythos der Goldwährung — mit verhängnisvollen Auswirkungen: Nur ganze fünf Jahre später wurde Deutschland — und auch andere Länder des internationalen Goldwährungssystems — mit in den Strudel der US-amerikanischen Wirtschaftskrise gerissen, die durch den Börsenkrach in New York ausgelöst wurde und sich schnell zur Weltwirtschaftskrise ausweitete. Und die Rückkehr zur Goldkernwährung hatte daran — wie wir gleich sehen werden — einen wesentlichen Anteil. Wie konnte es dazu kommen?

Wir hatten schon weiter oben angedeutet, daß die USA im Gefolge des Ersten Weltkriegs große Goldzuflüsse zu verzeichnen hatten — als Gegenleistung vor allem für ihre Rüstungs- und Lebensmittelexporte an andere Länder. Mit ihren riesigen Goldreserven konnten sie keinerlei Interesse daran haben, daß das Gold seine zentrale Rolle im internationalen Währungssystem auf Dauer verliert. Ihr Interesse lag vielmehr darin, daß vor allem die europäischen Länder, die im Zusammenhang mit Kriegsfinanzierung und Geldschöpfung die Goldbindung aufgelöst hatten, zur Goldkernwährung zurückkehrten, was unter dem Druck der USA auch geschah.

In Deutschland vollzog sich diese Rückkehr zur Goldkernwährung 1924 fast unbemerkt von der breiten Öffentlichkeit, und auch für die politischen Parteien der Weimarer Republik war dieser Schritt überhaupt kein Thema, das größere politische Diskussionen ausgelöst hätte. Er knüpfte an dem immer noch tief sitzenden Mythos der Goldwährung und an den noch ganz frischen Inflationsängsten an, und im Parlament ging der entsprechende Beschluß unter weitgehendem Desinteresse der meisten Abgeordneten glatt über die Bühne. Weder bürgerliche noch marxistisch orientierte Theoretiker oder Politiker schienen dieser Entscheidung größere Bedeutung beizumessen. Der Glaube an die Segnungen der Goldwährung war in beiden Lagern tief verankert, und die schrecklichen Erfahrungen mit der Inflation hatten diesen Glauben eher noch verfestigt. Nach der provisorischen Rentenmark schien die Schaffung der neuen "Reichsmark" auf der Grundlage einer Goldkernwährung die endgültige Stabilisierung des Geldes zu bringen und Deutschland wieder sinnvoll mit dem internationalen Währungssystem und dem Weltmarkt zu verbinden.

Zur Wiedereinführung der Goldkernwährung gab es für Deutschland und andere Länder allerdings eine notwendige Voraussetzung: einen hinreichend großen Goldkern, auf dem sich das Papiergeld aufbauen und zu dem es in ein festes Verhältnis gesetzt werden konnte. Und weil aus den meisten Ländern die Goldreserven vor allem in die USA abgeflossen waren, benötigten diese Länder — allen voran Deutschland — neue

Goldzuflüsse aus den USA. Dies geschah auf dem Weg über Kredite. Dazu wurden Dollar in den USA in Gold umgetauscht, das Gold nach Europa transferiert, und auf dieser Grundlage konnten die europäischen Zentralbanken ein Vielfaches des Goldzuflusses in Form von Papiergeld in Umlauf setzen. In Deutschland wurde das Verhältnis zwischen Papiergeld und Goldkern auf ungefähr 3 : 1 festgesetzt.

Unter dem Einfluß der US-amerikanischen Kredite, das heißt der Auslandsverschuldung, kam es in Deutschland zu einem deutlichen Wirtschaftsaufschwung. Der Begriff der "Goldenen Zwanziger Jahre" ist in diesem Sinn fast wörtlich zu nehmen: Der Wirtschaftsaufschwung in diesen Jahren wurde wesentlich getragen vom Goldzufluß und den Auslandskrediten aus den USA. Wie ein geschwächter Patient auf der Intensivstation an den Tropf angeschlossen wird, so hing damals die deutsche Wirtschaft am amerikanischen Goldtropf und erholte sich zusehends. Die Infusion bestand aus Krediten, die zum großen Teil nur kurzfristig vergeben, aber immer wieder routinemäßig verlängert bzw. durch neue Kredite ersetzt wurden. Die deutsche Wirtschaft hatte sich an diese Praxis gewöhnt, und ähnlich ging es anderen europäischen Ländern. Mit der Wiedereinführung der Goldkernwährung hingen sie alle mehr oder weniger am amerikanischen Goldtropf und waren insoweit extrem und auf undurchsichtige Weise von den USA und der dortigen Wirtschaftsentwicklung abhängig geworden.

5.4 "Schwarzer Freitag" 1929 und Beginn der Weltwirtschaftskrise

Nach dem Börsenkrach in New York am "Schwarzen Freitag" 1929 wurden Deutschland und andere europäische Länder schlagartig von diesem Goldtropf abgetrennt. Die Hintergründe und Auswirkungen dieses Börsenkrachs werden wir später[14] ausführlich behandeln. An dieser Stelle sei nur soviel gesagt, daß im Zuge der dramatischen Kursstürze an der New Yorker Börse viele amerikanische Banken in Liquiditätsschwierigkeiten gerieten. Sie hatten in großen Mengen Gelder an Leute ausgeliehen, die damit Börsenspekulation betrieben, und als die Kurse ins Bodenlose abstürzten, konnten diese Leute die Kredite an die Banken nicht mehr zurückzahlen. Auf der anderen Seite wollten aber viele der Kontoinhaber ihr Geld in diesen unsicheren Zeiten von der Bank abheben, und u.a. dadurch kamen viele Banken in die Klemme und waren vom Konkurs bedroht. Etliche von ihnen brachen tatsächlich zusammen, was die Panik unter den Bankkunden und in der Wirtschaft insgesamt nur noch weiter verstärkte. Vor diesem Hintergrund wurden die nach Europa vergebenen Kredite gekündigt und mußten in kürzester Zeit zurückgezahlt werden, ohne daß neue Kredite vergeben wurden. Dadurch kam es im Rahmen der Goldkernwährung zu einem dramatischen Goldabfluß aus Deutschland und anderen Ländern, das heißt zu einer Art "Kernschmelze" des Goldkerns — mit ungeheuer destruktiven Kettenreaktionen. Das angeblich so sichere Goldwährungssystem war in einen "Super-Gau" geraten ...

---

[14] im Zusammenhang des Kapitels über die Kreditschöpfung der Geschäftsbanken, S. 167 f.

Im Rahmen der Spielregeln des internationalen Goldwährungssystems, zu deren Einhaltung sich die beteiligten Länder verpflichtet hatten, mußte ja bei einer Verkleinerung des Goldkerns die Papiergeldmenge um ein Vielfaches vermindert werden. *Abb. 29* stellt diesen Zusammenhänge noch einmal grafisch dar: Dem relativ kleinen Stück, das aus dem Goldkuchen (Go) herausgeschnitten wird, entspricht ein vielfach größeres Stück aus dem Kuchen der Papiergeldmenge (G). Im Gefolge der Goldabflüsse in

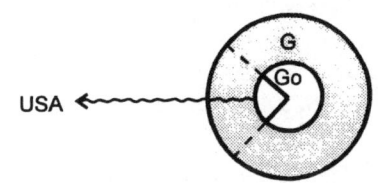

Abb. 29: Goldabfluß in die USA führte zu dreifacher Verminderung der Geldmenge in Deutschland.

die USA wurde in Deutschland die Papiergeldmenge um das Dreifache vermindert. Dadurch wurde in kürzester Zeit eine riesige Lücke in den Geldkreislauf gerissen, mit der Folge eines Kreislaufkollaps, der die deutsche Wirtschaft in die verheerende Deflation hineintrieb. So wie ein Mensch an starkem Blutverlust zusammenbricht, so brach die Wirtschaft an einem plötzlichen starken Verlust des Geldes zusammen. Massenweise gingen die Firmen pleite, Millionen von Menschen verloren ihren Arbeitsplatz, und die Steuereinnahmen des Staates gingen drastisch zurück.

5.5 Das geldpolitische Versagen von Zentralbank und Regierung

Während sich die damalige Zentralbank sklavisch an die Spielregeln der internationalen Goldwährung hielt, klammerte sich die Regierung auch noch an den Grundsatz eines ausgeglichenen Staatshaushalt. Das bedeutete, daß bei zurückgehenden Steuereinnahmen auch die Staatsausgaben entsprechend gekürzt wurden, wodurch sich die Wirtschaftskrise noch weiter verschärfte. Die damalige "Geldpolitik" und die Finanzpolitik des Staates hatten einen ganz wesentlichen Anteil daran, daß die vorher aufblühende Wirtschaft immer tiefer in die Krise hineingetrieben wurde. Nachdem man wenige Jahre zuvor die schlimmen Erfahrungen mit der Inflation gemacht hatte, glaubte die Regierung offenbar, mit dem genauen Gegenteil — der Deflation — das Richtige zu tun. Aber wie bei einer Gratwanderung im Gebirge ist der Absturz nach der einen Seite ebenso bedrohlich wie nach der anderen. Und der Weg, auf dem der Absturz vermieden wird, führt über den schmalen Grat — im übertragenen Sinn über den Grat der Preisstabilität. Für deren Gewährleistung aber war die Goldkernwährung — insbesondere in Zeiten massiver Goldzuflüsse oder Abflüsse — völlig ungeeignet.

Anstatt die Spielregeln der Goldwährung und den Grundsatz des ausgeglichenen Budgets zu überdenken und sich daraus zu lösen, hielt die damalige Regierung Brüning (März 1930 - Mai 1932) an ihnen fest und glaubte noch allen Ernstes, damit für Deutschland etwas Gutes zu tun: Je mehr nämlich die deutsche Wirtschaft in die Krise geriet und am Boden lag, um so mehr müßten doch die Siegermächte des Ersten Weltkriegs bereit sein, die immer noch drückenden Reparationsverpflichtungen weiter zu lockern[15] oder ganz aufzuheben und Deutschland von dieser Last zu befreien. Stattdessen bereitete sie mit dieser Art von Politik immer mehr den Boden für das Anwachsen extremistischer Strömungen und für den schließlichen Wahlsieg der Nationalsozialisten, mit dem Hitler 1933 an die Macht kam.

5.6 Die währungspolitische Blindheit der Linken

Und wie verhielt sich die sonstige politische Opposition? In bezug auf Währungsfragen waren die Gewerkschaften und die Sozialdemokratie genauso blind wie die marxistische Linke. Nirgendwo hatte die fundamentale Kritik der Goldwährung, wie sie Gesell formuliert hatte, Eingang gefunden — und entsprechend auch nicht seine geldreformerischen Lösungsvorschläge. Und selbst in der Wirtschaftswissenschaft gab es weit und breit keine plausible Erklärung für die Weltwirtschaftskrise,[16] geschweige denn irgendwelche Ansätze zu ihrer Lösung. Während viele der bürgerlichen Ökonomen immer noch unerschütterlich an die vermeintlich störungsfreie Selbstregulierung der Marktwirtschaft glaubten und ihre realitätsfernen Theorien immer mehr mit dem Schein mathematischer Exaktheit umgaben (Neoklassik), sahen die Marxisten in der Weltwirtschaftskrise eine Bestätigung der Marxschen Analyse des Kapitalismus und seiner Krisentheorie.

So sehr die damalige — zu Recht oder Unrecht auf Marx sich berufende — KPD die Massenarbeitslosigkeit und das soziale Elend anprangerten, so sehr erblickte sie darin doch auch so etwas wie die Morgenröte der erhofften sozialistischen Revolution in Deutschland, die den Weg in eine "klassenlose Gesellschaft" ebnen sollte. Sie war so fixiert auf die Marxsche Interpretation (daß die Wurzel der Krise des Kapitalismus in den Produktions- und Eigentumsverhältnissen liegt), daß sie blind war gegenüber dem Geldsystem als möglicher Krisenursache. Diskussionen um Währungsfragen und Geldreform erschienen den Marxisten nur als Ablenkung von dem größeren Ziel der Revolution, nämlich der Aufhebung des Privateigentums an Produktionsmitteln und der Einführung sozialistischer Planwirtschaft. Während die rechtsextremen Strömungen in Deutschland schon immer stärker und unübersehbarer wurden, vertrauten die Marxisten immer noch der These von Marx, daß mit Zuspitzung der Krise des Kapitalismus auch die Bedingungen für eine sozialistische Revolution heranreifen würden. So waren sie gegenüber der Gefahr des Faschismus (aber auch des Stalinismus) weitgehend blind und sahen stattdessen ihren Hauptgegner in der Sozialdemokratie. Diese Spaltung der Linken hat sicher auch mit dazu beigetragen, der Machtergreifung der Nationalsozialisten den Weg zu ebnen.

---

[15] Durch den Dawes-Plan (1924) und den Young-Plan (1929/30) hatte es bereits schrittweise Lockerungen der Reparationsverpflichtungen gegeben.

[16] Eine rühmliche Ausnahme bildete — neben Silvio Gesell — L. Albert Hahn, der in vieler Hinsicht Gedanken vorwegnahm, wie sie später John Maynard Keynes formulierte und dafür weltberühmt wurde. L. Albert Hahn hingegen wurde in den zwanziger Jahren wenig beachtet und auch später für seine richtungweisenden Gedanken kaum gewürdigt.

5.7 Wirtschaftskrise und Nationalsozialismus

Durch die währungspolitische Blindheit sowohl der bürgerlichen wie der marxistischen Parteien, Politiker und Ökonomen war ein Vakuum entstanden, in das die Nationalsozialisten mit ihrer Propaganda voll hineinstoßen konnten — und dies mit unglaublichem Erfolg. Neben ihrer Parole "Zerreißt die Ketten von Versailles" war es vor allem ihr Programm zur Bekämpfung der Massenarbeitslosigkeit, was viele Menschen mitriß und ihnen neue Hoffnung gab. (Daß darüber hinaus auch noch massenpsychologische Dimensionen mit im Spiel waren, in denen der autoritäre Führer seinen Resonanzboden in einer Masse autoritärer und autoritätsängstlicher Charakterstrukturen fand, soll hier nur kurz angedeutet werden.)[17]

Die dramatische Wirtschaftskrise einerseits und die (durch autoritäre Erziehung deformierten) Charakterstrukturen vieler Menschen andererseits bildeten zusammen ein explosives Gemisch, an das der Nationalsozialismus die Zündschnur anlegte und damit einen entsetzlichen Weltbrand entfachte. Ohne Massenarbeitslosigkkeit hätte die faschistische Ideologie vermutlich nicht derart gezündet; und ebensowenig hätte sie einen Resonanzboden in der Bevölkerung gefunden, wenn es mehr emotional gesundere, selbstbewußtere und freiheitsliebende Menschen gegeben hätte. Die Wirtschaftskrise hätte — wenn sie nicht schon vorher abgewendet worden wäre — vermutlich andere Lösungsformen hervorgetrieben, mehr freiheitliche und lebenspositive als autoritäre, menschenverachtende und völkermordende.

Mit den massenpsychologischen und emotionalen Aspekten des Faschismus habe ich mich an anderer Stelle ausführlich beschäftigt.[18] In diesem Buch steht der Aspekt der Wirtschaftskrise und ihrer Ursachen und Auswirkungen im Vordergrund. Und in bezug darauf ist festzuhalten, daß der Mangel an theoretischen Einsichten oder auch nur an pragmatischem Handeln bezüglich des Abbaus der Arbeitslosigkeit den Nationalsozialisten das Feld überlassen hat, das sie mit ihren teuflischen Mitteln beackern konnten. Sie nutzten die Krise zu ihren Zwecken — und wurden dabei von großen Teilen der Bevölkerung getragen.

5.8 Die Beschäftigungspolitik der Nationalsozialisten

Worin bestand nun die Beschäftigungspolitik der Nationalsozialisten nach ihrer Machtergreifung? Vor allem in einer drastischen Steigerung der Staatsausgaben, die über Geldschöpfung "finanziert" wurde. Das war natürlich nur möglich, indem die Goldkernwährung wieder aufgelöst wurde. Damit wurden gleichzeitig von deutscher Seite die Spielregeln des internationalen Währungssystems aufgekündigt. Die zusätzlichen Staatsaufträge gingen zunächst vor allem in den Autobahnbau und in den

---

[17] Siehe hierzu ausführlich Wilhelm Reich: Die Massenpsychologie des Faschismus (1933), 3. erweiterte und korrigierte Auflage, Verlag Kiepenheuer & Witsch, Köln/Berlin 1971.

[18] Vor allem im Zusammenhang meiner über viele Jahre angebotenen Veranstaltungsreihe "Einführung in die Arbeiten von Wilhelm Reich" an der Fachhochschule für Wirtschaft Berlin. Näheres hierzu siehe emotionen 1-3, Berlin 1980/81, Volker Knapp-Diederichs-Publikationen, Lubminer Pfad 20, 13503 Berlin.

Wohnungsbau, aber sehr bald auch in immer stärkerem Maße in die Rüstungsindustrie. Dadurch entstand in kurzer Zeit eine große Zahl neuer Arbeitsplätze — mit all den Folgewirkungen, die wir weiter oben schon theoretisch diskutiert haben.

Im Vergleich zu den sozialen Katastrophen der Inflation und Deflation, die die vorangegangenen Regierungen der Weimarer Republik dem Volk beschert hatten, waren die Erfolge der Nationalsozialisten in bezug auf den Abbau der Arbeitslosigkeit geradezu verblüffend, und das Nazi-Regime wurde mehr und mehr auf Wellen der Begeisterung von breiten Teilen der Bevölkerung getragen. Das war nicht alles nur gemacht und verordnet und nicht nur Resultat brutaler Zerschlagung der Opposition. Es war auch Folge der unübersehbaren wirtschaftspolitischen Erfolge dieses Regimes, dem es gelungen war, in kurzer Zeit die Massenarbeitslosigkeit zu beseitigen.[19] Bei all dem Jubel um die Erfolge der nationalsozialistischen Wirtschaftspolitik blieb damals vielen Menschen verborgen, welchen Hauptzweck die ganze Übung verfolgte: Die Beschäftigungspolitik der Nazis war von Anfang an im wesentlichen eine strategisch ausgerichtete Vorbereitung eines Expansionskrieges, der die anderen Völker unterjochen und die "arischen Herrenrasse" zur Weltherrschaft führen sollte. Auch der vielgelobte Autobahnbau unter Hitler diente von vornherein strategischen Zwecken, um im Kriegsfall die Truppen möglichst schnell von einer Front zur anderen bewegen zu können. Und als die Entwicklung immer unübersehbarer in Richtung Krieg steuerte, hatten die Nazis mit ihrer nationalistischen und rassistischen Ideologie bereits soviel Haß gegenüber dem Ausland und den Juden geschürt, daß viele sogar mit Begeisterung in den Krieg zogen und an der Vernichtung der Juden mitwirkten. Und andere taten es, weil sie — vielleicht verständlicherweise — nicht den Mut aufbrachten, sich dem mörderischen Regime zu verweigern und dabei ihr eigenes Leben und das ihrer Angehörigen zu riskieren.

Die Schaffung von Arbeitsplätzen allein — das zeigt die entsetzliche Erfahrung der 30er Jahre — kann doch wohl unmöglich ein hinreichender Maßstab zur Beurteilung von Politik sein, wenn mit dieser Politik Menschenleben zerstört werden. Das Tragische ist, daß damals friedliche und in bezug auf den Abbau der Arbeitslosigkeit ebenso erfolgversprechende und wirksame Alternativen gefehlt haben, weil die anderen Parteien in dieser Hinsicht fast nichts anzubieten hatten. Und heute? ...

Kommen wir zurück auf die von den Nazis betriebene Geldschöpfung. Ein wesentliches Instrument zur Finanzierung der Aufrüstung und des Krieges waren die sog. MeFo-Wechsel. "MeFo" war eine Abkürzung für "Metallurgische Forschungsanstalt", ein Deckname für die Rüstungsindustrie. Indem diese Wechsel vom Staat ausgestellt und von der Zentralbank mit neu gedrucktem Geld aufgekauft wurden, konnte beliebig viel Geld in die Rüstung fließen. Nach einiger Zeit war Vollbeschäftigung erreicht, und die Kapazitäten der Wirtschaft waren ausgelastet.

---

[19] Davon schwärmen heute noch manche Menschen der älteren Generation, und für viele jüngere Neonazis sind die damaligen Erfolge schon wieder Stoff genug für faschistische Propaganda. Je mehr sich die gegenwärtige ökonomische und soziale Krise in Deutschland verschärft und je hilfloser ihr die heutigen demokratischen Parteien begegnen, um so mehr droht eine solche Propaganda auch heute wieder auf fruchtbaren Boden zu fallen.

Die Geldschöpfung zur Finanzierung des gigantischen Rüstungsprogramms und später des Krieges ging dennoch weiter. Die normalen Folgen unter marktwirtschaftlichen Bedingungen wären wiederum Inflation und ein entsprechendes Nachziehen der Löhne und Zinsen zum Zweck des Inflationsausgleichs gewesen. Alle diese "normalen" Wirkungen eines Nachfrageüberhangs wurden aber unter der Nazi-Herrschaft außer Kraft gesetzt: Die Gewerkschaften wurden zerschlagen, ein Preis- und Lohnstop wurde verordnet, und das Geldkapital, sofern es damals in der Hand von Juden war, wurde enteignet, und die Juden wurden umgebracht. Das übrige Großkapitel, Geldkapital wie Industriekapital, hat sich mit den Nazis verbündet und im wahren Sinne des Wortes "Bombengeschäfte" gemacht. Besser konnten die Verwertungsbedingungen des Kapitals, die Profitmöglichkeiten, kaum aussehen. Hinzu kam noch eine Menge von fast kostenloser Zwangsarbeit, durch die sich etliche Konzerne billigste Arbeitskräfte verschafften. Aber eine Inflation gab es im Dritten Reich nicht. Wie sollte es auch? Die Meßinstrumente, die eine Überhitzung der Konjunktur, einen Überhang der Nachfrage und eine zugrunde liegende Geldschöpfung hätten anzeigen können, waren alle zerschlagen. Erst als sie nach dem Zusammenbruch langsam wieder in Funktion gesetzt wurden, wurde offensichtlich, daß das Geld nichts mehr wert war, und die bis dahin mit brutaler Gewalt zurückgestaute Inflation kam an die Oberfläche.

5.9 Die Währungsreform nach dem Zweiten Weltkrieg

In eine solche Währung konnte kein Mensch mehr Vertrauen haben, weil sie einfach nichts mehr wert war. Also bedurfte es einer erneuten Währungsreform, die 1948 in den westlichen Besatzungszonen Deutschlands durchgeführt wurde und die Einführung der DM brachte. Von einem Tag auf den anderen waren alle Geldbeträge fast nichts mehr wert. Sie wurden im Verhältnis 10 : 1 (manche auch 6,5 : 1) abgewertet und in DM umgetauscht bzw. umgerechnet. Alle Geldbeträge — Bargeld, Sparguthaben, Lebensversicherungen ebenso wie Schulden. Wer Geld gehortet hatte und früh genug in Sachwerte umgestiegen war, kam wieder ungeschoren über die Währungsreform hinweg. Wer Fabriken besaß, konnte diese nicht nur hinüberretten (soweit sie nicht zerstört waren), sondern wurde auch noch von den Schulden entlastet. Die Leidtragenden waren wieder die kleinen Leute. Und dann bekam jeder 40 DM auf die Hand, als Start in die neue Währung. "Gleiche Startchancen für alle" nannte man das ... Aber 40 DM plus 1 Million Sachwerte waren etwas anderes als 40 DM plus Null!

6. Auswirkungen schleichender Inflation und Deflation

Wir haben jetzt schon wiederholt von den verheerenden Auswirkungen der großen Inflation und der großen Deflation im Deutschland der 20er und 30er Jahre gesprochen — und von der zurückgestauten Inflation unter dem Faschismus, die nach dem Zweiten Weltkrieg an die Oberfläche durchbrach und zur Währungsreform führte. Aber warum eigentlich haben Inflation und Deflation so schlimme Folgen, und wie sieht es aus, wenn es sich um weniger drastische Formen von Geldwertveränderungen handelt, sondern nur um eine "schleichende Inflation" bzw. "schleichende Deflation"? Diesen Fragen wollen wir im folgenden einmal systematisch nachgehen und dazu einige Modelle durchspielen.

Warum ist eine schleichende Inflation problematisch?

Man sollte doch eigentlich meinen, eine Inflation müsse sich auf alle Preise gleichermaßen auswirken, und wenn sie das tut, dürfte sich doch eigentlich gar nicht groß etwas verändern. Betrachten wir dazu die Kosten und Erlöse eines Unternehmens, wie in *Abb. 30a* dargestellt. Die Kosten wollen wir nur grob unterteilen in Lohnkosten (L), Material- und Maschinenkosten (M) und Finanzierungskosten (F). Wenn die Erlöse pro Jahr die Kosten übersteigen, dann ergibt sich ein Gewinn (Gew.).

Würden sich nun im Laufe eines Jahres alle Preise verdoppeln, also eine Inflation von 100% stattfinden, dann sieht es auf den ersten Blick so aus, als ändere sich im Prinzip gar nichts, außer, daß alle Zahlen doppelt so groß geworden sind *(Abb. 30b)*. Wenn sich alle Preise verdoppelt haben, kann man sich für die doppelte Geldsumme auch nur genau so viel kaufen wie vorher. Die Löhne oder die Gewinne z.B. haben sich zwar nominal verdoppelt, aber ihre Kaufkraft wäre gleichgeblieben. Was wäre daran so problematisch? Außer, daß man sich von Jahr zu Jahr an immer größere Zahlen im Geldverkehr gewöhnen müßte?

Aber selbst dieses Problem müßte doch lösbar sein, z.B. dadurch, daß man irgendwann die alten Geldscheine einzieht und gegen neue eintauscht, die jeweils zwei oder drei Nullen weniger haben, einfach nur aus Gründen der besseren Handhabung. In Frankreich gab es z.B. in den sechziger Jahren eine entsprechende Umstellung von alten auf neue Francs im Verhältnis 100:1, und die Umstellung erfolgte ohne größere Probleme. Warum also immer wieder die Aufregung um eine Inflation?

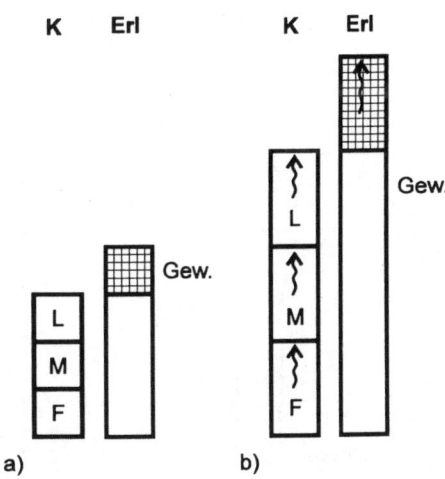

Abb. 30a und b: wenn sich bei 100% Inflation alle Kosten und Erlöse gleichermaßen aufblähen würden, bliebe die Verteilung die gleiche.

Umverteilung durch ungleiche Anpassung an die Inflation

Die Probleme entstehen dadurch, daß sich eben nicht alle Preise, Löhne und Zinsen gleich schnell verändern. Die Möglichkeiten einer Anpassung an die allgemeine Inflationsentwicklung sind unterschiedlich, einfach dadurch, daß die einzelnen Wirtschaftsteilnehmer sich durch Verträge für eine bestimmte Zeit gebunden haben (oder gebunden wurden), die vereinbarten Preise konstant zu halten. Die Löhne z.B. sind für die Dauer des Tarifvertrages gebunden; die Zinsen für abgeschlossene Kreditverträge sind gebunden für die Laufzeit des Kredites, wenn feste Zinsen vereinbart wurden. (Es gibt allerdings auch Kreditverträge mit veränderlichen Zinsen, wo die Zinssätze sich jeweils mit dem Kapitalmarktzins verändern). Die Güterpreise sind teilweise gebunden, wenn der Kaufvertrag längere Zeit vor Lieferung abgeschlossen wurde. Und die Mieten sind teilweise gesetzlich (durch Mietpreisbindung), teilweise durch den abgeschlossenen Mietvertrag für gewisse Zeit gebunden. In all diesen Fällen können die betreffenden Preise nicht fließend, sondern allenfalls sprunghaft und mit Verzögerung der Inflationsentwicklung angepaßt werden.

Verzögerte Lohnanpassung und Inflationsgewinne

Gehen wir z.B. davon aus, daß die Löhne für die Dauer eines Jahres konstant bleiben, während sich alle anderen Preise verdoppeln. Dann ergibt sich ein Bild wie in *Abb. 31a bis b*. Die Gewinne der Unternehmen sind gegenüber dem Ausgangsbeispiel angestiegen, und zwar einzig und allein aufgrund des Nachhinkens der Löhne gegenüber dem allgemeine Inflationstempo. Für die nominell gleichgebliebenen Löhne können sich die Lohnabhängigen real — wegen der allgemein verdoppelten Preise — nur noch die Hälfte kaufen.

Die Reallohnsenkung findet ihr Gegenstück in der Erhöhung der Realgewinne.

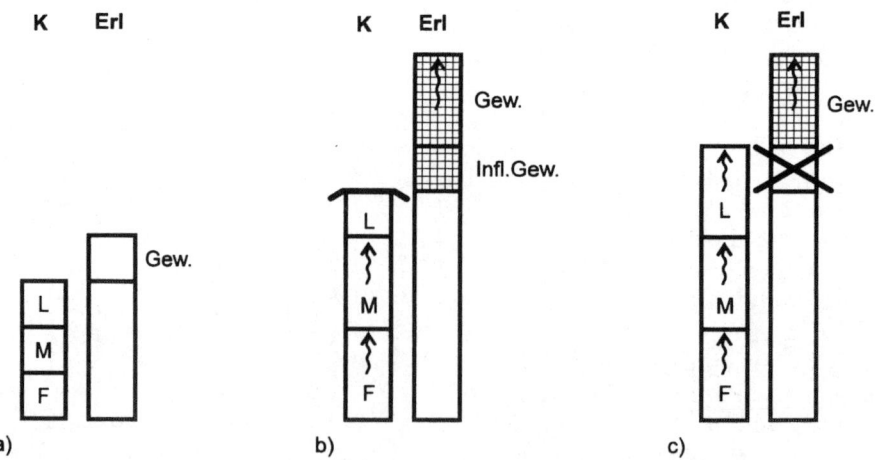

Abb. 31a bis c: Das Entstehen von Inflationsgewinnen, solange die Löhne (L) nicht dem allgemeinen Inflationstempo folgen.

Diese Gewinnsteigerung (in unserem Beispiel um 50%) hat nichts mit Produktivitätssteigerung zu tun, sondern ist einzig und allein Folge der Inflation — und der Unmöglichkeit, bei tariflich fest vereinbarten Löhnen die Löhne fließend der Inflationsentwicklung anzupassen.

Wenn in der nächsten Tarifrunde ein entsprechender Inflationsausgleich vereinbart wird, also eine Lohnerhöhung, die der Inflationsrate entspricht, dann verschwindet für das kommende Jahr der Inflationsgewinn, aber auch nur dann, wenn das Tempo der Inflation das gleiche bleibt wie im Vorjahr *(Abb. 31c)*. Steigt hingegen die Inflationsrate an, dann eilen die Gewinne wieder den Löhnen voraus — bis die Gewerkschaften auch diese Entwicklung im voraus in ihre Lohnforderungen mit einbeziehen und einen Inflationsausgleich für die zu erwartende Inflationsrate des kommenden Jahres fordern.

Aus diesen einfachen Überlegungen deutet sich bereits eines an: Eine Wirtschaftspolitik, die den Unternehmen immer wieder Inflationsgewinne — als Anreiz für höhere Investitionen und zur Ankurbelung der Wirtschaft — verschafft und gleichzeitig die Tarifautonomie nicht angreifen will, müßte eine immer schnellere Inflation herbeiführen. Das Mittel dazu haben wir im Prinzip schon kennengelernt: Immer mehr Geld in Umlauf setzen in einem Ausmaß, welches das Wachstum des Sozialprodukts immer mehr übersteigt. Wird das Inflationstempo hingegen wieder verlangsamt, dann verschwinden die Inflationsgewinne — und damit die "belebende Wirkung" auf die Wirtschaft.

Daß eine solche inflationäre Politik nur kurzfristige Scheinerfolge erzielen kann und langfristig immer mehr Gefahren mit sich bringt, erinnert an die Wirkung von Drogen auf den menschlichen Organismus: Auch deren Dosis muß immer weiter gesteigert werden, um noch die gleiche Wirkung zu erzielen, und die Droge wird zu einer immer größeren Gefahr für den Organismus. Irgendwann einmal muß sie reduziert und abgesetzt werden, wenn der Organismus daran nicht zugrunde gehen soll. Aber der Entzug hat auch schlimme Folgen, und es wäre besser gewesen, der Mensch wäre gar nicht erst drogensüchtig geworden.

Die Auswirkung der Inflation auf Zinsen und Finanzierungskosten

Nun könnte man meinen, mit den Zinskosten verhielte es sich genau so wie mit den Löhnen: Insoweit sie durch Kreditverträge festgelegt sind, hinken sie der Inflationsentwicklung hinterher *(Abb. 32a und b)*. Für die Schuldner wäre das von Vorteil, weil die Rückzahlung des Kredits zu gleichgebliebenen Zinsen viel leichter fällt, wenn allgemein die Preise und auch die Erlöse gestiegen sind. Die Geldanleger hingegen müssen zusehen, wie der vereinbarte Zins durch die Inflationsrate aufgefressen wird. Und wenn die Inflationsrate gar größer wird als der Zins, dann schrumpft das Geldvermögen real immer mehr zusammen, anstatt sich zu vergrößern.

So gesehen kann man sagen: Die Inflation nutzt den Schuldnern oder Kreditnehmern und schadet den Gläubigern oder Kreditgebern (z.B. den Sparern). Unternehmen also, die sich verschuldet haben, profitieren auch von dieser Seite her zunächst einmal von der Inflation und machen weitere Inflationsgewinne — solange die Zinsen nicht nachziehen.

Die Anpassung der Zinsen an die Inflation wird aber nicht lange auf sich warten lassen. In manchen Kreditverträgen sind wie gesagt von vornherein veränderliche Zinssätze vereinbart, die sich am jeweiligen Kapitalmarktzins orientieren. Und die Zinsen auf neu vereinbarte Kreditgeschäfte werden sich in den meisten Fällen mit der Inflation erhöhen. Die Kleinsparer allerdings werden auch bei Inflation nicht unbedingt entsprechend höhere Zinsen bekommen bzw. durchsetzen können. Sie lassen vielmehr ihr Geld meistens auch dann auf den Sparbüchern, wenn der Sparzins niedriger ist als die Inflationsrate. Aber die großen Geldanleger werden sehr genau darauf achten, daß der Realzins nicht durch die Inflation vermindert oder gar aufgefressen wird. Ein Beispiel soll das erläutern.

Ein Geldvermögen von 100 hat bei bisher konstanten Preisen jährlich einen Zins von 10 (also 10%) abgeworfen. Beträgt nun die Inflationsrate 5%, dann erscheint es ganz selbstverständlich, daß zur Erhaltung des Realwerts des Geldvermögens 5% Inflationsausgleich auf den Zins aufgeschlagen werden *(Abb. 33)*. Tatsächlich zeigt auch ein Vergleich zwischen der Entwicklung der Inflationsrate und der Entwicklung der Kapitalmarktzinsen in Deutschland,

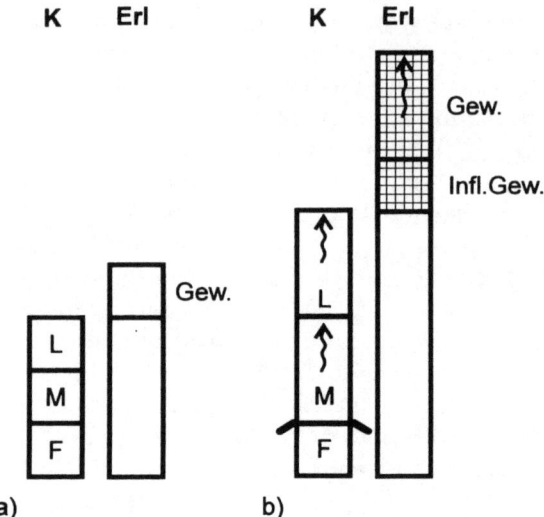

Abb. 32a und b: Das Entstehen von Inflationsgewinnen, solange die Finanzierungskosten (F) nicht dem allgemeinen Inflationstempo folgen.

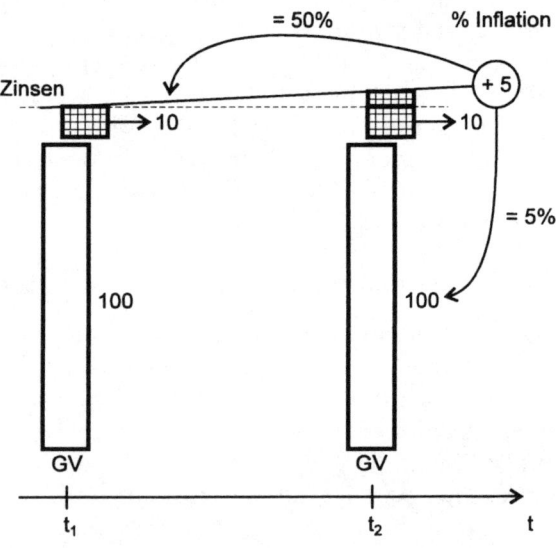

Abb. 33: Beispiele, bei dem 5% Inflation 50% höhere Zinslasten nach sich zieht.

daß sie sich in dem betrachteten Zeitraum praktisch immer parallel bewegt haben *(Abb. 34)*. Die Differenz zwischen beiden, der Realzins, ist auf diese Weise im wesentlichen konstant geblieben. Die Geldvermögenbesitzer scheinen also auf diese Weise immer wieder mit der allgemeinen Inflationsentwicklung gleichzuziehen, auf jeden

Fall bei den jeweils neuen Geldanlagen, aber auch bei den Kreditverträgen mit variablen Zinssätzen.

Auswirkung der Inflationsentwicklung auf die Zinshöhe

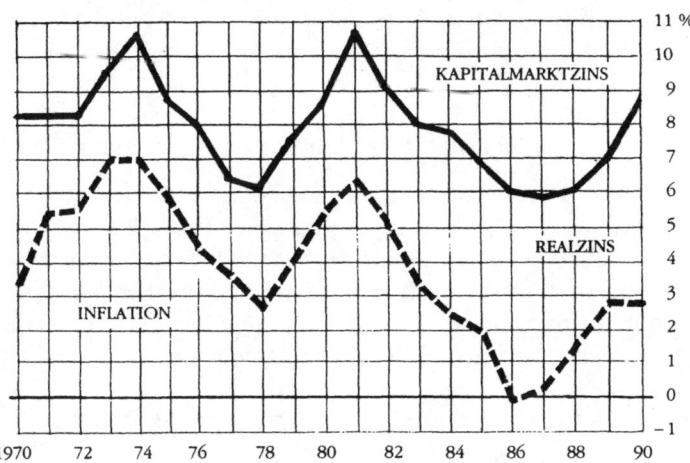

Abb. 34: (Quelle: Helmut Creutz: Das Geldsyndrom, S. 103)

Der Inflationsgewinn der Schuldner bezieht sich also allenfalls auf die schon laufenden Kreditverträge mit fest vereinbarten Zinsen. Für die neuen Kredite und für die schon laufenden Kredite mit variablen Zinsen ergibt sich dagegen eine drastische Erhöhung der Zinsbelastungen. Wieso drastisch? Wir hatten doch von 5% Zinserhöhung gesprochen, genauso viel, wie die Inflationsrate beträgt. Aber die erste Vermutung täuscht. In unserem Beispiel erhöhen sich die Zinslasten um 50%, um das Zehnfache der Inflationsrate! Warum? Das Unternehmen, das den Kredit von 100 aufgenommen und vorher dafür jährlich Zinsen in Höhe von 10 gezahlt hat, muß jetzt jährlich 15 zahlen, also 50% mehr. Wie kommt das zustande? Weil der gleiche Betrag von zusätzlichen 5 auf zwei verschiedene Größen bezogen wurde: Der Geldvermögenbesitzer bezieht es auf sein Geldvermögen von 100, und für ihn sind es nur 5%. Das Unternehmen, das die Zinsen zahlen muß, bezieht es auf die bisherigen Zinszahlungen pro Jahr, nämlich 10, und in Bezug darauf sind es tatsächlich 50% Steigerung. Der eine vergleicht den Aufschlag mit einer "Bestandsgröße", der andere mit einer "Strömungsgröße." Während der Geldanleger sich nur dem allgemeinen Inflationstempo anpaßt, wird das Unternehmen mit einer Steigerung der Finanzierungskosten konfrontiert, die das Zehnfache der Inflationsrate beträgt.

Diese drastische Steigerung der Zinslasten muß Konsequenzen haben: Sie wird erst einmal die anfangs entstandenen Inflationsgewinne verschwinden lassen und dann mehr und mehr Druck auf das Unternehmen ausüben, den dieses nach verschiedenen Seiten hin weitergeben wird: Zuallererst wird es versuchen, die höheren Zinsen auf die Preise zu überwälzen, das heißt die Preise entsprechend zu erhöhen. Das schlägt besonders auf solche Preise durch, in denen ohnehin ein hoher Zinskostenanteil enthalten ist, also in Branchen mit hohem Kapitalanteil, z.B. beim Wohnungsbau: Inflationsbedingte Zinserhöhungen werden die Mieten um ein Vielfaches der Inflationsrate in die

Höhe treiben. Ob sich die Zinslasten im Großen und Ganzen auf die Preise überwälzen lassen, hängt u. a. davon ab, ob genügend gesamtwirtschaftliche Nachfrage vorhanden und also genügend Geld im Umlauf ist. Damit alle die zinsbedingten Preiserhöhungen auch realisiert werden können, müßte also der Geldkreislauf von neuem aufgebläht werden, was wiederum die Inflation vorantreibt, was wiederum die Zinsen in die Höhe treibt — und noch einmal die Finanzierungskosten um ein Vielfaches ansteigen läßt, usw.

Der Suchtcharakter der schleichenden Inflation

Durch den Zins und die explodierenden Zinsbelastungen entsteht noch eine viel größere Sucht des Wirtschaftssystems nach Geldschöpfung. Und wenn ihr nicht entsprochen wird, bricht der Süchtige zusammen. Aber auch wenn ihr entsprochen wird, mit immer mehr Geldschöpfung, mit immer höheren Dosierungen, gerät das System von einer schleichenden Inflation zunehmend in eine galoppierende Inflation, wird der endgültige Zusammenbruch nur noch schlimmer. So ist es eben mit der Sucht.

Zinslasten und wachsender Druck auf Arbeit und Umwelt

Wenn von der Seite der Nachfrage her Grenzen gesetzt sind, indem die Geldmenge nicht einfach immer weiter ausgedehnt, sondern knapper gehalten wird, dann können die Unternehmen die gewachsenen Zinslasten nicht mehr einfach auf die Preise überwälzen, sondern müssen versuchen, den Druck in andere Richtungen weiterzugeben, z.B. als Druck auf die Lohnkosten und/oder die Material- und Maschinenkosten, also auch auf die liefernden Branchen bzw. Länder. Den letzten in dieser Kette beißen die Hunde, und das ist in diesem Fall vielfach die Dritte Welt, deren Rohstoffpreise immer weiter gedrückt werden. Das andere Rezept heißt "Rationalisierung" und setzt immer mehr vorher beschäftigte Arbeitskräfte frei und erzeugt Arbeitslosigkeit. Bei etlichen Unternehmen werden alle diese Versuche, den gestiegenen Druck weiterzugeben, dennoch nicht ausreichen. Sie brechen zusammen und setzen einen Prozeß in Gang, der die Wirtschaft immer mehr in die Krise treibt und immer mehr Unternehmen mit in den Abgrund reißt.

Geldschöpfung und Inflation sind demnach ein völlig ungeeignetes Instrument zur Konjunkturankurbelung. Wie eine Droge erzeugen sie kurzfristig einen Rausch, eine Belebung der Wirtschaft, treiben die Wirtschaft aber mittelfristig unvermeidlich in die Krise. Selbst wenn es sonst keine anderen Krisenursachen gäbe, allein dieser Mechanismus würde die Krise hervortreiben.

Warum ist eine schleichende Deflation problematisch?

Wie sehen nun alle diese Zusammenhänge im Falle einer schleichenden Deflation aus? Man könnte ja meinen, wenn schleichende Inflation — abgesehen von der kurzen Belebung — gesamtwirtschaftlich negative Auswirkungen hat, dann müßte schleichende Deflation doch vielleicht positive Wirkungen haben. Das genaue Gegenteil ist jedoch der Fall. Die Auswirkungen einer schleichenden Deflation sind noch schlimmer, und es kommt bei ihr nicht einmal kurzfristig zum Rausch, sondern gleich zur Ernüchterung.

Wenn alle Preise im gleichen Tempo sinken würden, z.B. sich bei gleichbleibender Produktivität in einem Jahr halbieren würden, würde sich wiederum auf den ersten Blick real nichts verändern. Mit den jeweils halben Geldbeträgen, also Löhnen, Materialkosten, Finanzierungskosten, Erlösen und Gewinnen, könnte man — bei halbierten Preisen — das gleiche kaufen wie vorher (Abb. 35a und b).

Aber wenn nur eine der Größen nachhinkt, stimmt die Rechnung schon nicht mehr. Nehmen wir wieder an, die Löhne würden aufgrund der Festlegung durch die Tarifverträge für ein Jahr lang nicht — wie alle anderen Preise — auf die Hälfte sinken, sondern gleichbleiben (Abb. 35c). Dann ergibt sich entsprechend dem, was wir vorher für den Inflationsgewinn abgeleitet hatten, in diesem Fall ein "Deflationsverlust" bei den Unternehmen, und zwar nur aufgrund der Deflation, nicht aufgrund zurückgegangener Produktivität! Und der Deflationsverlust frißt die Gewinne, die bei stabilen Preisen (bzw. bei gleichmäßig absinkenden Löhnen, Preisen und Zinsen) entstanden wären, mehr oder weniger auf, in unserem Beispiel vollständig (Abb. 35c).

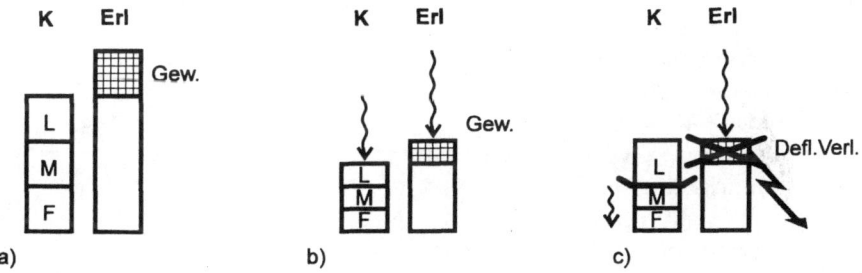

Abb. 35a bis c: Deflation bei Halbierung aller Kosten und Erlöse — bzw. bei unveränderten Löhnen. Folge: Deflationsverluste.

Jedes Unternehmen wird davon betroffen, und die schwächeren Unternehmen geraten in die roten Zahlen und müssen sehen, wie sie da wieder herauskommen. Auf der Nachfrageseite ist nicht viel zu machen, wegen der Verknappung des Geldumlaufs. Manche Unternehmen lassen sich vielleicht noch etwas einfallen, z.B. mit Werbung oder neuen Produkten, und haben damit Erfolg. Aber damit ziehen sie nur größere Teile der gesamtwirtschaftlichen Nachfrage auf sich, die an anderer Stelle um so mehr fehlen und andere Unternehmen um so mehr in die Krise geraten lassen. Insgesamt wird es in der Deflation für alle Unternehmen schwieriger, und nach und nach werden erst die schwächeren, dann die weniger schwachen Unternehmen zusammenbrechen, und die Krise bereitet sich — wie wir das schon mehrmals besprochen haben — immer mehr auf die gesamte Wirtschaft aus und reißt über wachsende Arbeitslosigkeit, zurückgehende Nachfrage, noch mehr Arbeitslosigkeit usw. immer mehr Bereiche der Wirtschaft in die Tiefe.

Aber was ist mit dem Nachziehen der Löhne, mit der Anpassung der Löhne an die Deflation in der nächsten Tarifrunde? Die Gewerkschaften werden sich vermutlich nicht dafür stark machen, aber die Unternehmerverbände dafür um so mehr, und sie werden es schließlich mehr oder weniger durchsetzen. Dann müßte doch die Welt eigentlich wieder stimmen, bzw. die Gewinne — wenn nicht inzwischen die Wirtschaft in eine tiefe Krise gestürzt wäre, die ihre Eigendynamik und ihre Selbstverstärkung bereits entfaltet hat. Für viele Unternehmen kommt die Anpassung der Löhne dann schon zu spät, sie sind bereits zusammengebrochen.

Und wie sieht es mit den Zinsen aus? Am Anfang natürlich genau alles umgekehrt wie bei der Inflation: Schuldner werden benachteiligt, weil die Zurückzahlung von Krediten bzw. das Aufbringen von fest vereinbarten Zinsen bei allgemein sinkenden Preisen viel schwieriger geworden ist. Während alle Preise sich in unserem Beispiel halbiert haben, muß der Kredit in der ursprünglichen Höhe zurückgezahlt werden. Das erzeugt für die verschuldeten Unternehmen Deflationsverluste. Und ehe die Zinsen sich angepaßt haben und ebenfalls gesunken sind, z.B. bei neu aufgenommen Krediten, sind viele Unternehmen schon zusammengebrochen.

Und wie verhält es sich mit der Veränderung der Zinserträge der Geldanleger und der Zinsbelastung der Unternehmen in der Deflation? Wenn ein Geldvermögen von 100 vorher jährlich 10 abgeworfen hat, und es herrscht 5% Deflation, dann müßte doch der Zins von vorher 10% um die Deflationsrate gesenkt werden 5% *(Abb. 36)*. Nur: Für 5% läßt kaum mehr jemand sein überflüssiges Geld zum Kapitalmarkt fließen, sondern hält es zurück. Eine Deflation, wirkt auf das Horten also genau umgekehrt wie eine Inflation. Mit wachsender Deflation fließt demnach das Geld immer weniger zum Kapitalmarkt und wird stattdessen immer mehr gehortet, das heißt es steht für Kredite nicht mehr zur Verfügung. Wie wir aus früheren Überlegungen wissen, reißt das Horten eine Lücke in den gesamtwirtschaftlichen Kreislauf und leitet einen Kreislaufzusammenbruch ein.

So ungefähr alles wirkt in der Deflation krisenverschärfend, die verzögerte Anpassung der Löhne ebenso wie die verzögerte Anpassung der Zinsen, und schließlich sogar die Anpassung der Zinsen an die allge-

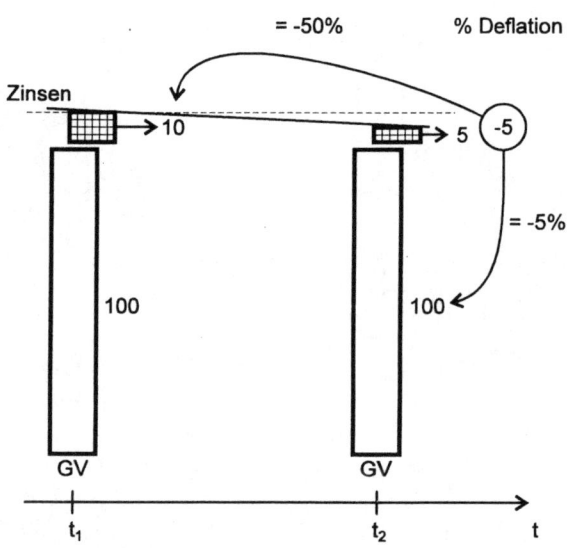

Abb. 36: Beispiele, bei dem 5% Deflation -50% Rückgang der Zinserträge nach sich zieht.

meinen Preissenkungen. Weil niedrige Zinsen im bestehenden Geldsystem kein hinreichendes Lösegeld sind, um die Geldkapitalbesitzer zur Herausgabe des Geldes an den Kapitalmarkt zu bewegen. Inflation ist gefährlich, und Deflation ist es auch. Was bleibt, wäre die Sicherung der Preisstabilität. Wir werden zu untersuchen haben, welche Voraussetzungen zur Erreichung dieses Ziels gegeben sein müßten, und wie es darum im bestehenden Geldsystem bestellt ist. Das Ziel kann natürlich nicht lauten:

Preisstabilität "um jeden Preis", das heißt auch unter Inkaufnahme von Arbeitslosigkeit, sondern: Preisstabilität, die mit Vollbeschäftigung einhergeht.

Das hört sich schon fast an wie ein Märchen, wie eine Utopie. Denn immer wieder hören wir, daß es einen "Zielkonflikt" gibt zwischen Preisstabilität und Vollbeschäftigung: Je mehr Preisstabilität, um so weniger Vollbeschäftigung, das heißt um so mehr Arbeitslosigkeit, und umgekehrt: Je mehr Beschäftigung, um so weniger Preisstabilität, also um so höhere Inflation. Warum eigentlich? Sollte sich nicht beides miteinander vereinbaren lassen? Wo liegen die tieferen Wurzeln für diesen scheinbar unlösbaren Konflikt, an den wir uns schon alle so gewöhnt haben? Diese Fragen werden wir später wieder aufgreifen. Um durch den Nebel durchzudringen, der über diese Zusammenhänge gelegt ist, müssen wir uns aber erst einmal schrittweise mit den Funktionsmechanismen und Funktionsstörungen des heute bestehenden Währungssystems und Geldes vertraut machen, das sich inzwischen vollständig vom Gold gelöst hat und mit der schon mehrfach angedeuteten Problematik des Zinses, der ein wesentliches Element sowohl der Goldwährung als auch der nicht-goldgebundenen Währung bildet. Das wird einige Arbeit erfordern. Aber: Der Weg lohnt sich! Hinterher werden wir vieles klarer sehen.

7. Die Problematik des Zinssystems

Wir haben weiter oben schon herausgearbeitet, daß der Zins seinen Ursprung im widersprüchlichen Charakter des bisherigen Geldes hat: Einerseits als allgemeines Tauschmittel ein öffentliches Gut zu sein, auf dessen Fließen die meisten Teilnehmer einer arbeitsteiligen Wirtschaft angewiesen sind; andererseits privates Gut zu sein, das für beliebige private Interessen verwendet werden kann (z.B. für spekulatives Horten) und nur gegen einen hinreichend erscheinenden Zins am Kapitalmarkt angelegt und damit in den Wirtschaftskreislauf zurückgeführt wird. Wir wollen nun im einzelnen der auf Silvio Gesell zurückgehenden These nachgehen, daß der Zins nicht nur ein unzuverlässiges Mittel der Umlaufsicherung des Geldes ist, sondern darüber hinaus auch noch ein in vieler Hinsicht destruktives Mittel, das langfristig eine Vielzahl von Krisentendenzen hervortreibt.

7.1 Geld wächst und wächst und wächst

Bei der Untersuchung des Zinses beginnen wir mit der scheinbaren Selbstverständlichkeit, daß ein Geldbetrag, der festverzinslich angelegt wird, im Laufe der Zeit zu einer immer größeren Summe anwächst. Wir kennen alle entsprechende Berechnungen und Grafiken, die den Geldanlegern von Seiten der Banken oder Lebensversicherungen vorgelegt werden und die deutlich machen, wie sich das angelegte Geld über die Jahre hinweg scheinbar ganz von selbst vermehrt. "Lassen Sie Ihr Geld arbeiten" ist ein gängiger Werbespruch von Kreditinstituten.

Je nach Zinssatz ergibt sich — wie in *Abb. 37* dargestellt — aus der festverzinslichen Anlage eines Geldbetrages (100) ein mehr oder weniger schnelles Wachstum des Geldvermögens, was sich von Jahr zu Jahr immer weiter beschleunigt ("exponentielles Wachstum"). Um nur ein Beispiel zu nennen: 10.000 DM festverzinslich angelegt wachsen in fünfzig Jahren an

bei	3%	6%	9%	12%
auf	44.000	184.000	744.000	2.890.000

Wo soll dieses Wachstum herkommen? Wie kommt es, daß "das Geld arbeitet", daß es sich, wenn man es anlegt, automatisch vermehrt? Verfolgen wir zur Klärung dieser Frage einmal die möglichen Wege, die das Geld zurückgelegt haben kann, ehe es in Form von Zinsen und Tilgung wieder zu den Geldanlegern zurückfließt.

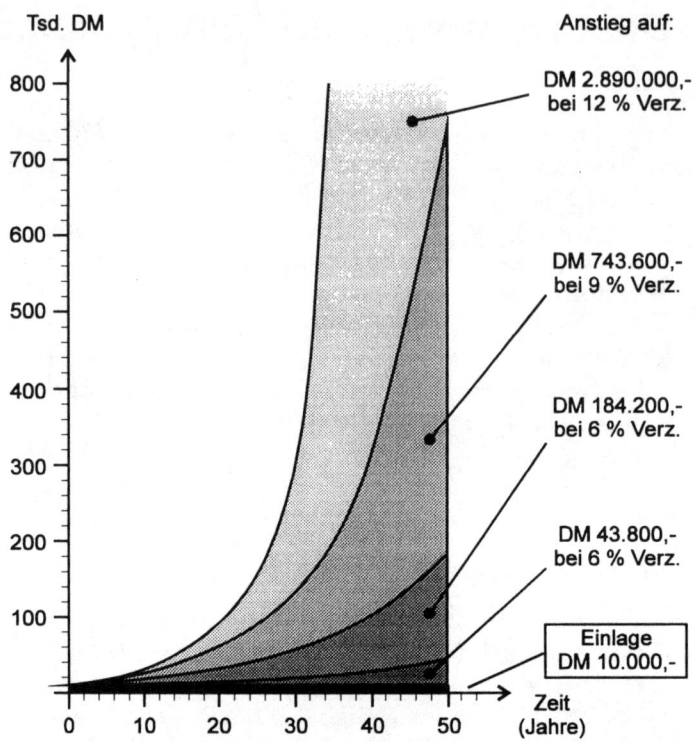

Abb. 37: Entwicklung einer Geldanlage durch Zins und Zinseszins bei verschiedenen Zinssätzen über 50 Jahre.

7.2 Sparen und Investieren im gesamtwirtschaftlichen Kreislauf

Das Geld der Geldanleger wandert z.B. zu den Geschäftsbanken oder Kreditinstituten, die es ihrerseits als Kredite weiter an die Unternehmen ausleihen, z.B. für Investitionen. Auf diese Weise wird die Lücke im gesamtwirtschaftlichen Kreislauf, die erst einmal durch das Sparen entstanden war, wieder geschlossen (wie bereits in *Abb. 19a und b* dargestellt). Denn die Unternehmen können mit den Krediten Investitionsgüter und damit einen Teil des Sozialprodukts nachfragen. Bis dahin scheint der Zins erst einmal eine gesamtwirtschaftlich positive Funktion zu haben: Er lockt — wie wir dies schon weiter oben herausgearbeitet haben — das überflüssige Geld auf den Kapitalmarkt und ermöglicht, daß dieses Geld von anderen nachfragewirksam verwendet wird.

Die (neo-)klassischen Vorstellungen vom Zinsmechanismus

Wenn am Kapitalmarkt die Nachfrage nach Krediten für Investitionen (I) nicht übereinstimmt mit dem Angebot an Krediten durch Sparen (S) (was eher die Regel als die Ausnahme sein wird), dann scheint der Zins sogar für einen Ausgleich zwischen Angebot und Nachfrage am Kapitalmarkt zu sorgen: Mit steigendem Zins sinkt einerseits die Nachfrage nach Investitionskrediten (I) und steigt andererseits das Kreditangebot von Seiten der Sparer (S), dargestellt in *(Abb. 38)*. Ist z.B. bei einem Zins z_1 die Kreditnachfrage I größer als das Kreditangebot S, so werden die Geschäftsbanken den Zins erhöhen, bis sich beide Größen ausgleichen (Gleichgewichtszins $\bar{z}$). Ist bei einem Zins z_2 die Kreditnachfrage geringer als das Kreditangebot, dann werden die Banken den Zins senken, bis es zu einem Ausgleich kommt.

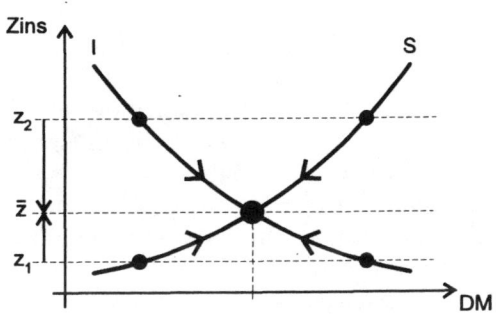

Der Zins scheint also ein wunderbarer Regulator zu sein, um am Kapitalmarkt immer wieder das Gleichgewicht zwischen Kreditangebot und Kreditnachfrage herzustellen, und damit im gesamtwirtschaftlichen Kreislauf das Gleichgewicht zwischen Sozialprodukt einerseits und gesamtwirtschaftlicher Nachfrage andererseits. So wird es auch in vielen ökonomischen Lehrbüchern gelehrt.

Abb. 38: Nachfrage nach Investitionskrediten (I) und Angebot an Spargeldern (S) in Abhängigkeit vom Zinsniveau — und die Bildung eines Gleichgewichtszinses (z̄).

Man spricht in diesem Zusammenhang vom "Zinsmechanismus am Kapitalmarkt", und man war lange Zeit der Auffassung, daß er im Großen und Ganzen immer wieder dafür sorgt, vorübergehende Ungleichgewichte am Kapitalmarkt abzubauen — und auf diese Weise auch die gesamtwirtschaftliche Nachfrage immer wieder in Übereinstimmung zu bringen mit dem gesamtwirtschaftlichen Angebot, dem Sozialprodukt.

So war jedenfalls die klassisch-liberale, auf Adam Smith zurückgehende Auffassung über die vermeintlich störungsfreie Selbstregulierung des Kapialmarkts, und auch die späteren — mit mathematischen Modellen dargestellten — Gedanken der sogenannten "Neoklassik", die bis heute zum Standardprogramm wirtschaftswissenschaftlichen Studiums gehören. Derartige Vorstellungen vom Zinsmechanismus machten und machen es schwer, die dahinter sich verbergende Problematik des Zinses zu erkennen. Die Wirtschaft bedarf ja geradezu des Zinses, um das Geld in Fluß zu halten (jedenfalls solange, wie es keine andere wirksame Umlaufsicherung des Geldes gibt). Worin soll denn dann die Problematik des Zinses liegen?

Die späte Korrektur durch Keynes

Erst sieben Jahre nach Ausbruch der Weltwirtschaftskrise von 1929 erfolgte im Rahmen der akademischen Wirtschaftswissenschaften eine späte, viel zu späte Korrektur dieser Auffassung durch den weltberühmt gewordenen englischen Ökonomen John Maynard Keynes — mit seinem 1936 veröffentlichten Buch über die "Allgemeine Theorie der Beschäftigung, des Zinses und des Geldes". In Deutschland hatte die Massenarbeitslosigkeit Anfang der dreißiger Jahre schon den Boden für den Faschismus bereitet, und die Naziherrschaft hatte sich bereits durchgesetzt.

"Liquiditätspräferenz" — ein Leck im gesamtwirtschaftlichen Kreislauf

Keynes räumte mit seiner Theorie (deren Grundgedanken und Problematik ich an anderer Stelle ausführlich erläutert habe)[20] immerhin ein, daß der Zins die ihm unterstellte Regulatorfunktion am Kapitalmarkt nicht immer erfüllen muß, sondern daß es auch zu längerfristigen Ungleichgewichten am Kapitalmarkt kommen kann. Einen wesentlichen Grund sah er darin, daß das gesparte, also nicht konsumierte Geld sich nicht automatisch in voller Höhe vom Zins auf den Kapitalmarkt locken läßt, sondern aus "Vorliebe für Liquidität" ("Liquiditätspräferenz") lieber gehortet wird — z.B. für Spekulationszwecke.

Die Konsequenz, die er daraus zog, lag aber nicht in einer grundsätzlichen Problematisierung des Zinses und in einer entsprechenden Korrektur des Zins- und Geldsystems, sondern in der Forderung nach zusätzlichen Staatsausgaben zur Auffüllung der Lücke im gesamtwirtschaftlichen Kreislauf. Die wirksamste Form der Finanzierung sah er in der Geldschöpfung. Was Keynes für die Behebung der gesamtwirtschaftlichen Kreislaufstörung vorgeschlagen hat, läßt sich veranschaulichen am Bild einer Zentralheizung: Nachdem endlich das Leck im Heizungskreislauf erkannt wurde, wird an anderer Stelle einfach zusätzlich Wasser zugegossen — anstatt das Leck zu stopfen und damit die Ursache der Störung zu beheben. Daß bei dieser Art der Intervention das ganze System durcheinander kommen und überflutet werden kann, wenn das abgeflossene Wasser (das gehortete Geld) seinerseits unvermittelt und unerwartet in den Kreislauf zurückschwappt, liegt eigentlich auf der Hand.

Geldschöpfung als Symptombehandlung

Eine Lösung des zugrundeliegenden Problems scheint diese Art von staatlicher Intervention also nicht zu beinhalten. Vielmehr handelt sich um ein Kurieren am Symptom des gesamtwirtschaftlichen Nachfragemangels und der dadurch bewirkten Arbeitslosigkeit, mit der unerwünschten, aber wohl unvermeidlichen Nebenwirkung von Inflation — als Folge einer Überflutung des Wirtschaftskreislaufs mit zusätzlich und im Übermaß geschöpftem Geld. Der Einsatz keynesianischer Beschäftigungspolitik, wie er später insbesondere nach dem Zweiten Weltkrieg in vielen westlichen Industrieländern praktiziert wurde, ging tatsächlich immer wieder einher mit schleichender Inflation — eine Entwicklung, die schließlich in den achtziger Jahren den Gegnern einer solchen

---

[20] Bernd Senf: Kritik der marktwirtschaftlichen Ideologie, Berlin 1980, Kapitel "Wirtschaft und Staat"

Politik und Theorie, den sog. "Monetaristen", immer mehr Auftrieb gab und zur Grundlage von Anti-Inflationspolitik mit drastischen Sparmaßnahmen — vor allem im sozialen Bereich — wurde. Im Zuge der Anwendung monetaristischer Politik hat sich das Problem der Arbeitlosigkeit, das mit keynesianischer Politik gelöst werden sollte, wieder enorm verschärft.

Mir erscheint das Verhältnis von Keynesianismus zu Monetarismus wie das Verhältnis zweier Ärzte, die sich beide nicht um die tiefer liegenden Ursachen einer Krankheit kümmern. Während der eine zur Symptombekämpfung Spritzen verabreicht (die tatsächlich kurzfristig wirken), warnt der andere vor den immer unübersehbarer werdenden "Nebenwirkungen" und setzt die Spritze wieder ab. Zum tieferen Verständnis der Krankheit und zur grundlegenden Heilung haben beide nichts beigetragen. An anderer Stelle bin ich ausführlich auf diese Art von Konfliktverdrängung von Seiten der Wirtschaftswissenschaften eingegangen.[21]

7.3 Der Zins muß in der Produktion erwirtschaftet werden

Gehen wir zunächst einmal weiter in der Verfolgung des Weges, den die Kredite und Zinsen im gesamtwirtschaftlichen Kreislauf zurücklegen. Der Aufnahme von Krediten in einem Jahr stehen ja die späteren Kreditrückzahlungen einschließlich der Zinsen gegenüber. In *Abb. 39* gehen wir — unter Berücksichtigung des Zeitablaufs — der Einfachheit halber davon aus, daß die Tilgung eines über 10 Jahre laufenden Kredites durch eine einmalige Rückzahlung im 10. Jahr erfolgt, während ein bestimmter Prozentsatz der Kreditsumme an Zinsen zu zahlen ist.

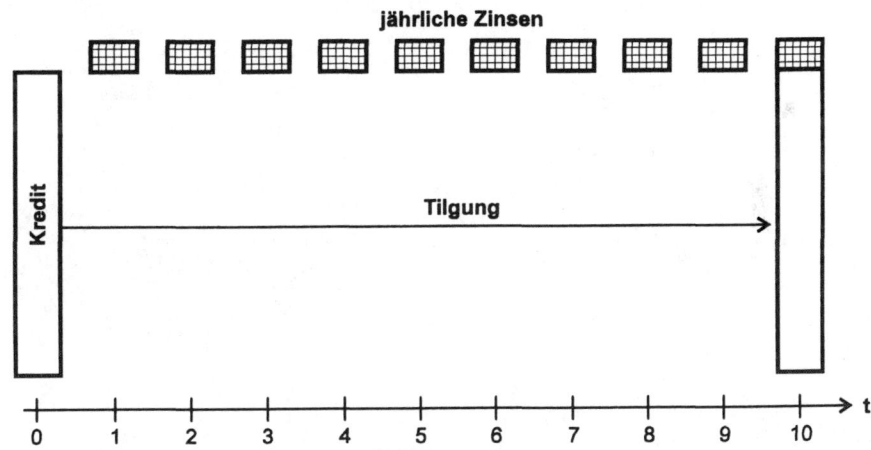

Abb. 39: Kredit mit 10 Jahren Laufzeit, Tilgung nach 10 Jahren und jährlich 10% Zinsen.

---

[21] Bernd Senf: Konfliktverdrängung und Systemerstarrung, in: emotion 3, Berlin 1981

Bei einem Kredit von 100, Kreditzinsen von 10% und einer Laufzeit von 10 Jahren müssen also nicht nur jährlich Zinsen in Höhe von 10 gezahlt werden (in 10 Jahren also insgesamt 100), sondern am Ende muß auch noch die Kreditsumme von 100 zurückgezahlt werden. (Dies ist natürlich nur ein sehr einfaches Beispiel und nur eine von vielen möglichen Varianten, wie Zinszahlung und Tilgung aussehen können). Durch die Kreditzahlung plus Zinsen fließt das Geld von den Unternehmen zunächst einmal zu den Banken, die einen Teil davon abzweigen (um ihre Kosten zu decken — einschließlich der Kosten für die Bankpaläste — und auch noch einen Gewinn zu machen). Der Rest fließt (über die Jahre verteilt) zurück an die Geldanleger, deren Geldvermögen sich auf diese Weise vergrößert. *Abb. 40* stellt den Weg des Geldes von den Geldanlegern oder Geldkapitalbesitzern über die Geschäftsbanken (GB) zu den Unternehmen (U) und zurück noch einmal verkürzt dar:

Würden die Geldanleger die jährlich zurückfließenden Zinsen immer gleich wieder neu anlegen und sich verzinsen lassen (Zinseszins), würden sich ihre Geldvermögen entsprechend viel mehr vergrößern als in unserem Beispiel — und vor allen Dingen nicht einfach nur linear anwachsen, sondern exponentiell. *Abb. 41* veranschaulicht den Unterschied zwischen linearem Anwachsen bei einfachem Zins und exponentiellem Anwachsen bei Zinseszins.

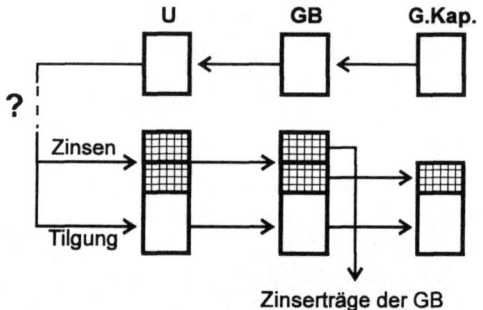

Abb. 40: Von den zurückfließenden Zinsen zweigen die Geschäftsbanken (GB) einen Teil ab, einen anderen leiten sie an die Geldkapitalbesitzer weiter.

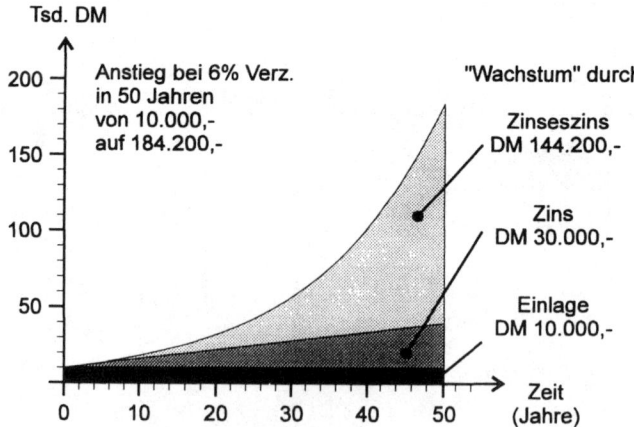

Abb. 41: Entwicklung einer Geldanlage durch Zins und Zinseszins

86

7.4 Zinseszins und Wachstumsdruck

Aus diesem einfachen Beispiel von Kreditaufnahme und Kreditrückzahlung wird bereits deutlich, daß dem Anwachsen der Geldvermögen auf der einen Seite die Erwirtschaftung der entsprechenden Mittel auf der anderen Seite zugrunde liegen muß: nämlich auf der Seite der Produktion und des Absatzes der produzierten Güter. Das Anwachsen der Geldvermögen erfordert also — gesamtwirtschaftlich und im Durchschnitt betrachtet — ein entsprechendes Wirtschaftswachstum. Anders ausgedrückt: Der Zins setzt die Wirtschaft unter einem permanenten Wachstumszwang. Aber auch darin könnte man noch etwas Positives sehen: Der Zins als Motor wachsender Produktion und wachsenden Wohlstandes! Nur: auf Dauer können die Anforderungen, die von Seiten des Zinses an das Wachstum der Produktion gestellt werden, gar nicht erfüllt werden. Und zwar aus mehreren Gründen. Der erste Grund soll an einem einfachen Rechenbeispiel erläutert werden:

Das Beispiel mit dem "Josephs-Pfennig"

Hätte es zur Zeit von Christi Geburt schon Pfennige bzw. Mark als Geld gegeben und hätte damals Joseph (oder auch Maria) nur einen einzigen Pfennig zu 5% Zinseszins angelegt, auf welchen Betrag wäre dieser "Josephs-Pfennig" wohl bis heute angewachsen? Unter der Voraussetzung, daß es seither keine Währungsreform gegeben hätte, sondern das damalige Geld seine Gültigkeit ununterbrochen bis heute bewahrt hätte? Wären daraus vielleicht 1000 Mark geworden, oder gar eine Million? Oder ist das viel zu hoch gegriffen?

Vielleicht kann man es sich besser vorstellen, wenn man die Geldsumme in Gold umrechnet (zum Goldpreis von 18.500 DM pro 1 kg, dem Goldpreis vom 9.1.1990). Würde die Summe dann einer Goldkugel in der Größe eines Fußballs entsprechen, oder vielleicht sogar einer Kugel mit 10 m Durchmesser? Weit gefehlt! Bis 1990 wären es 134 Milliarden Goldkugeln vom Gewicht der Erde geworden![22] Die entsprechende Geldsumme, auf die der eine Pfennig allein durch 5% Zinseszinses angewachsen wäre, übersteigt also absolut jedes Vorstellungsvermögen. Wie soll ein Geldvermögen auf eine derartige Menge Gold anwachsen können, wenn doch der wirkliche Erdball nur zu einem winzigen Bruchteil seines Gewichts aus Goldvorkommen besteht? Allein daran zeigt sich deutlich, daß das System des Zinseszinses auf Dauer gar nicht störungsfrei funktionieren kann. Es muß rein logisch immer wieder Einbrüche geben, bei denen sich die Geldforderungen bzw. das Geld insgesamt entwertet — z.B. durch Währungskrisen bzw. Währungsreformen. Um danach wieder beim Punkt Null anzufangen und vom neuem — erst unauffällig, dann immer deutlicher und schließlich in eskalierendem Tempo — auf einen neuen Zusammenbruch der Währung hinzusteuern.

Der Zinseszins entfaltet also eine Dynamik, die es der Produktion in der realen Welt begrenzter Ressourcen gar nicht möglich macht, seinen Anforderungen auf Dauer

---

[22] Dieses Beispiel habe ich dem Buch von Margrit Kennedy "Geld ohne Zinsen und Inflation" entnommen (S. 22). Sie selbst verweist in diesem Zusammenhang auf das Buch von Heinrich Hausmann: Der Josephs-Pfennig, Fürth, 1990.

zu genügen. Die reale Produktion, das reale Sozialprodukt, kann auf Dauer unmöglich mit gleichbleibender Wachstumsrate exponentiell anwachsen, das heißt ein immer schnelleres Anwachsen der absoluten Größe hervorbringen. Das Rechenbeispiel mit dem Josephs-Pfennig zeigt diese Unmöglichkeit überdeutlich. Und das schon bei einem Pfennig!

Die Eskalation von Geldvermögen und Schulden

In Wirklichkeit handelt es sich beim angelegten Geldvermögen einer Volkswirtschaft um Hunderte oder Tausende von Milliarden Mark[23], und alle diese Geldvermögen fordern ihren Zins und Zinseszins ein, um immer noch weiter anzuwachsen. Während sich mit Beginn eines neuen Währungssystems, also in den ersten Jahren oder auch Jahrzehnten nach einer Währungsreform, dieses Anwachsen noch relativ langsam und unauffällig vollzieht, kommt es mit zunehmender Zahl der Jahre zu einer wachsenden Eskalation in der Anhäufung von Geldvermögen, die immer wieder nach Anlage drängen, das heißt nach vermehrter Kreditvergabe.

Das bedeutet aber auf der anderen Seite auch eine wachsende Verschuldung anderer Teile der Gesellschaft, und das heißt auch wachsende Schuldenlast. Denn die Schulden müssen bedient werden, und die wachsenden Zinsen belasten die Schuldner immer mehr. Helmut Creutz stellt in seinem Buch "Das Geldsyndrom" die Eskalation von Geldvermögen einerseits und Schuldenlast andererseits eindrucksvoll mit folgender Grafik dar (Abb. 42):

Beginnend an dem kleinen Kreis der Geldvermögen (GV) ungefähr in der Mitte der Grafik führt das Ausleihen dieser Gelder zu entsprechender Verschuldung (VS) auf der anderen Seite. Über die aus der Verschuldung folgenden Zinsrückflüsse an die Geldvermögenbesitzer wächst deren Geldvermögen an, was wiederum wachsende Kreditvergabe (und daher auch wachsende Verschuldung auf der anderen Seite) hervortreibt usw. Creutz spricht in diesem Zusammenhang auch von einem "monetären Teufelskreis".

---

[23] Unter der Überschrift "Deutsche sparen 4 Billionen" schreibt der Tagesspiegel von 14.9.94: "Die deutschen Haushalte hatten zum Ende des vergangenen Jahres fast 4000 Milliarden DM auf der hohen Kante. Wie der Bundesverband Deutscher Banken am Dienstag in Köln mitteilte, waren es genau 3925 Milliarden DM."

DER MONETARE TEUFELSKREIS

Eskalation der Geldvermögen und Schulden

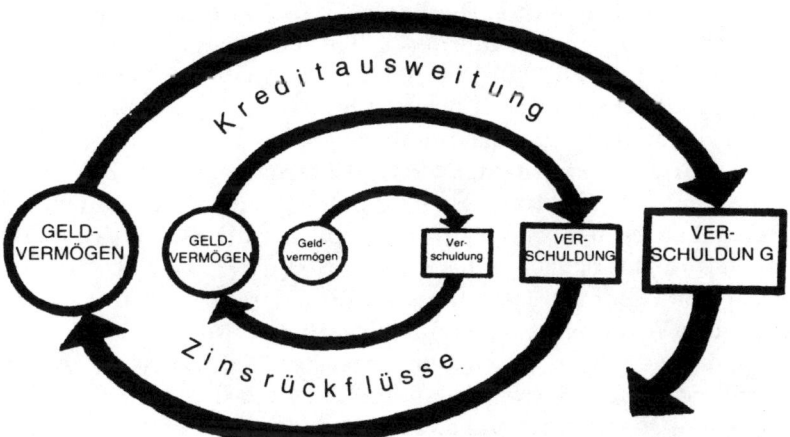

Folgen:

steigende Zinseinkommen
wachsende Geldvermögen
größeres Kreditpotential

Folgen:

steigende Zinslasten
rückläufige Arbeitseinkommen
zunehmender Wachstumszwang

Abb. 42: Der monetäre Teufelskreis wachsender Geldvermögen und wachsender Verschuldung. (Quelle: Helmut Creutz: Das Geldsyndrom, S. 219).

7.5 Der Zins als Verursacher bzw. Verstärker von Krisen

7.5.1 Der Zins und die ökonomische Krise

Dem Anwachsen der Geldvermögen bzw. den daraus fließenden wachsenden Zinserträgen auf der einen Seite muß — wie wir schon herausgearbeitet haben — eine entsprechend wachsende Produktion auf der anderen Seite gegenüberstehen — besser gesagt: zugrunde liegen und im übrigen auch ein Anwachsen der dinglichen Sicherung der Kredite in Form von Realkapital. Was ist aber, wenn die Produktion nicht entsprechend mitwächst (und sie kann es auf Dauer schon deshalb nicht, weil exponentielles Wachstum der Begrenztheit der Ressourcen von Grund auf widerspricht)? Wenn sich also das Wirtschaftswachstum gegenüber den anfänglichen Wachstumsraten abschwächt? Dann gehen die Rechnungen z.B. der Unternehmen, die sich verschuldet haben, nicht mehr auf, und sie geraten in eine Schuldenklemme: Die Schulden einschließlich der Zinsen müssen sie auf jeden Fall zurückzahlen, darauf achten schon die Banken, die in dieser Hinsicht kein Erbarmen kennen.

Wenn die Erlöse zurückgehen und die Gewinne zusammenschrumpfen bzw. in Verluste umkippen, muß an anderen Kosten gespart werden, z.B. an den Löhnen: durch Lohnsenkungen, Kurzarbeit und/oder Entlassungen. Und wenn es trotz aller Anstrengungen dem Unternehmen nicht gelingt, aus den roten Zahlen wieder herauszukommen, macht es schließlich Konkurs. Die Banken haben sich für diesen Fall abgesichert, mit allen möglichen dinglichen Sicherungen (z.B. Grundstücken, deren Verkaufserlös ihnen zufällt). Das Geldkapital wird im Konkursfall zuallererst bedient, und das, was danach von der Konkursmasse noch übrigbleibt, wird entsprechend einer bestimmten Rangfolge unter die anderen Gläubiger aufgeteilt. So wie gerade dargestellt geht es bei nachlassendem Wirtschaftswachstum vielen Unternehmen, die Zahl der Firmenzusammenbrüche steigt, die Arbeitslosigkeit nimmt zu, und von dem anfänglichen Ausfall der Kaufkraft gehen immer weitere Wirkungen auf die Gesamtwirtschaft aus: Die Wirtschaft steuert in eine ökonomische Krise.

Eine solche Krise könnte gesamtwirtschaftlich nur vermieden werden, wenn sich das Wachstum der Wirtschaft niemals abschwächen würde, wenn das Sozialprodukt ständig einem exponentiellen Wachstum unterläge, das ausreicht, die exponentiell anwachsenden Zinserträge zu erwirtschaften.[24] Die Wirtschaft unterliegt also einerseits einem permanenten Wachstumszwang, andererseits aber gleichzeitig der realen Unmöglichkeit, diesem Wachstumszwang auf Dauer gerecht zu werden. Denn die materielle Welt der Ressourcen (als der stofflichen Voraussetzung der Produktion) ist begrenzt und die Welt der dinglichen Sicherheiten der Kredite ist es auch. Exponentielles Wachstum hingegen schießt ins Grenzenlose — und stößt damit in einer materiell begrenzten Welt auf Dauer unvermeidlich auf Grenzen. Und dies um so schneller, je größer die Wachstumsrate ist. Und die Wachstumsrate des Geldkapitals heißt Zins.

Abb. 43 zeigt anschaulich, wie allein von 1970 - 1990 die Zinserträge der Banken in der Bundesrepublik um ein Vielfaches schneller gewachsen sind als das Bruttosozialprodukt. Auch *Abb. 44* macht die Dramatik der Entwicklung deutlich. Hierbei handelt es sich um die Gesamtverschuldung von Unternehmen, privaten Haushalten und Staat.

Der sich verschärfende Widerspruch zwischen Wachstumszwang einerseits und Begrenztheit der Ressourcen andererseits kann sich nur immer wieder in Krisen entladen. Er treibt die Unternehmen (aber auch den Staat und die privaten Haushalte) in eine wachsende Schuldenkrise. Unternehmen, die unter dem Druck ihrer Schulden zusammenbrechen, lösen eine Kette von Folgewirkungen aus, die die gesamte Wirtschaft in die ökonomische Krise stürzen. Daraus kann gefolgert werden: Das Zinssystem treibt unvermeidlich immer wieder ökonomische Krisen hervor. Das soll nicht heißen, daß der Zins die einzige mögliche Krisenursache ist. Aber allein auf der Grundlage des Zinssystems sind immer wiederkehrende ökonomische Krisen unvermeidlich. Zusammen mit anderen krisenverursachenden Faktoren wirkt der Zins auf jeden Fall als ein "Verstärker ökonomischer Krisen".

---

[24] Einzelne Unternehmen können zwar auch bei stagnierender Wirtschaft wachsen, aber nur dadurch, daß andere Unternehmen immer mehr an die Wand gedrückt bzw. aus dem Markt gedrängt oder geschluckt werden — d.h. durch einen Prozeß wirtschaftlicher Konzentration.

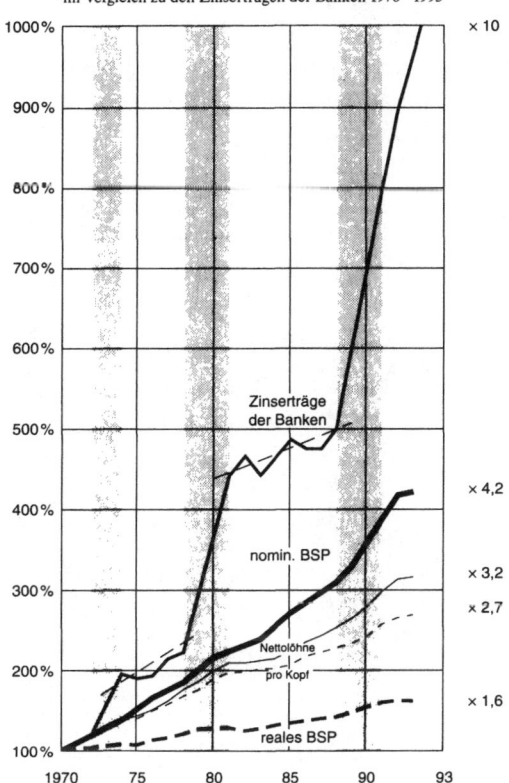

Prozentuale Entwicklung des Sozialproduktes
im Vergleich zu den Zinserträgen der Banken 1970 – 1993

Abb. 43: (Quelle: Helmut Creutz: Das Geldsyndrom, S. 228).

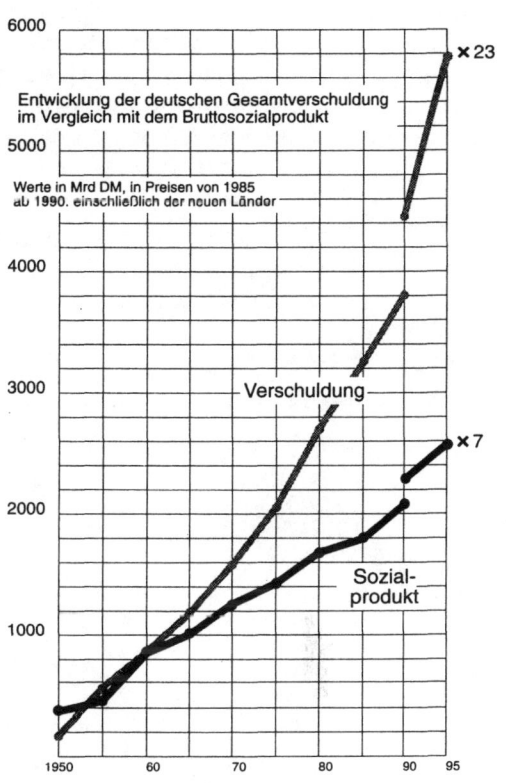

Scherenöffnung zwischen Verschuldung und Sozialprodukt

Abb. 44: (Quelle: Helmut Creutz: Das Geldsyndrom, S. 173)

Abb. 45 stellt diesen Zusammenhang symbolisch dar. Den exponentiell anwachsenden Zinserträgen (bzw. Zinslasten) steht ein sich abschwächendes Wachstum des Sozialprodukts gegenüber. Das Sozialprodukt wird von den Zinslasten immer mehr aufgefressen. Auf dem Weg dorthin brechen Teile der Wirtschaft unter der wachsenden Schuldenlast zusammen, die Wirtschaft gerät in eine Rezession.

Daß die Zinserträge einen immer größeren Teil des Volkseinkommens beanspruchen (oder die Zinslasten das Volkseinkommen immer mehr "auffressen"), geht aus *Abb. 46* hervor. Für den Zeit-

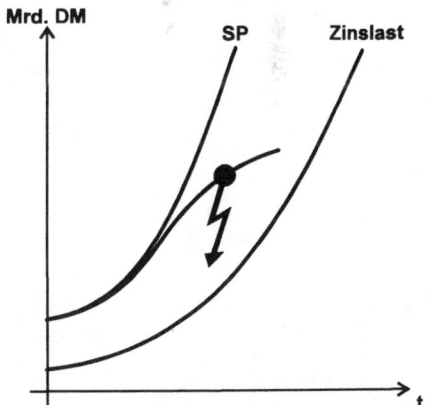

Abb. 45: Wenn das Wachstum des Sozialprodukts mit dem Wachstum der Zinslasten nicht mehr Schritt hält, kommt es zur Wirtschaftskrise.

91

raum von 1950 bis 1990 ist die reale Entwicklung der Zinserträge im Verhältnis zum Volkseinkommen wiedergegeben. Von 1990 bis 2030 werden zwei Modellrechnungen durchgespielt, aus denen erkennbar ist, wie der Zinsanteil in den nächsten Jahrzehnten die anderen Ansprüche an das Sozialprodukt (Löhne, Gewinne, Staatshaushalt) in die Defensive drängen wird. Daß dies nicht ohne eine drastische Verschärfung ökonomischer und sozialer Krisen ablaufen wird, liegt auf der Hand.

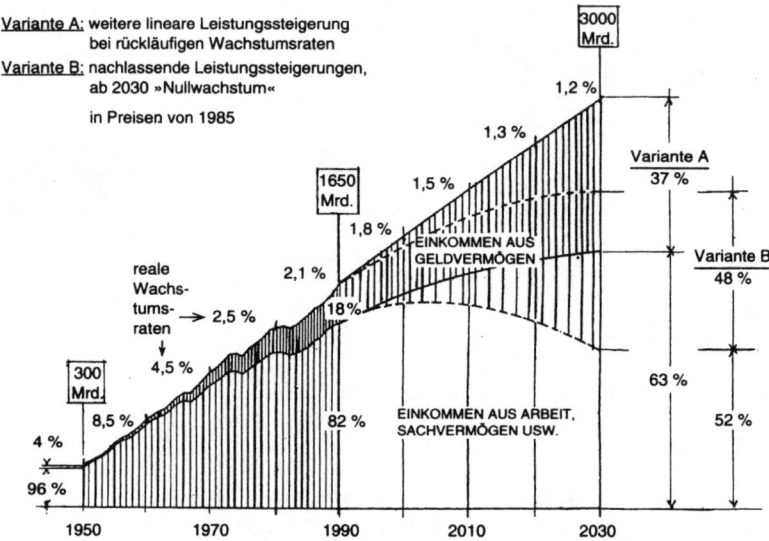

Abb. 46: (Quelle: Helmut Creutz: Das Geldsyndrom, S. 298).

7.5.2 Der Zins und die ökologische Krise

Ein Aufschieben der Krise (nicht ihre Vermeidung!) wäre nur möglich durch weiteres Forcieren des Wirtschaftswachstums, z.B. mit Mitteln der staatlichen Wachstumspolitik. Aber um so mehr gerät das Wirtschaftswachstum in Konflikt mit der Umwelt und verstärkt insoweit die ökologischen Krisentendenzen. Und wenn die ökonomische Krise dann schließlich doch zum Ausbruch kommt (weil sie sich auch mit Wachstumspolitik auf Dauer gar nicht aufhalten läßt), gehören die Aufwendungen für Umweltschutz mit zu den ersten Posten, an denen eingespart wird. Zuallererst müssen ja die Zinsen für die Schulden bezahlt werden. Der Zins wirkt also auch als Verstärker der ökologischen Krisentendenzen.

Gibt es ein exponentielles Wachstum in der Natur?

Vergleichen wir einmal das durch den Zinseszins bewirkte exponentielle Wachstum der Geldvermögen bzw. der Schulden mit Wachstumsverläufen in der Natur. Nach welchen Gesetzmäßigkeiten vollzieht sich z.B. das Wachstum lebender Organismen?

Organisches Wachstum ist begrenzt

Wir kennen alle den Spruch, daß "Bäume nicht in den Himmel wachsen", jedenfalls nicht immer weiter, und wir wissen es auch von uns selbst: Nach einer Lebensphase des Heranwachsens sind wir Menschen — biologisch betrachtet — irgendwann einmal erwachsen, das heißt wir wachsen nicht weiter. Das bedeutet nun nicht, daß wir uns als Erwachsene nicht mehr verändern, aber die Veränderung ist nicht mehr quantitativ, sondern qualitativ: Wir werden reifer und älter und verändern entsprechend unser Äußeres (von der inneren Entwicklung einmal ganz abgesehen). Aber größer werden wir ab einem gewissen Alter nicht mehr. Im Gegenteil: Im hohen Alter geht die Größe sogar noch einmal etwas zurück, der Körper baut ab.

Angefangen hat das alles mit einer befruchteten Eizelle, die sich im Mutterleib geteilt hat: Aus 1 Zelle wurden 2, aus 2 wurden 4, dann 8, 16, 32, 64, 128, 256, 512 usw. Anfänglich hat das Wachstum unseres Organismus also auch einen exponentiellen Verlauf gehabt, aber dabei ist es — wie wir alle wissen — nicht geblieben. Es wäre auch völlig undenkbar, daß ein einzelner lebender Organismus auf Dauer exponentiell wächst. Irgendwann geht der Wachstumsverlauf über in eine Neubildung von Zellen bei gleichzeitigem Abbau alter Zellen.

Als Ergebnis dieser Überlagerung zweier Gegentendenzen schwächt sich das anfangs exponentielle Wachstum immer weiter ab und erreicht schließlich einen Sättigungsgrad *(Abb. 47)*, anders ausgedrückt: ein Nullwachstum. Dies ist das selbstverständliche Entwicklungsgesetz jedes einzelnen lebenden vielzelligen Organismus (der Einzeller hingegen bleibt Einzeller, und wenn er sich teilt, werden daraus zwei Einzeller, und daraus vier und so weiter).

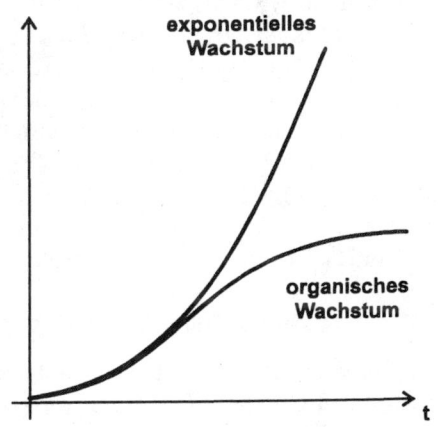

Abb. 47: Unterschied zwischen organischem Wachstum und exponentiellem Wachstum.

Exponentielles Wachstum und Krebs

Es kann allerdings in einem einzelnen lebenden Organismus, z.B. im Menschen, dazu kommen, daß die natürliche Koordinierung zwischen Neubildung von Zellen und Zellabbau gestört ist — und daß sich das Wachstum eines Teils gegenüber dem ganzen Organismus verselbständigt. Das ist der Fall bei Krebs — einer Krankheit, die (wenn sie nicht früh genug erkannt und wirksam behandelt wird) zum Tode führt. Der exponentiell wachsende Tumor entzieht dem Gesamtorganismus immer mehr Lebenskräfte und erdrückt zunehmend andere Teile des Organismus, bis sie schließlich in ihrer Funktionsfähigkeit gestört bis zerstört werden. Und der Prozeß der Krebserkrankung mündet schließlich ein in eine Zerstörung der Lebensfunktionen des Gesamtorganismus. Da der Tumor selbst ein — wenn auch verselbständigter — Teil des Gesamtorganismus ist, bricht mit dem Tod des Organismus auch die Grundlage für dessen weiteres Wachstum (oder auch nur für dessen Fortbestand) zusammen.

Der Zins als Krebserreger am sozialen Organismus

Ist es nicht erschreckend, daß das gleiche Prinzip des exponentiellen Wachstums, wie es der Krebserkrankung zugrundeliegt, die Grundlage des Zinssystems und des entsprechenden Wachstums der Geldvermögen und Schulden darstellt? Und ist nicht auch die Wirtschaft, die durch den Zins in ein exponentielles Wachstum getrieben wird, nur Teil eines größeren sozialen Organismus, und dieser wiederum Teil eines noch umfassenderen Organismus, nämlich des globalen Ökosystems oder des Organismus Erde? Muß nicht ein solches Wachstum auf Dauer notwendig in die soziale und ökologische Krise, in die Katastrophe führen? Wirkt demnach der Zins nicht wie ein Krebserreger am sozialen Organismus der Gesellschaft und am Organismus Erde? Was ist das für ein trügerisches, oberflächliches, vordergründiges "Gleichgewicht am Kapitalmarkt", das angeblich durch den Zins bewirkt wird, wenn derselbe Zins langfristig zerstörerische Folgen hervortreibt, die immer weiter eskalieren müssen? Das vom Zins verursachte exponentielle Wachstum wäre demnach nicht nur unnatürlich, sondern widernatürlich, natur- und lebenszerstörend.

Exponentielles Wachstum der Population: Schädlinge und Unkraut

Oder war es eine falsche Analogie, die wir hier vorschnell und allzu suggestiv gezogen haben? Gibt es nicht auch in der Natur exponentielle Wachstumsprozesse, wenn schon nicht am einzelnen Organismus, so doch aber mindestens in bezug auf eine biologische Art, auf eine sogenannte Population? Wenn z.B. bei geschlechtlicher Vermehrung einer biologischen Art — seien es nun Menschen, Tiere oder Pflanzen — aus zwei Eltern (im Durchschnitt und über Generationen hinweg) jeweils mehr als zwei Nachkommen entstehen und überleben, dann vermehrt sich doch die Zahl der Exemplare dieser Art, dann wächst doch die Population exponentiell an.

In der Natur ist aber ein Regulationsmechanismus am Werk, der bewirkt, daß das potentielle Wachstum einer Art in der Regel immer wieder durch das Verhältnis zu anderen Arten (die ihre Nahrungsgrundlage bilden oder die ihre natürlichen Feinde sind) und durch die Begrenztheit der natürlichen Ressourcen beschränkt wird. Kommt es ausnahmsweise doch einmal zu einem exponentiellen Anwachsen einer Population gegenüber den anderen, dann sprechen wir, wenn es sich um Tiere handelt, von "Schädlingen" — und bei Pflanzen entsprechend von "Unkraut". Diese Ausdrücke beziehen sich nicht auf das einzelne Exemplar. Es mag sich dabei um ein nach unserem Empfinden wunderschönes Tier handeln, oder um ein für das gesamte Ökosystem nützliches Tier, solange sich die Population im ökologischen Gleichgewicht mit anderen Arten befindet. Oder es mag sich um eine für den Menschen potentiell nützliche Heilpflanze handeln. Zu Schädlingen oder Unkraut werden sie erst dann, wenn das exponentielle Wachstum ihrer Population andere Arten immer mehr erdrückt und ihnen den Lebensraum entzieht. Auch hier ist exponentielles Wachstum eines Teils des Ökosystems also auf Dauer zerstörerisch, destruktiv; und zwar nicht nur für das größere Ganze, sondern auch für die biologische Art selbst, die sich mit dem Zusammenbruch des Ökosystems auch ihre eigenen Wachstums- und Existenzgrundlagen entzieht. Wir sehen also: Überall in der Natur, wo über längere Zeit exponentielles Wachstum vorkommt, ist es — aus einem größeren Systemzusammenhang heraus betrachtet — lebensfeindlich, destruktiv: Krebs, Schädlinge, Unkraut!

Und ausgerechnet dieses Prinzip ist die Grundlage des Zinssystems. Sollte uns das nicht stutzig machen? Ist es nicht erschreckend, daß ausgerechnet diejenigen, die sich eigentlich am ehesten mit der Problematik des Zinses beschäftigen sollten, nämlich die Wirtschaftswissenschaftler, in den meisten Fällen so konsequent darüber hinweggesehen und daran vorbeigeforscht und -gedacht haben, daß auch und gerade sie diese Problematik so weitgehend verdrängt haben? Ist es ein Zufall, daß es Außenseiter waren, sozusagen von außerhalb der Zunft (Silvio Gesell, Dieter Suhr, Helmut Creutz und Margrit Kennedy), die das Tabu der Zinsproblematik anrührten? Ist das Denken der Experten, in diesem Fall der Wirtschaftswissenschaftler, so festgefahren, daß sie weitgehend blind geworden sind für grundlegende Probleme? Und daß sie vor lauter mathematischem Formalismus, in den sie vielfach ihre Theorien kleiden, ihre eigene Blindheit gar nicht mehr bemerken? Daß sie den Wald vor lauter Bäumen nicht mehr sehen? Und — um im Bild zu bleiben: daß sie die Gefahr eines Flächenbrandes gar nicht wahrnehmen.

7.5.3 Der Zins und die soziale Krise

Bisher war die Rede davon, daß die Zinserträge bzw. die Zinslasten im Verhältnis zum Volkseinkommen immer weiter angewachsen sind. Aber wie verteilen sich denn eigentlich die Zinserträge bzw. die Zinslasten auf die Bevölkerung? Wer profitiert davon, und wer trägt letztendlich die Hauptlasten? Um dieser Frage genauer auf den Grund zu gehen, kommen wir noch einmal zurück auf die Unternehmen, die ihrerseits Kredite aufgenommen haben und diese Kredite später zuzüglich der Zinsen zurückzahlen müssen. Tragen die Unternehmen demnach die Hauptlast der Zinsen, oder wo bleiben die Zinslasten sonst?

Die Zinsen stecken in den Preisen

Sehen wir uns hierzu einmal die Gegenüberstellung von Kosten und Erlösen eines Unternehmens an. In *Abb. 48* ist eine Unterteilung der Kosten in Lohnkosten (L), Material- und Maschinenkosten (M) sowie Finanzierungskosten (F) dargestellt. Zu den Finanzierungskosten gehören übrigens nicht nur die Zinsen für Fremdkapital, also für aufgenommene Kredite, sondern auch für Eigenkapital; denn dessen Einsatz im Unternehmen soll mindestens soviel Rendite abwerfen, wie man bei festverzinslicher Anlage am Kapitalmarkt ohne Risiko erzielen könnte. Also wird auf das eingesetzte Eigenkapital ein entsprechender "kalkulatorischer" Zins berechnet.[25]

Wo kommen die Zinsen nun her, die das Unternehmen für den aufgenommenen Kredit aufbringen muß und die am anderen Ende der Kette das Geldvermögen der Geldanleger anwachsen lassen? Sie stecken unsichtbar in den Preisen der Produkte! Denn sie sind ein Teil der Kosten, die über die Absatzpreise, das heißt über die Erlöse gedeckt werden müssen, wenn das Unternehmen nicht pleite gehen soll. Also muß jedes Unternehmen versuchen, mindestens auf Dauer und im Durchschnitt Preise zu erzielen, durch die alle Kosten abgedeckt sind, auch die Finanzierungskosten, das heißt auch die Zinsen auf Fremdkapital und Eigenkapital! Und darüber hinaus soll auch noch ein Gewinn erzielt werden. Aber während wir etwa beim Benzinpreis an der Tankstelle noch er-

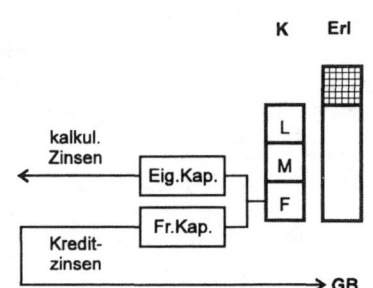

Abb. 48: Die Finanzierungskosten (F) enthalten Zinsen für Fremdkapital und Eigenkapital.

fahren, wie groß der darin enthaltene Anteil der Mineralölsteuer ist (und während wir mindestens noch wissen, wie hoch der Mehrwertsteueranteil in jedem Produktpreis ist), geht der Zinsanteil in den Preisen völlig unter. Kaum jemand macht sich diesen Sachverhalt bewußt: Mit jedem Kauf von Waren bezahlt man im Preis unsichtbar und unbewußt einen mehr oder weniger großen Anteil an Zinsen mit.

Die unsichtbare Zinsbelastung trifft alle

Wie hoch dieser Anteil ist, hängt verständlicherweise davon ab, wieviel Kapital für die Herstellung der Produkte erforderlich war und wie lange dieses Kapital in der Produktion bzw. in den Produktionsmitteln gebunden ist. Ganz allgemein kann man sagen: Je kapitalintensiver eine Produktion und je länger die Kapitalbindung, um so höher ist der Anteil der Finanzierungskosten an den Gesamtkosten. Arbeitsintensive Produktion beinhaltet demgegenüber einen vergleichsweise geringen Anteil an Finanzierungskosten.

---

[25] Die Aufbringung der Tilgung ist übrigens kein Bestandteil der Kosten, sondern erfolgt aus Gewinnen — ebenso wie ja auch die Selbstfinanzierung von Netto-Investitionen aus Gewinnen erfolgt.

Bezeichnenderweise gibt es keine offiziellen Angaben über den Zinsanteil in den Produktpreisen, weder von Seiten der Unternehmen noch von Seiten der offiziellen Statistik. Aus bestimmten veröffentlichten Zahlen lassen sich aber indirekt Rückschlüsse ziehen auf den Zinsanteil, und entsprechende Berechnungen und Schätzungen sind von Helmut Creutz (der sich intensiv mit diesen Zusammenhängen beschäftigt hat) angestellt worden. Hier einige konkrete Beispiele:

ZINS IM PREIS

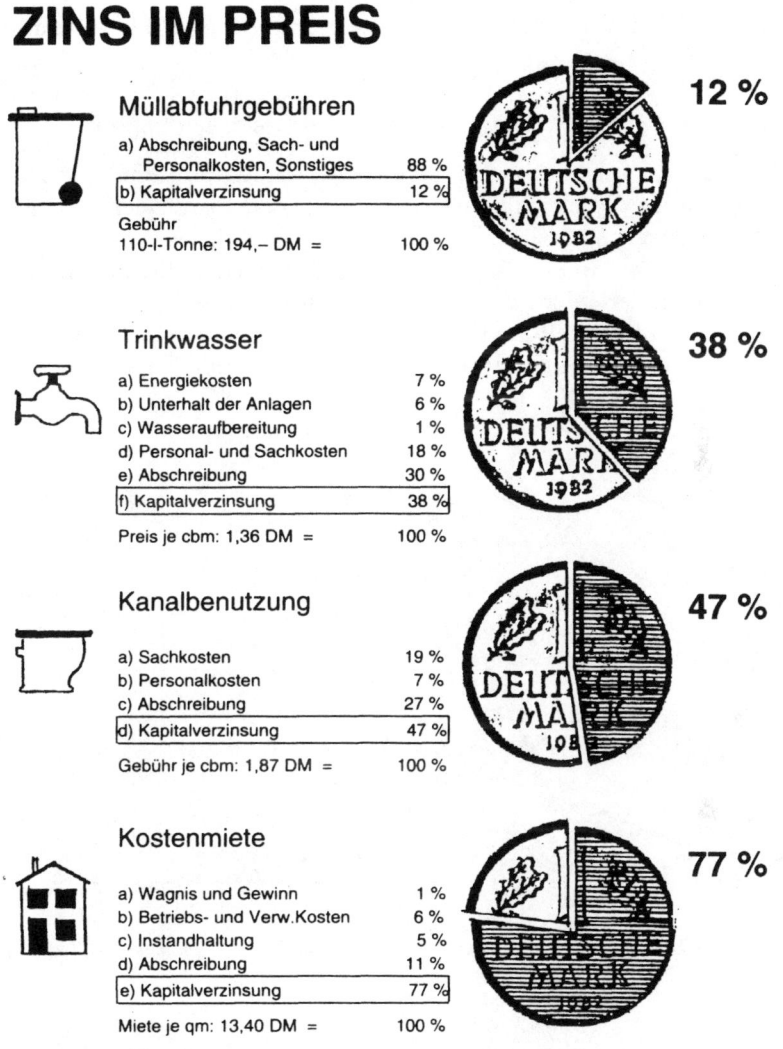

Müllabfuhrgebühren

a) Abschreibung, Sach- und Personalkosten, Sonstiges	88 %
b) Kapitalverzinsung	12 %
Gebühr 110-l-Tonne: 194,– DM =	100 %

12 %

Trinkwasser

a) Energiekosten	7 %
b) Unterhalt der Anlagen	6 %
c) Wasseraufbereitung	1 %
d) Personal- und Sachkosten	18 %
e) Abschreibung	30 %
f) Kapitalverzinsung	38 %
Preis je cbm: 1,36 DM =	100 %

38 %

Kanalbenutzung

a) Sachkosten	19 %
b) Personalkosten	7 %
c) Abschreibung	27 %
d) Kapitalverzinsung	47 %
Gebühr je cbm: 1,87 DM =	100 %

47 %

Kostenmiete

a) Wagnis und Gewinn	1 %
b) Betriebs- und Verw.Kosten	6 %
c) Instandhaltung	5 %
d) Abschreibung	11 %
e) Kapitalverzinsung	77 %
Miete je qm: 13,40 DM =	100 %

77 %

Abb. 49: Beispiele für Zinsanteile in öffentlichen Preisen. (Quelle: Helmut Creutz: Das Geldsyndrom, S. 245).

Den durchschnittlichen Zinsanteil für Konsumgüter schätzt er auf ungefähr 33% (Helmut Creutz: Das Geldsyndrom, S. 244). Das heißt auch: Von den Konsumausgaben der Haushalte fließt letztlich auf unsichtbare Weise tagtäglich ein Drittel für die Aufbringung von Zinsen ab — und landet einerseits bei den Banken, die davon ihre Kosten decken und ihren Gewinn abzweigen, und andererseits bei den Geldanlegern oder Geldvermögenbesitzern, die daraus ein leistungsloses Einkommen beziehen und ihr Geldvermögen anwachsen lassen. Ich will diese Zusammenhänge mit einigen Grafiken verdeutlichen, die nur das Grundprinzip veranschaulichen wollen, ohne sich zunächst auf konkrete statistische Daten zu stützen.

Sozial Schwache werden relativ stark getroffen

Abb. 50a soll die ungleiche Einkommensverteilung innerhalb einer Gesellschaft darstellen: Die ganze Gesellschaft ist in zehn unterschiedliche Einkommensschichten eingeteilt, deren durchschnittliche Einkommen jeweils durch die Höhe der Blöcke dargestellt sind. So stellt z.B. der linke Block die durchschnittlichen Einkommen (E) der untersten Einkommensschicht dar, der rechte Block diejenigen der obersten Einkommensschicht (der Einfachheit halber glätte ich in der Grafik die oberen Kanten der Blöcke und bekomme so eine Kurve, die die Ungleichheit der Einkommensverteilung veranschaulicht).

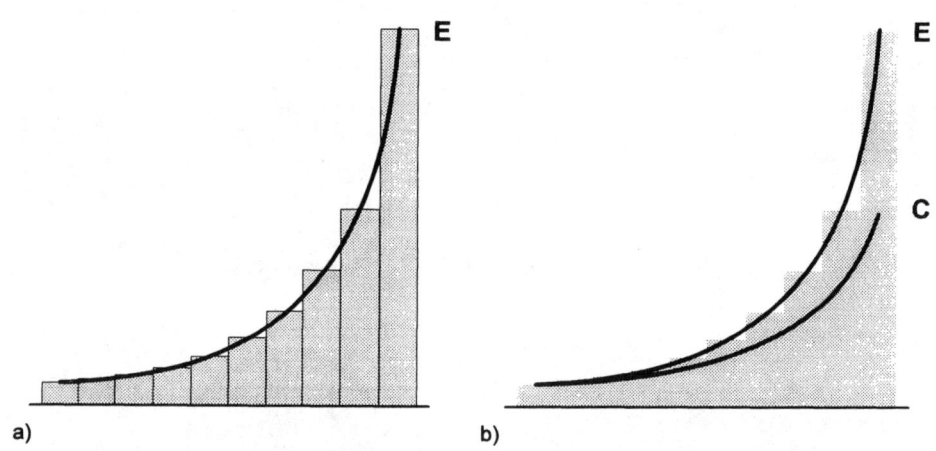

a)   b)

Abb. 50a und b: Ungleiche Einkommensverteilung sowie Konsumausgaben (C) bei unterschiedlichen Einkommen (E).

Stellt man den unterschiedlichen Einkommen die unterschiedlichen Konsumausgaben (C) gegenüber, so ergibt sich ein Bild wie in *Abb. 50b*: Bei den unteren Einkommensschichten fließen die gesamten Einkommen in den Konsum (tatsächlich konsumieren sie sogar mehr als ihr Einkommen, das heißt sie sind verschuldet). Mit wachsendem Einkommen steigen zwar die Konsumausgaben, es bleibt aber auch gleichzeitig immer mehr für das Sparen (S) übrig und dies übrigens nicht aufgrund einer höheren "Sparneigung", wie es die Wirtschaftswissenschaftler irreführend nennen, und auch nicht aufgrund eines "Konsumverzichts", sondern weil bei höherem Einkommen trotz des höheren Konsums einfach mehr übrig bleibt.

In *Abb. 50c* ist davon ausgegangen, daß in den Konsumausgaben jeweils ein Drittel unsichtbare Zinsen enthalten sind. Daraus ergibt sich mit wachsendem Einkommen auch eine ansteigende Kurve der unsichtbaren Zinslasten (ZL). Es hat also zunächst den Anschein, als würden höhere Einkommensschichten entsprechend auch mit höheren Zinsen belastet. Gemessen in absoluten Beträgen ist das auch richtig. Aber bezogen auf das jeweilige Einkommen

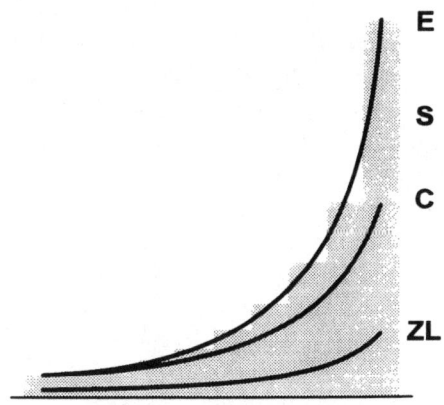

Abb. 50c: Ungefähr 1/3 der Konsumausgaben (C) sind unsichtbare Zinslasten (ZL).

sieht das Bild schon ganz anders aus: Dann ergibt sich nämlich für die unteren Einkommensschichten ein viel höherer Prozentsatz als für die höheren Einkommensschichten. Schon von daher wirkt das Zinssystem unsozial, belastet die Einkommensschwachen relativ stärker als die Bezieher hoher Einkommen. (Genauso unsozial wirkt übrigens die Mehrwertsteuer.) Aber das ist noch das Geringste an der sozialen Problematik des Zinses. Ein anderer Aspekt läßt die Ungleichheit noch viel krasser werden, nämlich die ungleiche Verteilung der Zinserträge.

Ungleiche Einkommen, Vermögen und Zinserträge

Zinserträge kann nur derjenige beziehen, der Geld überschüssig, überflüssig hat und über die Jahre hinweg daraus ein wachsendes Geldvermögen ansammeln und zinstragend anlegen kann. Betrachtet man unter diesem Gesichtspunkt die unterschiedlichen Einkommensschichten, so stellt man fest, daß die unteren gar nichts übrigbehalten und entsprechend kein Geldvermögen gebildet haben, also auch keine Zinserträge beziehen können (im Gegenteil, sie haben sich sogar alles in allem netto verschuldet und müssen dafür Kredite und direkte Zinsen abbezahlen; ein Tatbestand, der in dieser Grafik noch nicht einmal berücksichtigt ist!). Mit wachsendem Einkommen bleibt dann ein bißchen und dann immer mehr übrig, die Geldvermögen wachsen an, und entsprechend auch die Zinserträge; bis zu den höchsten Einkommen, bei denen ganz viel übrigbleibt und daraus ganz hohe Zinserträge entstehen (*Abb. 51* stellt den Zusammenhang zwischen ungleicher Einkommensverteilung und der Ungleichheit der Zinserträge ZE grafisch dar).

Abb. 52 beinhaltet noch einmal eine symbolische Darstellung des Zusammenhangs unterschiedlicher Zinserträge und der unterschiedlichen Anhäufung von Geldvermögen. Man kann sich den Zusammenhang vorstellen wie bei zwei verschiedenen Sanduhren, wo pro Zeiteinheit bei der einen wenig und bei der anderen viel Sand durchrieselt und sich entsprechend unterschiedlich große Anhäufungen bilden. Der bildliche Vergleich ist allerdings nicht ganz zutreffend, weil bei wachsendem Geldver-

mögen die Zinserträge der folgenden Jahre ebenfalls wachsen, während die Trichter-
hälse im Bild gleichbleiben.)

Diese Ungleichheiten entstünden schon dann, wenn alle Geldanleger die gleichen
Zinssätze auf ihre Geldanlagen beziehen würden. Tatsächlich ist es aber auch noch so,
daß die kleinen Sparer in der Regel viel niedrigere Zinssätze bekommen (z.B. auf Spar-
bücher) als die großen Geldanleger, so daß sich die Ungleichheit dadurch noch weiter
verschärft.

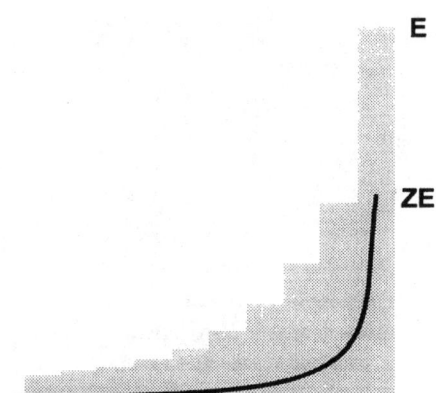

Abb. 51: Sichtbare Zinserträge aus Geldvermögen bei unterschiedlichen Einkommen.

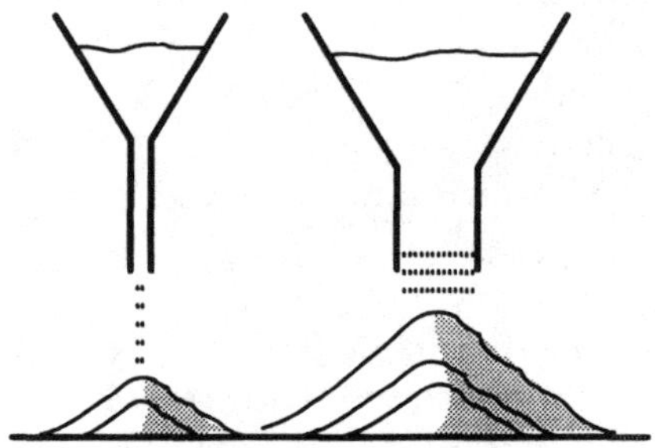

Abb. 52: Unterschiedliche Anhäufung von Geldvermögen bei unterschiedlichen Zinserträgen.

Nur wenige profitieren vom Zinssystem — auf Kosten der großen Mehrheit

Stellt man nun in einer weiteren Grafik die unsichtbaren Zinslasten (ZL) den sichtbaren Zinserträgen (ZE) gegenüber, so zeigt sich, daß für die meisten Einkommensschichten die Rechnung negativ ausfällt (Abb. 53). Die unsichtbaren Zinslasten sind in
der Bundesrepublik nach Schätzungen von Helmut Creutz (Das Geldsyndrom, S. 278
ff.) für 80% der Bevölkerung höher als deren Zinserträge, das heißt unter dem Strich
werden sie durch das Zinssystem mehr oder weniger stark belastet. Die Freude über
die Zinserträge aus Geldanlagen (die ihnen in die eine Tasche fließen) würde für die
meisten Geldanleger sehr schnell getrübt, wenn sie sich der unsichtbaren und größeren
Zinslasten bewußt würden, die ihnen mit jedem Kauf von Konsumgütern wieder her-
ausfließen.

Bei der neunten Einkommensschicht halten sich im Durchschnitt unsichtbare
Zinslasten und sichtbare Zinserträge ungefähr die Waage, und erst für die zehn Prozent mit den höchsten Einkommen ist das Zinssystem eine lohnende Angelegenheit:
Bei ihnen liegen die Zinserträge (ZE) (und zwar schon im Durchschnitt betrachtet)
eindeutig über den unsichtbaren Zinslasten (ZL).

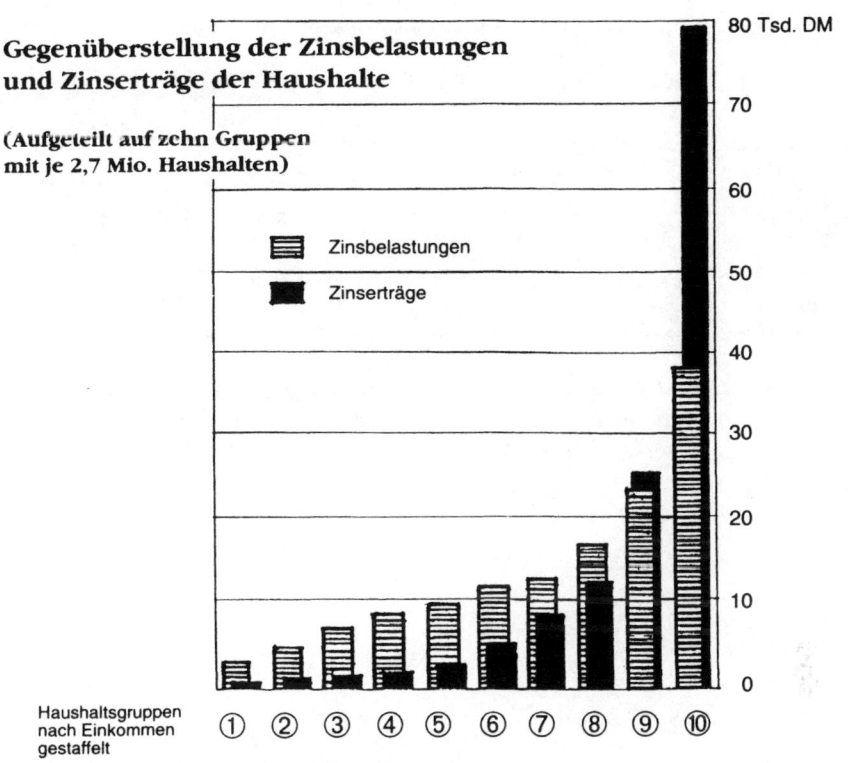

Gegenüberstellung der Zinsbelastungen und Zinserträge der Haushalte

(Aufgeteilt auf zehn Gruppen mit je 2,7 Mio. Haushalten)

Zinsbelastungen
Zinserträge

80 Tsd. DM
70
60
50
40
30
20
10
0

Haushaltsgruppen nach Einkommen gestaffelt

① ② ③ ④ ⑤ ⑥ ⑦ ⑧ ⑨ ⑩

Abb. 53: (Quelle: Helmut Creutz: Das Geldsyndrom, S. 288).

Würde man jetzt noch die oberste (rechte) Einkommensschicht in zehn einzelne Scheiben unterteilen, so würden die Unterschiede zwischen den höchsten und den niedrigsten Einkommens- und Vermögensschichten noch augenfälliger, noch himmelschreiender. Grafisch ließe sich das gar nicht mehr auf einem Blatt Papier darstellen — so sehr würde die Einkommens- bzw. Vermögenskurve und die Kurve für die Zinserträge der obersten Einkommensschicht in die Höhe schießen. Einen sehr deutlichen Fall, der von Helmut Creutz (Das Geldsyndrom, S. 253) zitiert wird, schildert die BILD-Zeitung am 27.7.1990:

Fräulein Quandt (3 Milliarden)
heiratete Herrn Klatten (4.600 brutto)

Der gebürtige Hamburger hat die Liebesprobe bestanden und braucht nicht mehr für 4.600 Mark brutto im Monat zu arbeiten. Er hat schließlich im Nobel-Ort Kitzbühel (Österreich) ein scheues Mädchen geheiratet, das alleine an Zinsen täglich über 650.000 Mark verdient. Jan hätte sich zwölf Jahre als Angestellter abplagen müssen, um die Tageseinnahme seiner Frau zu verdienen.

Wir kommen also zu dem Ergebnis: Das Zinssystem bewirkt eine permanente Umverteilung von unten nach oben, von 80% der Bevölkerung zu den 10% der Reichsten *(Abb. 54).*

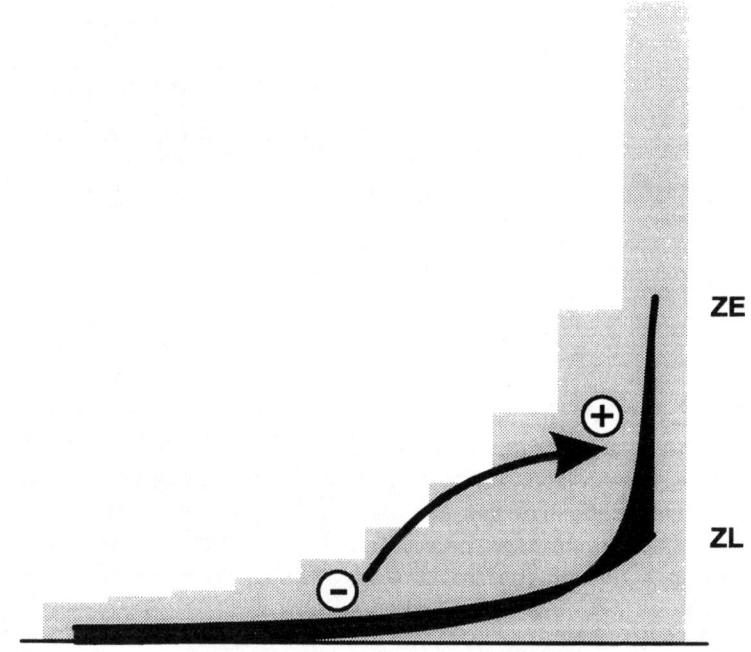

Abb. 54: Das Zinssystem bewirkt eine ständige Umverteilung von unten nach oben — vom größten Teil der Bevölkerung zu wenigen Reichen.

Auch die mittleren und höheren Einkommensschichten gehören insofern zu den Leidtragenden des Zinssystems. Nur ungefähr die letzten zehn Prozent mit den höchsten Einkommen profitieren von ihm. Und die letzten 1% oder sogar 1 Promill profitieren davon in einem Ausmaß, das alles Vorstellungsvermögen übersteigt — auf Kosten des größten Teils der Bevölkerung. Leistungsloses Einkommen in einer Gesellschaft, die sich selbst als "Leistungsgesellschaft" versteht!

Der Zins wirkt demnach wie eine Pumpe: Er pumpt tagtäglich Unsummen von Geld auf undurchsichtige und den meisten unbewußte Weise von der großen Mehrheit zu einer kleinen Minderheit. Wer "pumpt" sich eigentlich vom wem das Geld? Nicht die Kreditnehmer von den Kreditgebern, wie es unsere Sprache nahelegt, sondern — netto betrachtet — die wenigen Reichen von der großen Mehrheit der Bevölkerung — und das alles ohne Arbeit und Leistung, nur aufgrund des Besitzes von großen Geldvermögen.

Die jährlich neu fließenden Zinserträge werden dem schon bestehenden Geldvermögen mehr oder weniger hinzugeschlagen, so daß diese Geldvermögen von Jahr zu Jahr immer weiter anwachsen, allerdings in unterschiedlichem Ausmaß: Die Geldvermögen der ganz Reichen wachsen viel schneller als diejenigen der mittleren Schichten, das heißt es findet eine ständige und sich beschleunigende Auseinanderentwicklung der Geldvermögen statt, eine immer stärkere Polarisierung der Gesellschaft; und das heißt auch: ein immer stärkeres Anwachsen der sozialen Ungleichheiten und sozialen Spannungen. Ich bringe es auf eine kurze Formel: Der Zins wirkt als Verstärker sozialer Krisentendenzen. Der Zinssatz wirkt langfristig wie ein sozialer Sprengsatz!

Und dabei ist das, was wir bisher abgeleitet haben, noch gar nicht die ganze Wahrheit. Bisher hatten wir nämlich angenommen, daß die unteren Einkommensschichten ihr Gesamteinkommen für Konsumausgaben verwenden. Aber in Wirklichkeit reichen die Einkommen vielfach ja gar nicht dafür aus, und die Haushalte müssen sich verschulden: Konsumentenkredite aufnehmen, Ratenkäufe tätigen usw. Ihr Sparen ist nicht nur Null, sondern negativ, sie machen Schulden und müssen auch dafür noch die sichtbaren und spürbaren Zinsen zahlen, zusätzlich zu den unsichtbaren Zinsen, von denen bisher die Rede war. Und auch die fließen letztendlich auch wieder denen zu, die sich am anderen Ende der Einkommens- und Vermögensskala befinden und "ihr Geld arbeiten lassen", anstatt selbst zu arbeiten. Während also auf der einen Seite die Geldvermögen mit wachsenden Einkommen immer schneller anwachsen, vergrößern sich am unteren Ende der Skala, bei den Unterschichten, die Schulden immer mehr und stürzen wachsende Teile der Bevölkerung ins soziale Elend. Denn wer die Schulden nicht mehr abtragen kann, dem geht es schließlich an den Kragen: Der Gerichtsvollzieher kommt, der Lohn (sofern überhaupt noch vorhanden) wird gepfändet, und der Sturz ins Bodenlose, ins soziale Abseits ist vorprogrammiert. Die folgende Grafik (Abb. 55) veranschaulicht, wie es schon 1983 mit der Verteilung der Geldvermögen bzw. Schulden privater Haushalte in der Bundesrepublik bestellt war. Die Ungleichheiten dürften inzwischen noch wesentlicher krasser sein.

Die Umverteilung von unten nach oben und die entsprechende Verschärfung sozialer Gegensätze findet übrigens nicht nur innerhalb der kapitalistischen Industrieländer statt, sondern darüber hinaus auch global: Im Verhältnis der Industrieländer zu den Entwicklungsländern, im Nord-Süd-Konflikt. Darauf kommen wir später noch zu sprechen.

Geldvermögen privater Haushalte Ende 1983
Ergebnis der Einkommens- und Verbrauchstichprobe

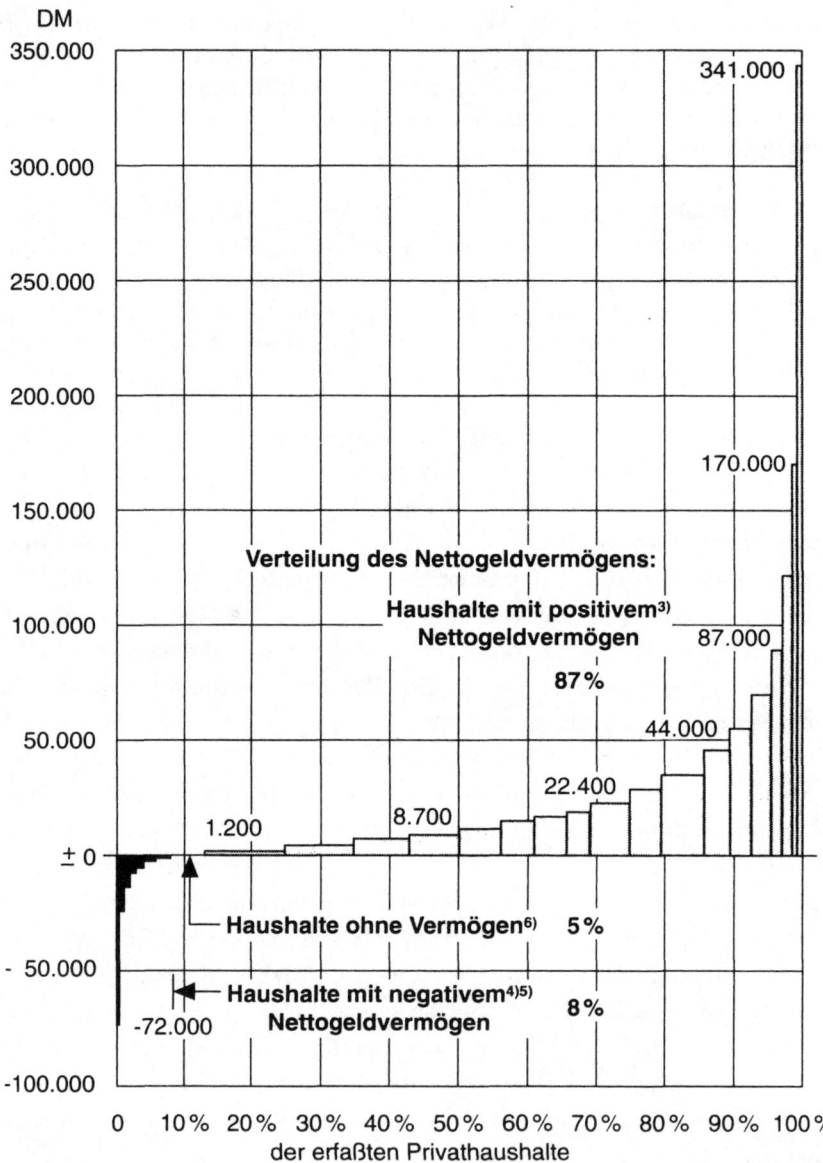

Abb. 55: (Quelle: Helmut Creutz: Das Geldsyndrom, S. 215).

7.5.4 Der Zins und die Krise des Staatshaushalts

Wir wollen vorher noch auf einen anderen Aspekt des Zinssystems eingehen, nämlich dessen Auswirkungen auf den Staatshaushalt, auf die Staatsverschuldung und die davon ausgehenden ökonomischen und sozialen Folgewirkungen. Dazu sind zunächst einige Überlegungen zur Funktion und Problematik von Staatsverschuldung erforderlich.

Staatsverschuldung und Zukunftsinvestitionen

Der Staat finanziert ja einen Teil seines Haushalts über Steuern, einen anderen Teil über Kredite (Staatsverschuldung). Wenn der Staat z.B. Straßen oder Schulen bauen läßt, dann kommen diese langfristigen Investitionen auch der künftigen Generation zugute. Es erscheint deshalb sinnvoll und gerechtfertigt, die Lasten für die Finanzierung solcher Projekte auch auf die zukünftige Generation zu verteilen: Indem nämlich die künftige Generation mit ihren Steuerzahlungen es ermöglicht, daß der früher aufgenommene Kredit zuzüglich der Zinsen zurückgezahlt wird. Dies kann dann ohne Probleme geschehen, wenn ein entsprechendes Wirtschaftswachstum eintritt und — sogar bei gleichen Steuersätzen — höhere Steuereinnahmen entstehen.

Nachlassen des Wirtschaftswachstums und Schuldenklemme

Was ist aber, wenn sich das Wirtschaftswachstum abschwächt und entsprechend weniger Steuereinnahmen entstehen als erwartet? Dann muß der Staat entweder die Steuersätze erhöhen oder seine sonstigen Ausgaben senken, um die Kredite mit Zinsen zurückzahlen zu können. Aber sowohl Steuererhöhungen wie Ausgabensenkungen schaffen politische Konflikte, und jede Regierung würde sich gern solche Konflikte ersparen, insbesondere bei bevorstehenden Wahlen. Also greift sie vielfach zu einer anderen Möglichkeit, die erst einmal unproblematischer erscheint: Sie nimmt neue Kredite auf, und zwar nicht nur, um neue Zukunftsprojekte zu finanzieren, sondern um alte Kredite zurückzuzahlen; kurz: Neuverschuldung, um Altlasten abzutragen. Das heißt die Staatsverschuldung wird nicht nur absolut erhöht, sondern auch relativ im Verhältnis zum gesamten Staatshaushalt bzw. zum Sozialprodukt. Damit wird das Problem der Rückzahlung natürlich nicht gelöst, sondern in die Zukunft verlagert und gleichzeitig verschärft. *Abb. 56* zeigt die Entwicklung der Staatsverschuldung in der Bundesrepublik von 1970 — 1990.

Mit wachsender Staatsverschuldung nehmen auch die Zinslasten, die der Staatshaushalt aufzubringen hat, immer weiter zu, nicht nur absolut, sondern auch im Verhältnis zum Staatshaushalt insgesamt. Sie verschlingen einen immer größeren Teil vom wachsenden Kuchen des Staatshaushaltes — und erzeugen dadurch einen steigenden Druck auf andere Posten innerhalb des Budgets.

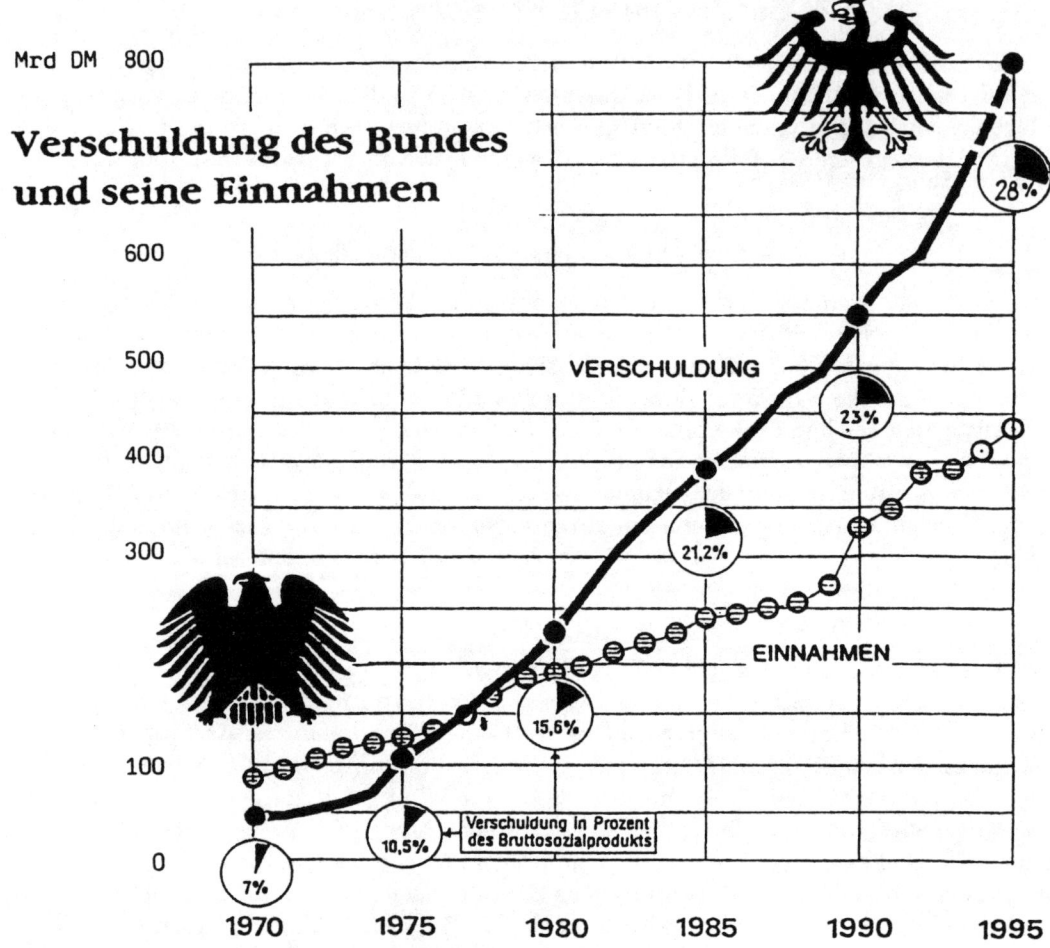

Mrd DM 800

Verschuldung des Bundes und seine Einnahmen

600

500 — VERSCHULDUNG

400

300

100

0

28%

23%

21,2%

15,6%

10,5%

7%

Verschuldung in Prozent des Bruttosozialprodukts

EINNAHMEN

1970 1975 1980 1985 1990 1995

Abb. 56: (Quelle: Helmut Creutz: Das Geldsyndrom, S. 185).

Zins, Staatsverschuldung und Inflation

Im Unterschied zu privaten Unternehmen kann der Staat eine ganze Zeitlang weiter nach dieser Methode verfahren und immer mehr Kredite aufnehmen, um alte Schulden abzutragen, vorausgesetzt natürlich, die Zentralbank spielt mit und druckt immer wieder neues Geld für den Staat. Die Folge dieses Geldüberhangs gegenüber dem realen Sozialprodukt ist auf Dauer eine Inflation. Sie hat für den Staat und für andere Schuldner den Vorteil, daß die Rückzahlung früherer Schulden dadurch erleichtert wird. Aber die Geldanleger auf der anderen Seite werden sehr bald einen Inflationsausgleich in Form höherer Zinsen fordern, so daß der Zinssatz in die Höhe getrieben wird, und damit auch das Tempo der Umverteilung von unten nach oben.

Abb. 57 zeigt, wie die Schuldzinslasten des Staates gegenüber den staatlichen Investitionen in den Jahren 1970 bis 1990 explodiert sind:

Schuldenzinslasten und Investitionsausgaben des Staates von 1970 bis 1990

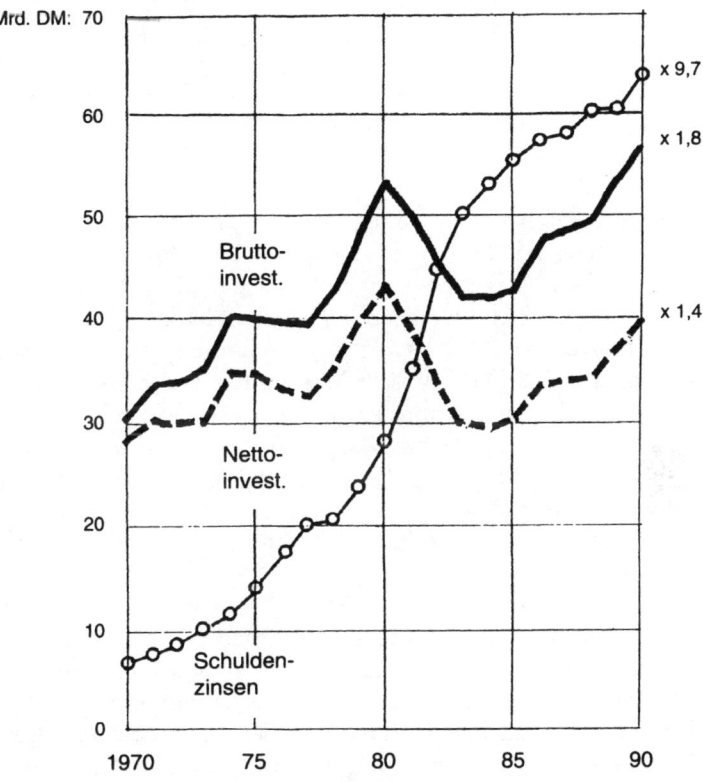

Abb. 57: (Quelle: Helmut Creutz: Das Geldsyndrom, S. 231).

Der Sozialstaat wird von der wachsenden Zinslast erdrückt.

Die wachsende Staatsverschuldung wird in den westlichen Industrieländern zu einem immer drängenderen Problem — von den Ländern des ehemaligen Ostblocks und von der Dritten Welt einmal ganz abgesehen. Die Bundesrepublik steht dabei im internationalen Vergleich noch relativ gut dar, oder besser gesagt: Es sieht in bezug auf die Staatsverschuldung nicht ganz so schlimm aus wie in anderen Ländern. Um nur einige Beispiele zu nennen (Quelle: Der Spiegel 37/1994, S. 160):

Öffentliche Verschuldung
in Prozent des Brutto-Inlandproduktes:

Deutschland	48,5%
Frankreich	52,5%
USA	63,9%
Japan	74,7%
Schweden	83,0%

Dennoch ist auch bei uns — und mehr noch in anderen Ländern — spürbar, wie unter dem Druck wachsender Zinslasten des Staatshaushaltes die staatlichen Sozialprogramme immer mehr in die Zange geraten. Der Staat in einer "sozialen Marktwirtschaft" kann dem Anspruch eines Sozialstaats auf Dauer immer weniger gerecht werden, und die vom Zins entfaltete Dynamik hat wesentlichen Anteil daran. Der Versuch, zum Abtragen von Altschulden immer mehr Neuverschuldung zu betreiben, kann auf Dauer nicht gut gehen. Entweder treibt er direkt in eine sich beschleunigende Inflation mit der Endstation einer Währungsreform, oder es wird vorher ein Kurswechsel vollzogen in Richtung Sparpolitik, das heißt Einsparung von Haushaltsmittel. Und einer solchen Sparpolitik fallen vor allem diejenigen gesellschaftlichen Gruppen und sozialen Schichten zum Opfer, die eine schwache Lobby haben. Das sind häufig die sozial Schwachen.

Während also auf der einen Seite mit nachlassendem Wirtschaftswachstum und verschärfter Wirtschaftskrise die sozialen Probleme wie Massenarbeitslosigkeit und Elend sich vergrößern, verfügt der Staat auf der anderen Seite über immer weniger Mittel, um dem wachsenden Problemdruck zu begegnen oder ihn abzumildern. Sowohl an der Hervortreibung der ökonomischen Krise als auch an der Verschärfung der sozialen Gegensätze als auch an der Eskalation der Staatsverschuldung ist der Zins wesentlich beteiligt. Und alle drei Tendenzen zusammen bewirken, daß der Sozialstaat — entgegen seinem Selbstverständnis und entgegen der Ideologie von der "sozialen Marktwirtschaft" — immer mehr unter die Räder kommt, immer mehr von der wachsenden Zinslast und den dadurch hervorgetriebenen Krisen erdrückt wird. Wann sich die verschärften sozialen Konflikte schließlich gewaltsam entladen, ist dann nur noch eine Frage der Zeit — oder des auslösenden Funkens, der das Pulverfaß zur Explosion bringt. Bei wachsenden sozialen Spannungen wird die Gefahr gewaltsamer Entladung und der Eskalation von Gewalt und Gegengewalt jedenfalls immer größer. Und das Zinssystem hat daran einen wesentlichen Anteil.

Silvio Gesell hat diesen Zusammenhang schon 1918 klar gesehen. Aber seine Warnungen fanden damals kaum Gehör.

Silvio Gesell warnte 1918:

Trotz des heiligen Versprechens der Völker, den Krieg für alle Zeiten zu ächten, trotz des Rufes der Millionen "Nie wieder Krieg", entgegen all den Hoffnungen auf eine schönere Zukunft muß ich es sagen: Wenn das heutige Geldsystem, die Zinswirtschaft beibehalten wird, so wage ich es, heute schon zu behaupten, daß es keine 25 Jahre dauern wird, bis wir vor einem neuen, noch furchtbareren Krieg stehen. Ich sehe die kommende Entwicklung klar vor mir. Der heutige Stand der Technik läßt die Wirtschaft bald zu einer Höchstleistung steigern. Die Kapitalbildung wird trotz der großen Kriegsverluste rasch erfolgen und durch ein Überangebot den Zins drücken. Das Geld wird dann gehamstert werden. Der Wirtschaftsraum wird einschrumpfen und große Heere von Arbeitslosen werden auf der Straße stehen. An vielen Grenzpfählen wird man dann eine Tafel mit der Aufschrift lesen können: "Arbeitsuchende haben keinen Zutritt ins Land, nur die Faulenzer mit vollgestopftem Geldbeutel sind willkommen". Wie zu alten Zeiten wird man dann nach dem Länderraub trachten und wird dazu wieder Kanonen fabrizieren müssen; man hat dann wenigsten für die Arbeitslosen wieder Arbeit. In den unzufriedenen Massen werden wilde, revolutionäre Strömungen wach werden, und auch die Giftpflanze Übernationalismus wird wieder wuchern. Kein Land wird das andere mehr verstehen, und das Ende kann nur wieder Krieg sein.

Quelle: Der Dritte Weg, 1994/1 S. 24

7.5.5 Der Zins und die Schuldenkrise der Dritten Welt

Globale Umverteilung von unten nach oben

Wenden wir uns schließlich noch der fünften Krisentendenz zu, die vom Zins hervorgetrieben bzw. beschleunigt wird: der Schuldenkrise der Dritten Welt. Im Prinzip wirkt der gleiche Umverteilungsmechanismus von unten nach oben, wie er innerhalb der Industrieländer zum Tragen kommt, auch auf globaler Ebene: zwischen den ökonomisch und sozial schwachen Entwicklungsländern einerseits und den entwickelten Industrieländern andererseits. Die "Umverteilung von unten nach oben" ist hier sogar auch noch geographisch zu verstehen: Von der südlichen zur nördlichen Halbkugel der Erde — weil die Entwicklungsländer überwiegend im Süden und die Industrieländer überwiegend im Norden angesiedelt sind (Abb. 58).

Abb. 58: Der Zins beschleunigt die globale Umverteilung von Süd nach Nord, das heißt die Verarmung der Dritten Welt.

Es wäre natürlich viel zur kurz gegriffen, wollte man das Elend der Dritten Welt allein dem Zinssystem anlasten. Dieses Elend und dessen Ausdruck in der eskalierenden Schuldenkrise hat tieferliegende Ursachen, vor allem im Wirken und Nachwirken des Kolonialismus und der durch ihn zerstörten ursprünglichen Strukturen — bzw. der durch ihn geschaffenen und hinterlassenen Strukturen innerhalb der Dritten Welt und im Verhältnis zur Ersten Welt. Wir wollen deswegen kurz über einige wesentliche historische und strukturelle Ursachen von Unterentwicklung reden, ehe wir uns mit der krisenverstärkenden Rolle des Zinses in diesem Zusammenhang auseinandersetzen.

Kolonialismus und gewaltsame Zerstörung traditioneller Strukturen

Der von Europa ausgehende Kolonialismus ist mit unbarmherziger Gewalt über große Teile der Welt hergefallen und hat sie brutal seinen Herrschaftsinteressen unterworfen. Er hat sich dabei nicht darauf beschränkt, mit fernen Ländern und Völkern Handel zu betreiben, sondern er hat die dort vorgefundenen traditionellen ökonomischen und sozialen Strukturen gewaltsam zerstört, um diese Ländern in mehrfacher Hinsicht abhängig und ausbeutbar zu machen, und zwar als

- Siedlungsland für europäische Aussiedler
- Quelle billiger Arbeitskräfte (Sklavenhandel, Lohnarbeit)
- Quelle billiger Rohstoffe und Agrarprodukte
- Absatzmarkt für Industrieprodukte

Subsistenzwirtschaft und gemeinwirtschaftliches Leben

Für alle diese Zwecke waren die traditionellen Strukturen völlig ungeeignet. In vielen dieser Gebiete lebten die Menschen in Stammesgesellschaften oder anderen gemeinwirtschaftlichen Produktions- und Lebensformen, teilweise übrigens in einem liebevollen Verhältnis miteinander und mit der übrigen Natur. (In anderen Regionen gab es allerdings schon gewaltsame, patriarchalisch geprägte Strukturen).[26] Die Menschen lebten und arbeiteten zusammen in für sie übersichtlichen Gemeinschaften, sie nutzten gemeinschaftliche Produktionsmittel, das heißt vor allem das Land und die Werkzeuge, und das gemeinsam erstellte Produkt wurde nach bestimmten Regeln unter den Mitgliedern der Gemeinschaft aufgeteilt *(Abb. 59a)*.

Es handelte sich vielfach um ein System der gemeinschaftlichen Selbstversorgung, um eine "Subsistenzwirtschaft". Privateigentum an Produktionsmittel, z.B. am Boden, war den Menschen in diesen Kulturen völlig unbekannt. Darüber hinaus lebten sie vielfach noch in einem spirituellen Verhältnis zur Natur, die sie insgesamt als einen großen lebenden Organismus empfanden, den es zu pflegen und zu erhalten galt und

---

[26] Wie es historisch zur Entstehung und Ausbreitung von Patriarchat und Gewalt gekommen ist, ist sehr eindrucksvoll herausgearbeitet worden von James DeMeo. Ein Kurzfassung seiner umfangreichen Forschungsarbeit findet sich in seinem Artikel "Entstehung und Ausbreitung des Patriarchats" in: emotion 10, Berlin 1992.

von dem sie selbst nur ein Teil waren." Die Produktion war nicht in erster Linie am Tausch oder gar an einem anonymen Markt orientiert, sondern im wesentlichen an dem, was die Gemeinschaft brauchte und aus den vorgefundenen lokalen Ressourcen sammeln, anbauen oder verarbeiten konnte. Der Handel, insbesondere der Fernhandel, war — wenn er überhaupt existierte — mehr eine Randerscheinung und in keiner Weise existentiell für die Lebensgrundlagen der Gemeinschaft.

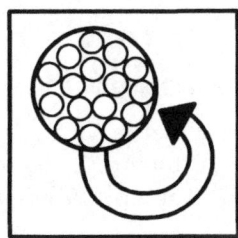 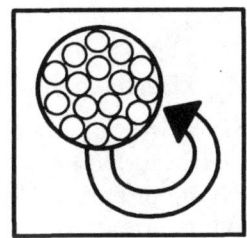 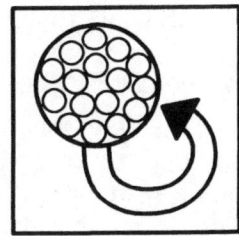

Abb. 59a: Das Nebeneinander von Gemeinschaften auf der Grundlage von Selbstversorgung. Die Kreise bezeichnen die Menschen, die Pfeilströme deuten die Produkte an.

Zusammenprall von Subsistenzwirtschaft und Kolonialismus

Warum waren diese Strukturen völlig ungeeignet für die Interessen des nach Wachstum und weltweiter Expansion drängenden Kapitalismus und Kolonialismus?

- Als Siedlungsland waren diese Gebiete um so ungeeigneter, je mehr andere Menschen dort lebten. Entweder mußten diese Menschen den eigenen Interessen gefügig gemacht, also in die Sklaverei oder Lohnarbeit getrieben werden, oder aber sie mußten umgesiedelt oder umgebracht werden.

- Als Quelle billiger Arbeitskraft waren sie ungeeignet, weil die in ihren sozialen Zusammenhängen verwurzelten Menschen überhaupt keinen Anlaß hatten, ihre Arbeitskraft an andere zu verkaufen.

- Als Quelle billiger Rohstoffe und Agrarprodukte waren sie ungeeignet, weil die Gemeinschaften in ihrer Selbstversorgung und Genügsamkeit gar kein ökonomisches Interesse am Verkauf von Waren hatten.

- In ihrem spirituellen Verhältnis zur Natur empfanden sie darüber hinaus den Raubbau von Bodenschätzen wie eine Vergewaltigung der Erde und als unmoralisch.

---

[27] Überreste dieser Lebensweisen gibt es bis heute — von der Zivilisation weitgehend unbeachtet und an den Rand gedrängt. Sehr eindrucksvoll wird dies dokumentiert in dem "Gaia-Atlas" (rororo aktuell 12988) von Julian Burger: Die Wächter der Erde — vom Leben sterbender Völker, Reinbek bei Hamburg 1991.

- Als Absatzmarkt für Industrieprodukte waren sie ungeeignet, weil sie in ihrer Selbstversorgung und Genügsamkeit kein Interesse am Import ausländischer Waren hatten.

Im Interesse der Kolonialmächte mußten also diese über Jahrhunderte oder über Jahrtausende in sich stabilen sozio-ökonomischen Strukturen zersetzt oder zerstört werden, um diese Länder und Völker für die Interesse des Kolonialismus gefügig zu machen. *Abb. 59b* stellt symbolisch dar, wie der Kolonialismus den Keil in diese Gesellschaften getrieben und sie gespalten hat.

Sklavenhandel, Völkermord und Errichtung feudaler Herrschaftsstrukturen

Die Geschichte des Kolonialismus wurde so zu einer Geschichte vielfachen Völkermordes, denen z.B. große Teile der Indianer in Nord-, Mittel- und Südamerika, aber auch der Afrikaner (Sklavenhandel) zum Opfer fielen. Auch die Aborigenes in Australien wurden Opfer des Kolonialismus.

Das Land wurde den Eingeborenen entrissen und zum Privateigentum der Kolonisatoren erklärt. So entstand der private Großgrundbesitz in den Kolonien, und die eingeborene Bevölkerung wurde —sofern sie überlebte — auf dem Land in die Abhängigkeit vom Großgrundbesitz getrieben: In Pachtverhältnisse, die sie dazu zwangen, das Land zu bearbeiten und dabei einen Großteil der Erträge an die nunmehr herrschende Klasse der Großgrundbesitzer abzuliefern, und zwar zunehmend in Form von Geldabgaben. Menschen, die bis dahin gemeinschaftlich miteinander gearbeitet und gelebt hatten, wurden dadurch gezwungen, ihre Produkte am Markt zu verkaufen, dort als Konkurrenten gegeneinander aufzutreten und sich gegenseitig zu unterbieten. An die Stelle traditioneller,

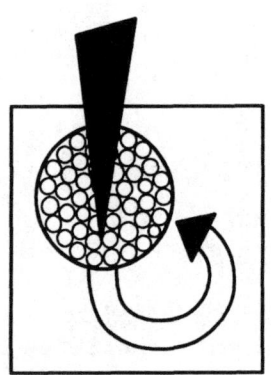

Abb. 59b Der Kolonialismus hat vielfach die traditionellen Strukturen der Subsistenzwirtschaft zerstört

solidarischer Lebensweisen traten zunehmend Konkurrenz und Feindseligkeit, und die traditionellen sozialen Strukturen und Werte zerfielen. Auf diese Weise erlitten diese Völker nicht nur einen ökonomischen, sondern auch einen emotionalen und kulturellen Identitätsverlust.

Die Schaffung von Monokulturen

Von europäischen Interessen geleitete Handelskompanien, auf deren Nachfrage die Bauern angewiesen waren, diktierten ihnen mehr und mehr, was sie anzubauen hatten. Unter diesem Druck wurde die ursprünglich vielfältige Landwirtschaft dieser Länder in Monokulturen hineingetrieben: Das eine Land produzierte z.B. nur noch Kaffee, das andere Tee, das dritte Baumwolle usw., ganz auf den Bedarf der Kolonialmächte nach billigen Agrarprodukten ausgerichtet. In der Summe ergab sich aus der Sicht der

Kolonialländer ein breites Sortiment von "Kolonialwaren", aber jedes einzelne Land war nur noch spezialisiert auf die Produktion ganz weniger Waren (im Extremfall einer einzigen Ware), und entsprechend existentiell abhängig war es von deren Absatz am Weltmarkt. Monokultur und Weltmarktabhängigkeit bilden insofern eine untrennbare Einheit. Entsprechendes gilt auch für die Ausbeutung der Rohstoffe. Nachdem der Boden der einheimischen Urbevölkerung entrissen und unter die Kontrolle der Kolonialmächte gebracht worden war, konnte der rücksichtslose Raubbau an den natürlichen Ressourcen dieser Länder beginnen — sei es nun das Abholzen von Wäldern oder der Abbau von Bodenschätzen.

Industrielle Massenproduktion und Zerstörung des Handwerks

Die Verarbeitung der Rohstoffe erfolgte in den Industrieländern, und die dort in Massenproduktion gefertigten und dadurch vergleichsweise billigen Waren wurden zum Teil zurück in die Kolonien gebracht. Dort führten sie zu einer weitgehenden Zerstörung des einheimischen Handwerks, das mit den Industrieprodukten nicht mehr konkurrieren konnte und unterging — was weitere Flutwellen entwurzelter Menschen hervortrieb, die ihre Arbeitskraft zu Hungerlöhnen anboten — z.B. auf Plantagen, in Bergwerken oder Fabriken, die von ausländischem Kapital betrieben wurden.

Die Schuld des Nordens an der Verschuldung des Südens

Dies alles sind natürlich nur ganz kurze Andeutungen über die tieferen Ursachen von Unterentwicklung,[28] aber ich finde es wichtig, sich diese historische Schuld bewußt zu machen, die Europa mit dem Kolonialismus auf sich geladen hat, bevor wir uns mit dem Zins und seinen Auswirkungen auf die Schuldenkrise der Dritten Welt beschäftigen. Der Kolonialismus hat tiefe Spuren in den davon betroffenen Teilen der Welt hinterlassen, die bis heute auf verheerende Art nachwirken und wesentliche Schuld an der Unterentwicklung vieler Entwicklungsländer tragen. Aber davon ist im Zusammenhang mit den Entwicklungsländern vielfach kaum die Rede, sondern von einer hohen "Verschuldung", und das heißt doch auch: von einer großen "Schuld" der Dritten Welt. Welch entsetzliche Sprachverwirrung, die die Opfer als die Schuldigen erscheinen läßt — und dadurch die Täter von ihren Verbrechen reinwäscht![29]

---

[28] An anderer Stelle habe ich ausführlicher über die Struktur und Dynamik von Unterentwicklung — und deren ideologischer Verschleierung durch die "Theorien der internationalen Arbeitsteilung" — geschrieben. Siehe hierzu Bernd Senf: Weltmarkt und Entwicklungsländer, FHW Berlin 1979.

[29] Der Kolonialismus ist Vergangenheit, und daran ist nichts mehr zu ändern. Aber immerhin wäre es heute noch möglich, die Schuld anzuerkennen in Form einer offiziellen Entschuldigung — und einer Entschuldung der Dritten Welt, d.h. eines Schuldenerlasses. Die Erste Welt schuldet der Dritten Welt ein umfangreiches Programm der "Wiedergutmachung" (obwohl damit die geschehenen Verbrechen niemals wieder gutgemacht, sondern nur deren Folgen gelindert werden können). Aber in bezug auf den Zins, der die entstandenen Probleme von Unterentwicklung verstärkt und zu einer ungeheuren Eskalation der Verschuldung der Dritten Welt geführt hat, trifft nicht einmal dieses "Argument" zu: Denn der Zins wirkt in der Gegenwart und — solange am Zinssystem nichts geändert wird — auch in Zukunft, und bewirkt auf stille

Monokultur und Weltmarktabhängigkeit

Wie ist es zur Verschuldung der Dritten Welt gekommen? Nachdem die Länder zu Monokulturen gemacht worden waren, mußten sie viele Produkte, die sie vorher selbst hergestellt hatten oder die einen Ersatz dafür bildeten, aus den Industrieländern importieren: Industriell gefertigte Konsumgüter und Produktionsmittel, teilweise sogar Lebensmittel. Die Weltmarktpreise dieser Güter sind in den letzten vier Jahrzehnten aus verschiedenen Gründen, auf die ich hier nicht näher eingehen will, im Trend angestiegen. Und der Import dieser Güter (aus der Sicht der Entwicklungsländer) muß jeweils in Devisen, das heißt in ausländischer Währung bezahlt werden.

Die Verschlechterung der terms of trade

Um in den Besitz solcher Devisen zu kommen, müßten die Entwicklungsländer entsprechende Exporterlöse erzielen — aus dem Export ihrer Güter in die Industrieländer. Ihre Monokulturen machten sie extrem abhängig vom Export, führten zu gegenseitigem Unterbieten der Entwicklungsländer und zu einem langfristigen Absinken — bei gleichzeitig extremen Schwankungen — der Weltmarktpreise ihrer Exportgüter.[30] *Abb. 60* stellt diese Entwicklung des Verhältnisses von Exporterlösen zu Importaufwendungen aus der Sicht der Entwicklungsländer dar — ausgehend von einem Index von jeweils 100 Mitte der 50er Jahre. Dieses Verhältnis nennt man auch "terms of trade", und es hat sich für die Entwicklungsländer im Trend immer weiter verschlechtert. Es ergibt sich dadurch das Bild einer Schere, die sich immer weiter öffnet: das heißt eines immer größeren Defizits in der Handelsbilanz (als einem wesentlichen Teil der Zahlungsbilanz) dieser Länder. Die Abkürzung für "terms of trade", nämlich "tot", zeigt ungewollt, aber deutlich, wohin der Trend für die Entwicklungsländer führt und großenteils schon geführt hat: zu einem Massensterben in der Dritten Welt.

Zahlungsbilanzdefizit, Entwicklungshilfe und Auslandsverschuldung

Die wachsenden Zahlungsbilanzdefizite der Entwicklungsländer machten sie zunehmend abhängig von "Entwicklungshilfe" von Seiten der Industrieländer, deren Schwerpunkte sich im Laufe der Jahrzehnte verlagert haben. Am Anfang standen vielfach noch staatliche oder private Schenkungen bzw. staatliche Kredite mit erheblichen Vergünstigungen (im Vergleich zu den Bedingungen am internationalen Kapitalmarkt) im Vordergrund. Aber die spätere Rückzahlung der Kredite hätte nicht nur Produktivitätssteigerung und Wirtschaftswachstum der Entwicklungsländer erfordert, sondern darüber hinaus auch noch eine verbesserte Weltmarktposition, das heißt einen Überschuß in der Handelsbilanz, also auch eine Umkehr in der Entwicklung der terms of

---

Weise, was der Kolonialismus seinerzeit mit Mitteln der offenen Gewalt bewirkt hat: die Ausbeutung der Dritten Welt und die zunehmende Zerstörung ihrer Lebensgrundlagen.

[30] Eine Ausnahme bildete das Anfang der 70er Jahre gegründete Kartell der erdölexportierenden Länder (OPEC), das über lange Zeit eine deutliche Erhöhung des Rohölpreises am Weltmarkt durchsetzen konnte — wovon übrigens nicht nur die Industrieländer, sondern auch die anderen Entwicklungsländer — und diese besonders hart — getroffen wurden.

trade. Aufgrund der produktivitätshemmenden inneren Strukturen dieser Länder und aufgrund der Preisentwicklungen am Weltmarkt ist es dazu aber nicht gekommen — im Gegenteil. Die Ölkrise in den 70er Jahren hat darüber hinaus die Zahlungsbilanz der Nicht-OPEC-Länder (die nach ihrer Ausrichtung auch auf westliche Technologie auf Ölimporte angewiesen waren) zusätzlich belastet.

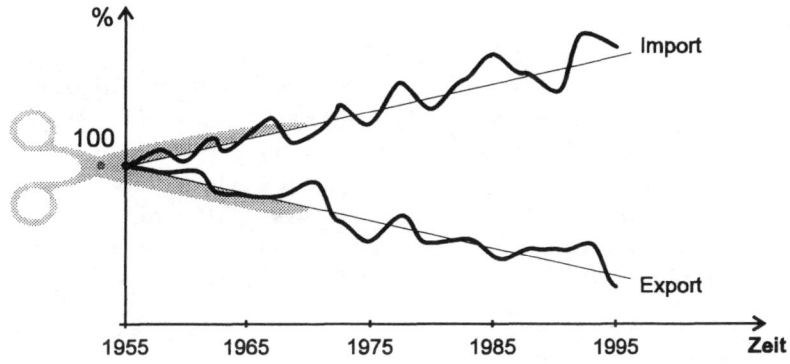

Abb. 60: Die Schere zwischen Importaufwendungen und Exportlösen der Dritten Welt hat sich immer weiter geöffnet.

Von staatlicher Entwicklungshilfe zu privaten Bankkrediten

Auf der anderen Seite war die Bereitschaft der westlichen Industrieländer zu staatlicher Entwicklungshilfe begrenzt, so daß für die Dritte Welt ein erheblicher zusätzlicher Kreditbedarf entstand — zur Deckung des wachsenden Defizits in der Handelsbilanz und zusätzlich zur Abtragung von Altschulden. In diese Lücke strömte mehr und mehr das private Bankkapital der Industrieländer, das im Zuge der Eskalation der Geldvermögen (zum Teil auch in Form des sog. Petro-Dollar aus den Gewinnen der OPEC-Länder) auf der Suche nach neuen Anlagemöglichkeiten war — allerdings zu kapitalmarktüblichen Konditionen ohne besondere Vergünstigung.

Die Zinsfalle der 80er Jahre

In einer Phase relativ niedriger Zinsen wurden den Entwicklungsländern in den 70er Jahren immer mehr private Bankkredite aus den westlichen Industrieländern gegeben — mit der Besonderheit variabler Zinssätze, die dem jeweiligen Zinsniveau am internationalen Kapitalmarkt angepaßt wurden. Als dann in den 80er Jahren als Folge der amerikanischen Hochzinspolitik (auf deren Hintergründe wir noch zu sprechen kommen werden) — die Zinsen auch international in unerwartet schwindelnde Höhen kletterten, saßen die Entwicklungsländer in der Zinsfalle. Es kam zu einer Explosion ihrer Zinslasten gegenüber den Industrieländern und zu einer immer weiteren Eskalation ihrer Auslandsverschuldung, und einzelne Länder stellten daraufhin sogar ihre Zinszahlungen ein, weil sie keinen anderen Ausweg mehr sahen.[31]

Der IWF und seine Auflagenpolitik

In dieser Situation, wo staatliche und private Auslandskredite immer weniger ausreichten, um den Kreditbedarf der Entwicklungsländer an Devisen zu decken, gewann der Internationale Währungsfond (IWF) als Kreditgeber für die Dritte Welt immer mehr an Bedeutung. Wir kommen später im noch im einzelnen darauf zu sprechen, daß der 1944 gegründete IWF ursprünglich ganz andere Aufgaben im Rahmen des westlichen Weltwährungssystems (des sog. Bretton-Woods-System) hatte. Aber mit dem Zusammenbruch des Bretton-Woods-Systems 1973 (auf dessen Ursachen wir noch ausführlich eingehen werden) wurde der IWF umgewidmet in eine internationale Finanzierungsorganisation für Entwicklungskredite. Seine Kredite schienen wie ein Rettungsanker für viele Entwicklungsländer zu sein, nachdem sie ihre Kreditwürdigkeit am internationalen Kapitalmarkt immer mehr verloren hatten und dringend auf weitere Kredite angewiesen waren. Die Kredite des IWF wurden und werden allerdings nur unter strengsten Auflagen vergeben. Dazu gehören vor allem

- Abbau der Staatsverschuldung
- Kürzungen der Sozialausgaben
- Drosselung der Geldschöpfung zwecks Inflationsbekämpfung
- Förderung privater, insbesondere ausländischer Investitionen, vor allem von Großprojekten.

Den Entwicklungsländern blieb in ihrer Notlage und Abhängigkeit gar nichts anderes übrig, als sich den Auflagen des IWF zu unterwerfen. Das Resultat dieser Art von Politik war regelmäßig eine enorme Verschärfung der ohnehin angespannten ökonomischen, sozialen und ökologischen Krisensituation. Der scheinbare Rettungsanker der IWF-Kredite entpuppte sich zunehmend als eine Angel mit Widerhaken, an der die Entwicklungsländer immer mehr zugrunde gehen.

---

[31] Da mit einer vollständigen Rückzahlung der Kredite einschließlich Zinsen nicht mehr annähernd gerechnet werden konnte, wurden die Forderungen der westlichen Geschäftsbanken entsprechend abgeschrieben und gewinnmindernd verbucht, was den Banken erhebliche Steuerersparnisse einbrachte. Das bedeutete, daß die eingetretenen Verluste teilweise auf die Steuerzahler abgewälzt wurden. Die Forderungen der Banken gegenüber den Entwicklungsländern wurden schließlich am internationalen Kapitalmarkt mit hohen Abschlägen (bis auf 30 oder 40 % ihres Nennwertes) an andere abgetreten und gehandelt wie Wertpapiere, deren Kurse abgestürzt sind. — Zu den Käufern solcher Forderungen gehörten u. a. multinationale Konzerne, die nun ihrerseits die Forderungen wenn schon nicht in Devisen, so doch mindestens in der Währung des Entwicklungslandes eintrieben und damit z.B. Grund und Boden dieses Landes aufkauften — ein zunehmender Ausverkauf der Dritten Welt an multinationale Konzerne, und dies zu Spottpreisen.

Es sollte deutlich geworden sein, daß der Zins nicht die einzige Ursache von Unterentwicklung und Schuldenkrise der Dritten Welt ist, aber seine Dynamik (die auch hier wieder das exponentielle Wachstum hervortreibt) hat diese Krise enorm verstärkt — und wird sie weiter eskalieren lassen. Inzwischen jedenfalls betragen die Zinszahlungen der Entwicklungsländer an die Industrieländer ein Vielfaches dessen, was an rückzahlungsfreier Entwicklungshilfe in die Dritte Welt fließt. Der arme Süden leistet unfreiwillig Entwicklungshilfe an den reichen Norden, und die globale Kluft zwischen Arm und Reich wird immer größer. Der Zinssatz wirkt also auch global, im Nord-Süd-Konflikt, wie ein sozialer Sprengsatz. Besser gesagt: Nicht wie einer, sondern wie Hunderte, von denen einige bereits gezündet haben. Und die sozialen Explosionen in der Dritten Welt werden immer entsetzlicher und unüberhörbarer.

7.5.6 Der Zins als unzuverlässiges Mittel der Geldumlaufsicherung

Der Zins ist aber nicht nur ein in vieler Hinsicht destruktives Mittel der Umlaufsicherung, er ist dazu auch noch ein unzuverlässiges Mittel. Denn in bestimmten Phasen wirtschaftlicher Entwicklung schafft er es immer weniger, das gesparte Geld auf den Kapitalmarkt zu locken und damit wieder in den gesamtwirtschaftlichen Kreislauf hineinzuziehen, um es als Kredit und Nachfrage nach Gütern weiterfließen zu lassen. Diese These soll im folgenden untermauert werden:

Man kann davon ausgehen, daß bei wachsendem Sozialprodukt und entsprechend wachsendem Volkseinkommen die Konsumausgaben zwar ansteigen, aber weniger stark als das Volkseinkommen selbst. Anders ausgedrückt: Mit wachsendem Volkseinkommen bleibt ein immer größerer Prozentsatz an Geldern übrig, die nicht konsumiert, also gespart werden (wachsende Sparquote) und damit zunächst einmal eine Lücke in den gesamtwirtschaftlichen Kreislauf reißen (dargestellt in *Abb. 61a und b*). Damit aber kein gesamtwirtschaftlicher Nachfrageausfall entsteht, müßte diese Lücke durch entsprechende Investitionen wieder aufgefüllt werden.

Das würde bedeuten: In einer wachsenden Wirtschaft müßte das Investitionsvolumen nicht nur absolut, sondern auch im Verhältnis zum Sozialprodukt immer weiter anwachsen, damit es nicht zu gesamtwirtschaftlichen Kreislaufstörungen kommt — mit der Folge allgemeiner Rezession und Massenarbeitslosigkeit. Die Erfahrungen haben aber immer wieder gezeigt, daß Investitionen nicht einfach beliebig gesteigert werden können, ohne daß dies auf ihre Rendite drückt. Das ist auch verständlich: Denn Investitionen bedeuten nicht nur zusätzliche Nachfrage in der Gegenwart, sondern schaffen auch zusätzliche Produktionskapazitäten und zusätzlichen Güterausstoß in der Zukunft. Jedes Unternehmen erhofft sich zwar von den Investitionen einen Vorsprung vor den anderen, aber in der Summe aller Unternehmen können durch diesen Wettlauf Überkapazitäten entstehen, und der wachsende Güterausstoß läßt sich in Zukunft nicht mehr zu den erhofften Bedingungen absetzen.

Dies wäre einer von mehreren Gründen dafür, daß eine wachsende Investitionsquote (das heißt ein wachsender Prozentsatz der Investitionen, gemessen am Sozialprodukt) im Durchschnitt zu einer sinkenden Rendite der Investitionen führt. Keynes sprach in diesem Zusammenhang — etwas umständlich — von einer "abnehmenden Grenzleistungsfähigkeit des Kapitals". Bei Marx taucht ein ähnlicher Gedanke — wenn auch anders begründet — unter dem Begriff "tendenzieller Fall der Profitrate" auf. Auch Gesell ging von einer abnehmenden Rendite bei gesamtwirtschaftlich wachsendem Investitionsvolumen aus.

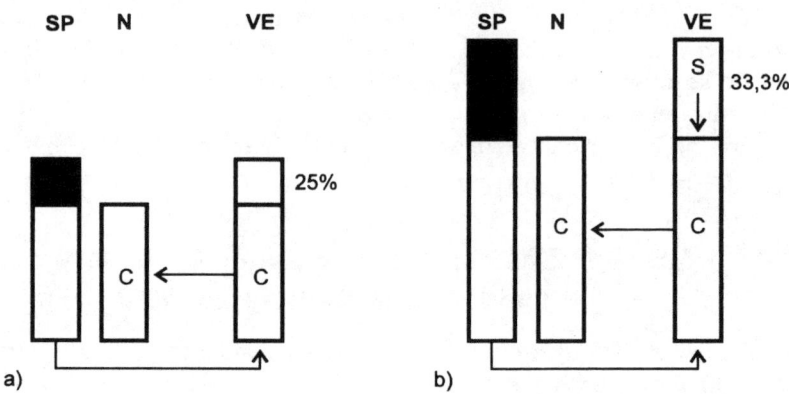

Abb. 61a und b: Wachsendes Sozialprodukt bringt wachsende Sparquote und macht wachsende Investitionen erforderlich.

In einem Geldsystem, in dem das Geld in eine öffentliche und eine private Funktion gespalten ist (in dem es also nicht nur als Tauschmittel verwendet wird, sondern auch aus privaten Interessen gehortet werden kann), hat eine langfristig absinkende Rendite der Investitionen fatale Folgen: Investitionen mit einer Rendite unterhalb des Kreditzinses am Kapitalmarkt müssen unterbleiben, weil sie den zu zahlenden Zins nicht erwirtschaften können. Das führt dazu, daß die Kreditnachfrage von Seiten der Unternehmen am Kapitalmarkt zurückgeht und der Kreditzins entsprechend sinkt. Die Banken werden daraufhin den Geldanlegern weniger Sparzinsen zahlen — jedenfalls für neu vereinbarte Geldanlagen.

Je mehr der Sparzins absinkt, um so weniger erscheint es den Besitzern überflüssigen Geldes attraktiv, ihr Geld fest anzulegen. Die früher erwähnten Vorteile des Hortens, z.B. für Spekulationszwecke, werden durch einen niedrigen Zins einfach nicht mehr aufgewogen. Also behalten die Besitzer überflüssigen Geldes das Geld lieber zurück, anstatt es am Kapitalmarkt anzulegen und sich dadurch die vielfältigen Möglichkeiten von Spekulationsgewinnen entgehen zu lassen. Unterhalb eines bestimmten Mindestsatzes fließt so gut wie kein Geld mehr auf den Kapitalmarkt. Es existiert eine Tendenz, daß bei sinkendem Zins immer mehr Spargelder gehortet anstatt fest angelegt werden. Je mehr es dazu kommt, um so größer wird die Lücke im gesamtwirtschaftlichen Kreislauf, um so mehr entstehen gesamtwirtschaftliche Kreislaufstörungen, die sich zuspitzen können zu einem Kreislaufkollaps mit Rezession und Massenarbeitslosigkeit.

Wenn dem Geldkapital der Zins nicht attraktiv genug ist, um die Vorteile des Hortens aufzuwiegen, tritt es einfach in den "Geldstreik" (Gesell), entzieht sich dem Kapitalmarkt und treibt auf diese Weise die Wirtschaft in eine Krise. Eine solche Krise brauchte nicht auszubrechen, wenn der Umlauf des Geldes auf andere Weise gesichert würde. Unter den gegebenen Bedingungen dagegen hat es das Geldkapital in der Hand, die übrige Wirtschaft (und natürlich auch die Politik) unter Druck zu setzen und Entwicklungen bzw. Maßnahmen zu erzwingen, die auf einen Wiederanstieg der Rendite hinwirken (bis sie wieder hinreichend attraktiv für Geldanlagen ist): zum Beispiel durch staatliche oder staatlich geförderte Investitionsprogramme, und sei es auch für noch so sinnlose oder gar destruktive Produktion, etwa im Bereich von Rüstung und Atomkraftwerken. Die sinnloseste Produktion hat aus dieser Sicht betrachtet noch ihren relativen Sinn:

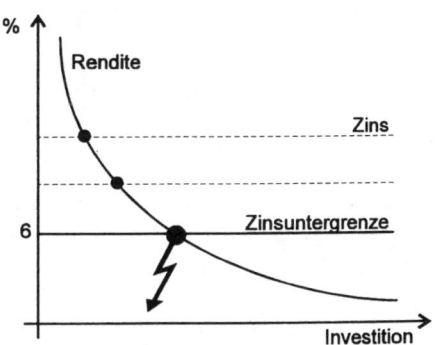

Abb. 62: Wachsende Investitionen bringen sinkende Rendite. Fällt die Rendite unter den Zins, kommt es zur Krise.

nämlich die Sicherung eines hinreichenden Zinses für Geldanlagen und die Verhinderung eines gesamtwirtschaftlichen Kreislaufkollapses. Die Erfahrung zeigt, daß die Untergrenze für den Zins am Kapitalmarkt bei etwa 6% liegt.

Abb. 62 stellt das Ergebnis dieser Überlegungen noch einmal symbolisch dar. Die Kurve zeigt die abnehmende Rendite bei zunehmendem Investitionsvolumen (als Folge einer wachsenden Wirtschaft). Fällt die Rendite unter den Kapitalmarktzins, unterbleiben die entsprechenden Investitionen, mit der Folge einer gesamtwirtschaftlichen Krise (angedeutet durch den Blitz).

In Abb. 63a und b wird noch einmal grafisch dargestellt, wie bei sinkendem Zins ein wachsender Teil der gesamtwirtschaftlichen Sparsumme S dem Kapitalmarkt entzogen und stattdessen gehortet (H) wird. Volkswirtschaftliches Sparen (also das, was nach dem Konsum vom Volkseinkommen übrig bleibt) ist also nicht identisch mit dem Kreditangebot (Kr-A) am Kapitalmarkt (wie das im neoklassischen Modell vom Zinsmechanismus immer wieder fälschlicherweise unterstellt wird). Je niedriger der Zins, um so mehr weichen beide Größen voneinander ab, um so größer wird die durch das Horten hervorgerufene Lücke im gesamtwirtschaftlichen Kreislauf — und um so stärker die dadurch hervorgerufenen Krisentendenzen. (Der Einfachheithalber ist in dieser Grafik das Sparen als eine konstante Größe — unabhängig von der Höhe des Zinses — angenommen.)

119

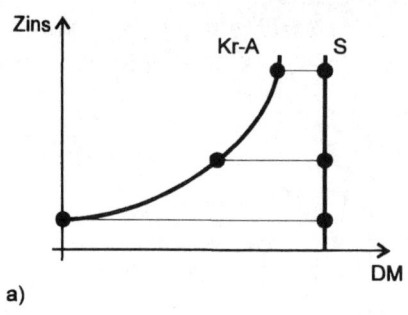 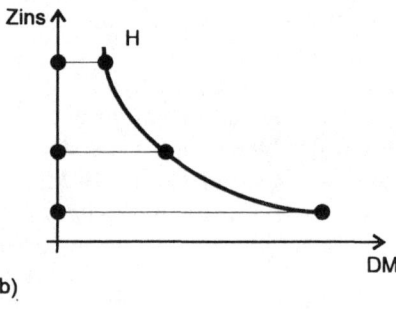

Abb. 63a und b: Mit sinkendem Zins wird von der gesamtwirtschaftlichen Sparsumme ein immer größerer Teil gehortet — und vermindert entsprechend das Kreditangebot.

7.5.7 Mögliche Alternativen zum Zinssystem

Zinsverbot im Christentum und im Islam

Angesichts der vielfältigen Problematik des Zinssystems drängt sich natürlich die Frage auf, ob es zum Zins überhaupt irgendwelche Alternativen geben kann oder ob er einfach abgeschafft werden sollte. Sogar große Religionsstifter wie Christus und Mohammed haben ein Zinsverbot gefordert und das Zinsnehmen als unmoralisch abgelehnt. Dadurch, daß den Christen lange Zeit das Zinsnehmen verboten war und den Juden andererseits der Zugang zu den meisten Berufen und Gewerben versperrt war, wurden die Juden vielfach in Geldgeschäfte abgedrängt und schließlich ganz mit ihnen identifiziert.

Der Mißbrauch der Zinskritik im Faschismus

Der Faschismus machte sich übrigens diese Verbindung von Juden und Geldkapital ideologisch zunutze, um die Stimmung im Volk gegen die Juden aufzuhetzen. Eine seiner vielen massenpsychologisch wirksamen Parolen in diesem Zusammenhang hieß "die Brechung der Zinsknechtschaft". Aber dem Faschismus ging es nicht wirklich um die Überwindung des Zinssystems (an dem er nichts verändert hat), sondern um die Enteignung und Vernichtung der Juden. Ansonsten hat sich der Nationalsozialismus mit dem großen Kapital bestens arrangiert — und umgekehrt.

Die Forderungen nach Überwindung des Zinssystems, wie sie Gesell schon zu Beginn des Jahrhunderts und verstärkt während und nach dem Ersten Weltkrieg formuliert hatte, zielten in eine ganz andere Richtung, und ich halte es für abwegig, sie in die Nähe faschistischen Gedankengutes zu rücken (wie dies teilweise geschehen ist).[32]

---

[32] Größtes Unbehagen ist allerdings in bezug auf einige Gedanken von Gesell angebracht, soweit sie sich auf eine von ihm damals angestrebte "Hochzucht" der Menschheit beziehen (auch wenn der Inhalt des

Das Zinsverbot allein reicht nicht aus

Während die christlichen Kirchen an vielen Geboten und Verboten festhielten, obwohl diese immer wieder mißachtet worden waren, haben sie das ursprüngliche Zinsverbot längst aufgehoben. Das Verbot allein konnte die damit zusammenhängenden Mißstände in keiner Weise unterbinden, weil es immer wieder unterlaufen wurde. Und vielleicht waren die Interessen der Kirchen an der Vermehrung ihres eigenen Geldvermögens schließlich so groß, daß sie das Zinsverbot aufhoben. Wenn erst einmal das Interesse an der bloßen Geldvermehrung die Menschen ergriffen hat und stärker wirkt als gesetzliche oder moralische Verbote, reicht das Zinsverbot allein auch gar nicht aus. Es würde nur zu Stockungen des Geldkreislaufs und zu Wirtschaftskrisen führen.

Die Schaffung einer konstruktiven Umlaufsicherung des Geldes

Wenden wird uns also der Frage zu, welche Alternativen es zum Zinssystem geben könnte. Wenn der Zins seine logische und historische Ursache in der widersprüchlichen Funktion des Geldes hat, dann müßte doch die Veränderung an diesem Punkte ansetzen, dann müßte sozusagen der Boden, auf dem der Zins gedeihen kann, ausgetrocknet werden. Wie könnte also ein Geldsystem aussehen, in dem das Geld aus seiner widersprüchlichen Funktion herausgelöst ist und ausschließlich die Funktion als allgemeines Tauschmittel, das heißt als fließendes Geld erfüllt? Die erste Voraussetzung dafür wäre, anstelle des in vieler Hinsicht problematischen Zinses eine andere — und zuverlässigere — Umlaufsicherung des Geldes einzuführen, um das Geld in einem kontinuierlichen Fluß zu halten und auf diese Weise auch den kontinuierlichen Fluß der Waren zu ermöglichen. Die Überlegenheit des Geldes gegenüber den Waren (und damit die Überlegenheit der Geldbesitzer über die Warenbesitzer) müßte abgebaut werden.

Wenn die Überlegenheit darin begründet ist, daß das Geld unverderblich ist und ohne Lagerkosten zurückgehalten werden kann, so müßte die Umlaufsicherung genau an diesem Unterschied ansetzen: Sie müßte das Zurückhalten von Geld mit den gleichen Kosten belasten, wie für die Zurückhaltung und Lagerung von Waren entstehen. Das Geld müßte sozusagen ähnlich verderblich gemacht werden wie die Waren — aber nicht über eine Inflation!

Inflation als ungeeignetes Mittel der Umlaufsicherung

Durch eine Inflation würde das Geld mit der Zeit zwar auch entwertet, aber die Entwertung würde nicht nur die Besitzer überflüssigen Geldes treffen, sofern sie ihr Geld horten, sondern die gesamte Wirtschaft (auf jeden Fall alle Bezieher fester Einkommen). Die Funktion des Geldes auch als Tauschmittel würde durch eine Inflation immer mehr unterhöhlt. Die Inflation ist also ein völlig ungeeignetes Mittel, um das zurückgehaltene Geld wieder in den Kreislauf zu treiben. Denn sie verdirbt auch das fließende Geld, und nicht nur das zurückgehaltene. Im übrigen treibt sie das Zinsni-

Begriffs nicht gleich zu setzen ist mit der faschistischen Rassentheorie). Sie sollten aber kein Anlaß sein, seine richtungweisenden Erkenntnisse zur Zinsproblematik abzuwehren. Zu den in den letzten Jahren sich häufenden Versuchen, Silvio Gesell und die Zinskritik in eine faschistische Ecke zu drängen, siehe ausführlich Werner Onken: Silvio Gesells kritische Distanz zum Rechtsextremismus in der Weimarer Republik, in: Zeitschrift für Sozialökonomie, 106. Folge, September 1995.

veau in die Höhe, weil sich die Geldkapitalbesitzer über einen erhöhten Zinssatz einen Inflationsausgleich sichern wollen. Und Zinserhöhungen verschärfen die Problematik, die ohnehin im Zins angelegt ist, noch um ein Vielfaches.

Umlaufsicherungsgebühr auf zurückgehaltenes Geld

Es müßte also eine Umlaufsicherung gefunden werden, die nur am zurückgehaltenen Geld ansetzt und nur dieses trifft und belastet — und dadurch in den Wirtschaftskreislauf treibt und nachfragewirksam werden läßt (sei es als zusätzliche Konsumnachfrage oder als Anlage auf dem Kapitalmarkt, die in Form von Krediten weiterfließt). Nennen wir diese Gebühr "Umlaufsicherungsgebühr auf zurückgehaltenes Geld". Die Einnahmen aus dieser Gebühr sollten dem öffentlichen Haushalt zufließen, aber der Sinn der Gebühr wäre nicht, möglichst viele Einnahmen zu erzielen, sondern dem Horten entgegenzuwirken.

Von einer solchen Gebühr erhofft sich die von Gesell begründete "Freiwirtschaftslehre", daß das Geld nicht mehr zurückgehalten wird, auch wenn der Zins unter die bisherige Untergrenze sinkt. Um der Umlaufsicherungsgebühr zu entgehen, würde das Geld auch bei niedrigen Zinsen in den Kreislauf zurückfließen, und eine sonst eintretende gesamtwirtschaftliche Kreislaufstörung würde vermieden. Indem Produktion und Investition ohne Unterbrechung und ohne Einbrüche fortgesetzt werden könnten, würde sich das Realkapital, z.B. in Form von Fabriken und Mietshäusern, weiter erhöhen.

Umlaufsicherung, wachsende Realkapitalbildung und Zinssenkung

Das dadurch wachsende Angebot an Waren bzw. an Wohnungen würde auf die Preise und auf die Rendite dieser Kapitalanlagen drücken, und entsprechend würden weitere Kredite nur noch nachgefragt, wenn sie billiger würden. Die Geldkapitalbesitzer, die aufgrund der Umlaufsicherungsgebühr ihr Geld nicht mehr beliebig zurückhalten könnten, müßten sich dann wohl oder übel auf sinkende Zinsen einlassen. Auf diese Weise würde der Zinssatz auf Geldanlagen langfristig immer weiter absinken und sich schließlich gegen Null bewegen.

Dennoch sorge die Umlaufsicherungsgebühr dafür, daß überflüssiges Geld auf den Kapitalmarkt fließt und der Wirtschaftskreislauf geschlossen bleibt. Mit dem allmählichen Absinken des Zinses würden auch dessen problematische Folgen mehr und mehr abgebaut, und die Wirtschaft könnte sich in Richtung einer weitgehend störungsfreien Selbstregulierung entwickeln. Hierzu bedarf es also keines Zinsverbots, sondern die Umlaufsicherungsgebühr würde den Zins nach den Gesetzen von Angebot und Nachfrage am Kapitalmarkt allmählich absinken lassen und die von ihm hervorgetriebenen Krisensymptome allmählich abschwächen.

Sind die Grundsätze der Einführung einer Umlaufsicherungsgebühr erst einmal klar, dann gilt es in einem zweiten Schritt, die technischen Möglichkeiten hierfür durchzuspielen und praktikable und wirksame Formen dafür zu finden. Auf die technischen Details möchte ich an dieser Stelle nicht näher eingehen, sondern es bei einigen Andeutungen belassen. Man kann aber generell davon ausgehen: Wo ein ernsthafter politischer Wille vorhanden ist, sollte es auch an einer geeigneten technischen Ausgestaltung nicht mangeln.

Das "Freigeld"-Experiment von Wörgl

Einen entsprechenden politischen Willen hat es Anfang der 30er Jahre in der österreichischen Kleinstadt Wörgl am Inn gegeben, wo man offiziell in regional begrenztem Rahmen ein neues Geld mit Umlaufsicherungsgebühr eingeführt hat. Den Hintergrund bildete die Weltwirtschaftskrise mit ihren verheerenden Auswirkungen von Massenarbeitslosigkeit. Dem zugrunde lag seinerzeit in Deutschland und Österreich eine Deflationspolitik der Zentralbanken, das heißt eine Verknappung der Geldmenge, die den schwindenden Goldreserven angepaßt wurde. (Zu den massiven Goldabflüssen war es im Gefolge der Bankenkrise in den USA und der Kündigung amerikanischer Kredite an Deutschland und Österreich gekommen.) Durch die Geldverknappung war der Geldfluß ins Stocken geraten, und mit ihm der Fluß der Waren, so daß immer mehr Unternehmen zusammenbrachen. Die verfehlte Deflationspolitik der Zentralbanken und der damaligen Regierungen hatte die Wirtschaft regelrecht abgewürgt und tief in die Krise gestürzt.

In dieser Situation entschloß sich 1932 die Gemeinde Wörgl zur Einführung eines alternativen Geldes mit Umlaufsicherung, um auf diese Weise den Geld- und Warenfluß in ihrer Region wieder anzuregen. Dieses fließende Geld — weitgehend befreit vom Zins und deshalb auch "Freigeld" genannt — wurde an alle Beschäftigten der Gemeindeverwaltung ausbezahlt. Außerdem beteiligten sich etliche ortsansässige Firmen an diesem Experiment, und viele der örtlichen Läden nahmen dieses Geld als Zahlungsmittel an. So erreichte dieses Geld in kurzer Zeit einen hohen Grad an Akzeptanz, wurde zu einer Art allgemeinem Zahlungsmittel. Die weiter bestehende offizielle österreichische Währung wurde in dieser Region mehr und mehr durch das "Freigeld" ersetzt. Für das ausgegebene Freigeld wurde jeweils ein entsprechender Betrag österreichischer Schillinge eingezogen und hinterlegt. Schon in wenigen Monaten zeigten sich verblüffende Wirkungen dieses Freigeld-Experiments: Während überall die Massenarbeitslosigkeit weiterhin dramatisch anstieg, ging sie in Wörgl innerhalb eines Jahres um 25% zurück. Das Wirtschaftsleben, das bis dahin weitgehend gelähmt war, blühte wieder auf, und das soziale Elend begann sich deutlich zu vermindern. Die Menschen hatten wieder berechtigte Hoffnung, daß es wirtschaftlich wieder bergauf ging.

Die praktische Durchführung der Umlaufsicherung sah damals wie folgt aus: Auf jedem Geldschein waren 12 Felder, jedes stellvertretend für einen Monat des Jahres. Nach Ablauf eines Monats behielt der Geldschein nur dann seinen Wert von 100 und wurde nur dann akzeptiert, wenn eine Wertmarke von 1% des Nennwerts auf das entsprechende Feld geklebt wurde. Wer einen Geldschein also zwölf Monate zurückhielt, konnte ihn nur wieder in Umlauf bringen, wenn alle 12 Felder mit Wertmarken beklebt wurden. Das Zurückhalten von 100 Schillingen für die Dauer von 12 Monaten kostete also eine Gebühr von 12 Schillingen, also 12% *(Abb. 64)*.

Je schneller man das Geld wieder in Umlauf brachte, um so eher konnte man der Gebühr entgehen. Mit entsprechender Öffentlichkeitsarbeit war es offenbar gelungen, der Bevölkerung das Grundprinzip verständlich zu machen, und die meisten hielten sich an die vereinbarten Spielregeln. Die Wertmarken waren bei öffentlichen Ämtern und Ausgabestellen zu kaufen, und die entsprechenden Einnahmen flossen in die Gemeindekasse.

Abb. 64: Freigeldschein in Wörgl, 1932.

Die Geldblockierung wird gelöst

Die Folge dieser Regelung war, daß eingenommenes Geld nicht mehr länger zurückgehalten, sondern schnell weitergegeben wurde. Man könnte nun annehmen, daß durch den beschleunigten Geldumlauf eine Inflation entstehen müßte. Aber das ist nicht der Fall: Denn jeder kann nur so viel Geld wieder ausgeben, wie er auf der anderen Seite z.B. durch Arbeit und durch Produktion, also durch die Schaffung realer Werte, verdient hat. Dem so wieder verausgabten Geld stehen also auf der anderen Seite immer auch entsprechende Waren gegenüber, die nur darauf warten, abgesetzt zu werden. Was also durch die Umlaufsicherung geschieht, ist lediglich eine Lösung der Geldblockierung, nicht aber ein grenzenloses Überfluten des Kreislaufs mit Geld.

Der Kreislauf kann allenfalls dann überflutet werden, wenn das Geld — wie in den vorherrschenden Geldsystemen — lange Zeit und in großen Mengen gehortet wird, das heißt sich immer mehr Geld aufstaut, und dann aus irgendwelchen spekulativen Gründen plötzlich in den Kreislauf zurückfließt (z.B. aus Anlaß von Währungsspekulationen). Dann ist es tatsächlich so, als würden Dämme brechen. Wenn ein richtiger Staudamm bricht, so führt das zu großen Verwüstungen. Wäre der Bach dagegen gar nicht erst zu einem großen See aufgestaut, sondern in seinem natürlichen Fließen belassen worden, so hätte es auch nicht zu einer Überflutung kommen können. Ganz ähnlich ist es mit dem Geldfluß: Das Aufstauen des Geldes durch spekulatives Horten und die schlagartige Überflutung des Geldkreislaufs durch Enthorten schaffen erst die Probleme und Instabilitäten, die bei kontinuierlichem Fluß des Geldes gar nicht entstehen können.

Wörgl — Die Zerschlagung einer konkreten Utopie

Das Freigeld-Experiment von Wörgl ist übrigens nicht beendet worden, weil es gescheitert wäre, sondern umgekehrt: weil es zu erfolgreich war! Die unglaublich belebenden Wirkungen auf die Wirtschaft im Raum Wörgl hatten ein wachsendes Interesse an diesem Modellversuch geweckt — sogar weit über die Grenzen Österreichs hinaus. Aus aller Welt kamen Menschen, die sich mit den Ursachen des "Wunders von Wörgl" näher vertraut machen wollten. Allein in Österreich soll es über hundert Gemeinden gegeben haben, die ein ähnliches alternatives Geldsystem mit Umlaufsicherung einführen wollten. Diese Entwicklung bildete den Hintergrund dafür, daß die österreichische Zentralbank die Notbremse zog und sich in einem Prozeß gegen die Gemeinde Wörgl auf ihr Monopol in Sachen Geldversorgung berief — und Recht bekam.

Damit war ein hoffnungsvolles Experiment, die konkrete Utopie eines zinslosen Geldsystems — von den Gegenkräften zerschlagen worden. Derartige Rückschläge ändern aber nichts daran, daß es wichtig ist, alternative Visionen einer lebenspositiven Zukunft immer wieder lebendig zu halten, weiterzuentwickeln und zu verbreiten — und die Erinnerungen an historische Vorbilder zu wecken, wenn sie allzusehr in Vergessenheit geraten sind. Innerhalb der freiwirtschaftlichen Bewegung ist das Freigeld-Experiment von Wörgl natürlich allgemein bekannt, aber außerhalb von ihr hat es sich in heutiger Zeit noch viel zu wenig herumgesprochen. Dabei könnte die Aufarbeitung dieses Modells und anderer Modellversuche zu alternativen Geld- und Tauschsystemen wichtige Anregungen geben für entsprechende Versuche in der heutigen Zeit.[33]

Elektronisches Geld mit Umlaufsicherung?

Für eine ganze Volkswirtschaft und in der heutigen Zeit müßte die technische Ausgestaltung der Umlaufsicherung vermutlich anders aussehen als seinerzeit in Wörgl. Wenn man bedenkt, daß schon jetzt ein wachsender Teil der Zahlungsvorgänge bargeldlos abgewickelt wird (über Scheck, Überweisung, Kreditkarte, Telefonkarte usw.) und daß dieser Anteil noch wachsen wird, wäre längerfristig an eine automatische elektronische Abbuchung der Umlaufsicherungsgebühr zu denken. Bei jeder Eingabe einer Kreditkarte oder eines elektronisch aufgeladenen Plastikgeldes in einen entsprechenden Automaten (in den Kaufhäusern, Supermärkten, Restaurants, Tankstellen, Banken, öffentlichen Telefonen, öffentlichen Verkehrsmitteln usw.) könnte jedesmal elektronisch der entsprechende Betrag errechnet und abgebucht werden, der für die zeitweilige Nichtverwendung des Geldes anfällt. Die Computer der Banken machen es ja heute schon so, daß sie für jeden Tag die entsprechenden Zinsen für die Überziehung eines Kontos automatisch verbuchen und am Monatsende eine entsprechende Abrechnung schicken. Warum sollte nicht etwas Entsprechendes möglich sein für das auf dem Girokonto zurückgehaltene, nicht weitergeflossene Geld? Mit dem Unterschied, daß die entsprechenden Gebühren in diesem Fall nicht den Banken, sondern dem öffentlichen Haushalt zufließen würden. Wer diese Umlaufsicherungsgebühr weitestgehend vermeiden will, brauchte nur sein Geld von seinem Girokonto auf sein Sparkonto zu übertragen, wo es von der Gebühr unbelastet wäre — und von wo aus es als Kredit

---

[33] Näheres hierzu siehe Margrit Kennedy: Geld ohne Zinsen und Inflation, Teil 2. Einen sehr guten Einstieg in die Problematik des Geld- und Zinssystems sowie in alternative Geld- und Tauschsysteme bietet eine 8-teilige Senderreihe des ORF "Geld frißt Welt" von Helmut Waldert (1995), zu beziehen über den ORF, Argentinierstr. 30A, A-1041 Wien.

weiterfließen könnte an andere Wirtschaftsteilnehmer, die auf den Geldfluß angewiesen sind.

Mindestens also für die bargeldlosen Zahlungen könnte das "elektronische Geld" ohne technische Schwierigkeiten mit einer Umlaufsicherungsgebühr ausgestattet werden — wenn man es politisch will. Und für das noch verbleibende Bargeld ließen sich auch noch technisch praktikable und wirksame Wege finden — und sei es auch nur für die großen Scheine. (In kleinen Scheinen oder gar in Münzen werden größere Geldsummen sowieso nicht gehortet, und kleine gehortete Beträge bringen keine größeren Störungen in den Wirtschaftskreislauf.)

7.6 Kritik und offene Fragen zur Freiwirtschaftslehre

Die Einführung einer neuen Geldordnung mit Umlaufsicherungsgebühr würde sicherlich eine Fülle von Fragen aufwerfen, über die in der Freiwirtschaftslehre bzw. in der freiwirtschaftlichen Bewegung leider allzu oft hinweggegangen wird.

Unterschätzung der zu erwartenden Widerstände

Im Untertitel zum Buch von Margrit Kennedy (Geld ohne Zinsen und Inflation) heißt es z.B.: "Ein Tauschmittel, das jedem dient". Mit solchen Formulierungen werden natürlich falsche Illusionen geweckt. Es hört sich so an, als müßten sich eigentlich alle Teile der Gesellschaft für eine solche neue Geldordnung aussprechen, wenn sie sich erst einmal mit den Zusammenhängen vertraut gemacht haben. Aber es führt kein Weg daran vorbei, daß diejenigen zehn Prozent, die heute mehr oder weniger vom Zinssystem profitieren, in einem zinslosen Geldsystem auf einen weiteren zinsbedingten Zuwachs ihrer Geldvermögen verzichten müßten.

Natürlich kann man den Standpunkt vertreten, daß diese Schichten ohnehin schon mehr als genug besitzen. Aber die wenigsten von ihnen werden gewillt sein, ihre bisherigen Privilegien kampflos aufzugeben. Stattdessen werden sie vermutlich alle ihnen zur Verfügung stehenden Hebel der Macht (einschließlich der entsprechenden Massenmedien und dem Einfluß auf die Politik) in Bewegung setzen, um eine entsprechende Veränderung des Geldsystems zu verhindern. Im übrigen muß man nicht nur mit dem erbitterten Widerstand dieser zehn Prozent rechnen, die tatsächlich vom Zinssystem profitieren, sondern auch der großen Zahl von Menschen, die sich mit deren Werten identifizieren, obwohl sie objektiv auf der Seite der Verlierer des Zinssystems stehen. Derartige Identifizierungen sind unbewußt zuweilen so tief verankert, daß auch die besten Sachargumente an ihnen abprallen.

Gefahr von Kapitalflucht

Angenommen einmal, es würde sich auf demokratischem Weg eine Mehrheit für die Einführung eines alternativen Geldsystems innerhalb einer Volkswirtschaft finden: Welche Probleme würden dann entstehen, wenn das Geldkapital fluchtartig ins Ausland abwandern und in andere Währungen umsteigen würde (Kapitalflucht)? Müßte das nicht zu einem dramatischen Absinken des Wechselkurses, also zu einer Währungskrise führen, über die die betreffende Regierung stürzen könnte?

Ausweichen auf andere Geldvermehrungsmöglichkeiten

Wenn schon die Geldanlage am Kapitalmarkt immer weniger Zins erbringen würde, würde das Geld dann nicht in andere Geldvermehrungsmöglichkeiten drängen, z.B. in Spekulationen der verschiedensten Art? (Zur Vermeidung wachsender Bodenspekulation wird in der freiwirtschaftlichen Bewegung eine Bodenreform gefordert, auf die ich hier nicht näher eingehen will.) Welche Probleme ergeben sich z.B., wenn immer mehr Geld an die Aktienbörsen strömt? Oder in direkte Beteiligungen an Unternehmen? Würden die dadurch möglichen Vermögenszuwächse nicht ebenfalls die sozialen Gegensätze verschärfen?

Regulierung der Geldmenge ohne Leitzins?

Im bisherigen Geldsystems wird die Geldmenge von seiten der Zentralbank wesentlich reguliert durch Veränderungen des Leitzinses (z.B. Diskontpolitik): Erhöhung des Leitzinses, um den Geldzufluß zu drosseln, und Senkung des Leitzinses, um ihn zu erhöhen. (Wir kommen noch ausführlich darauf zu sprechen.) Welches Instrument der Geldmengenregulierung soll — wenn der Zins langfristig auf Null absinkt — an die Stelle des Leitzinses treten? Die Zentralbank müßte auf andere Weise als über Kredite an die Banken das Geld in Umlauf bringen und die Geldmenge flexibel den Veränderungen des Sozialproduktes und des Preisniveaus anpassen können.

Kreditselektion ohne Zins?

Bisher reguliert der Zins das Verhältnis zwischen Angebot und Nachfrage nach Krediten. Bei einem Nachfrageüberhang steigt der Zins, bei einem Nachfragemangel nach Krediten sinkt der Zins. Er wirkt auf diese Weise auch als ein Selektionsinstrument: Investitionen, die den geforderten Zins nicht erwirtschaften, können nicht finanziert und realisiert werden. Welches Selektionsinstrument soll an die Stelle des Zinses treten, wenn der Zins auf Null sinkt? Gibt es überhaupt andere Selektionsinstrumente, die die verschiedensten Investitionen auf einen gleichen Nenner bringen und dadurch untereinander vergleichbar machen? Und wenn nicht, sind es dann nur politische Entscheidungen, die der einen oder der anderen Investition des Vorzug geben? Und wenn ja, eröffnet dies nicht neue Gefahren einer sich verselbständigenden Bürokratie und entsprechender Korruption? Wenn aber die Funktion des Leitzinses und seine Funktion als Selektionsinstrument erhalten bleiben sollen, dann kann der Zins langfristig nicht auf Null sinken. (Oder aber das Absinken bezieht sich auf das durchschnittliche Zinsniveau, von dem es differenzierende Abweichungen nach oben und unten geben müßte.)[34]

---

[34] Ein interessanter Gedanke in diesem Zusammenhang stammt von Erhard Glötzl. Er plädiert für eine Entkoppelung von Soll- und Habenzinsen. Letztere sollen durch Einführung einer "Geldnutzungsgebühr" abgebaut werden und auf diese Weise die Eskalation der Geldvermögen und Verschuldung auflösen. Er-

Die Macht der Banken

Wäre es angesichts der Macht der Banken überhaupt gewährleistet, daß die Zinssenkung (die durch den vermehrten Zustrom von Geldkapital zum Kapitalmarkt entsteht) an die Kreditnehmer weitergegeben wird? Könnte es nicht auch dazu führen, daß die Banken zwar die Sparzinsen (für Geldanleger) senken, aber die Kreditzinsen auf dem früheren Niveau belassen und den wachsenden Überschuß als wachsende Bankgewinne einstecken?

Die Macht der Banken scheint insgesamt ein blinder Fleck der Freiwirtschaftslehre zu sein: Sie bleibt fast völlig unangetastet und soll durch ein neues Geldsystem auch nicht grundsätzlich in Frage gestellt werden. Ist dies ein Ausdruck mangelnden Problembewußtseins oder Ausdruck taktischer Überlegungen, daß man sich mit den freiwirtschaftlichen Gedanken und Vorschlägen nicht zu viele Gegner auf einmal schaffen will? Das Wirken marktwirtschaftlicher Prinzipien ist aber wohl in wenigen Bereichen so offensichtlich durch Marktvermachtung gestört wie im Bankensektor. Die Macht der wenigen Großbanken in der Bundesrepublik ist dabei nicht nur auf ihren Anteil am Kreditvolumen beschränkt, sondern beinhaltet vor allem auch deren Einfluß auf Aktiengesellschaften und Konzerne durch Kapitalbeteiligungen und "Depotstimmrecht".

Gewinnorientierung, Konkurrenz, Marktvermachtung und Ausbeutung

Ein weiterer blinder Fleck — und ein noch viel größerer — ist die weitgehende Ausblendung oder Verdrängung des Konflikts zwischen den Eigentümern an Produktionsmitteln und den Lohnabhängigen, wie ihn Marx herausgearbeitet und als "Widerspruch von Lohnarbeit und Kapital" bezeichnet hat. Die Tatsache, daß Marx die Problematik des Zinses nicht klar erkannt hat, entwertet nicht seine tiefgehende Analyse der Struktur und Dynamik kapitalistischer Systeme, insbesondere seine Aufdeckung der Herrschaftsstrukturen innerhalb des kapitalistischen Produktionsprozesses mit der ihm eigenen Fremdbestimmung der Arbeit. Daran würde sich auch durch ein alternatives Geldsystem im Prinzip nichts ändern.

Allerdings würde der Druck, der durch den Zins auf den Unternehmen lastet, erheblich nachlassen, und entsprechend der dadurch bedingte Druck auf die Arbeiter, die Lieferanten und die Abnehmer. Aber dennoch bliebe ein gewisser Druck bestehen und würde unter Aufrechterhaltung einer privatwirtschaftlichen Marktwirtschaft fortwirken: der Druck der Konkurrenz, dem die einzelnen privatwirtschaftlichen Unternehmen nach wie vor ausgesetzt wären; und der nicht nur belebende, sondern auch spaltende Wirkungen hat: Es bliebe ein Antrieb der Arbeitszersplitterung und Hierarchie, der Trennung von Hand- und Kopfarbeit in den Betrieben und der Entfaltung von Macht auf den Bezugsmärkten bzw. Absatzmärkten.[35]

---

stere sollten in Form einer "Kreditgebühr" als Steuerungsinstrument für die Kreditnachfrage dienen. Siehe hierzu seinen Artikel "Über die (In-)Stabilität unseres Geld- und Wirtschaftssystems aus der Sicht eines Technikers", SBL, Gruberstr. 40-42, A-4010 Linz.

[35] Diese von der Gewinnorientierung ausgehenden Tendenzen habe ich ausführlich abgeleitet in meiner "Kritik der marktwirtschaftlichen Ideologie", FHW Berlin 1980.

Es darf auch nicht vergessen werden, daß der Wettbewerb oder die Konkurrenz sich nicht nur zwischen annähernd gleichstarken Unternehmen abspielen würde, sondern zwischen einer großen Zahl kleiner und mittlerer Unternehmen einerseits und wenigen Großunternehmen und Konzernen andererseits mit Dominanz- und Abhängigkeitsstrukturen.

Der privatwirtschaftliche Gewinn ist eben nicht nur Entgelt für unternehmerische Leistungen (Unternehmerlohn) bzw. für die Übernahme von Risiko (Risikoprämie), sondern kann auch eine unsichtbare Prämie für den Aufbau und die Entfaltung von Macht beinhalten: nach innen (gegenüber den Beschäftigten) und nach außen (auf den Bezugs- und Absatzmärkten bzw. gegenüber der Politik).[36] Auch in einer vom Zins befreiten privatwirtschaftlichen Marktwirtschaft blieben diese Machtstrukturen und ihre Dynamik — wenn auch in abgeschwächter Form — erhalten. Auf sie ist gleichermaßen der Blick zu richten wie auf den Zins und das Geldsystem. Die Aufdeckung eines bis dahin übersehenen und grundlegenden Konflikts durch Silvio Gesell, nämlich des Konflikts zwischen Geldkapital einerseits und der übrigen Gesellschaft andererseits, sollte nicht dazu führen, andere bestehende Konflikte zu leugnen und den Blick dafür zu trüben.

Kritisches Verhältnis zu den Gewerkschaften

Die freiwirtschaftliche Bewegung hatte bisher überwiegend ein sehr kritisches Verhältnis zu den Gewerkschaften. Diese sind mit Recht darin zu kritisieren, daß sie — wie große Teile der Gesellschaft überhaupt — die Problematik des Zinses bisher nicht erkannt und zum öffentlichen Thema gemacht haben. Aber deswegen auf Distanz zu den Gewerkschaften zu gehen (wie das in Teilen der freiwirtschaftlichen Bewegung geschieht), wird ihrem historischen Verdienst im Kampf um die Verbesserung der Lohn- und Arbeitsbedingungen in keiner Weise gerecht. Das blinde Vertrauen in die sozialverträgliche Selbstregulierung des Arbeitsmarktes widerspricht allen historischen Erfahrungen. Ohne Gewerkschaften hätten wir heute noch Lohn- und Arbeitsbedingungen wie in Zeiten des Frühkapitalismus. Das wird deutlich an den Ländern, in denen Gewerkschaften auch heute noch verboten oder in denen ihre Rechte stark eingeschränkt sind, wie in den meisten Ländern der Dritten Welt. Die Lohnbildung allein dem Zusammentreffen von Angebot und Nachfrage nach Arbeitskraft zu überlassen, kann in Zeiten eines Überangebots von Arbeitskräften zu Hungerlöhnen führen, die sogar unter das Existenzminimum fallen und soziale Katastrophen bewirken können. Daran würde ein alternatives Geldsystem ohne Zins im Prinzip nichts ändern.

In einem alternativen Geldsystem würde zwar der durch den Zins verursachte Druck auf die Unternehmen, der an die Lohnabhängigen weitergegeben wird, nachlassen. Aber solange Konkurrenzdruck und privatwirtschaftliche Gewinnorientierungen herrschen, wird das Bestreben der Unternehmen unter anderem dahin gehen, die Löhne als einen Kostenfaktor niedrig zu halten und ein Maximum an Arbeitsleistung aus

---

[36] Diese Zusammenhänge haben mich schon 1979 beschäftigt, in dem Kapitel "Der Gewinn als ökonomischer Hebel" in: Bernd Senf, Dieter Timmermann: Denken in gesamtwirtschaftlichen Zusammenhängen, Band 2, Bonn-Bad Godesberg 1971.

den Lohnabhängigen herauszuziehen. Selbst wenn durch Ausbleiben von Krisen und Massenarbeitslosigkeit die Marktposition der Lohnabhängigen gestärkt würde, bedürfte es noch auf unabsehbare Zeit der Gewerkschaften, um die entsprechenden Interessen der Lohnabhängigen auch wirksam durchsetzen zu können.

Der Arbeitsmarkt — das hat die Geschichte des Kapitalismus immer wieder gezeigt — reguliert sich nicht von selbst, und wenn er es tut, dann mit der Folge unermeßlichen sozialen Elends. Wenn der Lohn unter das Existenzminimum absinkt, hat der Lohnabhängige eben nicht (wie der Geldkapitalbesitzer bei niedrigen Zinsen) die Möglichkeit, sein Angebot zu verweigern, sondern er muß seine Arbeitskraft trotzdem anbieten, und sogar noch im verstärktem Maße.

Die freiwirtschaftliche Bewegung sollte nicht der Illusion anhängen, als könnte in einem alternativen Geldsystem ein "freier" Arbeitsmarkt die sozialen Probleme von selbst lösen. Solange sie derartige Illusionen verbreitet, wird sie mit Recht von Seiten der Gewerkschaften auf Unverständnis und Ablehnung stoßen. Dies aber macht es schwierig, daß wichtige und richtige Einsichten der Freiwirtschaftler (in die Problematik der herrschenden Geldordnung und Bodenordnung) in gewerkschaftliche Kreise einfließen und sich so in der Arbeitnehmerschaft ausbreiten. Ein Teil der Isolierung und bisherigen politischen Wirkungslosigkeit der freiwirtschaftlichen Bewegung scheint mir insofern auch selbst verschuldet zu sein, weil von ihr teilweise falsche Fronten und von der Sache her unnötige Verhärtungen aufgebaut worden sind.

Trotz dieser offenen Fragen in bezug auf eine neue Geldordnung und der kritischen Vorbehalte gegenüber der Freiwirtschaftslehre scheint mir eine unvoreingenommene Auseinandersetzung mit der Problematik der herrschenden Geldordnung und des Zinssystems — und mit der Suche nach einem "Dritten Weg" anstelle von Kapitalismus und Sozialismus — dringend geboten. Heutzutage vielleicht mehr denn je.[37]

---

[37] Zur Vertiefung dieser Fragen siehe vor allem "Der Dritte Weg" — Zeitschrift für die natürliche Wirtschaftsordnung" (Redaktion: Erftstr. 57, 45219 Essen) sowie "Zeitschrift für Sozialökonomie", Gauke-Verlag, PF 1320, 24319 Lütjenburg.

8. Währungssysteme und Währungsprobleme nach dem Zweiten Weltkrieg

Im folgenden wollen wir uns mit der Funktionsweise und den Funktionsproblemen von Währungssystemen beschäftigen, wie sie in den westlichen Industrieländern nach dem Zweiten Weltkrieg geschaffen wurden. In den nationalen Währungssystemen spielte dabei das Gold als Deckung der umlaufenden Geldmenge überhaupt keine Rolle mehr, und im internationalen Währungssystem ist seine Bedeutung immer mehr zurückgegangen (bis schließlich 1971 die letzte Bindung des amerikanischen Dollar an das Gold aufgehoben wurde). Zwei unterschiedliche Formen des internationalen Währungssystems haben dabei die Entwicklung geprägt:

- das System fester Wechselkurse (bis 1973)
- das System flexibler Wechselkurse (nach 1973).

Darüber hinaus gibt es seit 1979 — bezogen auf das Europäische Währungssystem EWS — eine Mischform aus beiden, nämlich feste Wechselkurse innerhalb des EWS bei gleichzeitig flexiblen Wechselkursen der EWS-Währungen gegenüber anderen Währungen.

Im Laufe der fünfzig Jahre, die seit Gründung des "Bretton-Woods-Systems" (des Systems fester Wechselkurse nach dem Zweiten Weltkrieg) vergangen sind, hat es in größeren Abständen immer wieder dramatische Entwicklungen an den internationalen Devisenmärkten gegeben, die sich zu Währungskrisen zuspitzten und mit Devisenspekulationen von unvorstellbarem Ausmaß einhergingen — bis in die jüngste Vergangenheit bzw. Gegenwart. In solchen Situationen sorgen die Ereignisse an den Devisenmärkten international für große Aufregung und füllen die Schlagzeilen der Presse bzw. die Berichterstattung in den Medien. Das Verständnis der breiten Öffentlichkeit in Währungsfragen ist dabei im allgemeinen ziemlich gering, und auch die Kommentare in den Medien tragen meist wenig dazu bei, die tieferen Ursachen krisenhafter Zuspitzung allgemein verständlich herauszuarbeiten. Aber selbst in wirtschaftswissenschaftlichen Kursen über Geld und Währung erfahren die StudentInnen oft gar nicht, wie spannend dieses Thema ist und wie leicht sich die wesentlichen Zusammenhänge verständlich machen lassen.

Um allerdings die Probleme internationaler Währungssysteme ohne Golddeckung zu verstehen, müssen wir uns vorher erst einmal ein Verständnis der entsprechenden nationalen nicht-goldgedeckten Währung erarbeiten. Wenn das Geld schon nicht mehr ganz oder teilweise durch Gold gedeckt ist, woran orientiert sich dann der Geldumlauf, und vor allem: wie wird er reguliert? Von wem, und mit welchen Instrumenten? Wir werden uns zu beschäftigen haben mit der Rolle der Zentralbanken und der Geschäftsbanken im Zusammenhang mit der Geldschöpfung und mit den Hauptinstrumenten der Geldpolitik: Diskontpolitik, Offenmarktpolitik, Lombardpolitik und Mindestreservepolitik. Und mit einer bisher von uns noch nicht behandelten Form des Geldes, nämlich dem sog. "Giralgeld". Das Verständnis für Geld — und Währungsfragen wird sich dabei immer mehr vertiefen, aber wir werden zunächst mit einigen ganz einfachen

Modellen beginnen und sie Schritt für Schritt weiterentwickeln, so daß jede(r) die Zusammenhänge mitvollziehen kann.

Dabei kommt es mir vor allem darauf an, ein Verständnis der jeweiligen Funktionsprinzipien und der Dynamik der Geld- und Währungssysteme zu entwickeln, so daß die Entwicklungsprozesse deutlich werden, die sich schließlich in Währungskrisen entladen. Auch wenn Währungskrisen für viele wie ein Blitz aus heiterem Himmel erscheinen, liegen ihnen doch Entwicklungen zugrunde, in denen sich allmählich immer mehr Spannungen aufgebaut haben — bis sie schließlich zur Entladung kommen. Sie vollziehen sich auf der Grundlage jeweils bestimmter Strukturen des Geld- und Währungssystems. Und wenn sie sich immer wieder krisenhaft entladen, stellt sich natürlich auch die Frage nach möglichen Strukturveränderungen. Institutionelle Details über die Währungsinstitutionen (z.B. die Deutsche Bundesbank oder den IWF) werde ich nicht behandeln. Sie können in jedem Wirtschaftslexikon oder auch in Veröffentlichungen der betreffenden Institutionen selbst und in vielen anderen Büchern über Geld und Währung nachgelesen werden.

8.1 Funktionsweise eines nationalen Geldsystems ohne Goldbindung

Seitdem das Geld nicht mehr an Gold gebunden ist, wird ja offensichtlich, daß es sich eigentlich nur um so etwas wie Gutscheine auf Teile des Sozialprodukts handeln kann. Der falsche Anschein, es sei die Golddeckung, die dem Geld ihren Wert verleiht, wurde mit den Nachkriegswährungen aufgelöst. Der Wert des Geldes scheint allein im "Gegenwert" begründet zu sein, der einer bestimmten Geldmenge in Form von Gütern und Dienstleistungen innerhalb einer Volkswirtschaft gegenübersteht und auf den das Geld einen Anspruch in bestimmter Höhe darstellt. Aber wie können diese Gutscheine auf Sozialprodukt in die Hände derjenigen gelangen, die damit kaufen — oder das Geld auch anderweitig verwenden?

8.1.1 Vom Gutschein zum Geld: Modellüberlegungen

Gutschein-Entlohnung und Gutschein-Tausch

Wir stellen uns zunächst — als Ausgangspunkt unserer Überlegungen — eine arbeitsteilige Wirtschaft mit nur zwei Unternehmen A und B vor. Der Einfachheit halber gehen wir davon aus, daß in Unternehmen A nur das Produkt a, in Unternehmen B nur das Produkt b produziert wird. Die Beschäftigten der beiden Unternehmen bekommen für ihre Arbeitsleistungen jeweils Gutscheine auf das in ihrem Unternehmen erstellte Produkt mit nach Hause *(Abb. 65a)*. Die Gutscheine — bzw. später das Geld — werden im folgenden als grau getönte Blöcke dargestellt. Von der Existenz eines Gewinnes wollen wir in diesen Modellen übrigens absehen, damit die Darstellung nicht zu unübersichtlich wird. Seine Rolle habe ich an anderer Stelle ausführlich diskutiert.[38] In unserem denkbar einfachen Modell wollen wir unterstellen, daß sowohl in Unternehmen A wie auch in Unternehmen B jeweils 4 Stück des Produktes a bzw. b pro Jahr entstehen — und daß eine entsprechende Anzahl Gutscheine G_a bzw. G_b ausgegeben wird. Rein äußerlich erinnert dieses Bild an unsere Modelle zur Goldwährung, aber inhaltlich handelt es sich bei den Gutscheinen um etwas anderes: um ein Stück Papier, das in unserem Ausgangsbeispiel von den jeweiligen Unternehmen an die Beschäftigten ausgegeben wird und in keiner Weise auf Gold bezogen oder durch Gold "gedeckt" ist.

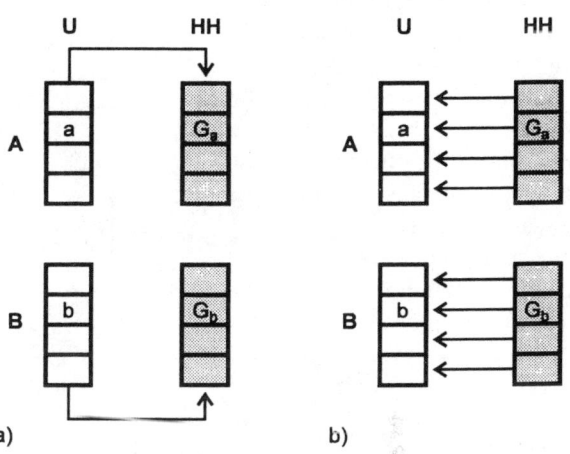

Abb. 65b zeigt, wie die Gutscheine von den Beschäftigten direkt beim eigenen Unternehmen eingelöst werden: Für die Vorlage eines Gutscheines gibt es jeweils ein Stück des Produkts. Nach dem Einlösen würden die A-Leute allerdings nur über das Produkt a und die B-Leute nur über b verfügen. Wenn wir aber davon ausgehen, daß sie auch das andere Produkt benötigen, an dessen Herstellung im anderen Unternehmen sie selbst nicht mitgewirkt haben, stellt sich die Frage, wie sie an das jeweils andere Produkt herankommen können.

Abb. 65a bis b: Modell der Produktverteilung durch Gutscheine (G_a bzw. G_b) von Unternehmen (U) an Haushalte (HH).

Eine Möglichkeit bestände natürlich darin, daß sie nach Erhalt des "eigenen" Produkts einen Teil davon zum Tausch gegen das andere Produkt anbieten. Damit wären wir aber beim Naturaltausch, über dessen praktische Probleme wir schon ganz zu Anfang dieses Buches diskutiert hatten. Wenn es sich wirklich nur um zwei Unternehmen und zwei Produkte handeln würde, wäre der Naturaltausch ja noch vorstellbar. Aber bei einer großen Zahl von Unternehmen und einer noch größeren Zahl von Produkten würden beim Naturaltausch fast unüberwindliche Schwierigkeiten auftreten.

Die Gutscheinausgabe eröffnet demgegenüber eine ganz andere und viel einfachere Möglichkeit der Verteilung der hergestellten Produkte. Der Tausch zwischen den A-Leuten und den B-Leuten könnte sich nämlich schon auf der Ebene der Gutscheine vollziehen, noch ehe diese in die entsprechenden Produkte eingelöst werden *(Abb. 65c)*: in unserem Beispiel 1 G_a gegen 1 G_b, also ein Austauschverhältnis von 1:1.

---

[38] Siehe hierzu Bernd Senf: Kritik der marktwirtschaftlichen Ideologie, FHW Berlin 1980, sowie Bernd Senf: Politische Ökonomie des Kapitalismus, Berlin 1981.

Vorteile gegenüber dem Naturaltausch

Was wäre dadurch gegenüber dem Naturaltausch gewonnen? Die Produkte würden wirklich nur von denen eingelöst, die sie auch brauchen *(Abb. 65d)*. Dadurch würden unnützige Transportwege und Zwischenlagerprobleme entfallen: Die Produkte würden von den Produktionsunternehmen direkt an die Verbraucher fließen (von der Zwischenschaltung von Großhandel und Einzelhandel wollen wir hier erst einmal absehen), und gelagert würden sie lediglich bei den Unternehmen einerseits und nach dem Verkauf bei den Haushalten, die die Produkte gebrauchen oder verbrauchen. Auch ein Teil der Umständlichkeit bei der Suche nach geeigneten Tauschpartnern, wie sie im Naturaltausch auftritt, würde wegfallen. Es ginge jetzt nur noch darum, Inhaber entsprechender Gutscheine zu finden, die bereit sind, gegen den eigenen Gutschein zu tauschen. So weit, so gut.

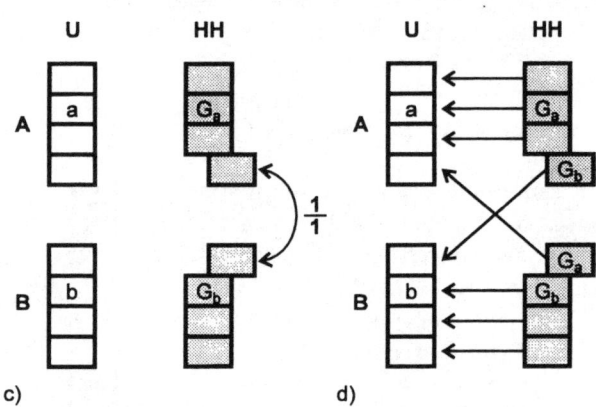

Abb. 65c und d: Modell mit gleichwertigem Tausch von Gutscheinen.

Probleme bei einseitiger Gutschein-Vermehrung

Wie sähe es nun aber aus, wenn in unserem Beispiel Unternehmen A dazu übergehen würde, einfach die doppelte Anzahl von Gutscheinen auszugeben, ohne auf der anderen Seite die Zahl der hergestellten Produkte a zu vergrößern *(Abb. 65e)*? Welche Auswirkungen würden sich aus dieser einseitigen Gutschein-Vermehrung ergeben?

Auswirkungen im Binnenverhältnis

Wir wollen zunächst die Wirkungen im "Binnenverhältnis" betrachten zwischen den A-Leuten und dem Produkt a: Nehmen wir noch einmal an, alle Gutscheine würden von A-Leuten direkt beim Unternehmen A vorgelegt *(Abb. 65e)*. Dann ständen acht Gutscheine einem Angebot von nur vier Produkten gegenüber. Entweder könnten nur die ersten vier Gutscheine eingelöst werden, und die anderen vier wären wertlos, oder es müßte irgend eine andere Form von Zuteilung der zu knapp gewordenen Produkte stattfinden. Oder aber alle a-Gutscheine werden auf die Hälfte entwertet, das heißt für G_a bekommt man nur noch $1/2a$. Das ist aber das gleiche, als habe sich der Preis für a verdoppelt: 1a bekommt man jetzt nur noch gegen 2 G_a.

Mit anderen Worten im Bereich des Unternehmens A hat eine Aufblähung der Preise auf das Doppelte stattgefunden, das heißt eine Inflation von 100 %. Das entspricht aber genau der Steigerungsrate der Gutscheine G_a. Die einfache Folge einer bloßen Aufblähung der Gutscheinmenge (ohne reale Ausdehnung der Produktion) wäre also eine entsprechende Aufblähung der Preise (symbolisch dargestellt durch die geschlängelten Pfeile in *Abb. 65f*. Der Block a wird dadurch auseinandergezogen wie eine Ziehharmonika (an deren Masse sich durch das Auseinanderziehen ja auch nichts ändert).

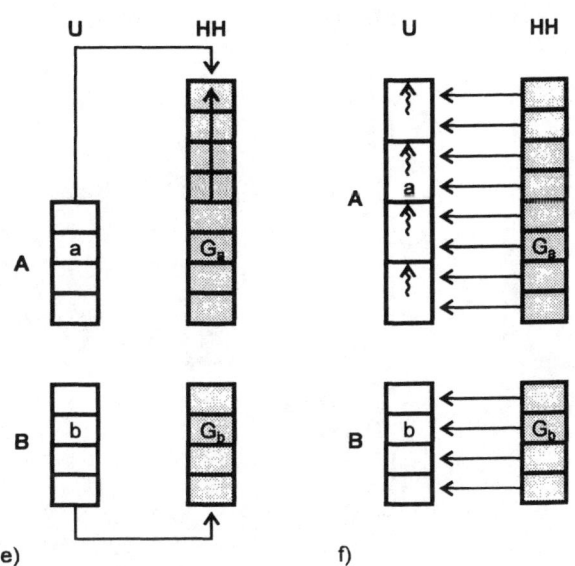

Abb. 65e und f: Einseitige Gutscheinvermehrung und entsprechende Inflation bei A.

Also könnte man sagen: Im Binnenverhältnis bringt die einseitige Gutschein-Vermehrung den A-Leuten nichts, außer einer Inflation — mit all den möglichen Umverteilungswirkungen im Inneren der "Gesellschaft", die wir schon früher diskutiert haben.

Auswirkungen im Außenverhältnis

Wie sieht es demgegenüber aus, wenn wir das Außenverhältnis der A-Leute zu den B-Leuten betrachten? Wenn die A-Leute insgesamt mehr a-Gutscheine haben, werden sie auch eine größere Zahl gegen b-Gutscheine eintauschen wollen, nehmen wir an: zwei — statt vorher einen. Die Frage ist, wie es unter den veränderten Bedingungen mit der Tauschbereitschaft der B-Leute aussieht.

Wenn sich herumgesprochen hat, daß man für einen a-Gutschein inzwischen nur noch die halbe Menge a kaufen kann bzw. daß sich die Preise von a verdoppelt haben (während die Preise für b gleichgeblieben sind und der b-Gutschein seine ursprüngliche Kaufkraft bewahrt hat), werden die B-Leute einen b-Gutschein wohl nur noch für zwei a-Gutscheine hergeben. Damit würde sich das Austauschverhältnis zwischen den Gutscheinen von ursprünglich 1:1 verändern auf 2:1 *(Abb. 66a)*.

Abb. 66b zeigt die Situation nach erfolgtem Gutschein-Austausch. Werden die Gutscheine jeweils eingelöst, ergibt sich folgendes:

Die A-Leute kaufen insgesamt für 6 a-Gutscheine eine Menge von 3a sowie für den eingetauschten b-Gutschein eine Menge von 1b, insgesamt also 3a + 1b, genau so viel also wie im Ausgangsmodell vor der Gutschein-Vermehrung in *Abb. 66d*. Und die B-Leute kaufen für drei b-Gutscheine die Menge von 3b, und für zwei eingetauschte a-Gutscheine die Menge von 1a, also insgesamt 3b + 1a — ebenfalls wie im Ausgangs-modell.

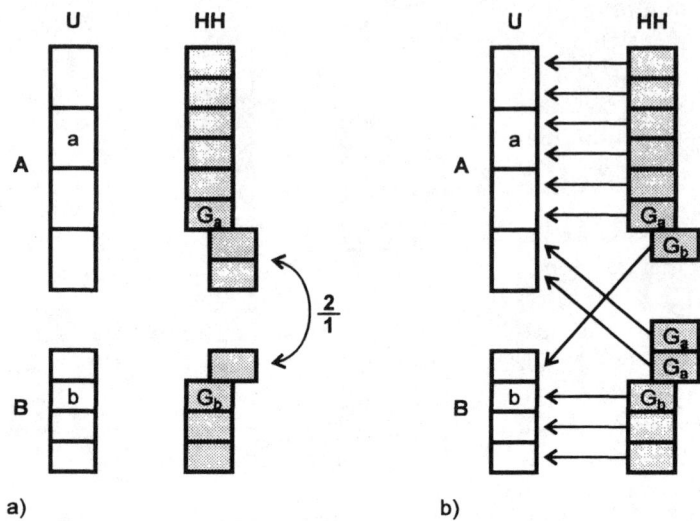

a)   b)

Abb. 66a und b: Inflation in A und Absinken des Wechselkurses

Gutschein-Vermehrung und Absinken des Wechselkurses

Der Grund dafür, daß sich die Inflation in bezug auf a nicht auf das Außenverhält-nis zwischen A und B ausgewirkt hat, liegt in der Veränderung des Austauschverhält-nisses der Gutscheine: der "Wechselkurs" von G_a im Verhältnis zu G_b ist auf die Hälfte abgesunken — und gleicht damit im Außenverhältnis zu den B-Leuten die Verdoppe-lung der a-Preise gerade wieder aus: Wenn die B-Leute beim Kauf von a die doppelten Preise zahlen müssen, dafür aber die a-Gutscheine zum halben Preis erwerben, bleibt für sie insoweit alles beim Alten. Und für die A-Leute geht der vermeintliche Vorteil, den sie durch die Verdoppelung ihrer Gutscheine vielleicht zu haben glaubten, auch im Außenverhältnis wieder verloren: Was nützt die doppelte Gutscheinmenge, wenn nicht nur im Inneren die Preise auf das Doppelte steigen, sondern auch noch der Außenwert der Gutscheine gleichzeitig auf die Hälfte absinkt? Dann bekommen sie die gleiche Menge an b-Produkten nur noch für die doppelte Anzahl an a-Gutscheinen.

Mit diesen einfachen Modellen haben wir übrigens bereits einen Zusammenhang herausgearbeitet, der sich im Verhältnis zweier Länder mit verschiedenen Währungen ganz analog wiederfindet: Anstelle von "Unternehmen" brauchen wir nur "Länder" zu setzen, und anstelle von "Gutscheinen" nur "Geld" — in verschiedenen Landeswährun-gen. Würde in Land A die Geldmenge ausgeweitet, ohne daß sich das reale Sozialpro-dukt erhöht, dann wäre die Folge im Inneren eine Inflation — und im Außenverhältnis ein Absinken des Wechselkurses dieser Währung (vorausgesetzt ein internationales Währungssystem mit flexiblen Wechselkursen).

136

Gutschein-Vermehrung bei festen Wechselkursen

Wir wollen jetzt noch einen anderen Fall durchspielen, nämlich den, daß aus irgendwelchen Gründen das ursprüngliche Austauschverhältnis zwischen a-Gutschein und b-Gutschein (in unserem Beispiel 1:1) festgelegt wurde und sich — auch bei veränderten Bedingungen — nicht ändern darf. Kommen wir dazu wieder auf *Abb. 66a* zurück, diesmal aber mit einem Austauschverhältnis von 1:1 zwischen G_a und G_b. *Abb. 67* stellt diesen Fall nach vollzogenem Austausch dar. Wie sieht es diesmal mit der Verteilung des Gesamtprodukts aus? Die A-Leute kaufen bei Unternehmen A mit ihren Gutscheinen 3a und bei Unternehmen B mit den eingetauschten b-Gutscheinen 2b, also insgesamt 3a + 2b. Das ist 1b mehr als vorher. Sie haben sich auf diese Weise einen wachsenden Teil von b angeeignet. Und die B-Leute? Mit den ihnen verbliebenen b-Gutscheinen kaufen sie bei Unternehmen B nur noch 2b, und mit den eingetauschten a-Gutscheinen bekommen sie bei Unternehmen A nur 1a, insgesamt also 2b + 1a, das heißt 1b weniger also vorher. Das ist genau das eine b, was jetzt die A-Leute mehr bekommen haben.

In diesem Fall hat sich also die einseitige Gutscheinvermehrung für die A-Leute gelohnt. Im Außenverhältnis haben sie sich einen größeren Anteil am Produkt b gesichert, ohne an die B-

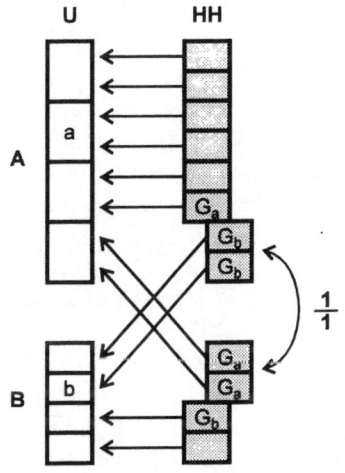

Abb. 67: Umverteilung zugunsten von A bei festgesetztem Wechselkurs

Leute mehr von ihrem Produkt abzugeben. "Klar", könnte man einwenden, "wenn das Austauschverhältnis künstlich festgehalten wird, obwohl eine Inflation bei a stattgefunden hat, dann muß es ja zu solchen Ungerechtigkeiten kommen." Ist also das gewählte Beispiel nicht ziemlich an den Haaren herbeigezogen und absurd?

Bretton Woods — die absurde Realität

In der Tat scheint das Beispiel absurd und realitätsfern. Und dennoch gibt es im wesentlichen die Verhältnisse wieder, wie sie im internationalen Währungssystem nach dem Zweiten Weltkrieg zwischen den USA einerseits und den übrigen Mitgliedsländern andererseits bestanden haben: festgelegte Wechselkurse und die einseitige Möglichkeit für die USA, sich durch Dollar-Geldschöpfung wachsende Teile ausländischen Sozialprodukts anzueignen. Das hört sich unglaublich an, aber es ist so gewesen: Das Bretton-Woods-System mit seinen festgelegten Wechselkursen war Jahrzehnte lang ein Weltwährungssystem der verdeckten Entwicklungshilfe an die USA, getragen von den übrigen Mitgliedsländern des Internationalen Währungsfonds. Wir kommen später im einzelnen darauf zurück. An dieser Stelle wollte ich nur einen kleinen Vorgeschmack vermitteln auf die Brisanz internationaler Währungsprobleme und insbesondere der problematischen Rolle des amerikanischen Dollar nach dem Zweiten Weltkrieg. Der breiten Öffentlichkeit ist diese Problematik weitgehend verborgen geblieben.

Die Ausgabe einheitlicher Gutscheine

Kommen wir zurück auf unsere Überlegungen zur Geldversorgung innerhalb eines Landes. Wir hatten gesehen, daß die Ausgabe von Gutscheinen auf das Produkt des jeweiligen Unternehmens zwar erhebliche Vereinfachungen gegenüber dem Naturaltausch mit sich bringen würde, daß aber noch etliche Schwierigkeiten übrig blieben: Bei zwei Unternehmen und zwei Produkten, dem denkbar einfachsten Fall, erscheinen diese Schwierigkeiten noch lösbar, aber wie wäre es bei zehntausenden von Unternehmen und hunderttausenden verschiedener Produkte?

Die Beschäftigten der Unternehmen müßten ja, um an die jeweils anderen Produkte heranzukommen, immer erst die entsprechenden Gutscheine dafür eintauschen und die geeigneten Tauschpartner finden, die den ersteren ihre Gutscheine abnehmen; und zwischen all diesen unterschiedlichen Gutscheinen gäbe es jeweils verschiedene Wechselkurse — ein furchtbares und unübersichtliches Durcheinander. Wäre es da nicht eine bessere Lösung, es würden von allen Unternehmen einheitliche Gutscheine ausgegeben, die eine bestimmte Kaufkraft verkörpern und potentiell gegen alle Produkte eingetauscht werden können? Bezogen auf unser Modell hieße das: Unternehmen A und Unternehmen B geben an ihre Beschäftigten jeweils die gleichen, allgemein gültigen "Universal-Gutscheine" G_{ab} aus *(Abb. 68a)*.

Die Vorteile von Universal-Gutscheinen

Was wäre dadurch gewonnen? Die ganze Umständlichkeit bei der Suche nach Tauschpartnern für Gutscheine und die ganzen Schwierigkeiten bei der Ermittlung der angemessenen Wechselkurse würden mit einem Male entfallen. Für alle noch so unterschiedlichen Waren brauchte überall nur noch der gleiche Gutschein vorgelegt zu werden — eine ungeheure Vereinfachung. Und er könnte direkt gegen die Produkte, auch gegen die des jeweils anderen Unternehmens, eingelöst werden *(Abb. 68b)*. Allerdings müßten die Gutscheine in irgend einer Weise in bestimmte Einheiten unterteilt oder gestückelt sein, und für die einzelnen Produkte müßte jeweils eine bestimmte Zahl dieser Einheiten bezahlt werden. Mit anderen Worten: Die Produkte müßten jeweils bestimmte Preise erzielen, ausgedrückt in Einheiten des Universal-Gutscheins.

In *Abb. 68b* ist der Idealfall dargestellt, daß sich die Struktur des Angebots gerade deckt mit der Struktur der Nachfrage: Alle hergestellten Produkte finden auf diese Weise bei beiden Unternehmen ihren Absatz. Was aber wäre, wenn z.B. das Produkt a mehr nachgefragt würde als angeboten, und das Produkt b entsprechend weniger *(Abb. 68c)*?.

Unternehmen A könnte unter diesen Bedingungen die Preise erhöhen und entsprechend die Gewinne steigern, und Unternehmen B müßte die Preise senken, um das Produkt b loszuwerden, was zu Gewinneinbußen oder sogar zu Verlusten führen würde. Längerfristig könnte Unternehmen A mehr von a produzieren, und Unternehmen B müßte seine Produktion von b einschränken; auf diese Weise fände eine Anpassung der

Produktion an die Struktur der Nachfrage statt. Ich will hier nicht näher auf die Funktion der Preise als Lenkungsinstrument in einer Marktwirtschaft eingehen. An anderer Stelle habe ich diese Fragen ausführlich behandelt und diskutiert.[39] Es sollte an dieser Stelle nur angedeutet werden, daß bei Ausgabe von Universal-Gutscheinen die Preisbildung mit ins Spiel kommt — und die Reaktion der Preise auf Ungleichgewichte zwischen Angebot und Nachfrage.

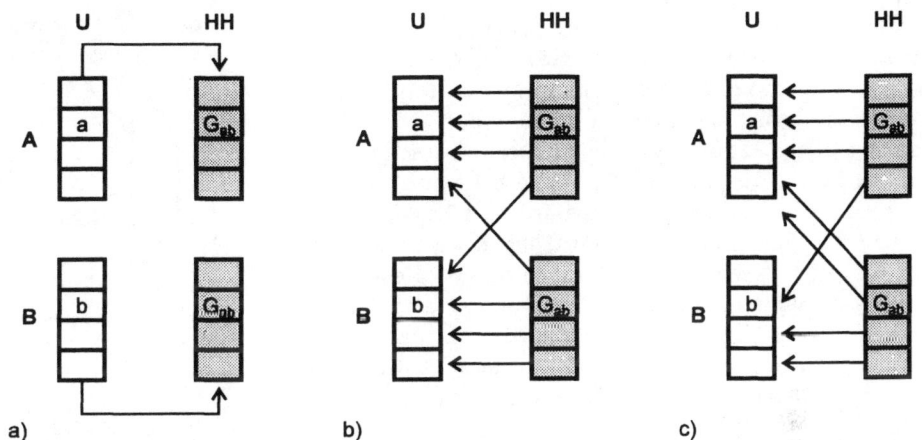

a)   b)   c)

Abb. 68a bis c: Produktverteilung mit Universal-Gutschein, bei Gleichgewicht (Abb. b) bzw. Ungleichgewicht (Abb. c) zwischen Angebot und Nachfrage.

Die Gefahren von Universal-Gutscheinen

Nach den bisherigen Überlegungen sieht es so aus, als würde die Einführung von Universal-Gutscheinen nur Vorteile bringen. Aber wie wäre es denn, wenn unter diesen Bedingungen Unternehmen A dazu überginge, die Zahl der von ihm ausgegebenen Universal-Gutscheine einfach zu verdoppeln, ohne seine Produktion zu erhöhen? Die A-Leute hätten dann wiederum mehr Gutscheine in der Hand, mit denen sie verstärkt sowohl Produkt a als auch Produkt b nachfragen werden *(Abb. 68d)*.

Dies würde zu einer Inflation sowohl bei a als auch bei b führen — eine Wirkung, die den A-Leuten relativ wenig ausmacht, da sie ja über die doppelte Gutscheinzahl verfügen wie vorher. Aber die B-Leute würden durch die Preissteigerungen in die Defensive gedrängt — sowohl bei a als auch b. Mit ihrer gleichgebliebenen Anzahl von Gutscheinen können sie jetzt real weniger kaufen. Die einseitige Gutscheinvermehrung bei Unternehmen A führt also zu einem Vorteil für die A-Leute und zu einem entsprechenden Nachteil für die B-Leute. Ist das nicht der gleiche Fall, den wir schon einmal behandelt hatten? Nicht ganz! In *Abb. 65e bis f* waren wir noch von zwei unterschiedlichen Gutscheinen G_a und G_b ausgegangen, und wir hatten herausgearbeitet, daß eine

[39] Siehe hierzu Bernd Senf: Kritik der marktwirtschaftlichen Ideologie, FHW Berlin 1980

einseitige Vermehrung von G_a zu einem entsprechenden Absinken des Wechselkurses führen würde (jedenfalls bei flexiblen Wechselkursen). Die inflationäre Politik in A blieb sozusagen nicht ungestraft.

Ganz anders im gerade diskutierten Fall: Weil es nur einen einheitlichen Universal-Gutschein gibt, kann es auch keine Korrektur auf der Ebene des Wechselkurses mehr geben. Und der Übeltäter, von dem die inflationäre Aufblähung der Gutscheine ausgeht, wäre gar nicht mehr zu identifizieren. Weil die Universal-Gutscheine ja alle gleich aussehen und gar nicht mehr auf ihre ursprüngliche Quelle zurückverfolgt werden können. Oder man würde doch die jeweilige Quelle jeweils auf den Gutschein aufdrucken; dann würde sich allerdings sehr schnell herumsprechen, daß die Universal-Gutscheine aus Unternehmen A offenbar im Übermaß in Umlauf gesetzt worden sind, und die B-Leute wären immer weniger bereit, diesen Gutschein als gleichwertig zu ihrem Gutschein zu akzeptieren. Das würde aber nichts anderes bedeuten, als daß die ursprüngliche Einheitlichkeit der Gutscheine aufgehoben würde und doch wieder Wechselkurse zwischen den Gutscheinen gebildet würden.

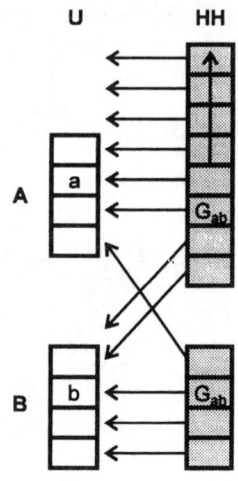

Abb. 68d: *Einseitige Vermehrung der Universal-Gutscheine*

Ausgabe von Universal-Gutscheinen durch die Zentralbank

Erst sah es mit dem Universal-Gutschein so schön einfach aus, aber bei näherem Hinsehen zeigt sich, daß dadurch die vorher behandelten Probleme nicht gelöst, sondern teilweise nur überdeckt werden — und letztlich die Situation dadurch nur viel komplizierter und undurchsichtiger wird. Jedenfalls dann, wenn man die Ausgabe der Universal-Gutscheine den einzelnen Unternehmen überlassen würde. So kann es offenbar nicht funktionieren. Es müßte mindestens allgemeingültige Maßstäbe für die Gutscheinausgabe geben, an die sich alle Unternehmen halten müssen und deren Beachtung streng kontrolliert wird. Oder man schafft gleich eine zentrale Ausgabestelle für Universal-Gutscheine und entzieht den einzelnen Unternehmen die Ausgabekompetenz. Eine solche Stelle wollen wir "Zentralbank" (ZB) nennen *(Abb. 69)*.

Die Aufgabe der Zentralbank wäre es, die einzelnen Unternehmen mit einer angemessenen Zahl von Universal-Gutscheinen zu versorgen und darauf zu achten, daß die Gutschein-Ausgabe nicht beliebig vermehrt wird. Darin scheint tatsächlich die Lösung der diskutierten Probleme zu liegen. Die Vorteile des Universal-Gutscheins gegenüber einer Vielzahl von unter-

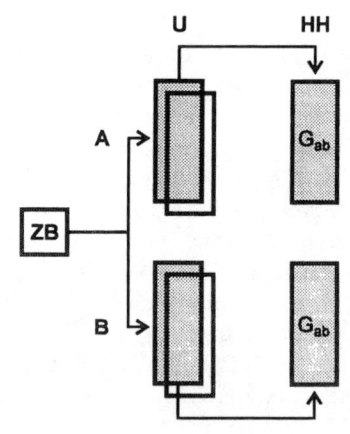

Abb. 69: *Modell mit Zentralbank (ZB) zur Ausgabe universeller Gutscheine*

schiedlichen Gutscheinen käme zum Tragen, und die Gefahren einseitiger Gutschein-vermehrung wären gebannt.

8.1.2 Die Zentralbank als Quelle der Geldschöpfung

Damit sind wir aber auch schon ganz nah an der Zentralbank, der die Aufgabe der Geldversorgung einer Volkswirtschaft zufällt. Jetzt noch von "Gutscheinen" zu reden, ist eigentlich umständlich, denn es handelt sich bereits um "Geld", und die Zentralbank ist die Quelle der Geldschöpfung.

8.1.2.1 Die Frage nach einer angemessenen Geldversorgung

Allerdings stellt sich gleich eine neue Frage: Was ist eigentlich "angemessen" in be-zug auf die Geldversorgung der einzelnen Unternehmen? Wir haben es uns in dieser Hinsicht mit unseren Modellen bisher sehr einfach gemacht, als wir davon ausgegan-gen sind, daß sowohl Unternehmen A als auch Unternehmen B jeweils 4 Stück a bzw. b herstellen — und daß beide Produkte auch noch gleichwertig sind. Aber wie sieht es demgegenüber aus, wenn es sich um eine Vielzahl von unterschiedlichen Produkten handelt, bei denen von Gleichwertigkeit keine Rede sein kann? Woran soll die Zentral-bank unter solchen Bedingungen die Bereitstellung von Geld an die einzelnen Unter-nehmen orientieren? An der Zahl der Beschäftigten? Das allein kann es wohl nicht sein, denn es würde ja bedeuten, daß ein Unternehmen um so mehr Geld bekommt, je mehr Leute es beschäftigt — gleichgültig, was und wie die Beschäftigten produzieren.

Es könnte sich ja z.B. um ganz unproduktive Arbeitsplätze handeln, und um Pro-dukte, die überhaupt keinen Absatz finden. Und dafür Geld von Seiten der Zentralbank ausgeben, das später an den Märkten als gleichberechtigte Nachfrage auftritt (gleichberechtigt mit dem Geld, das für produktive Arbeit und für die Herstellung be-gehrter Produkte gezahlt wurde), erscheint zumindest problematisch. Es würde wahr-scheinlich darauf hinauslaufen, daß unproduktive Bereiche der Wirtschaft auf diese Weise immer wieder gefördert würden, während gleichzeitig für die anderen Bereiche wenig Anreiz bestände, ihre Produktivität zu steigern — es sei denn, es gäbe andere wirksame Anreize oder Zwänge für produktives Wirtschaften.

Oder sollte die Zentralbank die Geldausgabe an den jeweiligen Kosten der Unter-nehmen orientieren? Denn die müssen ja schließlich mit Geld bezahlt werden. Auch dieser Maßstab scheint problematisch, denn er würde dazu führen, daß die Unterneh-men um so mehr Geld bekämen, je höher ihre Kosten wären. Und der Hintergrund dafür könnte wiederum ein unproduktives Wirtschaften sein, oder eine Produktion, die sich überhaupt nicht um die Absatzmöglichkeiten kümmert, also — in einer Markt-wirtschaft — am Markt vorbei produziert. Würden alle Kosten durch entsprechende Geldversorgung gedeckt, so bestände für die Unternehmen wenig Anlaß, sich stärker am Markt zu orientieren.

Oder sollte die Geldausgabe sich eher an den Erlösen orientieren? Die ja doch ein Ausdruck dafür sind, daß die Produkte eine entsprechende Nachfrage gefunden haben. Aber erstens fallen die Erlöse zeitlich später an, während die Kosten ja schon vorher bezahlt werden müssen, bevor die Produktion fertiggestellt und abgesetzt ist. Und zweitens reicht auch der Absatz allein nicht aus, wenn die Erlöse in der Summe kleiner sind als die Kosten, das heißt wenn ein Verlust entsteht.

Als Maßstab für die Herausgabe käme noch eine Reihe weiterer Gesichtspunkte in Frage, z.B. die Umweltverträglichkeit der Produktion, das heißt ökologische Gesichtspunkte, oder die Sozialverträglichkeit. Nur sind sie ungleich viel schwerer auf einen kurzen gemeinsamen Nenner zu bringen als die in Geld ausgedrückten Größen wie Kosten und Erlöse, Gewinn und Verlust. Und es ist die Frage, ob die Geldpolitik der Zentralbank nicht überfordert und überfrachtet wäre, wenn sie die Geldversorgung der Unternehmen an solche mehr qualitativen und schwer quantifizierbaren Gesichtspunkte koppeln würde — anstatt an klar meßbare Größen, die dadurch auch un tereinander vergleichbar sind. Aber welche Größe könnte der geeignete Orientierungs- maßstab, das entscheidende Kriterium für die Geldausgabe der Zentralbank an die Unternehmen sein?

Es könnte der Gewinn der Unternehmen sein, die Differenz zwischen Erlösen und Kosten. Indem nur solche Unternehmen mit Geld von der Zentralbank versorgt werden, die Gewinne erwirtschaften, ist zweierlei gewährleistet: daß sie einerseits hinreichend Erlöse erzielen (was nur möglich ist, wenn sie für den Absatz der Produkte sorgen); und daß sie andererseits die Kosten vergleichsweise so niedrig halten, daß ein Überschuß der Erlöse über die Kosten, eben ein Gewinn, entsteht. Die Koppelung der Geldversorgung an den Gewinn finanziert also nur solche Produktion, von der zu erwarten ist, daß sie sich am Markt bewährt. Sie unterstützt die in der Gewinnorientierung angelegte Tendenz der Unternehmen, die Kosten möglichst niedrig und die Erlöse möglichst hoch werden zu lassen. Je höher der Gewinn im Verhältnis zum eingesetzten Kapital, die Rentabilität oder Rendite, um so besser scheint sich das Unternehmen in einer Marktwirtschaft bewährt zu haben. Und um so mehr soll es auch die erforderlichen Geldmittel bekommen.

Daß die bloße Orientierung am Gewinn, wie sie in einer kapitalistischen Marktwirt- schaft durch die Konkurrenz erzwungen und durch das Geldsystem unterstützt wird, auch eine Fülle von problematischen Tendenzen hervortreiben kann, habe ich an ande- rer Stelle ausführlich behandelt. Auch in diesem Buch wurde weiter oben darauf ver- wiesen (S. 125 f). Bei der weiteren Behandlung des Geldsystems steht dieser Aspekt nicht im Vordergrund. Es sollte aber dennoch nicht verdrängt werden, wie dies allzu häufig geschieht.

Geldversorgung über Kredit

Gehen wir also für die weiteren Überlegungen davon aus, daß die Zentralbank das Geld nur an diejenigen Unternehmen ausgibt, die Gewinne erwarten lassen, weil sie den Gewinn als geeigneten Maßstab der wirtschaftlichen Leistungen eines Unterneh- mens betrachtet. Wie kann gewährleistet werden, daß die von den Unternehmen ge- genüber der Zentralbank vorgetragenen Gewinnerwartungen nicht irgendwelchen Phantasien entspringen oder bewußt vorgetäuscht werden, nur um an das Geld heran- zukommen? Um dieser Gefahr vorzubeugen, werden die Unternehmen gleichzeitig mit der Geldausgabe verpflichtet, nach einem bestimmten Zeitraum das Geld an die Zen- tralbank wieder zurückzuzahlen. Mit anderen Worten: Das Geld wird ihnen nur für eine gewisse Zeit geliehen — als Kredit. Und für den Fall, daß die Unternehmen den Kredit nicht zurückzahlen, drohen ihnen Sanktionen, bis hin zum Konkurs.[40]

Zur Rückzahlung sind die Unternehmen normalerweise aber nur dann in der Lage, wenn sie durch den erfolgreichen Absatz der Produkte am Markt für entsprechende Rückflüsse von Geld sorgen. Die Verpflichtung zur Kreditrückzahlung zwingt also die Unternehmen zur Marktorientierung. Durch die Rückzahlung der Kredite fließt das Geld, das von der Zentralbank in Umlauf gebracht wurde, wieder an die Zentralbank zurück, nachdem es die Produktion in den Unternehmen vorfinanziert hat, zu Einkommen bei den Haushalten geworden ist, als Nachfrage nach Konsumgütern von den Haushalten wieder verausgabt wurde und als Erlös wieder bei den Unternehmen landet.

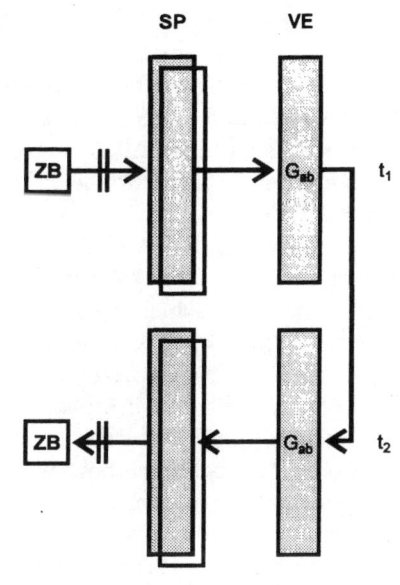

Abb. 70: Zentralbank (ZB) und offener Geldkreislauf mit Zu- und Abfluß

Abb. 70 stellt diesen Zusammenhang für die gesamte Volkswirtschaft (in unserem Beispiel Unternehmen A + B) dar, diesmal unter Berücksichtigung des Zeitraums, der zwischen Geldausgabe und Geldrückfluß liegt. t_1 bezeichnet die erste Phase des "Zuflusses", t_2 die Phase des Rückflusses. Die Produktion in allen Unternehmen ist dabei zu dem Block Sozialprodukt (SP) zusammengefaßt, das den Haushalten zufließende Geld wird zum Volkseinkommen (VE), und der Geldfluß wird durch die aneinander gereihten Pfeile dargestellt.

Der offene Kreislauf des Geldes

In Abb. 70 wird deutlich, daß der Geldkreislauf gar kein geschlossener, sondern ein offener Kreislauf ist — mit einem Zufluß und einem Abfluß. Dort, wo das Geld — z.B. in Form von Papiergeld — die Schwelle zwischen Zentralbank und Unternehmen überschreitet, wird es seiner Funktion überhaupt erst Geld. Vorher, in den Tresoren der Zentralbank oder in der Gelddruckerei, war es schlicht und einfach nur bedrucktes Papier. Zu Geld wird es erst dann, wenn es in den Wirtschaftskreislauf einfließt. In diesem Moment findet die "Geldschöpfung" von Seiten der Zentralbank statt. Erst dann dient das Geld der Finanzierung einer entsprechenden Produktion, eines Sozialprodukts, dem es dann als Volkseinkommen gegenübertritt und — wenn es gut geht — zu

---

[40] Die Bank hat ihren Kredit für diesen Fall abgesichert — mit sog. dinglichen Sicherheiten, z.B. Grundstücken, Gebäuden, Produktionsanlagen und anderen beliehenen Gegenständen, sowie Wertpapieren oder Forderungen, die bei Konkurs des Unternehmens zwangsversteigert und in Geld verwandelt werden.

entsprechender Nachfrage nach Sozialprodukt wird. Dadurch also kann eine Koppelung hergestellt werden zwischen Geldmenge einerseits und Sozialprodukt andererseits. Und durch den Rückfluß des Geldes an die Zentralbank soll vermieden werden, daß das Geld den Wirtschaftskreislauf immer mehr überflutet.

Wenn das Geld schließlich bei seinem Rückfluß die Schwelle zwischen Unternehmen und Zentralbank wieder überschreitet, verliert es in diesem Moment seine Funktion als Geld und sinkt zurück auf die Ebene von bedrucktem Papier: Das Geld ist in seiner Eigenschaft als Geld vernichtet — "Geldvernichtung". Auf die Geldschöpfung nimmt die Zentralbank aktiv Einfluß (übrigens im wahren Sinne des Wortes: sie läßt Geld in den Wirtschaftskreislauf einfließen). Die "Geldvernichtung" ergibt sich demgegenüber automatisch aus der Pflicht der Unternehmen zur Kreditrückzahlung.

Man könnte sich nun darüber empören, daß die zur Zentralbank zurückgeflossenen Geldscheine teilweise in großen Mengen verbrannt werden. Ist das nicht ein Skandal? Geldverbrennung! Das scheint ja noch schlimmer zu sein als Bücherverbrennung. Aber in diesem Fall besteht überhaupt kein Grund zur Aufregung! Es handelt sich um eine ganz normale Papierverbrennung, denn die Geldscheine hatten ihre Geldeigenschaft bereits an der Schwelle zur Zentralbank hinter sich gelassen und verloren. Man hätte die Geldscheine natürlich auch im Zusammenhang mit neuer Geldschöpfung noch ein weiteres Mal in Umlauf setzen können (und das wird teilweise auch gemacht), aber irgendwann haben sich die Geldscheine so abgenutzt, daß es einfach sinnvoller ist, sie nicht wieder in Verkehr zu bringen, sondern stattdessen lieber neu gedruckte Scheine auszugeben.

Ständige Überlagerung von Geldschöpfung und Geldvernichtung

Nun sieht es ja so aus, als sei nach der Geldvernichtung der Wirtschaftskreislauf wieder leergepumt von Geld. Das ist aber deswegen nicht der Fall, weil ja im Zeitraum t_2, während das Geld aus t_1 zurückfließt, bereits wieder neue Produktion entsteht — und von der Zentralbank vorfinanziert wird. Es kommt also zu einer Überlagerung von Geldrückfluß und neuem Geldzufluß, oder von Geldvernichtung und neuer Geldschöpfung. Und wenn die neu entstehende Produktion größer ist als die vorherige, dann fließt sogar mehr neues Geld ein, als Geld aus früheren Krediten zurückfließt *(Abb. 71)*.

Dieser Tatbestand läßt sich anschaulich darstellen am Bild eines Waschbeckens. Durch die Überlagerung von Abfluß und Neuzufluß ergibt sich eine bestimmte Wassermenge — entsprechend der Geldmenge in einer Volkswirtschaft *(Abb. 72a)*. Wenn in der Breite des Beckens der Höhe des Sozialpro-

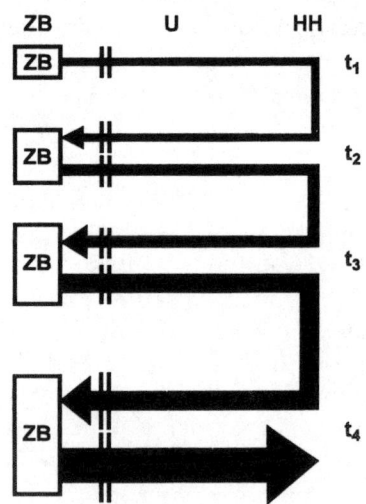

Abb. 71: Überlagerung von Geldschöpfung und Geldvernichtung bei wachsender Geldmenge

dukts zum Ausdruck kommt, dann würde die Höhe des Wasserspiegels dem Preisniveau entsprechen. Bei gleichbleibendem Becken (Sozialprodukt) und wachsender Wassermenge (Geldmenge) aufgrund stärkerer Neuzuflüsse (wachsender Geldschöpfung) würde der Wasserspiegel (das Preisniveau) ansteigen, das heißt es käme zu Inflation *(Abb. 72b)*. Bei wachsender Wirtschaft hingegen (das heißt bei größerem Becken) ist es geradezu erforderlich, daß der Geldzufluß größer wird als der Geldabfluß, die Geldschöpfung größer als die Geldvernichtung, damit es nicht zu einem Absinken des Preisniveaus, das heißt zu einer Deflation kommt *(Abb. 72c)*.

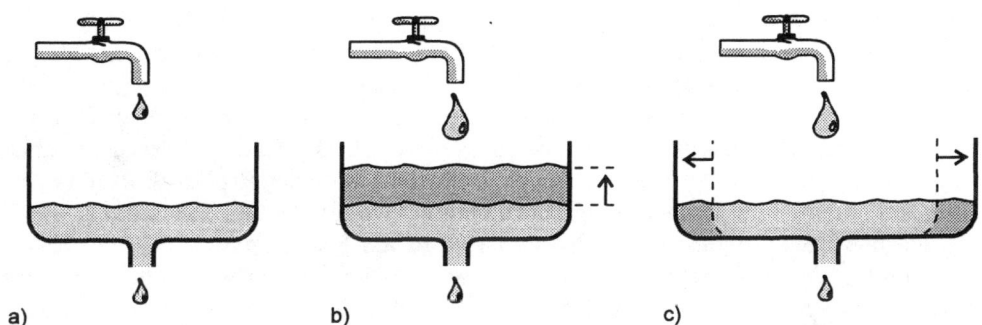

Abb. 72a bis c: Zusammenhänge zwischen Geldmenge (Wasser), Sozialprodukt (Beckengröße) und Preisniveau (Wasserspiegel)

Wie kann die Zentralbank das Preisniveau stabilisieren?

Wie kann die Zentralbank nun herausfinden, welches die jeweils angemessene Geldmenge ist? Sie kann sich natürlich auf Prognosen stützen bezüglich der Entwicklung des Sozialprodukts und der Produktivität — und bezüglich der Entwicklung der Umlaufgeschwindigkeit des Geldes. Aber all diese Prognosen sind immer wieder mit Unsicherheit behaftet, und es scheint eigentlich recht fragwürdig, darauf die Geldversorgung zu stützen.

Ich möchte zur Veranschaulichung noch einmal auf das Bild der Zentralheizung zurückkommen. Wie stark der Raum beheizt wird, hängt ja davon ab, wieviel warmes Wasser mit welcher Temperatur wie schnell durch die Heizkörper des Raumes fließt. Man könnte jetzt im vorhinein versuchen, Modellrechnungen darüber anzustellen, wieviel warmes Wasser mit welcher Temperatur und an welchen Tagen zu welcher Zeit in die Heizkörper einfließen soll. Dabei könnten z.B. folgende Größen in die Berechnung eingehen: Die Raumgröße, die Anzahl und Größe der Fenster und Türen, Schätzungen über die Entwicklung der Außentemperatur, die durchschnittliche Zahl und Dauer des Öffnens von Fenstern und Türen, die durchschnittliche Zahl der im Raum anwesenden Personen (von denen ja Wärme abstrahlt) usw. Wollte man all diese Faktoren in einer Modellrechnung berücksichtigen, um daraus im vorhinein den angemessen Zufluß von Warmwasser zu ermitteln, damit die Raumtemperatur ein konstantes Niveau von ungefähr 20°C hält, dann würde daraus ein ziemlich kompliziertes Modell.

Die Realität wird dennoch immer wieder ganz anders aussehen, wenn sich z.B. die Außentemperaturen ganz anders entwickeln als prognostiziert — oder aus tausend anderen Gründen.

Anstatt nun im vorhinein bestimmte Zielvorgaben zu ermitteln, die dann doch nicht eingehalten werden können, wäre es da nicht sinnvoller, kontinuierlich die Raumtemperatur zu messen und dann, wenn es zu warm im Raum wird, die Heizung herunter zu drehen, und umgekehrt? Das heißt die Regulierung der Heizung flexibel den jeweiligen Veränderungen anzupassen, und als Richtschnur eine wesentliche Zielgröße zu nehmen, nämlich in diesem Fall die Raumtemperatur? Ist sie zu hoch, war es zuviel des Guten, ist sie zu niedrig, müßte die Heizung wieder stärker aufgedreht werden. Man könnte diese Regulierung mit der Hand vornehmen oder auch einen Thermostaten einbauen, der die Heizung automatisch reguliert, indem er bei Abweichungen der Temperatur von der Zielgröße die Heizung stärker auf- bzw. zudreht.

Ganz entsprechend könnte eine Zentralbank mit der Regulierung der Geldmenge verfahren und auf Konjunkturüberhitzung bzw. Konjunkturabkühlung reagieren. Wenn die Zielgröße weder Inflation noch Deflation, sondern Preisstabilität ist, dann müßte mit einem entsprechenden "Thermometer", nämlich dem Preisindex, die Entwicklung des Preisniveaus ermittelt werden; und als Reaktion auf Inflation bzw. Deflation müßte der Geldhahn stärker zu- bzw. aufgedreht werden. Eine zuverlässige Geldmengensteuerung kann freilich nur dann funktionieren, wenn kein Leck im Kreislauf ist (genauso wie beim Heizungssystem), das heißt wenn das Geld sich in kontinuierlichem Fluß befindet, also der Umlauf des Geldes gesichert ist. Daß dies in den bisherigen Geldsystemen nicht hinreichend gewährleistet ist, davon war schon weiter oben ausführlich die Rede.

Die Problematik des "Zielkorridors" für die Geldmengenentwicklung

Angesichts der gerade abgeleiteten Zusammenhänge bleibt es ziemlich rätselhaft, warum die Deutsche Bundesbank im vorhinein für das jeweils kommende Jahr Zielvorgaben in bezug auf die Geldmengensteuerung formuliert und veröffentlicht, die sich auf entsprechende Prognosen stützen. Durch Formulierung eines sog. "Zielkorridors" werden eine Ober- und eine Untergrenze für das Geldmengenwachstum angegeben, und das tatsächliche Geldmengenwachstum soll sich zwischen diesen Grenzen bewegen *(Abb. 73)*. Die Erfahrungen der letzten Jahre haben immer wieder gezeigt, daß die Zielvorgaben letztendlich doch nicht eingehalten werden konnten, weil sich die Wirtschaftsentwicklung ganz anders gestaltete als erwartet — und weil sich aus irgendwelchen "Schlupflöchern" auf einmal Geld über den Wirtschaftskreislauf ergoß, auf das die Bundesbank selbst gar keinen direkten Einfluß hatte. Am drastischsten war das diesbezügliche Auseinanderklaffen zu Beginn des Jahres 1994,

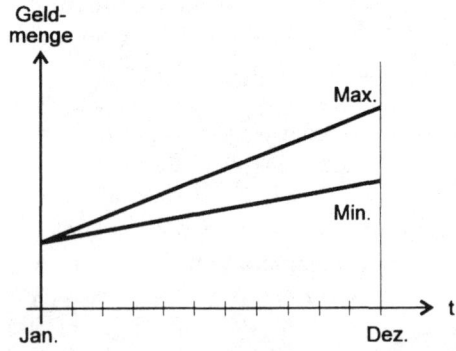

Abb. 73: Zielkorridor für die geplante Entwicklung der Geldmenge

als ein monatliches Mengenwachstum von ungefähr 0,5% angestrebt war, das tatsächliche Geldmengenwachstum jedoch bei ungefähr 20% lag!

Leitzins und Geldmengensteuerung

Kommen wir auf unser Modell mit der Zentralbank zurück und fragen uns, was die Zentralbank unternehmen könnte, wenn die von ihr in Umlauf gebrachte Geldmenge zu einer Inflation geführt hat. Mit welchen Mitteln kann sie den Geldhahn wieder zudrehen? Angenommen, sie hat all diejenigen Unternehmen, die nach gründlicher Prüfung einen Gewinn erwarten lassen, mit den von ihnen nachgefragten Krediten versorgt. (In Wirklichkeit vergibt die Zentralbank die Kredite nicht an die Unternehmen, sondern an die Geschäftsbanken, die ihrerseits daraus — und aus den bei ihnen angelegten Geldern — Kredite an Unternehmen vergeben.) Und nun schwappt in der Summe all dieser Kredite die Geldmenge über. Wie könnte die Zentralbank dem begegnen?

Indem sie bei der künftigen Kreditvergabe eine Rangfolge in die Kreditanträge bringt und nach bestimmten Kriterien eine Auswahl trifft aus der zu großen Zahl bzw. dem zu großen Volumen von Kreditanträgen. Wir hatten dieses Problem schon weiter oben kurz angesprochen. Diese Kriterien könnten ganz vielfältig sein, etwa die unterschiedlichen Grade von Umweltverträglichkeit oder Sozialverträglichkeit. Aber die Geldpolitik marktwirtschaftlich-kapitalistischer Systeme orientiert sich ausschließlich am Gewinn bzw. der Rentabilität als dem entscheidenden Kriterium für Kreditwürdigkeit. Entscheidungen über soziale und ökologische Aspekte verweist sie in den Bereich der Politik und versteht sich selbst insoweit als "neutral". Es wäre auch tatsächlich ein Problem, der Zentralbank derartige Entscheidungskompetenzen zuzuweisen, solange sie selbst keiner direkten demokratischen Kontrolle unterliegt, wie das bei der Regierung der Fall ist. Die Gefahren von Machtmißbrauch und Korruption wären sonst um so größer.

Also bezieht sich die Zentralbank in unserem Modell bei ihrer Selektion von Kreditanträgen auf ein scheinbar ganz neutrales Kriterium, eben die Rentabilität von Unternehmen bzw. die Rendite einzelner geplanter Investitionsprojekte. Wenn sie das Volumen der nachgefragten Kredite vermindern will, schraubt sie einfach die Anforderungen an die zu erwirtschaftende Rendite in die Höhe: mit einem Zins, der den Unternehmen mit der Kreditvergabe auferlegt wird. Dieser "Leitzins" hat die gleiche Funktion wie eine Sprunglatte beim Hochsprung. Liegt die Latte niedrig, so wird sie von vielen Springern übersprungen, und je höher sie gelegt wird, um so mehr fallen aus dem Wettbewerb heraus. Durch Variieren der Höhe der Sprunglatte besteht also ein indirekter Einfluß darauf, wieviel Springer letztlich noch im Wettbewerb bleiben.

Abb. 74a und b veranschaulichen diesen Zusammenhang noch einmal grafisch an einem einfachen Modell. Es handelt sich um drei Gruppen von Unternehmen, deren Kosten der Einfachheit halber als gleich angenommen werden, die aber unterschiedliche Erlöse erzielen. Dadurch entstehen unterschiedlich hohe Gewinne (schraffierte Blöcke in *Abb. 74a).* Die dargestellten Gewinne ergeben sich für den Fall, daß die Unternehmen von der Zentralbank zinslose Kredite (z_0) bekommen.

In *Abb. 74b* sind diese drei Blöcke noch einmal dargestellt, diesmal symbolisch gefüllt mit Figuren, die bei einem Zins von Null noch alle ihre Köpfe über Wasser halten. Dem Unternehmen U_1 steht allerdings das Wasser schon bis zum Halse. Wird nun von Seiten der Zentralbank ein Zins z_1 erhoben, der ja insoweit die Kosten der Unternehmen entsprechend erhöht, so kämen die Unternehmen U_1 mit dem Kopf unter Wasser. Unter diesen veränderten Bedingungen können sich die Unternehmen U_1 den Kredit also nicht mehr leisten und fallen aus dem Rennen um die Kredite heraus. Für die Zentralbank bedeutet das,

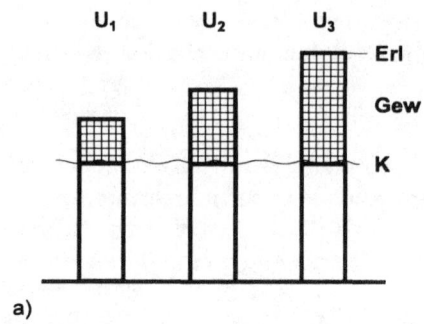

a)

Abb. 74a: Unternehmen mit unterschiedlichen Gewinnen — bei einem angenommenen Zins von Null.

daß sie — da die Kredite von U_1 nicht mehr nachgefragt werden — entsprechend weniger Geld in Umlauf bringt. Wird der Zins weiter auf z_2 erhöht, fallen auch noch die Unternehmen U_2 heraus, und bei einer weiteren Zinserhöhung auf z_3 müßten sogar die Unternehmen U_3 passen.

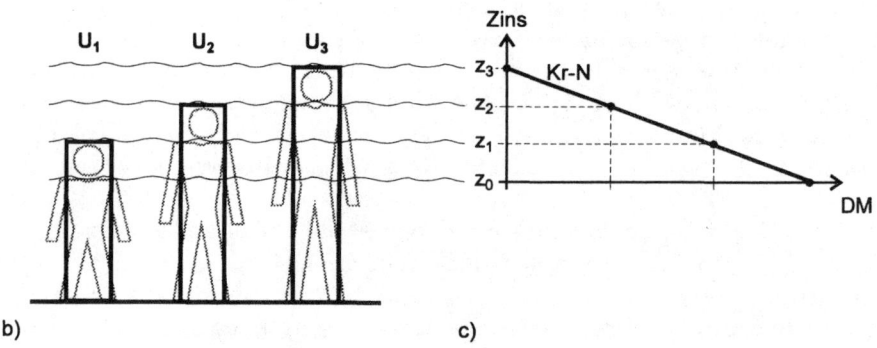

b)   c)

Abb. 74b und c: Bei steigendem Zins können immer weniger Unternehmen Kredite nachfragen.

Der Zins als Sprunglatte oder Selektionsinstrument

In unserem Modell wirkt der Kreditzins der Zentralbank also wie eine Sprunglatte, die je nach Höhe mehr oder weniger Kreditnachfrager im Wettbewerb läßt — und sich dadurch indirekt auswirkt auf den Zufluß von Geld in den Wirtschaftskreislauf und auf die Geldmenge. Man spricht in diesem Zusammenhang übrigens von einer "restriktiven Kreditpolitik", wenn die Zentralbank den Zins erhöht und auf diese Weise die Geldmenge verknappen will, und von einer "expansiven Kreditpolitik", wenn sie durch Zinssenkung die Geldmenge erhöhen will. (In *Abb. 74c* ist der Zusammenhang zwischen Zinshöhe und Kreditnachfrage (Kr-N) in einem Koordinatensystem dargestellt.) Der Kreditzins wirkt also wie ein Selektionsinstrument. Er wählt aus einer Vielzahl von

Kreditantragsstellern diejenigen aus, deren erwartete Rendite unterhalb des Zinses liegt. Der Zins setzt damit die Mindestbedingungen für die Rendite von Investitionen und wird dadurch zu einem wesentlichen Instrument der Geldmengensteuerung.

Die Rolle der Geschäftsbanken im Geldsystem

Wenn wir bisher davon geredet haben, daß die Zentralbank die Kreditwürdigkeit der Unternehmen prüft, so war das natürlich noch eine grobe Vereinfachung, ein erster Schritt auf dem Weg zum Verständnis des bestehenden Geldsystems. In Wirklichkeit sind es ja die Geschäftsbanken, die diese Funktion erfüllen, mit ihren Fachleuten in den Abteilungen für Kreditwürdigkeitsprüfung. Der nächste Schritt in unserer Modellbetrachtung wird also sein, die Rolle der Geschäftsbanken und ihr Verhältnis zur Zentralbank herauszuarbeiten. Während die Zentralbank eine staatliche Institution ist (der es nicht in erster Linie um einen Gewinn gehen sollte, sondern um die Geldmengensteuerung unter gesamtwirtschaftlichen Gesichtspunkten), handelt es sich bei den Geschäftsbanken um Privatunternehmen mit privatwirtschaftlichem Gewinninteresse.

Geschäftsbanken als Durchlaufstation für Spargelder

Einen Teil der Funktionen der Geschäftsbanken im Rahmen des Geldsystems haben wir ja schon früher behandelt, als es um den Kapitalmarkt, um Sparen, Kredite und Investitionen ging. Insoweit sind die Geschäftsbanken oder privaten Kreditinstitute eine Art "Durchlaufstation" für Gelder, die sich schon im Wirtschaftskreislauf befinden. Was seinerzeit nicht geklärt war, ist die Frage, wie das Geld überhaupt in den Wirtschaftskreislauf einfließt, bevor es dann alle möglichen Runden dreht. In dieser Frage haben wir inzwischen mehr Klarheit, und wir wissen jetzt, daß es sich gar nicht um einen geschlossenen, sondern um einen offenen Geldkreislauf handelt, mit einem Zufluß und einem Abfluß, an dessen Anfang und Ende sich die Zentralbank als Quelle der Geldschöpfung und als Ort der Geldvernichtung befindet.

Geschäftsbanken als Brücke zwischen Zentralbank und Unternehmen

Nicht berücksichtigt haben wir bisher die Tatsache, daß die Geschäftsbanken eine zusätzliche Funktion haben, nämlich Bindeglied oder Brücke zwischen Zentralbank und Unternehmen zu sein; und zwar sowohl beim Geldzufluß als auch beim Geldabfluß. Denn die Zentralbank gibt gar nicht direkt den Unternehmen die Kredite und läßt sie sich von ihnen zurückzahlen, sondern dazwischengeschaltet sind die Geschäftsbanken, die auch insoweit eine Vermittlerrolle übernehmen — diesmal aber nicht zwischen Geldanlegern und Kreditnehmern, sondern zwischen Zentralbank und Kreditnehmern. Diese Funktion ist in *Abb. 75* im Zusammenhang des offenen Geldkreislaufs dargestellt.

Die Unternehmen holen sich die Kredite in Wirklichkeit bei den Geschäftsbanken. Aber die Geschäftsbanken beziehen ihr Geld nicht nur von den Geldanlagen der Haushalte oder Unternehmen, sondern darüber hinaus — wenn nötig — auch von der Zentralbank: indem sie ihrerseits Kredite bei der Zentralbank aufnehmen und auf diese Weise das Geld überhaupt erst in den Wirtschaftskreislauf hineinziehen. Man spricht in diesem Zusammenhang von einer "Refinanzierung der Geschäftsbanken bei der Zentralbank", das heißt in ihrer eigenen Finanzierung greifen sie zurück auf die Zentralbank. Dort also ist in Wirklichkeit die Nahtstelle zwischen Zentralbank einerseits und Wirtschaftskreislauf andererseits, dort findet Geldschöpfung und Geldvernichtung der Zentralbank statt.

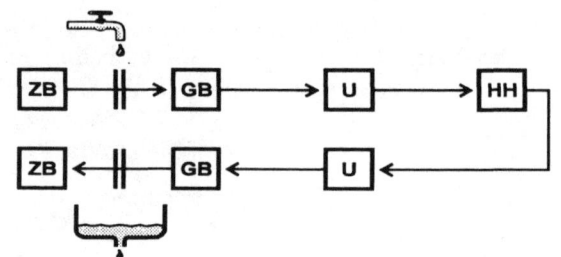

Abb. 75: Offener Geldkreislauf unter Zwischenschaltung der Geschäftsbanken (GB)

Leitzins der Zentralbank und Zinsaufschlag der Geschäftsbanken

Nun ist natürlich klar, daß die Geschäftsbanken — wie ihr Name schon sagt — mit den Krediten Geschäfte machen wollen, das heißt privatwirtschaftliche Gewinne. Im Unterschied zur Zentralbank besteht ihre Aufgabe nicht darin, sich um die gesamtwirtschaftliche Geldversorgung und Geldmengensteuerung zu kümmern. Geschäfte aber machen sie mit aufgenommenen Zentralbankkrediten nur dann, wenn sie auf den Zins, den sie selbst an die Zentralbank zahlen müssen, bei ihrer Kreditvergabe noch einen Aufschlag draufschlagen. Der Kreditzins, den die Unternehmen dann zu zahlen haben, besteht also insoweit aus zwei Teilen: einem Sockelzins, der von der Zentralbank gesetzt wird, und einem Zinsaufschlag von seiten der Geschäftsbanken. Wird der Sockelzins erhöht, so werden die Geschäftsbanken in der Regel auch ihren Kreditzins entsprechend erhöhen. Es gibt dafür zwar keine gesetzliche Verpflichtung, aber das Geschäftsinteresse der Banken legt diesen Zusammenhang nahe. Der Zins der Zentralbank hat insofern gegenüber dem, was sich als Kreditzins der Geschäftsbanken ergibt, eine Leitfunktion. Er wird deswegen auch als "Leitzins" bezeichnet.

Die Geschäftsbanken müssen den Zinsänderungen der Zentralbank nicht folgen

Ob sich die Geschäftsbanken allerdings immer in die Richtung leiten lassen, die der Zentralbank vorschwebt, ist eine offene Frage. Es ist zum Beispiel denkbar, daß die Zentralbank den Leitzins senkt, aber die Zinssenkung von den Geschäftsbanken nicht entsprechend an die anderen Kreditnehmer weitergegeben wird. Herrscht ein reger Wettbewerb im Bankensektor, so kann man davon ausgehen, daß die Geschäftsbanken zwar gerne eine höhere Zinsdifferenz mitnehmen würden, daß sie sich aber in ihrem Wettbewerb um Kreditnehmer schließlich doch gegenseitig unterbieten, so daß die Zinsspanne wieder auf das übliche Maß absinkt. Wenn aber der Bankensektor stark vermachtet ist und von wenigen Großbanken dominiert wird (wie in der Bundesrepublik), dann ist es eher unwahrscheinlich, daß die Banken sich ihre Geschäfte durch Weitergabe der Zinssenkung gegenseitig verderben. Lieber stecken sie stattdessen höhere Bankgewinne ein. Immerhin, der Idealfall der Geldpolitik wäre der, daß Veränderungen des Leitzinses der Zentralbank indirekt auf Veränderungen der Kreditzinsen der Geschäftsbanken und damit des Zinsniveaus am Kapitalmarkt durchschlagen.

8.1.3 Instrumente der Geldpolitik[41]

8.1.3.1 Die Diskontpolitik

Wir wollen uns die Nahtstelle zwischen Zentralbank und Geschäftsbanken noch etwas genauer ansehen und dabei gleich ein wesentliches Instrument der Geldpolitik kennenlernen, die sogenannte "Diskontpolitik".

Handelswechsel und Wirtschaftskreislauf

Bei der Diskontpolitik handelt es sich darum, daß die Zentralbank Geld in Umlauf gibt gegen Hereinnahme von sogenannten "Handelswechseln". Wenn wir diesen Vorgang verstehen wollen, müssen wir unser Bild vom Wirtschaftskreislauf noch um die Handelsunternehmen (HU) (also Großhandel und Einzelhandel) erweitern, die ja den Fluß der Waren von den Unternehmen zu den Haushalten besorgen. Die Produkte, die der Handel von den Produktionsunternehmen kauft, müssen ja erst einmal vorfinanziert werden, bevor der Handel seinerseits durch den Verkauf der Produkte Erlöse erzielt. Zwischen Einkauf und Verkauf liegt eine Zeitspanne, die finanzierungsmäßig durch Kredite überbrückt werden muß. An dieser Stelle kommt der Handelswechsel ins Spiel, früher das wesentliche Kreditfinanzierungsinstrument des Handels. Seine Funktion soll im folgenden näher erläutert werden.

In *Abb. 76* sind die Zentralbank (ZB), die Geschäftsbanken (GB), die Produktionsunternehmen (PU), die Handelsunternehmen (HU) und die Haushalte (HH) aufgeführt. Die durchgezogenen Linien bedeuten Warenströme, die gestrichelten Linien markieren den Weg des Handelswechsels, und die geschlängelten Linien bedeuten den Geldfluß. Der Vorgang beginnt damit, daß die Produktionsunternehmen dem Handel die Ware (W) liefern und der Handel im Gegenzug dafür einen Wechsel (We) ausstellt; das heißt einen Schuldschein mit dem Versprechen, eine bestimmte Summe von sagen wir 1000 DM nach drei Monaten gegen Vorlage dieses Wechsels zu zahlen. Indem das Produktionsunternehmen diesen Wechsel als Bezahlung bzw. Zahlungsversprechen annimmt, gewährt es dem Handelsunternehmen einen Dreimonatskredit.

---

[41] Einzelheiten hierzu finden sich im Sonderdruck der deutschen Bundesbank, Nr. 7: Die deutsche Bundesbank — geldpolitsche Aufgaben und Instrumente, 5. Aufl. 1989, Frankfurt/Main.

Wenn das Produktionsunternehmen selbst hinreichend liquide ist, um diesen Zeitraum von drei Monaten finanziell zu überbrücken, kann es selbst nach Ablauf der Dreimonatsfrist den Wechsel beim Handelsunternehmen vorlegen. Die Regel wird aber sein, daß es sich selbst Finanzierungsmittel beschaffen (sich refinanzieren) muß; zum Beispiel, indem es den Wechsel weiterreicht an die Geschäftsbank, die dem Unternehmen dafür entsprechendes Geld zufließen läßt. Mit diesem Geld kann das Unternehmen u.a. seine Beschäftigten bezahlen, und auf diese Weise entstehen an anderer Stelle bei den Haushalten Lohneinkommen (L) — im Gegenzug für deren Arbeitsleistungen (A). Sofern die Geschäftsbanken hinreichend liquide sind, können sie den Produktionsunternehmen die Kredite aus eigenen Mitteln zur Verfügung stellen. Wenn nicht, dann müssen sie sich selbst refinanzieren, entweder bei anderen Geschäftsbanken oder —

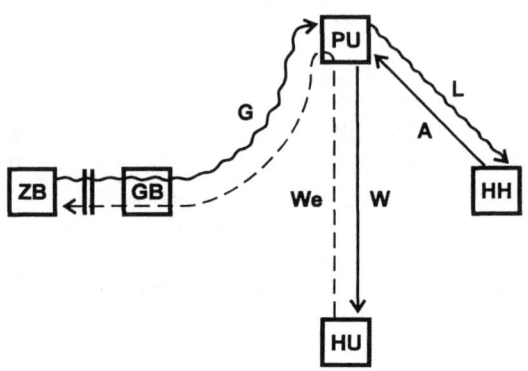

Abb. 76: Geldschöpfung der Zentralbank durch Annahme von Wechseln.

wenn das zu teuer ist — bei der Zentralbank. Also reichen sie ihrerseits den Wechsel weiter an die Zentralbank, die den Geschäftsbanken dafür Geld zufließen läßt und damit neues Geld in Umlauf bringt.

Diese Geldschöpfung findet also ihre Entsprechung in produzierten Waren, die vom Handel auf Lager genommen wurden, weil er mit dem Absatz dieser Waren und entsprechenden Rückflüssen von Geld rechnet. Dadurch erfolgt eine gewisse — wenn auch sehr indirekte — Anbindung der Geldschöpfung an das reale Sozialprodukt.

Die Zentralbank hat es nun ihrerseits in der Hand, wieviele solcher Wechsel zu welchen Bedingungen sie hereinnehmen will. Ein wesentliches Steuerungsinstrument in diesem Zusammenhang ist der "Diskontsatz". Das ist der Zinssatz, den die Zentralbank den Geschäftsbanken für die Hereinnahme eines Wechsels und für die entsprechende Gewährung eines Wechselkredits abverlangt. Die Laufzeit des Wechsels beträgt

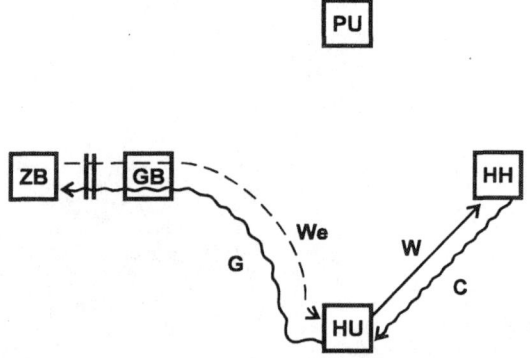

Abb. 77: Geldvernichtung durch Rückzahlung der Wechselschuld

in der Regel drei Monate. Durch Veränderung des Diskontsatzes als Leitzins hat die Zentralbank indirekt Einfluß darauf, wieviele Wechsel von den Geschäftsbanken eingereicht werden und wieviel Geld auf diese Weise in den Wirtschaftskreislauf fließt.

Verfolgen wir jetzt den Rückfluß des Geldes zur Zentralbank anhand von *Abb. 77*: Die Haushalte verwenden ihre Einkommen für den Konsum (C) von Waren, wobei die Waren von den Handelsunternehmen zu den Haushalten und das Geld in umgekehrter Richtung fließt. Der Handel hat dadurch die Möglichkeit, das Geld bei Vorlage des Wechsels an die Geschäftsbanken zurückzuzahlen, die dadurch ihrerseits das Geld an die Zentralbanken zurückzahlen können.

Die Geschäftsbanken werden selbstverständlich, wie wir das schon allgemein diskutiert hatten, auf den Diskontsatz der Zentralbank einen Aufschlag draufschlagen und einen entsprechend höheren Diskontsatz für die Vergabe ihrer Wechselkredite verlangen. Die Produktionsunternehmen geben diesen Zinssatz weiter an die Handelsunternehmen, und diese kalkulieren ihre Zinsbelastungen mit in die Warenpreise ein, so daß sie letztlich von den Konsumenten getragen werden. Je höher der Diskontsatz für den Handel ist, um so teurer wird die Vorfinanzierung der Lagerhaltung, um so schwieriger wird es für die Handelsunternehmen, die höheren Kosten auf die Preise zu überwälzen, und um so vorsichtiger werden sie in ihren Bestellungen gegenüber den Produktionsunternehmen werden.

Deren Aufträge gehen dadurch zurück, und wenn sie nicht selbst nur auf Halde produzieren wollen, werden sie ihre Produktion einschränken. Mit anderen Worten: Eine Diskontsatzerhöhung von Seiten der Zentralbank wirkt gesamtwirtschaftlich in Richtung einer Konjunkturdämpfung. Entsprechend kann die Diskontpolitik gezielt zur Konjunktursteuerung eingesetzt werden: restriktive Diskontpolitik, das heißt Diskontsatzerhöhung, mit dem Ziel der Konjunkturdämpfung; expansive Diskontpolitik, das heißt Diskontsatzsenkung, mit dem Ziel der Konjunkturankurbelung. So jedenfalls würde die Diskontpolitik im Idealfall funktionieren. Daß es bei der Erreichung dieser Ziele einige Schwierigkeiten geben kann und daß die Absicht der Zentralbank durch verschiedene Faktoren durchkreuzt werden kann, werden wir noch behandeln. Vorher sollen aber noch die Begriffe "Wechsel" und "Diskont" kurz erläutert werden.

Warum heißt dieser Schuldschein ausgerechnet "Wechsel"? Wohl deshalb, weil er bis zu seiner Annahme durch die Zentralbank den Besitzer immer wieder wechseln kann. Wir hatten ja schon gesehen, daß der Wechsel ausgestellt wird von Handelsunternehmen, dann an das Produktionsunternehmen fließt, von dort an die Geschäftsbank und dann erst zur Zentralbank. Aber es kann dabei noch eine Reihe weiterer Zwischenstationen geben, von denen bisher nicht die Rede war. Das Produktionsunternehmen kann nämlich den Wechsel weiterreichen an ein anderes Unternehmen, z.B. zur Bezahlung von Lieferungen, und dieses wiederum kann ihn an ein drittes weiterreichen, das ihn schließlich bei der Geschäftsbank einreicht. Die Besonderheit dabei ist, daß jede Zwischenstation in der Kette im Ernstfall voll für die Wechselschuld haftbar gemacht werden kann. Deswegen muß mit der Weiterreichung des Wechsels jede Zwischenstation eine Unterschrift auf der Rückseite des Wechsels leisten (sogenanntes "Indossament").

Für die letzte Station, die Zentralbank, hat das die Funktion, daß sie aus der Anzahl der Indossamente — und natürlich aus den Firmen, die jeweils dahinter stehen — rückschließen kann auf die sogenannte "Bonität", das heißt auf die Güte des Wechsels;

153

nämlich wer alles im Ernstfall für die Kreditsumme haftet, falls das Handelsunternehmen in dieser Hinsicht ausfällt. Und da das Wechselrecht ein sehr zügiges und rigoroses Verfahren für den Fall garantiert, daß "ein Wechsel platzt", läßt sich ein Wechsel mit vielen "guten" Unterschriften nach Ablauf seiner Laufzeit schnell wieder in Geld umwandeln: Wenn schon nicht das Handelsunternehmen zahlt, dann mindestens eines aus der Kette der Indossamente.

Die Zentralbank wird also genau auf die Bonität der Wechsel achten, die sie hereinnimmt und für die sie im Gegenzug Geld in den Wirtschaftskreislauf einfließen läßt. Dabei hat sie auch die Möglichkeit, die sogenannten qualitativen Anforderungen an die Wechsel mal höher und mal niedriger zu setzen, um — zusätzlich zur Diskontsatzänderung — auf diese Weise die Wechselkreditnachfrage und den Geldzufluß zu beeinflussen. In diesem Fall spricht man von qualitativer Diskontpolitik.

"Diskont" heißt eigentlich Abzug, Reduzierung. Verminderung. Der Ausdruck kommt daher, daß der Zins beim Wechselkredit anders berechnet wird als sonst. Normalerweise wird ja der Zinssatz auf die Kreditsumme aufgeschlagen: ein Kredit von 100 DM plus 10% Zinsen. Beim Diskontkredit ist es umgekehrt. Von einer Wechselsumme von 100 DM wird der Zinssatz auf den Kredit von vornherein abgezogen, also 100 DM minus 10% Zinsen. Das heißt unter Abzug der Zinsen ist dieser Wechsel nur 90 DM wert, und man kann mit ihm nur eine Rechnung in Höhe von 90 bezahlen.

Mögliche Durchkreuzungen der Diskontpolitik

Kommen wir nun auf die Andeutung von vorhin zurück, daß die Absichten der Zentralbank bezüglich der Diskontpolitik durch eine Reihe von Faktoren durchkreuzt werden können. Nehmen wir an, die Zentralbank senkt den Diskontsatz zum Zwecke eines erhöhten Geldzuflusses und entsprechender Konjunkturbelebung.

Wenn die Geschäftsbanken die Diskontsatzsenkung nicht weitergeben, z.B. weil sie sich untereinander abgesprochen haben, läuft sich die expansive Geldpolitik gleich im Ansatz tot. Aber selbst wenn die Banken ihre Wechselkredite entsprechend verbilligen, ist noch lange nicht gewährleistet, daß die Handelsunternehmen anbeißen und entsprechend mehr Kredite aufnehmen. Denn wenn die Wirtschaft insgesamt in der Krise steckt, kann es sein, daß trotz niedriger Zinsen die Kreditbereitschaft gering bleibt. In unsicheren Zeiten wollen die Unternehmen nicht allzuviel riskieren, die Käufer sind aufgrund bestehender oder drohender Arbeitslosigkeit zurückhaltend, der Handel wird entsprechend weniger bestellen, und also braucht er auch weniger Kredite.

So mächtig auf den ersten Blick die Zentralbank mit ihrer Geldmengensteuerung zu sein scheint, so sehr ist sie doch darauf angewiesen, daß die anderen Wirtschaftsteilnehmer in der Richtung ihrer Politik "mitspielen". In einer Marktwirtschaft kann schließlich kein Unternehmen gezwungen werden, einen Kredit aufzunehmen, auch wenn es in einer Krise gesamtwirtschaftlich sinnvoll wäre, daß mehr Geld in die Wirtschaft fließt. "Man kann die Pferde zwar zur Tränke führen, aber saufen müssen sie selbst" — dieser Spruch verdeutlicht auf sehr anschauliche Weise die beschränkte Einflußmöglichkeit der Zentralbank auf die Kreditbereitschaft der Unternehmen. Sie kann mit niedrigen Zinsen nur einen Anreiz für Unternehmen bieten, mehr nicht.

Neben den erwähnten Faktoren kann es auch noch eine Durchkreuzung durch außenwirtschaftliche Einflüsse (oder besser: Abflüsse) geben: Wenn die Diskontsatzsenkung der Zentralbank tatsächlich auf das Zinsniveau am Geld- und Kapitalmarkt durchschlägt, dann kann es natürlich sein, daß inländische Geldanleger ihr Geld lieber ins Ausland schaffen, wenn es dort höhere Zinsen bringt. Dieser Abfluß von Geld würde der Absicht der Zentralbank zuwider laufen, über eine Erhöhung einer inländischen Geldmenge die Konjunktur anzukurbeln. Daran deutet sich schon an, daß eine nationale Zentralbank ihre Zinspolitik gar nicht ohne Rücksicht auf das Zinsniveau in anderen Ländern betreiben kann, insbesondere in solchen Ländern, zu denen ein recht ungehinderter Geld- und Kapitalverkehr möglich ist. Diese Einschränkungen gelten im übrigen nicht nur für die Diskontpolitik, sondern auch für andere Instrumente der Geldpolitik, auf die wir noch zu sprechen kommen werden.

Wie sieht es demgegenüber mit einer restriktiven Diskontpolitik aus? Schlägt sie in jedem Fall durch und erzielt sie die beabsichtigten Wirkungen, oder kann auch sie durchkreuzt werden? Daß die Geschäftsbanken eine Leitzinserhöhung weitergeben, ist aus ihrem eigenen Geschäftsinteresse heraus recht wahrscheinlich. Ob sie allerdings zu erhöhten Zinsen Wechselkredite bei der Zentralbank aufnehmen, hängt von ihrer Liquidität ab. Wenn sie noch über genügend Liquiditätsreserven verfügen oder sich leicht und billiger Geldmittel z.B. bei anderen Banken beschaffen können, werden sie auf die teuren Zentralbankkredite verzichten, und entsprechend schlägt auch der erhöhte Diskontsatz nicht gleich durch. Aber irgendwann wird die Liquidität der Geschäftsbanken erschöpft sein, und spätestens dann müssen sie sich bei der Zentralbank refinanzieren und werden die Zinserhöhung auch weitergeben. Für die Produktionsunternehmen ist es das gleiche. Sind sie selbst hinreichend liquide, dann werden sie bei Verteuerung des Wechseldiskonts den Wechsel gar nicht bei der Bank einreichen, sondern lieber bis zum Ende der Laufzeit warten und den Wechsel dann selbst einlösen. Aber auch hier gilt: Wenn ihre Liquidität erschöpft ist, werden sie sich bei den Banken refinanzieren müssen, und spätestens dann werden auch sie von der Diskonterhöhung getroffen. Irgendwann wird also die Bremse einer restriktiven Geldpolitik greifen und wirken, aber eben mit einer mehr oder weniger langen Verzögerung oder Bremsspur.

Allerdings gilt auch hier wieder die Einschränkung durch außenwirtschaftliche Einflüsse: Wenn die restriktive Diskontpolitik das Zinsniveau im Inland erhöht, können es Geldanleger aus Ländern mit niedrigerem Zinsniveau veranlaßt werden, ihr Geld im Hochzinsland anzulegen. Die Absicht der Zentralbank, die Geldmenge zu verknappen, würde auf diese Weise durch außenwirtschaftliche Einflüsse (im wahren Sinne des Wortes) unterlaufen.

Die Finanzierung über Wechsel hat übrigens heute nicht mehr die Bedeutung wie früher. Dennoch werden Veränderungen des Diskontsatzes von der Wirtschaft als deutliches Signal gewertet, daß die Zentralbank die Geldmenge und die Konjunkturen in bestimmter Richtung beeinflussen will. Allein schon dadurch entfaltet die Diskontpolitik eine gewisse Signalwirkung.

8.1.3.2 Die Offenmarktpolitik

Ein weiteres wesentliches Instrument der Geldpolitik ist die Offenmarktpolitik. Sie hat ihren Namen daher, daß die Zentralbank an den "offenen Markt" — gemeint ist der Kapitalmarkt — tritt und dort festverzinsliche Wertpapiere ankauft bzw. verkauft. Vielfach sind auch hier die Geschäftsbanken als Vermittler dazwischengeschaltet.

Festverzinsliche Wertpapiere und Rentenmarkt

Was hat nun der An- und Verkauf von Wertpapieren durch die Zentralbank mit Geldpolitik und Geldmengensteuerung zu tun? Zur Klärung dieser Frage sollten wir uns erst einmal kurz mit festverzinslichen Wertpapieren beschäftigen. Betrachten wir z.B. eine Industrieobligation oder eine Staatsanleihe: Ein Unternehmen oder der Staat beschaffen sich am Kapitalmarkt langfristige Finanzierungsmittel und geben dafür dem Geldanleger einen Schuldschein in die Hand. Darauf ist erstens die Rückzahlung der betreffenden Geldsumme nach einer bestimmten Laufzeit garantiert und zweitens ein jährlicher vorher festgelegter Zins. Da das Wertpapier für dessen Besitzer einen regelmäßigen Ertrag abwirft, spricht man auch von "Rentenpapier". Mit Altersrente hat das alles übrigens nichts zu tun. "Rente" ist einfach der Oberbegriff für regelmäßige Zahlungen, und die Altersrente ist insofern nur eine spezielle Form einer Rente. In unserem Sprachgebrauch hat es sich allerdings so eingebürgert, daß man normalerweise die Altersrente meint, wenn man von "Rente" spricht.

Nennwert, Kurs und Rendite

Nehmen wir ein Beispiel: Ein Wertpapier hat einen sogenannten "Nennwert" von 100 DM und einen darauf bezogenen Zinssatz von 10 % bei einer Laufzeit von 10 Jahren. Bei der Neuausgabe oder "Neuemission" dieses Wertpapiers — z.B. durch ein Unternehmen — fließen 100 DM vom Käufer des Wertpapiers an das Unternehmen (die Bankprovision lassen wir einmal beiseite), und vom Unternehmen fließen jährlich 10 DM Zinsen an den Wertpapierbesitzer. Dieser könnte die Papiere nun bis zum Ende der Laufzeit behalten, jährlich daraus Zinsen beziehen und am Ende der Laufzeit den Nennwert zurückgezahlt bekommen. Er könnte die Papiere aber auch schon vorher verkaufen und damit das Recht auf Zinserträge und Rückzahlung an andere abtreten. Der Markt, wo solche schon früher emittierten festverzinslichen Wertpapiere die Besitzer wechseln, also angeboten bzw. nachgefragt werden, heißt "Rentenmarkt".

Ein ganz plausibler Grund dafür, daß jemand Rentenpapiere abstößt, könnte darin liegen, daß er vor Ende der Laufzeit dringend Geld braucht, vielleicht aufgrund ganz unerwarteter Ereignisse. Ein anderer Grund könnte sein, daß der Betreffende die Zinserträge aus dem Rentenpapier vergleicht mit anderen Geldanlagemöglichkeiten und deren Renditen. Beträgt z.B. in anderen Anlageformen die Rendite nicht 10%, sondern 20%, dann besteht ein Anreiz, Wertpapiere zu verkaufen und in Geld, das heißt in Liquidität umzuwandeln, um dieses Geld in andere Geldanlagen zu stecken und damit das Vermögen umzuschichten. Durch das wachsende Angebot dieses Wertpapiers am Rentenmarkt würde aber dessen Kurs fallen, und zwar in unserem Beispiel unter den Nennwert von 100, sagen wir auf 50. Diejenigen, die dann zu einem Kurs von 50 das Papier mit 10% fester Verzinsung erwerben, bekommen von nun an jährlich 10 DM Zinsen. Denn die Zinsen beziehen sich auf den Nennwert (sog. Nominalzinsen). Bezogen auf den Kaufpreis von 50 sind es aber real 20% Zinsen! (*Abb. 78* stellt diesen Zusammenhang noch einmal grafisch dar.) Würde der Kurs auf 200 steigen, so würde entsprechend die reale Verzinsung für diejenigen, die das Papier zu diesem Kurs erwerben, auf 5% absinken. Daraus folgt: Bei festverzinslichen Wertpapieren ist eine Kurssenkung gleichbedeutend mit einer Erhöhung der Realverzinsung, und umgekehrt.

Ankauf und Verkauf von Wertpapieren durch die Zentralbank

Auf diese Weise kommt es tagtäglich durch An- bzw. Verkauf von festverzinslichen Wertpapieren zu Umschichtungen in den Vermögensbeständen von Wertpapierbesitzern Und aus dem Zusammentreffen von Angebot und Nachfrage ergeben sich die jeweils aktuellen Kurse der Rentenpapiere. In diesen offenen Markt kann sich nun auch die Zentralbank einmischen.

Wenn sie ihrerseits sog. Offenmarktpapiere kauft, trägt sie erst einmal tendenziell zu einer Kurserhöhung, und das heißt auch zu einer Realzinssenkung bei. Außerdem fließt durch den Ankauf von Papieren neues Geld in den Wirtschaftskreislauf, und zwar zunächst in die Hand der Verkäufer von Wertpapieren. Diese werden das Geld für andere Gelegenheiten verwenden, z.B. für andere Geldanlagen

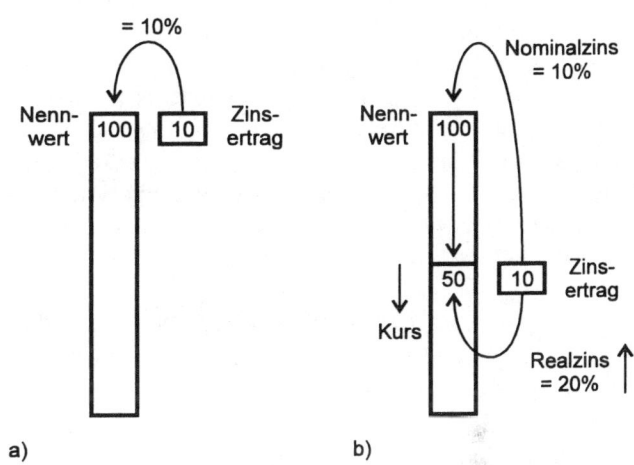

a)   b)

Abb. 78a und b: Bei festverzinslichen Wertpapieren steigt der Realzins (RZ), wenn der Kurs fällt.

oder auch für Konsum, oder sie werden es vielleicht auch einfach nur horten. Jedenfalls hat das Geld erst einmal die Schwelle zwischen Zentralbank und Wirtschaftskreislauf überschritten, und die Geldmenge hat sich auf diese Weise ausgeweitet. Ankauf von Offenmarktpapieren durch die Zentralbank ist also ein Mittel der expansiven Geldpolitik.

Im umgekehrten Fall würde die Zentralbank Offenmarktpapiere aus ihren Beständen zum Verkauf anbieten, was natürlich voraussetzt, daß das Angebot attraktiv genug sein muß, um zu wirken — also zu vergleichsweise niedrigen Kursen, und das heißt auch zu hoher Realverzinsung. Zwingen kann sie natürlich niemanden, von dem Angebot Gebrauch zu machen. Aber wenn es zu Verkäufen kommt, dann fließt auf diese Weise entsprechend Geld zur Zentralbank zurück und damit heraus aus dem Wirtschaftskreislauf. Verkauf von Offenmarktpapieren ist deshalb ein Mittel der restriktiven Geldpolitik, ein Mittel der Geldmengenreduzierung und der Konjunkturdämpfung. Diese Version von Offenmarktpolitik ist natürlich erstens dann erschöpft, wenn die Bestände der Zentralbank an Offenmarktpapieren alle sind. Im übrigen kann auch die Offenmarktpolitik in ihrer angestrebten Wirkung durchkreuzt und unterlaufen werden durch außenwirtschaftliche Einflüsse, die wir schon im Zusammenhang der Diskontpolitik diskutiert haben.

Eine besondere Form der Offenmarktpolitik sind die sog. Wertpapierpensionsgeschäfte, bei denen die Zentralbank Wertpapiere für bestimmte vorher festgelegte Fristen "in Pension" nimmt und auf diese Weise vorübergehend Geld in Umlauf bringt. Die Wertpapierpensionsgeschäfte haben in den letzten Jahren als geldpolitisches Instrument der Zentralbank an Bedeutung gewonnen.

8.1.3.3 Die Lombardpolitik

Ein weiteres Instrument der Geldpolitik ist die Lombardpolitik. Im Unterschied zur Offenmarktpolitik werden hierbei die festverzinslichen Wertpapiere von der Zentralbank nicht gekauft oder verkauft, sondern lediglich als Sicherung des Kredites verpfändet. Das bedeutet, daß die Zentralbank diese Papiere nur für den Fall verkauft und damit Geld aus dem Wirtschaftskreislauf zieht, daß der Lombardkredit nicht zurückgezahlt wird — weil der Kreditnehmer zahlungsunfähig geworden ist. Ansonsten sind die Funktionsprinzipien und Wirkungen die gleichen wie bei der Offenmarktpolitik. Der Lombardsatz, also der Zinssatz für Lombardkredite, liegt in der Regel über dem Diskontsatz und wird von der Zentralbank meist in gleicher Richtung — und oft auch gleichzeitig — verändert wie der Diskontsatz.

8.1.3.4 Die Mindestreservepolitik

Das letzte geldpolitische Instrument, mit dem wir uns hier beschäftigen wollen, ist die Mindestreservepolitik. Um sie in ihrem Ansatzpunkt und in ihrer Wirkungsweise zu verstehen, müssen wir allerdings etwas weiter ausholen. Aber dieser scheinbare Umweg wird sehr spannend werden, weil wir mit Möglichkeiten der Geldschöpfung bekannt werden, die fast an Zauberei zu grenzen scheinen. Gemeint ist die Kreditschöpfung der Geschäftsbanken.

8.1.4 Die Kreditschöpfung der Geschäftsbanken

Um es erst einmal als These vorwegzunehmen: Die Geschäftsbanken sollen in der Lage sein, über den Betrag der Spareinlagen und über das von der Zentralbank geschöpfte Geld hinaus zusätzlich Kredite zu vergeben. Man spricht deshalb von einer "autonomen Kreditschöpfung der Geschäftsbanken". Demnach wäre also nicht nur — wie bisher angenommen — die Zentralbank die Quelle der Geldschöpfung und des Einströmens von Geld in den Wirtschaftskreislauf, sondern auch noch die Geschäftsbanken. Geldschöpfung also aus dem Nichts? Das hört sich wirklich an wie Zauberei. Wir wollen uns im folgenden mit dieser These näher auseinandersetzten.

Dabei will ich nicht gleich die fertige Erklärung geben, sondern verschiedene denkbare Möglichkeiten gedanklich durchspielen und jeweils prüfen, was von ihnen bei näherer Betrachtung jeweils zu halten ist.

Manche haben vielleicht schon einmal von dem sogenannten "Kreditschöpfungs-multiplikator" gehört oder gelesen, der es den Geschäftsbanken angeblich ermöglicht, aus einer bestimmten Einlage ein Vielfaches an Krediten zu vergeben. Wie soll man sich das vorstellen? Gesparte Gelder fließen zur Bank, werden von ihr z.B. an bestimm-te Unternehmen als Kredite weitergegeben, die ihrerseits damit Nachfrage entfalten und z.B. ihre Lieferanten bezahlen. Wenn diese Unternehmen U das Geld als Sichteinlage (SE) ihrerseits wieder zur Bank bringen, hat die Bank eine Grundlage für neue Kredite usw. Aus der ersten Einlage würde also über die Zeit hinweg eine ganze Kette zusätzlicher Kredite aufgebaut, und wenn man sich diese Kette über unendlich lange Zeit vorstellt und die einzelnen Kredite aufsummiert, ergibt sich rechnerisch eine Summe von Unendlich! Das ist ja wirklich unglaublich! *Abb. 79* stellt diesen Gedanken grafisch dar.

In der Realität allerdings — so die Theorie vom Kreditschöpfungsmultiplikator — kommt es nicht zu einer unendlich großen Summe, weil zwischendurch immer wieder etwas von dem Geld versickert, daß heißt aus dem System der Geschäftsbanken abfließt bzw. nicht zu ihm zu-rückfließt: Die Firmen, die die Aufträge erhalten, würden z.B. das zu ihnen geflossene Geld nie

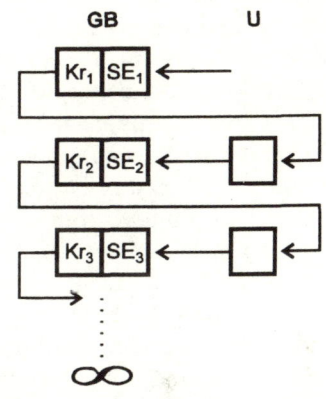

Abb. 79: Auf einer ersten Sichteinlage (SE,) scheint sich eine Kette zusätzlicher Kredite aufzubauen.

wieder vollständig zur Bank bringen, sondern einen Teil davon als Kasse halten. Da-durch würde die zweite Einlage schon um den Prozentsatz der Kassenhaltung vermin-dert, und auf dieser Grundlage ließe sich entsprechend auch nur ein geringerer neuer Kredit vergeben, von dem in der nächsten Runde wieder etwas in der Kassenhaltung der betreffenden Unternehmung versickert.

Jetzt scheint die Sache schon realitätsnäher zu werden, denn wenn man unter die-sen Bedingungen die ganze Kette zusätzlicher Kredite aufsummiert, ergibt sich eine endliche Größe. Man kann dafür die mathematische Formel für unendliche Reihen anwenden (die ich den Leser(inne)n hier ersparen möchte) und staunt über das Ender-gebnis: Je größer der Prozentsatz der Kassenhaltung, der sogenannte "Kassenhaltungskoeffizient", um so schneller verebbt die Wirkung der anfänglichen Kreditschöpfung, um so geringer ist also die Summe aller darauf aufgebauten Kredite. Aber ein Vielfaches der anfänglichen Einlage beträgt sie auf jeden Fall, und deshalb spricht man vom "Kreditschöpfungsmultiplikator". Und der ist immer genau dem ma-thematischen Kehrwert des Prozentsatzes der Kassenhaltung. Wenn also immer 20%, das heißt 1/5 in der Kassenhaltung versickert, dann ergibt sich ein Kreditschöpfungs-multiplikator von 5. Unter diesen Bedingungen würde also auf einer ursprünglichen Einlage über einen unendlich langen Zeitraum insgesamt genau das Fünffache an zu-sätzlichen Krediten aufgebaut. So jedenfalls steht es in den Lehrbüchern der Volkswirtschaftslehre, nur dort meist in mathematische Formeln gekleidet und dadurch scheinbar besonders exakt.

Kreditschöpfungsmultiplikator — eine falsche Erklärung

Auf dieser Grundlage wird dann auch die Mindestreservepolitik der Zentralbank erklärt. Denn wenn die Geschäftsbanken derart viele zusätzliche Kredite schöpfen und damit die Geldmenge ausweiten können, drohen ja für den gesamtwirtschaftlichen Kreislauf erhebliche Gefahren von Geldüberflutung und Inflation. Also müsse die Zentralbank eine Bremse einbauen, indem sie den Geschäftsbanken eine "gesetzliche Mindestreserve" auferlege. Das bedeutet, daß die Banken jeweils einen bestimmten und von der Zentralbank festgelegten Prozentsatz ihrer Einlagen an die Zentralbank abführen und dort stillegen müssen. Die Wirkung ist, daß von jeder zusätzlichen Einlage immer auch noch ein bestimmter Teil als Mindestreserve versickert — zusätzlich zur Kassenhaltung. Und daß dadurch der Effekt zusätzlicher Kreditschöpfung noch schneller abebbt, und zwar um so schneller, je höher der gesetzliche Mindestreservesatz ist.

Abb. 80 stellt diesen Gedanken noch einmal grafisch dar. Die gesetzlichen Mindestreserven würden demnach wirken wie ein Dämpfer gegenüber den autonomen Kreditschöpfungsmöglichkeiten der Geschäftsbanken — oder

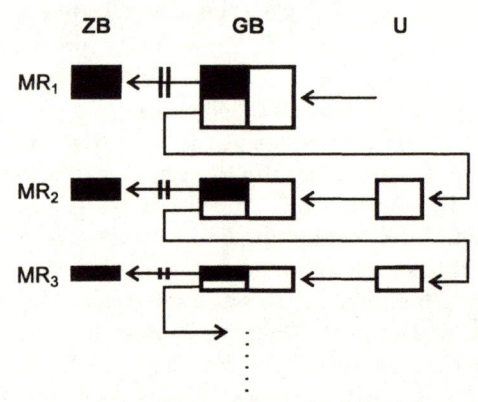

Abb. 80: Die (angebliche) Rolle der Mindestreserven bei der Kreditschöpfung der Geschäftsbanken.

anders ausgedrückt: sie nehmen die Geschäftsbanken bezüglich ihrer Kreditschöpfung an die Leine. Die Mindestreservepolitik bestände demnach darin, die Leine mal mehr und mal weniger locker zu lassen, also den Mindestreservesatz mal niedriger und mal höher anzusetzen. Auf diese Weise wären die Geschäftsbanken in ihrer Kreditschöpfung zwar autonom, aber nur innerhalb der Grenzen, die ihnen durch die Mindestreservepolitik der Zentralbank gesetzt werden. Und so, wie der Kreditschöpfungsmultiplikator zu einer Vervielfachung des anfänglichen Kredites führen würde, so würde sich auch die Wirkung des Mindestreservesatzes multiplizieren, aber eben in umgekehrter, in dämpfender Richtung. Kleine Veränderungen des Mindestreservesatzes hätten demnach vergleichsweise große Wirkungen in bezug auf Veränderungen der Kreditschöpfung und damit auch der Geldmenge. Auch dafür gibt es wieder eine mathematische Formel der unendlichen Reihe, die nur noch etwas komplizierter ist als die erste, weil sie nicht nur den Kassenhaltungskoeffizienten, sondern auch noch den Mindestreservesatz als Bestimmungsgröße enthält.

Ich weiß noch, wie ich selbst als Student der Volkswirtschaftslehre über die scheinbare Entschlüsselung der Geheimnisse der Geldschöpfung und über die Möglichkeit ihrer mathematischen Formulierung gestaunt habe. Und ich habe die "Theorie der multiplen Kreditschöpfung", wie sie auch genannt wird, jahrelang in meiner Lehrtätigkeit an meine Student(inn)en weitergegeben. Diese Theorie gehört einfach zum Standardwissen einer volkswirtschaftlichen Ausbildung. Und dennoch: Wenn man sie einmal genau unter die Lupe nimmt und kritisch überprüft, bleibt fast nichts von ihr übrig. Diese Erkenntnis ist mir selbst erst nach und nach gekommen. Mittlerweile betrachte ich diese Theorie als ein anschauliches Beispiel dafür, wie sich das Denken in einer mathematischen Scheinexaktheit verrennen kann und der Blick für die realen Zusammenhänge dabei getrübt wird. (Es gibt übrigens noch viel schlimmere Beispiele dafür, aber das ist nicht das Thema dieses Buches.)

Trotz mathematischer Exaktheit: sinnlose Fragen — sinnlose Antworten

Warum ist die Theorie des Kreditschöpfungsmultiplikators nicht haltbar? Weil sie sinnlose Fragen stellt, und auf sinnlose Fragen kann es keine sinnvollen Antworten geben. Sie fragt nämlich danach, auf welche Summe die Kette der Kredite, die sich über der ersten Einlage aufbaut, über unendlich lange Zeit anwächst. Das kann man zwar mathematisch berechnen, und man kann sich an der Eleganz der Formel erfreuen, aber es macht dennoch in einer endlichen Realität keinen Sinn. Man könnte ja auch fragen: Welche Summe von Umsätzen würde sich ergeben, wenn ein Hundertmarkschein über unendlich lange Zeit durch unendlich viele Hände ginge und dabei jedesmal etwas gekauft bzw. verkauft würde. Natürlich unendlich viele Umsätze! Aber was drückt das schon aus? Nichts!

Das war ja auch unsere erste Überlegung zum Kreditschöpfungsmultiplikator: Gäbe es keine Kassenhaltung und keine Mindestreserve, dann käme ja rein rechnerisch auch eine unendliche Summe heraus. Und an dem Unsinn der Frage ändert sich auch dadurch nichts, daß er nicht mehr auf den ersten Blick erkennbar wird (wie das bei Berücksichtigung von Kassenhaltung und Mindestreserve der Fall ist), sondern von einer mathematischen Formel verdeckt wird.[42]

Die in einer Volkswirtschaft entstandenen Einkommen werden auch nicht über unendlich lange Zeit aufsummiert, sondern auf bestimmte Zeiträume bezogen, z.B. ein Jahr. Auf dieser Grundlage beruht z.B. die Sozialproduktsberechnung. Oder man bezieht die "Strömungsgrößen" auf einen Monat oder einen Tag. Nur in der Multiplikatortheorie wird über Unendlich aufsummiert. Neben den Strömungsgrößen gibt es noch sogenannte "Bestandsgrößen", z.B. das Geldvermögen oder die Schulden, die sich über Jahre hinweg aus jährlich hinzukommenden Strömungsgrößen angehäuft haben. Aber auch da wird nicht über unendlich lange Zeit aufsummiert, sondern es wird allenfalls gefragt, auf welche Größe diese Bestände z.B. bis heute angewachsen sind, oder bis 1980, oder schätzungsweise bis zum Jahr 2000. Immer sind es begrenzte Zeiträume bzw. bestimmte Zeitpunkte, auf die sich derartige Berechnungen beziehen. Aber man

---

[42] Das ist übrigens kein Argument gegen die Mathematik, sondern gegen ihre mißbräuchliche Verwendung zum Vortäuschen einer scheinbaren Exaktheit, die in Wirklichkeit gar nicht existiert — und die dadurch das Denken in die Irre führt, anstatt zu mehr Klarheit zu verhelfen. Wieviele StudentInnen der Volkswirtschaftslehre haben sich an der Mathematik schon die Zähne ausgebissen, wo doch die wesentlichen Zusammenhänge ohne Mathematik oftmals viel klarer vermittelt werden können!

rechnet in diesen Zusammenhängen doch nicht einfach mit Unendlich, weil es offensichtlicher Unsinn wäre. Und dennoch hat einer dem anderen die Multiplikatortheorie nachgebetet, nachdem sie einmal Eingang in die Wirtschaftswissenschaften gefunden hatte (und übrigens nicht nur in die Geldtheorie, sondern auch in die mathematische Formulierung der Beschäftigungstheorie von Keynes).

Selbst wenn man in der Kreditschöpfungstheorie nur die pro Jahr anfallenden "zusätzlichen Kredite" aufsummieren würde, wäre dies keine sinnvolle Erklärung der Geldschöpfung. Denn auch ein Hundertmarkschein, der nicht bei einer Bank eingezahlt wird und im Laufe eines Jahres durch 12 Hände geht, bewirkt den 12fachen Umsatz seiner selbst. Würde man allein deswegen schon von zusätzlicher Geldschöpfung" reden? Mitnichten! Sondern von der "Umlaufgeschwindigkeit des Geldes", die eine bestimmte Geldmenge im Laufe eines Jahres um ein Vielfaches nachfragewirksam werden läßt.

Ist die Kreditschöpfung der Geschäftsbanken ein Mythos?

Heißt das nun, daß es die Kreditschöpfung der Geschäftsbanken gar nicht gibt? Helmut Creutz, dessen Arbeiten ich in vieler Hinsicht schätze und auf den ich in diesem Buch immer wieder Bezug genommen habe, kommt aus der Kritik an der Theorie der multiplen Kreditschöpfung tatsächlich zu diesem — wie ich meine — vorschnellen Schluß: Er leugnet grundsätzlich die Möglichkeit der Geschäftsbanken zur autonomen Kreditschöpfung. Und seine Ansicht hat in der freiwirtschaftlichen Bewegung einige Verbreitung gefunden (ist dort allerdings auch nicht unumstritten). Ich halte allerdings auch diese Ansicht nicht für richtig und will das im folgenden begründen.

Meine These ist die, daß es sehr wohl eine autonome Kreditschöpfungsmöglichkeit der Geschäftsbanken gibt, aber daß sie ganz anders zu begründen ist als mit der Theorie der multiplen Kreditschöpfung. Sie hängt zusammen mit dem "Giralgeld", das heißt mit dem bargeldlosen Zahlungsverkehr, mit dem wir uns bisher überhaupt noch nicht beschäftigt haben. Auf ihn wollen wir uns im folgenden konzentrieren.

Giralgeld und bargeldloser Zahlungsverkehr

Bisher sind wir immer davon ausgegangen, daß das den Geschäftsbanken zugeflossene Geld von diesen als Kredit ausgeliehen und allein dadurch nachfragewirksam wird. Im Fall einer Spareinlage trifft das auch zu. Die reine Form des Sparvertrags besteht ja darin, daß das Geld für eine gewisse Dauer festgelegt und von der Bank während dieser Dauer weiter ausgeliehen werden kann. Während der Dauer des Sparvertrages kommt man im Prinzip als Kontoinhaber nicht an das Geld heran. (Von Mischformen, wo der Sparer z.B. monatlich bis zu einer bestimmten Höhe abheben kann oder wo der Sparvertrag unter erheblichen Verlusten vorzeitig gekündigt werden kann, wollen wir hier einmal absehen.)

Unterschied zwischen Sparkonto und Girokonto

Neben den Sparkonten gibt es aber noch die "Girokonten" oder "laufenden Konten", wo das Geld zwar zur Bank gebracht, dort aber nicht festgelegt wird. Für den Inhaber des Girokontos ist das Geld jederzeit in der betreffenden Höhe verfügbar und kann z.B.

in bar abgehoben werden. Man nennt diese Art von Einlagen auch "Sichteinlagen". (Die Möglichkeit, das Konto sogar bis zu einer gewissen Höhe zu überziehen, ist ein Kredit der Bank an den Kontoinhaber, der sogenannte "Überziehungskredit" oder "Dispokredit", der im allgemeinen mit sehr hohen Zinsen belastet ist.) Wenn wir von den Besonderheiten und Mischformen einmal absehen, läßt sich zum Verhältnis von Sparkonto zu Girokonto folgendes sagen: Gelder auf Sparkonten werden vom Kontoinhaber aus betrachtet festgelegt, Gelder auf Girokonten können jederzeit in bar abgehoben werden. Genau genommen müßten die Geschäftsbanken deshalb für die Beträge auf Girokonten 100% in Bargeld-Reserven halten und dürften diese Gelder nicht weiterverleihen.

Mindestreserve und Überschußreserve

Aber die Realität ist eine andere. Denn die Banken haben über die Jahre hinweg bestimmte Erfahrungen damit gesammelt, wieviele von den Girokonteninhaber in welcher Höhe von ihrem Recht Gebrauch machen und ihr Geld in bar abheben — und zu welchen Zeiten sich die Abhebungen häufen und ihre Spitzenwerte erreichen.

Wenn — wie in *Abb. 81* angenommen — selbst in Spitzenzeiten noch nicht einmal 1/4 der auf Girokonten eingezahlten Gelder in bar abgehoben wird, würden 3/4 der Geldbestände überflüssig und ungenutzt in den Tresoren der Banken herumliegen. Als die Girokonten noch eine neue Einrichtung waren, mag das auch öfter vorgekommen sein. Aber die Banken haben erkannt, daß sie nur einen Bruchteil der eingezahlten Gelder als Barreserve halten müssen, als "banktechnische Mindestreserve" — aus eigenen Sicherheitserwägungen heraus, um im Falle von Barabhebungen hinreichend liquide zu sein. Den Überschuß darüber, die sog. "Überschußreserve", können sie getrost weiter ausleihen. In unserem (willkürlichen) Beispiel wären es z.B. 3/4 der Sichteinlagen, die weiter als Kredit vergeben werden können. Ist das die Erklärung der Kreditschöpfungsmöglichkeiten der Geschäftsbanken?

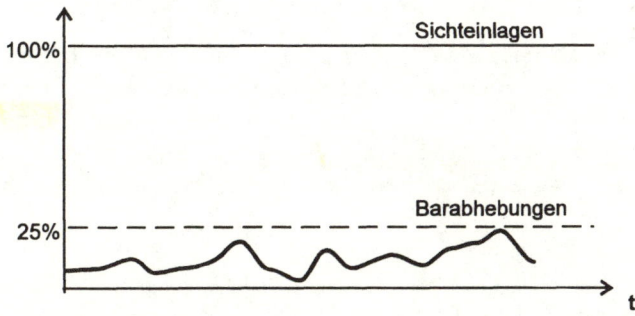

Abb. 81: Von den Sichteinlagen wird normalerweise nur ein Teil in bar abgehoben.

Zentralbank und gesetzliche Mindestreserven

Ist hier der Ansatzpunkt für die gesetzliche Mindestreserve, die den Geschäftsbanken von der Zentralbank zusätzlich zu ihren eigenen Reservehaltungen auferlegt wird, um die mögliche Aufblähung der Geldmenge durch die Geschäftsbanken unter der Kontrolle der Zentralbank zu halten? Wir sind der Erklärung schon hart auf der Spur, aber ganz haben wir sie noch nicht herausgefunden. Führt denn die Kreditschöpfung aus Überschußreserven wirklich zu einem Nachfrageüberhang, wenn wir berücksichtigen, daß die auf das Girokonto eingezahlten Gelder doch erstmal dem Kreislauf entzogen sind? Entsteht nicht dadurch in gleicher Höhe ein Nachfrageausfall, und zwar einer, der größer ist als die durch Kreditschöpfung entstandene zusätzliche Nachfrage? Würde also allein schon die banktechnische Mindestreserve eine Lücke in den Kreislauf reißen — und also die Deflationstendenzen auslösen? Sind die Girokonten deshalb vielleicht sogar mit eine Ursache von gesamtwirtschaftlichen Kreislaufstörungen? Und wenn dem so wäre, dann dürfte die Zentralbank doch diese Lücke nicht noch zusätzlich vergrößern, indem sie den Geschäftsbanken auch noch eine gesetzliche Mindestreserve auferlegt. Das wäre doch geradezu unverantwortlich.

Giralgeld und doppelte Verwendung der Sichteinlagen

Ein Denkfehler ist bisher in unseren Überlegungen noch enthalten, und wenn wir ihn finden, wird sich das Rätsel um die Hintergründe der Kreditschöpfung der Geschäftsbanken lösen: Der Denkfehler nämlich, daß Sichteinlagen auf Girokonten genauso wie Spareinlagen zu einem Nachfrageausfall führen. Dem ist nämlich nicht so! Denn zwischen Sichteinlagen und Spareinlagen gibt es in dieser Hinsicht einen wesentlichen Unterschied: Die Inhaber von Girokonten brauchen auf die Verausgabung der Sichteinlagen nicht zu verzichten, sie können— auch ohne Barabhebung — in voller Höhe über sie verfügen, nämlich bargeldlos: durch Scheck oder Überweisung oder Kreditkarte. Die Inhaber von Spareinlagen verzichten demgegenüber während der Laufzeit der Sparvertrages auf die Verwendung der entsprechenden Kaufkraft und leihen sie einem anderen — in Form eines Darlehens.[43]

Die Funktionsweise bargeldloser Zahlungen

Wie geht eine bargeldlose Zahlung im Prinzip vor sich? Nehmen wir das Beispiel zweier Bankkunden, eines Haushalts und eines Unternehmens. Beide haben ein Girokonto — im einfachsten Fall bei der gleichen Geschäftsbank. Bei bargeldloser Zahlung gibt der Haushalt der Bank einen Auftrag (eben in Form einer Überweisung, eines Schecks oder mit Hilfe einer Kreditkarte), einen bestimmten Betrag an das Unterneh-

---

[43] Thomas Estermann unterscheidet begrifflich zwischen "Darlehen" und "Kredit" (was ich für sinnvoll halte): "Als Darlehen bezeichnen wir einen Geldbetrag, der schon vorhanden ist und der von seinem Besitzer einen Dritten geliehen wird. Als Kredit bezeichnen wir einen Geldbetrag, der von einer Bank aus dem Nichts neu geschaffen und gleichzeitig einem Dritten gegen Zins und auf Zeit überlassen wird." Thomas Estermann (1994): Schuldenfreies Tauschgeld TALENT — Entwurf einer grundlegenden Geldreform, Zürich, S. 79

men zu zahlen. Die Bank erledigt diesen Auftrag durch nichts anderes als durch eine Umbuchung vom Konto des Haushalts auf das Konto des Unternehmens: Was bei dem einen abgebucht wird und den Kontostand vermindert, wird bei dem anderen zugebucht und erhöht entsprechend den Kontostand. *Abb. 82* stellt diesen Vorgang grafisch dar.

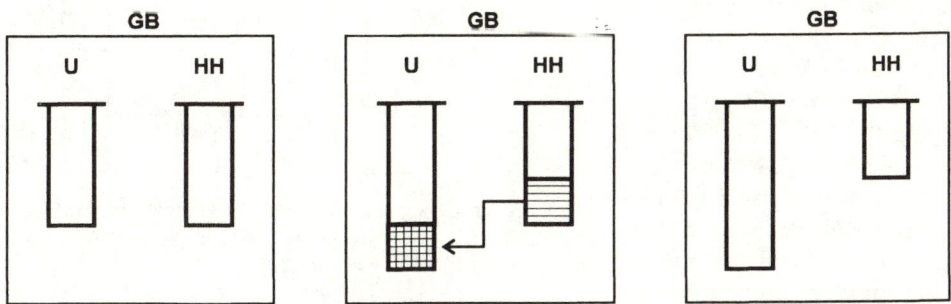

Abb. 82: Bargeldlose Überweisung durch Umbuchung innerhalb der Geschäftsbank (GB) vom Konto eines Haushalts (HH) auf das Konto eines Unternehmens (U).

Was benötigt die Bank für eine solche Überweisung? Früher einen Federhalter oder Kugelschreiber, um in ihren Büchern die "Umbuchung" (im wahren Sinne des Wortes) von einem Konto auf das andere vorzunehmen; und heutzutage einen Computer, in den die entsprechende Umbuchung eingetippt wird. Was sie jedenfalls nicht braucht, ist Bargeld, wie es von der Zentralbank im Umlauf gebracht wird, also Zentralbankgeld. Die Geschäftsbank schöpft vielmehr selbst — allein durch Umbuchung von einem Girokonto auf das andere — Kaufkraft, Geld: das sog. "Giralgeld". Mit ihm kann der Haushalt in unserem Beispiel genauso gut kaufen und bezahlen wie mit Bargeld. Durch Schöpfung von Giralgeld wird also die Geldmenge ausgeweitet — und entsprechend die gesamtwirtschaftliche Nachfrage erhöht.

Gesetzliche Mindestreserve und Begrenzung der Giralgeldschöpfung

Wenn diese Möglichkeit zur Geldmengenausweitung unter der Kontrolle der Zentralbank gehalten werden soll, macht es auch Sinn, daß die Zentralbank den Geschäftsbanken eine gesetzliche Mindestreserve auferlegt, um auf diese Weise deren Überschußreserven und deren zusätzliche Kreditschöpfungsmöglichkeiten einzudämmen.

Abb. 83 stellt die gesamtwirtschaftliche Zusammenhänge einschließlich der banktechnischen und der gesetzlichen Mindestreserven sowie der bargeldlosen Zahlungen noch einmal grafisch dar. Daran ist erkennbar, daß die Zentralbank durch Erhöhung oder Senkung der gesetzlichen Mindestreserven Einfluß auf die verbleibenden Kreditschöpfungsmöglichkeiten der Geschäftsbanken hat und damit indirekt Einfluß auf die Geldmenge insgesamt, die sich nunmehr aus der Summe von Bargeld und Giralgeld zusammensetzt.

Sinnvollerweise wären die Mindestreserven als ein bestimmter Prozentsatz der Sichteinlagen zu definieren und entsprechend den geldpolitischen Zielsetzungen der Zentralbank jeweils zu verändern. Eine Erhöhung der Mindestreservesatzes wäre Ausdruck einer restriktiven Geldpolitik, eine Senkung des Mindestreservesatzes wäre Ausdruck einer expansiven Geldpolitik. Tatsächlich beziehen sich in der Bundesrepublik die gesetz-

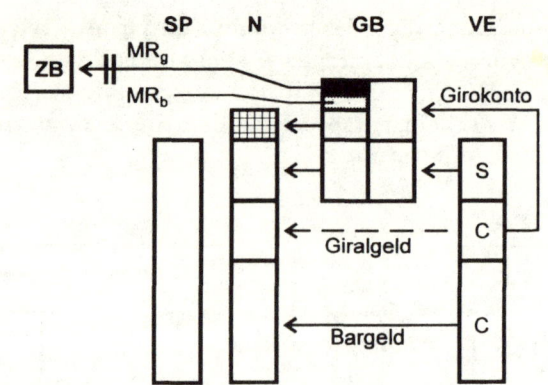

Abb. 83: Giralgeldschöpfung durch doppelte Verwendung der Sichteinlagen unter Abzug der gesetzlichen (MR$_g$) und banktechnischen Mindestreserven (MR$_b$)

lichen Mindestreserven der Bundesbank mit jeweils unterschiedlichen Prozentsätzen allerdings nicht nur auf Sichteinlagen, sondern auch auf Termineinlagen und Spareinlagen — eine Verknüpfung, die mir nicht sinnvoll erscheint.

Zur Problematik der Geldmengendefinitionen

Die Deutsche Bundesbank verwendet verschiedene Definitionen von Geldmengen:

- M_1 = Bargeld + Sichteinlagen
- M_2 = M_1 + Termineinlagen unter 4 Jahren
- M_3 = M_2 + Spareinlagen mit bis zu drei Monaten Kündigungsfrist

In den letzten Jahren ist die Bundesbank dazu übergegangen, die Geldmenge M_3 als die entscheidende Größe der Geldmengenentwicklung zugrunde zu legen, eine Praxis, die mir mehr Verwirrung als Klarheit zu beinhalten scheint. Denn was haben Spareinlagen in der Definition der Geldmenge zu suchen, wo wir doch gerade herausgearbeitet haben, daß sie für die Dauer des Sparvertrages für den Inhaber des Sparkontos kein Geld, keine Kaufkraft darstellen, sondern im Gegenteil einen Nachfrageausfall? Ganz im Unterschied zum Bargeld und zu den Sichteinlagen, über die jederzeit potentiell verfügt werden kann und die dadurch nachfragewirksam werden. Und eine Kündigungsfrist von 3 Monaten für Spareinlagen besagt doch nichts anderes, als daß die Spareinlagen in frühestens 3 Monaten zu Geld gemacht und nachfragewirksam werden können. Erst mit ihrer Auflösung können sie doch sinnvoller Weise als Teil der Geldmenge betrachtet werden, aber doch nicht vorher — und schon gar nicht im vollen Umfang aller Spareinlagen mit dieser Kündigungsfrist, unabhängig davon, ob sie überhaupt gekündigt werden oder nicht.

Mir scheint (und auf diesen Punkt hat zurecht Helmut Creutz hingewiesen), daß im Begriff der Geldmenge M_3 nachfrageschaffende und nachfragevernichtende Größen gleichermaßen aufaddiert werden, gerade so, als würde man bei einer Statistik über die Entwicklung der Temperaturen die Plus- und Minusgrade ohne Rücksicht auf ihre entgegengesetzten Vorzeichen in einen Topf werfen und aufaddieren. Die Aussagekraft einer solchen statistischen Größe wäre höchst fragwürdig. Bezüglich der Geldmenge M_3 scheint es mir im Prinzip nicht anders zu sein. Und dennoch wird seit einigen Jahren die Geldmenge M_3 als die entscheidende Orientierungsgröße der Geldpolitik der Deutschen Bundesbank zugrundegelegt. Sowohl der schon erwähnte Zielkorridor in bezug auf die Geldmengenentwicklung als auch die jeweils aktuelle Geldpolitik wurden an dieser Orientierungsgröße ausgerichtet. Ist es dann verwunderlich, wenn auf einmal merkwürdige und völlig unerwartete Schwankungen in dieser Geldmenge auftreten — oder wenn sich die so definierte "Geldmengen" nicht im Einklang mit dem Sozialprodukt entwickelt? Warum sollte sie auch, wenn sie (in dieser Definition) wenig damit zu tun hat?

Hat die Zentralbank bezüglich der Geldmengensteuerung das Steuer aus der Hand verloren, oder ist schlicht und einfach der Kompaß, an dem der Kurs ausgerichtet wird, unbrauchbar? Angesichts der angedeuteten Verwirrungen mehren sich in letzter Zeit auch die Stimmen, die auf eine andere Orientierungsgröße der Geldpolitik hindrängen, das heißt auf die Verwendung einer sinnvolleren und aussagekräftigeren Bezugsgröße, als dies die Geldmengendefinition M_3 darstellt. Im Sinne einer größeren Klarheit und einer zielgerichteten, wirkungsvollen Geldpolitik wäre eine solche Korrektur sicherlich wünschenswert und notwendig.

Bargeld und Giralgeldschöpfung

Kommen wir zurück auf die Giralgeldschöpfung der Geschäftsbanken. Wir sind ja bis jetzt davon ausgegangen, daß die verbleibenden Überschußreserven als Kredite in Bargeld ausgeliehen werden. Aber könnten die Geschäftsbanken auf der Grundlage dieser Barreserven nicht auch ein Vielfaches an Krediten in Form von Giralgeld ausleihen, indem sie die entsprechenden Kreditsummen einfach auf die Konten der Kreditnehmer buchen? Oder indem sie entsprechende Kreditrahmen einräumen, innerhalb deren die Konten überzogen werden können (wie z.B. beim Dispokredit)? Auch dafür brauchten sie doch wiederum kein Bargeld, sondern müßten nur berücksichtigen, daß ein bestimmter Prozentsatz dieser Summen auch bar abgehoben werden könnte — und daß sie für diesen Fall mit genügend Barreserven ausgestattet sind.

Ganz ähnlich war es doch seinerzeit beim Übergang von der vollständig durch Gold gedeckten Papierwährung zur Goldkernwährung. Nachdem sich die Leute daran gewöhnt hatten, daß sie auch mit Banknoten bezahlen konnten und diese Banknoten nicht jedesmal wieder in Gold einlösen mußten, war damals für das Bankensystem die Möglichkeit entstanden, ein Vielfaches der Goldreserven an Papiergeld in Umlauf zu setzen — und damit die Geldmenge auszuweiten. Mit dem Giralgeld und dem bargeldlosen Zahlungsverkehr ist es heutzutage ganz ähnlich. Je mehr sich die Leute daran gewöhnen, daß sie auch mit Schecks, mit Überweisung und Kreditkarte bargeldlos bezahlen können, und je mehr sich der bargeld-

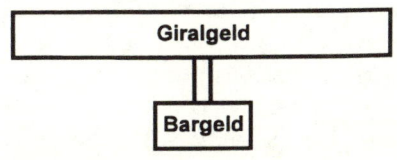

Abb. 84: Auf einem Sockel von Bargeld kann ein Mehrfaches an Giralgeld aufgebaut werden.

lose Zahlungsverkehr durchsetzt, um so weniger Anlaß besteht für Barabhebungen, um so weniger Barreserven müssen entsprechend die Geschäftsbanken halten. Oder anders herum: ein um so größeres Vielfaches der Barreserven kann in Form von Giralgeld geschöpft und — z.B. in Form von Krediten — in Umlauf gebracht werden. Wir können uns das bildlich vorstellen: Auf einem gegebenen Sockel von Bargeld kann ein größerer Überbau von Giralgeld errichtet werden.

Beträgt der Prozentsatz der Barabhebungen z.B. maximal 25%, also 1/4, so wäre auf einem bestimmten Bargeldsockel die vierfache Giralgeldschöpfung möglich (Abb. 84).

Verliert die Zentralbank die Kontrolle über die Geldmenge?

Mit Ausbreitung des bargeldlosen Zahlungsverkehrs eröffnen sich demnach für die Geschäftsbanken immer größere Möglichkeiten der Giralgeldschöpfung. Besteht deshalb die Gefahr, daß der Zentralbank die Kontrolle über die Entwicklung der Geldmenge zunehmend entgleitet? Droht angesichts zunehmender Giralgeldschöpfung eine immer stärkere Ausweitung der Geldmenge, eine entsprechende Überflutung des Wirtschaftskreislaufs und eine Inflation? Nicht zwangsläufig. Es kommt darauf an, wie die Zentralbank die Geschäftsbanken bezüglich ihrer Giralgeldschöpfung an die Zügel nimmt und ihren Spielraum mehr oder weniger einschränkt.

Das wesentliche Instrument hierzu ist bislang die Mindestreservepolitik, die am Sockel der Barreserven ansetzt und ihm durch Veränderung der gesetzlichen Mindestreserven mehr oder weniger verkleinern kann. Die Auswirkungen auf die Beschränkung der Giralgeldschöpfung betragen ein bestimmtes Vielfaches — in unserem Beispiel das Vierfache. Aber die Mindestreservepolitik ist und bleibt natürlich nur ein indirektes Mittel der Kontrolle. Es ist natürlich klar, daß die Zentralbank angesichts wachsender Giralgeldschöpfung der Geschäftsbanken das von ihr in Umlauf gesetzte Zentralbankgeld nicht einfach konstant halten oder gar in gewohnter Weise anwachsen lassen kann, sondern entsprechend vermindern muß, damit in der Summe von Bargeld und Giralgeld die angestrebte Geldmenge (M_1) zustande kommt.

Sollte die Giralgeldschöpfung unterbunden werden?

Ob die nur indirekte Beeinflussung der Giralgeldschöpfung auf Dauer ausreichen wird, um der Zentralbank eine hinreichend wirksame Kontrolle über die Geldmenge zu ermöglichen, ist eine berechtigte Frage. Mit Ausbreitung des bargeldlosen Zahlungsverkehrs und wachsender Giralgeldschöpfung der Geschäftsbanken wird auch der Einfluß der Zentralbank immer indirekter und in seinen Auswirkungen auch immer schwerer voraussehbar. Entsprechend können ganz unerwartete Schwankungen in die Entwicklung der Geldmenge kommen — mit unerwünschten Auswirkungen auf den Wirtschaftskreislauf und die Konjunktur, und die Zentralbank steht zunehmend ratlos da und muß zusehen, wie ihr die Kontrolle über die Geldmengenentwicklung entgleitet. Wäre es da nicht sinnvoller, eine gesetzliche Regelung zu finden, mit der die Geschäftsbanken zu einer 100%igen Bargelddeckung der Girokonten verpflichtet werden? Was natürlich bedeuten würde, daß sie keine zusätzliche Kreditschöpfung mehr betreiben könnten — und entsprechend wieder mehr Zentralbankgeld in Umlauf gesetzt werden müßte, aber eben unter direkter Kontrolle und Steuerung durch die Zentralbank. Am bargeldlosen Zahlungsverkehr als solchem brauchte sich dadurch nichts zu ändern.

Giralgeldschöpfung und Gefahr von Bankzusammenbrüchen

Eine solche Regelung wäre auch noch unter einem anderen Gesichtspunkt sinnvoll, den wir bisher überhaupt noch nicht diskutiert haben, nämlich unter dem Aspekt möglicher Bankzusammenbrüche und der von ihnen möglicherweise ausgehenden Kettenreaktionen. Was wäre denn eigentlich im bestehenden Geld- und Bankensystem, wenn aus irgendwelchen Gründen plötzlich ein Sturm auf die Banken einsetzen würde und die Inhaber von Girokonten ihre Beträge vollständig in bar abheben wollten? Oder jedenfalls zu einem viel höheren Prozentsatz, als das über Jahre hinweg gewohnheitsmäßig der Fall war. Natürlich haben die Geschäftsbanken noch eine Sicherheitsmarge in ihre Barreservehaltung eingeplant, von der wir bisher nicht geredet haben. Aber wer garantiert schon, daß nicht in Zeiten politischer oder währungspolitischer Erschütterungen eine Art Panik um sich greift und die normalen Erfahrungswerte auf einmal nicht mehr gelten, daß sozusagen mit einem Mal alle Stricke reißen?

Weltwirtschaftskrise 1929 und Sturm auf die Banken

Einen solchen Sturm auf die Banken hat es in diesem Jahrhundert schon öfter gegeben, und die Auswirkungen davon waren verheerend. So z.B. in den USA im Gefolge des "Schwarzen Freitags", des berühmten Börsenkrachs an der New Yorker Börse 1929. In diesem Fall war eine Welle von Überspekulationen mit Aktien und anderen Wertpapieren an der Börse vorausgegangen, das heißt die Kurse waren aufgrund von wachsender spekulativer Nachfrage in schwindelnde Höhe geklettert. Es schien keine besseren Möglichkeiten zu geben, in kurzer Zeit reich zu werden oder mindestens sein Geld anwachsen zu lassen, als in die Börsenspekulation einzusteigen. Große Teile der Bevölkerung waren von einem regelrechten Spekulationsfieber ergriffen worden, und ihre Erwartungen in bezug auf Spekulationsgewinne schienen sich immer wieder zu bestätigen, weil aufgrund der wachsenden Nachfrage die Kurse tatsächlich immer weiter in die Höhe stiegen. Hier war das "Prinzip der sich selbst realisierenden Erwartungen" wirksam geworden: Viele Menschen erwarteten Kurssteigerungen, deswegen kauften sie Wertpapiere, und deswegen stiegen die Kurse in die Höhe und bestätigten ihre Erwartungen. Auf diese Weise konnten sich die Kurse immer weiter von dem sogenannten "inneren Wert" der Aktien (in dem sich die reale Ertragskraft der Unternehmen widerspiegelt) entfernen. Deshalb der Ausdruck "Überspekulation".

Das Spekulationsfieber in den USA ging soweit, daß sich wachsende Teile der Bevölkerung bei den Banken verschuldeten, nur um mit diesen Krediten an der Börse zu spekulieren. Solange die Spekulationsgewinne über den Kreditzinsen lagen, schien das eine lohnende Einnahmequelle zu sein. In dem Moment aber, wo aus irgendwelchen Gründen die Kurse nicht mehr so anstiegen wie erwartet, geriet das ganze Kreditgebäude ins Wanken und brach schließlich in sich zusammen wie ein Kartenhaus: Denn als die Spekulationsgewinne nicht mehr ausreichten, um die Kredite zurückzuzahlen, mußten weitere Wertpapiere abgestoßen werden, und es kam zu Kurssenkungen. Dadurch wurden wieder andere Wertpapierbesitzer alarmiert und stießen ihre Papiere ab — wodurch es sehr schnell zu dramatischen Kursstürzen kam. Diejenigen, die genügend langen Atem und vor allem genügend Geldkapital im Hintergrund hatten, um am Tiefpunkt der Kursentwicklung die Wertpapiere zu Spottpreisen aufzukaufen, waren die großen Gewinner, die anderen die Verlierer.

Viele der Haushalte und Unternehmen, die sich bei den Banken verschuldet hatten, konnten ihre Kredite nicht mehr zurückzahlen und wurden gepfändet bzw. gingen in Konkurs, und für die Banken entstanden dadurch riesige Kreditausfälle, und etliche von ihnen wurden illiquide und brachen zusammen. Die Einlagen der Bankkunden waren auf diese Weise mit einem Schlag entwertet. Dies wiederum löste einen Sturm auf andere Banken aus, weil die Leute aus Angst vor weiteren Bankzusammenbrüchen ihr Geld vom Konto abheben wollten. Unter diesem Ansturm setzte eine Kettenreaktion von Bankzusammenbrüchen ein, die bis nach Europa übergriff und Auslöser der verheerenden Wirtschaftskrise Ende der 20er und Anfang der 30er Jahre wurde, von der weiter oben schon die Rede war. Denn die von Illiquidität und Zusammenbruch bedrohten amerikanischen Banken versuchten nun ihrerseits, so schnell wie möglich an die Gelder heranzukommen, und kündigten deswegen kurzerhand die nach Europa — insbesondere nach Deutschland — vergebenen kurzfristigen (und bis dahin immer wieder routinemäßig verlängerten) Kredite.

Wir hatten weiter früher darüber diskutiert, daß dies zu einem massiven Goldabfluß aus Deutschland und — im Rahmen der Goldwährung — zu einer entsprechend vielfachen Verringerung der Geldmenge führte, was die deutsche Wirtschaft automatisch in die Deflation stürzte. Eine verheerende Kettenreaktion also, deren Auslöser der Börsenkrach von New York und der folgende Zusammenbruch amerikanischer Banken war.

Bestehen heute ähnliche Gefahren?

Könnte nicht auch heutzutage eine ähnliche dramatische Entwicklung eintreten, wenn aus irgendwelchen Gründen das Vertrauen in die Banken schlagartig erschüttert würde? Nun, zum Teil haben die Geschäftsbanken aus solchen historischen Ereignissen gelernt, und falls eine einzelne Geschäftsbank vom Zusammenbruch bedroht ist, wird einiges getan, um die Bankkunden vor drohenden Verlusten ihrer Einlagen zu schützen. Die Geschäftsbanken der Bundesrepublik haben sich nämlich zu einer Art Risikoversicherung, zu einem "Feuerwehrfond" zusammengeschlossen, der im Ernstfall einer bedrohten Geschäftsbank Liquiditätshilfen gewährt und im Falle eines Bankenzusammenbruchs eine gewisse Haftung für die Einlagen der Bankkunden übernimmt.

Davon versprechen sich die Geschäftsbanken, daß eine sonst drohende Panik und eine entsprechend Kettenreaktion schon im Ansatz abgewehrt werden. Aber wie es mit einer Feuerwehr so ist: Wenn nur ein Haus brennt und sie früh genug alarmiert wird, besteht Hoffnung, den Brand zu löschen oder mindestens seine Ausbreitung zu unterbinden. Wenn es aber gleichzeitig an mehreren Stellen brennt oder wenn gar ein Waldbrand ausgebrochen ist, dann reicht die Feuerwehr zuweilen nicht mehr aus und muß zusehen, wie es zum Flächenbrand kommt.[44]

---

[44] Daß es auch heutzutage — trotz eingebauter vermeintlicher Sicherungen — zu Bankzusammenbrüchen kommen kann, zeigte vor etlichen Jahren in der Bundesrepublik der Zusammenbruch der renommierten

Ganz ähnlich scheint mir die Gefahr im bestehenden Geldsystem mit Giralgeldschöpfung zu sein, in dem die Sichteinlagen nur zu einem kleinen Teil durch Barreserven gedeckt sind. Für den Normalbetrieb reicht diese Deckung erfahrungsgemäß völlig aus. Aber wer will ausschließen, daß es nicht eines Tages zu dramatischen Zuspitzungen politischer oder währungspolitischer Ereignisse[45] mit einem entsprechenden Sturm auf die Banken kommt — und trotz Feuerwehrfond eine Kette von Bankzusammenbrüchen ausgelöst wird? Das Risiko hierfür wäre wesentlich geringer, wenn die Sichteinlagen zu 100% durch Barreserven gedeckt wären. Oder ganz allgemein: Wenn die Fristen in der Ausleihung von Geldern mit den Fristen der Geldanlage zur Deckung gebracht würden: Täglich fällig Einlagen dürften gar nicht ausgeliehen werden, Termingelder mit z.B. einmonatiger Kündigungsfrist dürften nur für einen Monat ausgeliehen werden; aus drei Jahre festgelegten Spargeldern könnten Kredite mit einer dreijährigen Laufzeit vergeben werden. Dann wären die Verhältnisse klar, einfach und durchschaubar — und vor allen Dingen wäre das Risiko plötzlicher Bankzusammenbrüche und entsprechender Kettenreaktionen deutlich geringer. Bei entsprechendem politischem Willen sollte es auch wirksame Mittel geben, die Einhaltung solcher Regeln bei den Geschäftsbanken durchzusetzen.

8.2 Internationale Währungssysteme nach dem Zweiten Weltkrieg

Nachdem wir nun wesentliche Grundlagen zum Verständnis nationaler Währungssysteme ohne Goldbindung entwickelt haben, wollen wir uns der Funktionsweise internationaler Währungssysteme zuwenden, wie sie für die westliche Welt nach dem Zweiten Weltkrieg geschaffen wurden.

8.2.1 Devisenmarkt im System flexibler Wechselkurse

Beginnen wir wieder modellhaft mit der Darstellung außenwirtschaftlicher Beziehungen zwischen zwei Ländern (z.B. USA und Deutschland — *Abb. 85*) und ihren Auswirkungen auf den Devisenmarkt, auf dem die jeweiligen Landeswährungen ausge-

---

Herstatt-Bank — und in jüngster Zeit (1995) in Großbritannien der Zusammenbruch der traditionsreichen Barings-Bank.

[45] Der Absturz des amerikanischen Dollars sowie mehrerer europäischer Währungen (Lira, Peseta, Escudo, Französischer Franc, britisches Pfund) Anfang März 1995 brachte bereits erhebliche Panik an den internationalen Devisenbörsen und im Bankensystem mit sich, wie sich u.a. auch in den Schlagzeilen der Zeitungen zeigte. Im Tagesspiegel z.B. standen innerhalb weniger Tage folgende Überschriften: "Devisenmärkte in heller Aufregung" (7.3.95), "Europas Währungen und Dollar auf Talfahrt" (7.3.95), "Der Greenback sorgt für Panik" (9.3.95), "Dollartief weitet sich zur Währungskrise aus" — Panik an dem internationalen Devisenmärkten" (9.3.95).

tauscht werden. (Die Warenströme sind jeweils durch gerade Pfeile dargestellt, die entsprechenden Devisenströme durch geschlängelte Pfeile).

Um aus den USA Waren nach Deutschland zu importieren, benötigen die Importeure erst einmal Dollar. Im internationalen Goldwährungssystem wurde dazu eine Landeswährung (damals war es die Reichsmark) in Gold eingelöst, und das Gold wurde in den USA in Dollar umgetauscht. Wenn aber

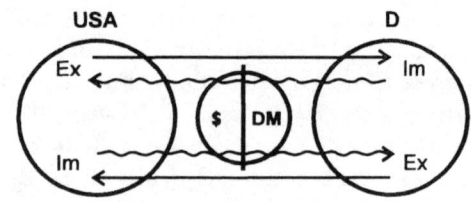

Abb. 85: *Warenströme und Devisenströme am Beispiel der Handelsbeziehung zwischen USA und Deutschland.*

— wie nach dem Zweiten Weltkrieg — die einzelnen nationalen Währungen nicht mehr direkt an Gold gebunden sind, kann ihr Austausch auch nicht mehr über diesen ursprünglich gemeinsamen Nenner erfolgen. Aber wie geschieht es dann? Dadurch, daß sich am Devisenmarkt — vermittelt über die Geschäftsbanken — tagtäglich jeweils Angebot und Nachfrage nach einer bestimmten Währung treffen. Deutsche Importeure, die in den USA kaufen wollen, würden z.B. Dollar nachfragen — und dafür entsprechend DM anbieten. Importe (aus deutscher Sicht) gehen also in unserem Zwei-Länder-Beispiel einher mit einer Nachfrage nach Dollar.

Die Nachfrage nach Dollar wird natürlich von allen möglichen Faktoren abhängen, z.B. von den Preisen und der Qualität der amerikanischen Produkte im Vergleich zu den deutschen, aber natürlich auch vom Wechselkurs, also davon, wieviel DM für einen Dollar am Devisenmarkt bezahlt werden müssen. Wenn wir einmal die Preise und die Qualität der Produkte und die vielen anderen Einflußfaktoren als gegeben annehmen und uns nur fragen, wie sich Veränderungen des Wechselkurses auf die Importe und auf die Nachfrage nach Dollar auswirken, dann ergäbe sich in der Regel ungefähr ein Bild wie bei der N-Kurve in *Abb. 86*: Je teurer ein Dollar, das heißt je höher der Wechselkurs des Dollar, um so mehr werden die Importe und die dafür nachgefragte Dollarmenge zurückgehen — und umgekehrt.[46]

Woraus entsteht nun das Angebot an Dollar am Devisenmarkt? Zum Beispiel daraus, daß Amerikaner in Deutschland kaufen wollen und dazu DM benötigen, an die sie nur herankommen, wenn sie am Devisenmarkt Dollars anbieten. Das also, was aus deutscher Sicht Exporte sind, geht einher mit einem Dollarangebot. Wenn wir auch hier nur einmal die Auswirkungen unterschiedlicher Wechselkurse betrachten, werden die Amerikaner in Deutschland in der Regel um so mehr kaufen, je höher ihr Dollar

---

[46] Es kann natürlich Ausnahmen zu dieser Regel geben, z.B. wenn es sich bei den importierten Waren um solche handelt, auf die das importierende Land dringend angewiesen ist, auf die es nicht verzichten und die es aber auch nicht von anderswoher beziehen kann. Ein klassisches Beispiel dafür war das Rohöl zur Zeit der Ölkrise in den 70er Jahren. Wenn unter solchen Bedingungen der Wechselkurs der Fremdwährung steigt und die importierte Menge kurzfristig gar nicht reduziert werden kann, wird die Nachfrage nach dieser Währung sogar noch steigen.

international bewertet wird, und um so weniger, je niedriger der Wechselkurs des Dollar ist — ein Zusammenhang, der durch die A-Kurve in *Abb. 86* dargestellt ist.

Ein Dollarangebot kann auch entstehen durch Kapitalimporte (aus deutscher Sicht). Denn die Amerikaner, die in Deutschland Geld anlegen wollen, müssen es vorher in der Regel erst einmal in DM umtauschen und bieten deshalb ihre Dollar an. Umgekehrt entsteht durch einen Kapitalexport

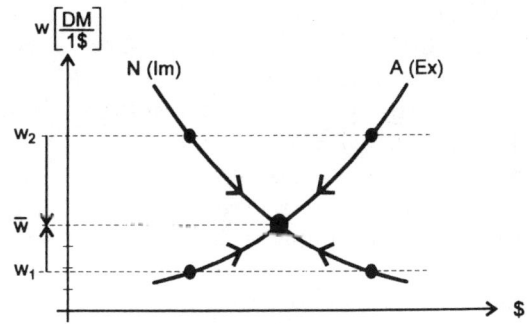

Abb. 86: Devisenmarkt: Nachfrage (N) und Angebot (A) an $ in Abhängigkeit vom Wechselkurs ($\overline{w}$).

in die USA eine Dollarnachfrage, denn die deutschen Geldanleger müssen vorher die DM in Dollar umtauschen, bevor sie sie am amerikanischen Kapitalmarkt anlegen.

Flexible Wechselkurse und Gleichgewicht am Devisenmarkt

Würde sich der Wechselkurs frei einspielen können (wie das in einem System flexibler Wechselkurse der Fall ist), so würde sich in unserem Beispiel ein Gleichgewichtskurs ($\overline{w}$) von 4 DM pro 1 Dollar ergeben. Jeder andere Kurs, der über dem Gleichgewichtskurs liegt (w_2), wäre mit einem Angebotsüberhang an Dollar verbunden, und aufgrund der geringen Dollarnachfrage käme es zu geringeren Umsätzen als beim Gleichgewichtskurs. Also würde an der Devisenbörse der Kurs nach und nach heruntergesetzt, bis sich Angebot und Nachfrage ausgleichen. Das entsprechend Umgekehrte wäre der Fall, wenn der Kurs unter dem Gleichgewichtskurs läge (w_1). In diesem Fall käme es zu einem Nachfrageüberhang nach Dollar, der nach und nach den Dollarkurs in die Höhe treibt, weil sich die Nachfrager gegenseitig überbieten — bis wiederum der Gleichgewichtskurs erreicht ist.

Der Devisenmarkt ist ein geradezu idealtypischer Markt, wo — wie auf kaum einem anderen Markt — die Gesetzmäßigkeiten von Angebot und Nachfrage zur Geltung kommen. Denn hier laufen alle Aufträge zusammen, die die Geschäftsbanken von ihren Kunden bezüglich des Kaufs oder Verkaufs von Devisen bekommen haben. Und mittlerweile sind alle Devisenbörsen an den Hauptbankplätzen der Welt per Computer miteinander zu einem zusammenhängenden Devisenmarkt verbunden.

Auswirkungen einer Inflation auf den flexiblen Wechselkurs

Was würde nun in einem internationalen Währungssystem mit einem flexiblen Wechselkurs geschehen, wenn sich die Ausgangsbedingungen in den daran beteiligten Ländern — und damit auch zwischen ihnen — ändern würden, z.B. in bezug auf die Produktivitätsentwicklung oder die Preisniveauentwicklung? Wir wollen ein Beispiel herausgreifen und es anhand unseres Zweiländer-Modells zwischen USA und Deutschland durchspielen.

Nehmen wir an, in den USA würde eine inflationäre Geldpolitik betrieben, während in Deutschland Preisstabilität gegeben ist. Wie wird sich das auf die deutschen Importe und Exporte und damit auf die Dollarnachfrage bzw. das Dollarangebot am Devisenmarkt auswirken? Die Importe werden vermutlich zurückgehen, weil es angesichts der Inflation in den USA immer teurer wird, dort zu kaufen. Bei jedem angenommenen Wechselkurs wären die Importe deswegen geringer, als sie in der Ausgangssituation waren. Also ergibt sich grafisch eine Linksverschiebung der Dollar-Nachfragekurve in den Bereich jeweils kleinerer nachgefragter Dollarmengen *(Abb. 87)*.

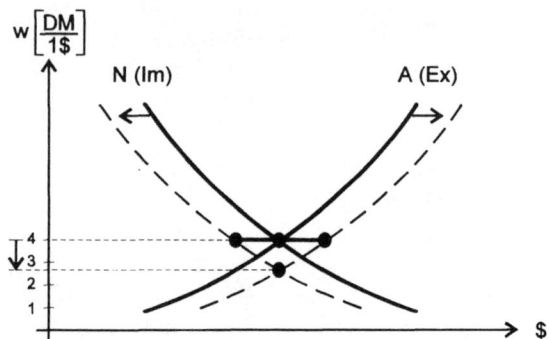

Abb. 87: Auswirkungen einer Inflation in den USA auf den Devisenmarkt.

Bei den Exporten ist es gerade umgekehrt: Wenn die Preise in den USA steigen und in Deutschland stabil bleiben, dann wächst das Interesse der Amerikaner, in Deutschland anstatt in den USA zu kaufen, was sich in einer Steigerung der deutschen Exporte niederschlägt. Also ergibt sich eine Rechtsverschiebung der Dollar-Angebotskurve in den Bereich größerer angebotener Dollarmengen. Bei dem ursprünglichen Wechselkurs von 4:1 würde sich unter den veränderten Bedingungen ein Überhang des Dollarangebots gegenüber der Dollarnachfrage ergeben (hervorgehoben durch die dicke waagerechte Strecke in *Abb. 87*). Bei flexiblem Wechselkurs käme es daraufhin zu einem Absinken des Dollarkurses, bis sich ein neuer Gleichgewichtskurs gebildet hat (dort, wo sich die neue, gestrichelte Dollar-Angebotskurve und die Dollar-Nachfragekurve schneiden).

Daraus wird erkennbar, was wir schon früher in anderem Zusammenhang herausgearbeitet haben: Inflationäre Entwicklung in einem Land (wenn sie stärker ist als im anderen Land) führt bei flexiblen Wechselkursen zu einem Absinken des Wechselkurses oder zu einem "Kursverfall" der betreffenden Währung am internationalen Devisenmarkt. Natürlich kann es andere Tendenzen geben, die dem entgegenwirken (z.B. stärkere Qualitätsverbesserung der Produkte), und deswegen können wir hier immer nur Entwicklungstendenzen ableiten. Das Gesamtergebnis ergibt sich jeweils aus der Überlagerung mehrerer Tendenzen. Also müßten wir einschränkend sagen: Inflation in einem Land führt "tendenziell" zu einem Kursverfall seiner Währung.

Da es ganz unwahrscheinlich wäre, daß sich in verschiedenen Ländern die Bedingungen, die wesentlichen Einfluß auf den Wechselkurs haben, immer gleich bzw. parallel entwickeln, wird es bei flexiblen Wechselkursen immer wieder zu Kursveränderungen kommen. Der Gleichgewichtskurs würde sich immer wieder von neuem einstellen und seine Höhe verändern.

Nun sind ja die Wechselkurse für die Unternehmen, die mit Außenhandelsgeschäften zu tun haben, oder auch für die Banken und Geldanleger, die die Zinserträge und

Renditen international vergleichen und nach der jeweils günstigsten Geldanlage suchen, von erheblicher Bedeutung. Denn sowohl die Preise ausländischer Waren als auch die Zinserträge und andere Renditen, die bei Kapitalanlagen im Ausland erzielt werden können, müssen ja immer erst mit dem Wechselkurs der ausländischen Währung gewichtet werden. Dauernd schwankende Wechselkurse bedeuten insofern auch schwankende Kalkulationsgrundlagen im internationalen Waren- und Kapitalverkehr, und die meisten der daran Beteiligten haben insofern ein berechtigtes Interesse an möglichst geringen Wechselkursschwankungen oder an einer möglichst großen Stabilität der Wechselkurse.

8.2.2 Funktionsweise und Problematik des Bretton-Woods-Systems

Es erscheint auf den ersten Blick einleuchtend, daß stabile Wechselkurse eine sicherere Grundlage für außenwirtschaftliche Beziehungen darstellen als flexible Wechselkurse — und daß sie damit zu einer stärkeren Ausweitung des Welthandels und der internationalen Kapitalströme beitragen können. Dies waren auch wesentliche Argumente auf der internationalen Währungskonferenz von Bretton Woods, auf der 1944 — also noch vor Ende des Zweiten Weltkriegs — die Weichen gestellt werden sollten für eine neue Weltwährungsordnung. Das Goldwährungssystem in der ursprünglichen Form hatte sich überlebt, und es wurde in Bretton Woods nicht ernsthaft erwogen, dieses System wieder einzuführen. In einer Situation, wo der internationale Handels- und Kapitalverkehr im Zuge des Zweiten Weltkriegs in weiten Bereichen zusammengebrochen war, ging es vor allem darum, währungspolitische Grundlagen für eine Wiederbelebung und möglichst störungsfreie Entfaltung des internationalen Handels- und Kapitalverkehrs zu schaffen, in der man eine wesentliche Voraussetzung für wachsenden Wohlstand der daran beteiligten Länder sah. Wachsender materieller Wohlstand sollte mit dazu beitragen, die Grundlagen für eine stabile politische Entwicklung und Demokratisierung zu schaffen, die nicht wieder solch entsetzliche Katastrophen wie den Faschismus hervortreibt. Darüber hinaus sollte der drohenden Gefahr kommunistischer Umstürze vorgebeugt werden.

Diese Ziele erschienen aus westlicher Sicht überzeugend, und es ging auf der Konferenz von Bretton Woods darum, ein dafür geeignetes westliches Weltwährungssystem zu schaffen. Ein System flexibler Wechselkurse wurde deswegen abgelehnt, weil man in den damit verbundenen Schwankungen der Wechselkurse keine hinreichend stabile Grundlage für eine Wiederbelebung und Ausweitung des internationalen Handels- und Kapitalverkehrs sah. Also sollte ein internationales Währungssystem mit möglichst festen Wechselkursen geschaffen werden, die weitgehend frei von Schwankungen sind und dadurch eine sichere Kalkulationsgrundlage in den außenwirtschaftlichen Beziehungen bilden sollten. Dazu lagen zwei Pläne auf dem Konferenztisch: ein Plan des Engländers Keynes und ein anderer Plan des Amerikaners White. Beschlossen wurde schließlich der White-Plan — und damit wurden die entscheidenden Weichen gestellt für die währungspolitischen Entwicklungen der nächsten Jahrzehnte, bis dieses System — durch immer heftigere Währungskrisen erschüttert — 1973 zusammenbrach.

Wir wollen uns zunächst mit der Grundstruktur und den Funktionsprinzipien sowie der Dynamik des Bretton-Woods-Systems entsprechend dem White-Plan beschäftigen, bevor wir einen kurzen Blick auf die damals zur Diskussion stehende Alternative des Keynes-Plans werfen. Wesentlicher Bestandteil des White-Plans war die Schaffung eines Systems fester Wechselkurse mit sogenannten "Interventionspflichten der Zentralbanken" und einer Sonderrolle des amerikanischen Dollar als "internationale Leit- und Reservewährung". Beides sagt erst einmal nicht viel; und die Begriffe lassen eher eine recht trockene Materie vermuten. Aber wir werden bald sehen, daß sich dahinter eine Problematik verbirgt, deren Brisanz jahrzehntelang der breiten Öffentlichkeit verborgen blieb — und die nicht einmal aus Anlaß des 50. Jahrestages des Bretton-Woods-Abkommens 1994 öffentlichkeitswirksam aufgearbeitet wurde. Wir wollen die Funktionsweise des Bretton-Woods-Systems und auch dessen Problematik schrittweise anhand unserer Modelle entwickeln, damit jede(r) Leser(in) die Zusammenhänge und Schlußfolgerungen mitvollziehen kann — und nicht einfach nur dieser.

Feste Wechselkurse und Ungleichgewicht am Devisenmarkt

Kommen wir also zurück auf das Modell des Devisenmarkts in *Abb. 87* und führen hier die zusätzliche Bedingung ein, daß der ursprüngliche Wechselkurs zwischen D-Mark und Dollar von 4:1 festgelegt wird *(Abb. 88)*. Dieser Kurs entspricht übrigens auch ungefähr dem tatsächlichen Wechselkurs, der mit Beitritt der Bundesrepublik zum Bretton-Woods-Abkommen fixiert wurde.

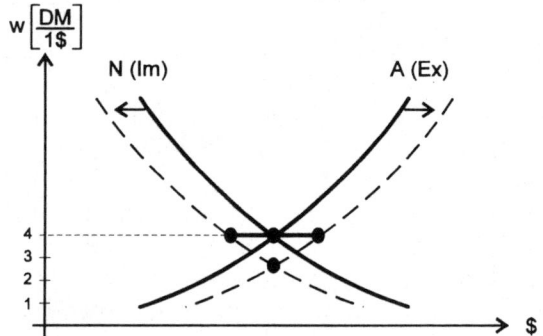

Abb. 88: Festgesetzter Wechselkurs und Angebotsüberhang an Dollar am Devisenmarkt.

Kursfestsetzung und Gefahr eines Schwarzmarktes

Wenn sich nun die Ausgangsbedingungen in der Weise verändern, wie wir das vorhin durchgespielt haben, wenn aber gleichzeitig der Wechselkurs festgelegt ist und nicht absinken darf (wie er das bei flexiblen Wechselkursen tun würde), dann käme es vermutlich zu einem Schwarzmarkt. Denn die Dollaranbieter, die auf keine entsprechende Nachfrage treffen, würden Wege suchen, um zu einem niedrigeren Kurs ihre Dollar doch noch umzutauschen, und entsprechend würden sich vermutlich auch Nachfrager finden, die bereit wären, den Dollar auf dem Schwarzmarkt zu einem niedrigeren Kurs zu kaufen. Auf diese Weise würden sich schließlich am Schwarzmarkt inoffiziell diejenigen Tendenzen durchsetzen, die sich auch bei flexiblen Wechselkursen ergeben würden, nur eben abgedrängt in den Bereich der Illegalität. Dadurch käme es zu einem gespaltenen Devisenmarkt: einen offiziellen mit stabilen Wechselkursen, und einen inoffiziellen Schwarzmarkt mit schwankenden Kursen, die mehr oder weniger die jeweils veränderten realen Bedingungen widerspiegeln. Die offizielle Fassade würde dadurch den falschen Schein von Wechselkursstabilität erzeugen, während sich hinter den Kulissen oder unter der Oberfläche die realen Tendenzen mit veränderlichen Wechselkursen immer wieder ihren Weg bahnen würden.

Sogar die strengsten Gesetze und die härtesten Strafen wegen "Devisenvergehen" haben dort, wo sie eingeführt wurden (z.B. in den Ländern des ehemaligen Ostblocks), nie vermocht, den Schwarzmarkt wirklich zu unterbinden. Es ist ja schon schwer, den illegalen Drogenhandel zu verhindern, aber wieviel schwerer ist es noch, die auf den unmöglichsten Wegen geschmuggelten und an den unmöglichsten Stellen versteckten Geldscheine aufzuspüren. Der Devisenschwarzhandel wird auch bei strengster Kontrolle immer wieder Wege finden, die Kontrollen zu unterlaufen. Die entsprechenden Erfahrungen in den Ländern des ehemaligen Ostblocks, aber auch anderswo bestätigen das zur Genüge.

Interventionspflicht der Zentralbanken zur Stützung der Wechselkurse

Diese Probleme haben die Schöpfer des Bretton-Woods-Systems durchaus gesehen, und deswegen haben sie es auch nicht einfach dabei belassen, die Wechselkurse festzusetzen, sondern sie haben eine begleitende Maßnahme in das System installiert, die das Entstehen eines Schwarzmarktes schon im Ansatz überflüssig machen soll. Diese Funktion sollte die "Interventionspflicht der Zentralbanken in den Devisenmarkt" erfüllen. Für unser Beispiel bedeutet das: Das Überangebot an Dollar, was zu diesem Kurs freiwillig am Devisenmarkt nicht aufgekauft wurde, mußte von der Deutschen Bundesbank aufgekauft werden, und zwar zum festgelegten Wechselkurs von 4:1. Dadurch wurde die jeweilige Nachfrage aufgestockt um die Nachfrage der Bundesbank, und die künstlich erhöhte $-Nachfrage ermöglichte, daß der Kurs auf der ursprünglichen Höhe von 4:1 gehalten wurde. Da nun alle zu diesem Kurs angebotenen Dollar nachgefragt wurden, bestand kein Anlaß mehr für Schwarzmarktgeschäfte. (In *Abb. 88* ist die Menge an Dollar, die die Deutsche Bundesbank zum Zweck der Kursstützung des amerikanischen Dollar aus dem Devisenmarkt herausnimmt, besonders hervorgehoben.) Mit derartigen Interventionen in den Devisenmarkt schien es also möglich zu sein auf elegante Weise, trotz veränderter Ausgangsbedingungen den Wechselkurs zu stabilisieren.

Zwangsumtausch des Dollar und DM-Geldschöpfung

Aber woher nahm denn die Deutsche Bundesbank die zusätzlichen D-Mark, die für die Stützungskäufe erforderlich waren? Wir wissen ja schon, daß die Zentralbank die Quelle der Geldschöpfung ist, und also kann sie zur Finanzierung der Stützungskäufe einfach neues Geld drucken lassen und damit die am Devisenmarkt überschwappenden Dollar aufkaufen. Hierbei handelte es sich allerdings um eine Form der Geldschöpfung, die von der Bundesbank nicht autonom und nicht orientiert an bestimmten geldpolitischen Zielen erfolgte, sondern zu der sie sich verpflichtet hatte und zu der sie im Rahmen des Bretton-Woods-Systems verpflichtet war. Wenn man es genau nimmt, handelte es sich bei dieser Interventionspflicht der Bundesbank um einen Zwangsumtausch des amerikanischen Dollar zu einem unrealistischen und überhöhten Kurs! Die Bundesbank war tatsächlich verpflichtet, daß jeweilige Überangebot an Dollar in unbegrenzter Höhe aufzukaufen — und im Gegenzug dafür D-Mark in die Hände der Amerikaner zu geben. Ist das nicht ungeheuerlich?

Was hat sich (und nicht zu Unrecht) alle Welt empört, als es zu DDR-Zeiten für westliche DDR-Besucher jahrelang einen Zwangsumtausch von 25 DM pro Tag in Ost-Mark gab. Aber wer hat sich jemals empört über den Zwangsumtausch des amerikanischen Dollar in D-Mark (und übrigens auch in die Währungen anderer Mitgliedsländer dieses Währungssystems), der sich über Jahrzehnte vollzog und ganz andere Größenordnungen angenommen hat? Dieser Umtausch wurde auch gar nicht "Zwangsumtausch" genannt, sondern er hieß "Stützungskäufe" oder "Intervention der Zentralbank am Devisenmarkt". Das hörte sich natürlich viel unverfänglicher an und vernebelte schon von der Sprache her den wahren Sachverhalt.

Erzwungene Geldschöpfung und importierte Inflation

Nun könnte man einwenden, das sei ja alles gar nicht so problematisch, weil die Bundesbank die DM-Scheine doch sowieso beliebig drucken lassen kann. Im Grunde wird doch dadurch niemandem etwas weggenommen, dafür aber der Wechselkurs stabilisiert. Nun, sehen wir weiter: Was konnten denn die Amerikaner mit den D-Mark anfangen, die sie von der Bundesbank im Gegenzug zu ihrem aufgekauften Dollar bekamen? Sie konnten z.B. in Deutschland mit dem Geld Waren kaufen (was sich in entsprechenden Exporten niederschlug), oder sie konnten das Geld auf dem deutschen Kapitalmarkt anlegen und direkt in Unternehmen oder Konzernen investieren bzw. Kapitalbeteiligungen aufkaufen. Und dies alles zu einem Superpreis. Denn ihnen wurde der Dollar, der bei flexiblem Wechselkurs zeitweise vielleicht noch mal gerade 2 DM gebracht hätte, für 4 DM eingetauscht; und das bedeutete: halber Preis der Waren bzw. doppelte Rendite der Kapitalanlagen.

Aber dennoch bleibt die Frage: Wem hat es geschadet? Die Zentralbank hatte doch mit den gedruckten D-Mark niemandem etwas weggenommen. Nun, die zusätzlich geschöpften D-Mark tauchten ja als Nachfrage im deutschen Wirtschaftskreislauf auf, zusätzlich zur Inlandsnachfrage. Gehen wir einmal davon aus, daß in der Ausgangssituation eine ausgeglichene Zahlungsbilanz zwischen Deutschland und den USA gegeben war. *Abb. 89* stellt grafisch deren Einbettung in den gesamtwirtschaftlichen Kreislaufzusammenhang dar. Zur Bezahlung der Importe z.B. fließt ein Teil des Volkseinkommens ins Ausland, und durch Exporte fließt ein anderer Teil von außen in den inländischen Kreislauf hinein. Kommt es nun unter veränderten Bedin-

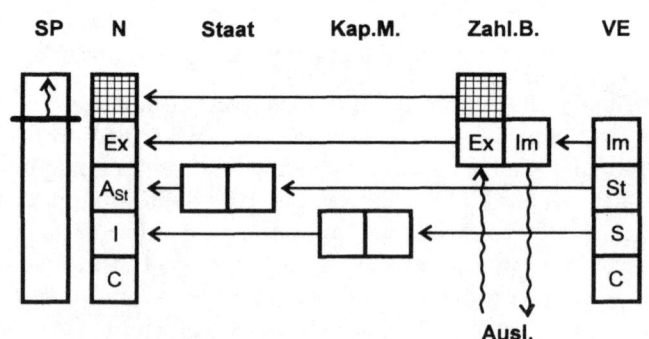

Abb. 89: Zahlungsbilanz führt bei Vollbeschäftigung zu "importierter Inflation".

gungen zu einem Zahlungsbilanzüberschuß und zu einem entsprechenden zusätzlichen Zustrom von zwangsumgetauschten D-Mark, so entsteht gesamtwirtschaftlich ein Nachfrageüberhang, der in Deutschland Inflationstendenzen hervorruft (sofern vorher die Kapazitäten ausgelastet waren und Vollbeschäftigung vorlag). Dabei handelte es sich um eine Inflation, die ihren Grund nicht im Inneren der deutschen Wirtschaft, sondern letztlich in der vorausgegangenen inflationären Geldpolitik der USA hatte. Man spricht in diesem Zusammenhang von einer "importierten Inflation", obwohl der Ausdruck sehr irreführend ist. Denn importieren tut ein Land normalerweise nur das, was es importieren will. Aber diese Art von Inflation war — so sollte man jedenfalls annehmen — von deutscher Seite nicht gewollt, sondern über den Zwangsumtausch des amerikanischen Dollar von außen aufgezwungen.

Importierte Inflation — Umverteilung zugunsten des Auslands

Die importierte Inflation hat natürlich Umverteilungswirkungen zur Folge, denn bei steigenden Preisen kann die Inlandsnachfrage nur noch einen geringeren Teil des Sozialprodukts kaufen, und die Auslandsnachfrage drängt sich sozusagen immer mehr in den Vordergrund — und das ohne entsprechende Gegenleistung auf der Seite der Importe. Während in *Abb. 89* die Inlandsnachfrage (A_{st} + I + C) noch 3/4, also 75 % des Sozialproduktes gekauft hat, sind es nach der importierten Inflation nur noch 3/5 oder 60 %, ohne daß deswegen die Importe als Gegenleistung des Auslands angewachsen wären. Natürlich profitieren von den wachsenden Exporten bestimmte Teile der deutschen Wirtschaft, nämlich die exportorientierten Branchen, aber für die deutsche Wirtschaft insgesamt bringen Zahlungsbilanzüberschuß und importierte Inflation einen realen Verlust. Von amerikanischer Seite aus betrachtet kann man sagen: Die inflationäre Geldpolitik in den USA hat den Amerikanern ohne entsprechende ökonomische Gegenleistung einen wachsenden Anteil am deutschen Sozialprodukt verschafft.

Zahlungsbilanzüberschuß als Konjunkturbelebung?

Aber könnten ein Zahlungsbilanzüberschuß und ein damit verbundener Nachfrageüberhang nicht doch von Vorteil für die deutsche Wirtschaft sein, wenn es sich um eine Situation von Unterbeschäftigung und Nichtauslastung der Kapazitäten, also um eine Rezession handelt, oder gar um Massenarbeitslosigkeit? In der Tat würde unter solchen Bedingungen ein Nachfrageüberhang Impulse für eine Konjunkturbelebung geben. Aber braucht man dazu wirklich das Ausland? Die gleiche konjunkturbelebende Wirkung sollte doch auch möglich sein, wenn die Zentralbank mit vorübergehender Geldschöpfung die inländische Nachfrage ankurbelt. Das hätte den Vorteil, daß das dadurch angestrebte zusätzliche Sozialprodukt dem Inland anstatt dem Ausland zugute kommt.

Bretton-Woods-System — verdeckte Entwicklungshilfe an die USA

Wie man es auch dreht und wendet: Gesamtwirtschaftlich betrachtet lief ein Zahlungsbilanzüberschuß, verbunden mit Stützungskäufen und Zwangsumtausch des Dollars, auf ein teilweises Verschenken von deutschem Sozialprodukt an die USA hinaus und kam einer verdeckten Entwicklungshilfe an die USA gleich.

Abb. 90 stellt die Ergebnisse dieser Überlegungen noch einmal anschaulich dar. Die Durchmesser der Töpfe symbolisieren jeweils die Größe des Sozialprodukts der beiden Länder. Die Flüssigkeit stellt jeweils die Geldmenge in nationaler Währung, also in Dollar und D-Mark dar; und die Höhe des Flüssigkeitsspiegels entspricht jeweils dem Preisniveau (wobei die Meßskala entsprechend dem Wechselkurs der beiden Währungen unterschiedlich ist). Das Verbindungsrohr symbolisiert die außenwirtschaftlichen Beziehungen beider Länder, und die durchfließende Flüssigkeit entspricht den Geldströmen, die im Zusammenhang damit entstehen. Bei ausgeglichener Zahlungsbilanz gleichen sich die Ströme in beiden Richtungen aus. Diese Situation ist vergleichbar mit einem System kommunizierender Röhren (bzw. Gefäße), in dem sich ein Gleichgewicht herausgebildet hat und die Flüssigkeitsspiegel sich gerade die Waage halten.

Wenn wir von einem solchen Gleichgewicht ausgehen und uns dann vorstellen, daß der Geldhahn in den USA stärker aufgedreht wird, steigt zunächst der Flüssigkeitsspiegel (das Preisniveau) in den USA. (Das ist jedenfalls dann der Fall, wenn nicht gleichzeitig die Produktion in den USA ausgeweitet, das heißt der Durchmesser des Topfes größer wird.) Durch den Anstieg des Spiegels steigt der Druck auf das Verbindungsrohr, und es kommt zu einem Dollarstrom in Richtung Devisenmarkt (dargestellt durch den Kreis in *Abb. 91*).

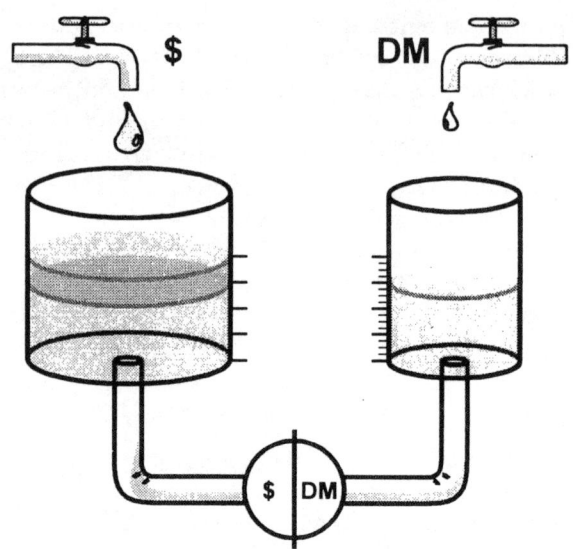

Abb. 90: Bretton-Woods-System: $-Geldschöpfung in den USA ...

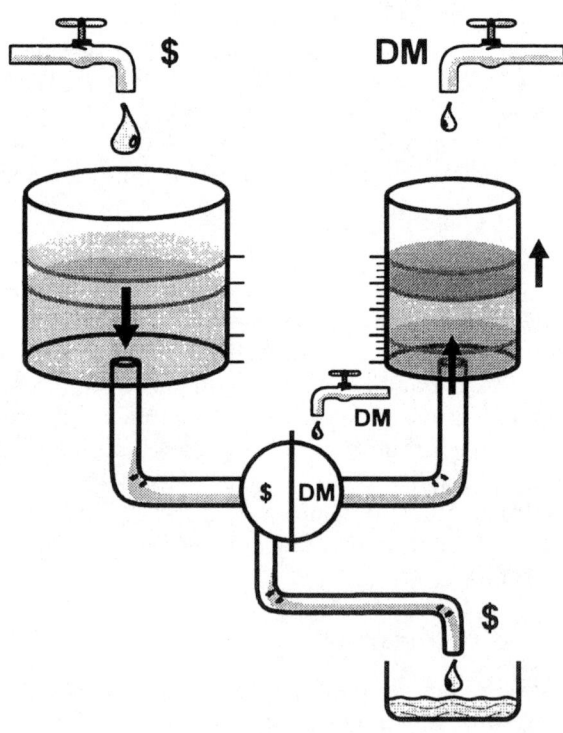

Abb. 91: ... führte zu importierter Inflation in Deutschland.

An dieser Stelle ist ein "Uberlaufventil" eingebaut: Die überschwappenden Dollar, die auf keine entsprechende freiwillige Dollarnachfrage treffen, tropfen ab in die Reservekasse der Deutschen Bundesbank, und in entsprechendem Maße öffnet sich der zusätzliche Geldhahn der Deutschen Bundesbank über den Devisenmarkt und läßt zusätzlich D-Mark einströmen, die von unten in den kleinen Topf drängen und von dort aus den Flüssigkeitsspiegel in die Höhe treiben (importierte Inflation). Dieses Bild gibt genau die Verhältnisse wieder, wie wir sie inhaltlich bereits abgeleitet haben.

Wenn man sich den Topf wie einen Baumkuchen vorstellt, dann zeigt sich, daß mit wachsender Dollar-Geldschöpfung in den USA ein immer größerer Teil des deutschen Kuchens von den USA abgeschnitten wurde. Die inflationären Folgen der Dollar-Geldschöpfung wurden in den USA weniger spürbar, als wenn es dieses Überlaufventil, das heißt die Ankaufspflicht gegenüber dem Dollar, nicht gegeben hätte. Sie wurden vielmehr teilweise abgewälzt auf andere Länder (in diesem Fall auf Deutschland), und das ganze System brachte den USA auch noch Vorteile — durch den wachsenden Zugriff auf ausländisches Sozialprodukt. Die USA hatten unter diesen Bedingungen zwar ein chronisches Zahlungsbilanzdefizit, aber das war für sie deshalb kein Problem, weil es durch die unbegrenzte Dollar-Ankaufspflicht der Zentralbanken anderer Länder finanziert wurde — mit deren jeweiliger Landeswährung. Vermutlich war es nicht von ungefähr, daß sich in Bretton-Woods der Plan des Amerikaners White durchgesetzt hat, und nicht der Plan des Engländers Keynes, der dem Dollar keine derartig privilegierte Sonderrolle eingeräumt hätte. Aber darüber später mehr.

Der vergebliche Abwehrkampf gegen importierte Inflation

Bestand denn unter den diskutierten Bedingungen für die Bundesrepublik gar keine Möglichkeit, sich gegen diese amerikanischen Einflüsse (im wahren Sinne des Wortes!) zu wehren oder zu schützen? Eine Möglichkeit wäre gewesen, die Geldmenge im Inneren zu drosseln, das heißt eine restriktive Geldpolitik zu betreiben. Die wesentlichen Instrumente dafür und ihre jeweilige Wirkungsweise haben wir ja schon kennengelernt: Erhöhung des Diskontsatzes und des Lombardsatzes, Verkauf von Offenmarktpapieren durch die Bundesbank, Erhöhung der Mindestreserveanforderungen der Bundesbank gegenüber den Geschäftsbanken. All das würde auf dem Weg über eine Kreditverteuerung die inländische Nachfrage vermindern, und auf diese Weise könnte tatsächlich von der Inlandsnachfrage derjenige Betrag abgeschöpft werden, der sich durch überschwappende Auslandsnachfrage in den Wirtschaftskreislauf hineingedrängt hatte. Die Folge müßte doch eigentlich die Wiederherstellung von Preisstabilität in Deutschland sein. Tatsächlich hat die Bundesbank insbesondere in den 60er Jahren immer wieder versucht, mit einer "Stabilitätspolitik" die importierte Inflation abzuwehren. Aber auf Dauer ist eine solche Politik zum Scheitern verurteilt, wenn sich an der Quelle der importierten Inflation, nämlich in unserem Beispiel an der übermäßigen Dollar-Geldschöpfung, nichts ändert. Und warum sollten die USA daran etwas ändern, wo sie insgesamt außenwirtschaftlich nur Vorteile daraus gezogen haben?

Je mehr nämlich die Stabilitätspolitik der Bundesbank durchgriff und ihre Wirkungen entfaltete, also die Inflation verringert oder gar Preisstabilität hergestellt wurde, um so größer wurde wiederum der Unterschied in der Höhe der Flüssigkeitsspiegel — und um so größer wurde der Druck, der noch mehr Dollar auf den Devisenmarkt spülte. Je drastischer also restriktive Geldpolitik im Inneren betrieben wurde, um so mehr wurde sie durch außenwirtschaftliche Einflüsse in ihrer angestrebten Wirkung durchkreuzt; um so heftiger wurden die Dollarüberflutungen, die sich über dem Devisenmarkt und von dort aus — nach Umwandlung in D-Mark — über den deutschen Wirtschaftskreislauf ergossen; und der Anteil der Amerikaner am deutschen Sozialprodukt bzw. an den Kapitalbeteiligungen wuchs dabei immer mehr. Mit jedem Versuch einer Stabilitätspolitik wurde erst recht eine neue Dollarflut ausgelöst — ein auf Dauer völlig aussichtsloses Unterfangen.

Hausgemachte Inflation anstelle von importierter Inflation

Anderen Mitgliedsländern des Internationalen Währungsfonds ging es in dieser Hinsicht ähnlich, nur daß sie schon viel früher ihre Stabilitätspolitik aufgegeben haben. Was sollte man sie auch noch aufrechterhalten, wenn sie in keiner Weine honoriert, sondern immer nur bestraft wurde und im übrigen auf Dauer ohnehin wirkungslos war? Dann doch lieber gleich selbst inflationäre Geldschöpfung im Inneren betreiben. Wäre das eine Lösung gewesen? Das Bild mit unseren Töpfen macht deutlich, daß auf diese Weise tatsächlich die Dollarüberflutung zurückgedrängt werden kann. Nur: Anstelle der importierten Inflation hatte man dann eine "hausgemachte Inflation", und daß Inflation — so oder so — problematisch ist, hatten wir ja schon früher diskutiert. Aber immerhin schien diese Lösung noch die bessere zu sein. Man drängte auf diese Weise wenigstens den wachsenden amerikanischen "Einfluß" wieder zurück, oder besser gesagt: man verhinderte, daß es zu noch mehr Einfluß kam. Denn das schon hereingeströmte amerikanische Kapital, das sich z.B. in Form von Kapitalbeteiligungen an europäischen Unternehmen festgesetzt hatte, stellte natürlich schon einen erheblichen wirtschaftlichen und politischen Machtfaktor dar. Inflationäre Politik in den Mitgliedsländern des IWF schien also ein besseres Mittel zu sein, um die Überflutung abzuwehren, als es die Stabilitätspolitik war.

Das Bretton-Woods-System — ein Zug in Richtung Weltinflation

Aus diesen Überlegungen ergibt sich eine wichtige Erkenntnis: Im Bretton-Woods-System war die Tendenz zur weltweiten Inflation eingebaut. Die USA hatten allen Grund, inflationäre Dollar-Geldschöpfung zu betreiben, und die anderen Länder wurden auf Dauer für Stabilitätspolitik nur bestraft, hatten also ihrerseits Grund, der drohenden importierten Inflation eine hausgemachte Inflation entgegenzusetzen, also in der inflationären Geldschöpfung mit den USA mindestens gleichzuziehen. Man kann diesen Zusammenhang auf einen kurzen Nenner bringen: Das Bretton-Woods-System war wie ein Zug in Richtung Weltinflation — mit den USA als Lokomotive.

Die Asymmetrie des Bretton-Woods-Systems

Aber hätten die anderen Länder den Spieß denn nicht nur abwenden, sondern einfach ganz umdrehen können und den USA im Inflationstempo vorauseilen, um sich auf diese Weise ihrerseits ein wachsendes Stück des amerikanischen Sozialprodukts zu holen? Das wäre doch eigentlich die nächstliegende Reaktion gewesen. Tatsächlich haben das auch einige Länder getan, ob nun aus außenwirtschaftlichen Gründen oder einfach nur deshalb, weil ihre Regierung mit inflationärer Geldschöpfung die ökonomischen und sozialen Konflikte im Inneren des Landes erst einmal besser überdecken konnte als mit Steuererhöhungen und Einsparungen im Staatshaushalt.[47]

Wir wollen diese Möglichkeit wieder anhand unseres Modells mit den Töpfen durchspielen: Hatte die Bundesrepublik ihrerseits den Geldhahn stärker aufgedreht als die USA, so wäre es zu einer Überflutung des Devisenmarktes mit D-Mark gekommen — anstatt wie vorher mit Dollar. Die entsprechende Folge hätte doch nun eigentlich ein Aufkauf des DM-Überangebots durch die amerikanische Zentralbank und eine entsprechende Umwandlung in Dollar sein müssen. Dann wäre das System symmetrisch konstruiert gewesen. Aber genau das war nicht der Fall! Es gab keine entsprechende Verpflichtung der amerikanischen Zentralbank, am Devisenmarkt überschüssige Devisen anderer Länder aufzukaufen, um deren Kurs zu stützen.

Der Schwund der Devisenreserven

Das betreffende Land, das in ein Zahlungsbilanzdefizit geraten war, mußte nun selbst sehen, wie es dieses Defizit finanzieren konnte. Solange es noch über Dollarreserven aus vorangegangenen Zahlungsbilanzüberschüssen verfügte, mußten diese Dollar zum Zweck der Kursstützung der eigenen Währung auf den Devisenmarkt gebracht werden. Denn das Überangebot an D-Mark bedeutete ja gleichzeitig Nachfrageüberhang an Dollar, und dieser Nachfrageüberhang mußte von der Deutschen Bundesbank bedient werden, damit der festgelegte Dollarkurs nicht stieg, bzw. der entsprechend festgelegte D-Mark-Kurs nicht fiel. Während also im Fall von Zahlungsbilanzüberschuß der Dollarkurs gestützt wurde durch Dollarankauf von Seiten der Deutschen Bundesbank, mußte jetzt (im umgekehrten Fall eines Zahlungsbilanzdefizits) der Dollarkurs stabilisiert werden durch Dollarverkauf — um auf diese Weise den DM-Kurs zu stützen. Was aber war zu tun, wenn die Dollarreserven aufgebraucht waren und das Zahlungsbilanzdefizit fortbestand?

Für solche Fälle von Zahlungsbilanzdefiziten war im Bretton-Woods-System eine besondere Institution geschaffen worden, die den betreffenden Ländern Devisenkredite

---

[47] Wir hatten diese Aspekte inflationärer Geldschöpfung als Mittel der Konfliktverdrängung früher am Beispiel der Rüstungsfinanzierung ausführlich diskutiert. Auch in den Tarifkonflikten zwischen Unternehmen und Gewerkschaften ist es für die Unternehmerseite leichter, Lohnforderungen nachzugeben, wenn sie die Lohnerhöhungen hinterher auf die Preise überwälzen und sicher sein kann, daß die gesamtwirtschaftliche Nachfrage durch inflationäre Politik genügend aufgebläht wird, um die erhöhten Preise am Markt durchzusetzen. Würde hingegen restriktive Politik betrieben und die gesamtwirtschaftliche Nachfrage gedrosselt, würden die Tarifauseinandersetzungen von vornherein viel härter, und die sozialen Konflikte kämen schneller an die Oberfläche und würden offener ausgetragen, in Form von Streiks und Aussperrungen usw. Was nicht heißen soll, daß Inflation ein geeignetes Mittel ist, soziale Konflikte zu handhaben, im Gegenteil: Indem die Konflikte nur verdrängt werden, gerät das System in zunehmend starre Strukturen, innerhalb deren sich die Konflikte nur noch destruktiv entladen können. Ich habe an anderer Stelle ausführlich über diese Zusammenhänge geschrieben in: Bernd Senf: Konfliktverdrängung und Systemerstarrung, in: emotion 3, Berlin 1981.

zur Überbrückung ihrer Zahlungsbilanzdefizite gewähren konnte. Diese Institution war der Internationale Währungsfond IWF, der ursprünglich mit der Finanzierung von Entwicklungskrediten für Länder der Dritten Welt gar nichts zu tun hatte. Seine Aufgabe bestand darin, solchen Mitgliedsländern, die — z.B. durch allzu inflationäre Politik — in Zahlungsbilanzdefizite geraten waren, Devisenkredite zu gewähren, aber gleichzeitig streng darauf zu achten, daß sich das Zahlungsbilanzdefizit alsbald wieder abbaute und schließlich umkehrte in einen Zahlungsbilanzüberschuß, aus dessen Devisenzustrom der Devisenkredit an den IWF zurückgezahlt werden konnte.

Die Devisen, die der IWF als Kredite vergeben konnte, bestanden aus Einzahlungen der einzelnen Mitgliedsländer in ihrer jeweiligen Landeswährung, also auch der USA in Dollar. Je nach Höhe des Sozialprodukts und anderer wirtschaftlicher Indikatoren war die Einzahlungsquote unterschiedlich. Die USA als stärkste Wirtschaftsmacht hatten dabei die höchste Quote, und das hieß auch: den höchsten Stimmenanteil bei Entscheidungen innerhalb des IWF. Dadurch konnten sie die Richtung der IWF-Politik entscheidend prägen. Obwohl als internationale Institution geschaffen, war der IWF von Anfang an von amerikanischen Interessen dominiert — wie das Bretton-Woods-System insgesamt. Der IWF vergab seine Devisenkredite an Defizitländer nur verbunden mit strengsten Auflagen. Weil die Ursache des Zahlungsbilanzdefizits in einer allzu inflationären Politik gesehen wurde (und es teilweise auch war), wurde diesen Ländern die Auflage gemacht, eine restriktive Geldpolitik einzuleiten, die Staatsverschuldung abzubauen und die Staatsausgaben zu senken — alles Maßnahmen, die die vorher übersprudelnde Gesamtnachfrage drosseln und auf diese Weise der Inflation entgegenwirken sollten.

Derartige Maßnahmen lösen in einer Wirtschaft, die sich erst einmal an eine gewisse Inflation gewöhnt hat, eine Rezession mit entsprechend steigender Arbeitslosigkeit und wachsender Zahl von Firmenzusammenbrüchen aus. Und die Reduzierung der Staatsausgaben, z.B. auch im sozialen Bereich, treibt die sozialen Konflikte stärker an die Oberfläche. Kurzum: Die vom IWF verordneten Auflagen bedeuteten vielfach eine Entziehungskur für die Wirtschaft des betreffenden Landes — verbunden mit schweren Entzugserscheinungen in Form des Ausbruchs ökonomischer und sozialer Krisen, die vorher mit Geldschöpfung noch besser unter der Oberfläche gehalten werden konnten. Die Mitgliedsländer wußten also, was ihnen blüht, wenn sie für längere Zeit in Zahlungsbilanzdefizite gerieten und ihnen die Devisenreserven ausgingen: Sie gerieten in Abhängigkeit von den drakonischen Auflagen des IWF. Denn sie bekamen die Devisenkredite nur, wenn sie im Verständnis des IWF für Ordnung im eigenen Hause sorgten und die vorübergehend überschießende Inflationspolitik wieder zurücknahmen und ins Gegenteil kehrten.

Die Sonderrolle des Dollar im Bretton-Woods-System

Es gab hierzu nur eine Ausnahme, die wir schon ausführlich behandelt haben: die USA. Sie waren ja auf IWF-Kredite oder andere Devisenkredite in keiner Weise angewiesen, obwohl sie jahrzehntelang ein Zahlungsbilanzdefizit hatten: Weil ihnen dieses Defizit im Wege des Zwangsumtausches des Dollar durch die anderen Mitgliedsländer immer wieder finanziert wurde. Aber nicht in Form eines Kredits, der zurückgezahlt werden mußte (und in der Regel auch noch mit Zinsen), sondern quasi als Schenkung. Während die USA den anderen Mitgliedsländern, auch noch vermittelt über den IWF, währungspolitische Disziplin auferlegten, haben sie selbst in dieser Hinsicht zügellos gesündigt. "Wasserpredigt, Weingelage" — die weit verbreitete Doppelmoral auch in der internationalen Währungspolitik.

Wie konnten sich die anderen Länder auf ein derart unsymmetrisches Währungssystem einlassen, als es 1944 in Bretton-Woods begründet wurde? Nachdem die Grundlagen einmal geschaffen waren, gab es später für die Länder, die noch nicht von Anfang an Mitglied waren (wie die erst 1949 gegründete Bundesrepublik) nur die Alternative: entweder Beitritt und die Spielregeln akzeptieren, oder aber aus dem Verein frei austauschbarer ("konvertierbarer") Währungen ausgeschlossen zu bleiben — mit erheblichen Nachteilen für die Entwicklung der außenwirtschaftlichen Beziehungen. Aber was hatte die anderen Gründungsmitglieder veranlaßt, sich auf diese Bedingungen einzulassen? Es ist zu vermuten, daß sich dieser Tatbestand nur erklären läßt aus der überragenden Vormachtstellung, die die USA im Zuge des Zweiten Weltkriegs ökonomisch, politisch und militärisch errungen hatten. In dieser Rolle hatten sie England überholt und abgelöst, das ja seit Beginn der Industrialisierung über lange Zeit führende Weltmacht gewesen war.

Mit dem Bretton-Woods-Abkommen haben die USA offenbar die Gunst der historischen Stunde genutzt und gewissermaßen Pflöcke eingerammt, um ihre internationale Vorherrschaft auf Jahrzehnte hin abzusichern. Den demgegenüber kriegsgeschwächten übrigen Mitgliedsländern blieb in dieser Situation wohl gar nichts anderes übrig, als die von den USA diktierten Bedingungen zu akzeptieren. Nachdem die Struktur des Bretton-Woods-Systems erst einmal beschlossen und geschaffen war, konnte man die weitere währungspolitische Entwicklung weitgehend den Spielregeln des Systems überlassen, und die Durchsetzung amerikanischer Interessen über die folgenden Jahrzehnte hinweg vollzog sich ganz unauffällig innerhalb legaler Bahnen.

Bisher hatten wir nur von der Sonderrolle des amerikanischen Dollar geredet. Eine ähnliche Sonderrolle war anfangs auch dem britischen Pfund eingeräumt worden, aber mit dem Niedergang der ökonomischen und politischen Weltmachtposition Großbritanniens konnte das britische Pfund auf Dauer nicht mehr gestützt werden und verlor seine ursprüngliche Sonderrolle, so daß sich die Interventionspflichten der Zentralbanken schließlich nur noch auf den amerikanischen Dollar bezogen.

Die Goldeinlösegarantie des Dollar als Reservewährung

Immerhin hatten die USA eine gewisse scheinbare Sicherung gegen eine inflationäre Geldschöpfung in das Bretton-Woods-System einbauen lassen, von der bisher noch nicht die Rede war: eine Goldeinlösegarantie gegenüber den Dollarreserven ausländischer Zentralbanken. Das war das letzte bißchen Goldbindung des Weltwährungssystems. Der Dollar als die Währung, an der sich alle anderen Währungen der Mitgliedsländer orientierten (sog. "Leitwährung") war seinerseits in gewisser Weise noch durch Gold gedeckt; während die anderen Währungen sich alle vollständig vom Gold als vermeintlicher Deckung gelöst hatten. *Abb. 92* stellt diesen Tatbestand symbolisch dar.

In der Abbildung wird auch noch erkennbar, daß der Dollar als Leitwährung in bezug auf die anderen Währungen eine ähnliche Funktion hatte, wie es das Geld in bezug auf die vielen unterschiedlichen Waren innerhalb einer Volkswirtschaft hat: nämlich gemeinsamer Nenner, gemeinsamer Bezugspunkt, gemeinsamer Maßstab zu sein. Der Wechselkurs etwa zwischen D-Mark und französischem Franc drückt sich eben auch darin aus, daß beide einen unterschiedlichen Wechselkurs zum Dollar haben. Insoweit war der Dollar als Leitwährung zu einer Art internationaler Recheneinheit geworden, was allein nicht weiter problematisch war,

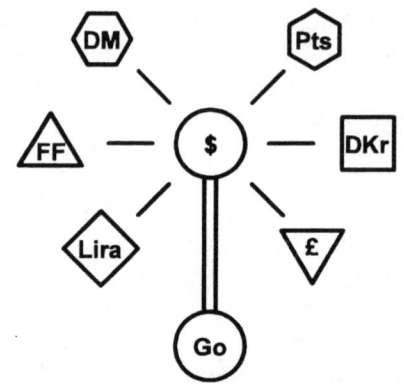

Abb. 92: Der Dollar als Leit- und Reservewährung mit Goldeinlösegarantie.

sondern allenfalls symbolisch die Vormachtstellung des Dollar bzw. der USA ausdrückte. Der Dollar schwebte insoweit wie die Sonne am Währungshimmel, umkreist von den Planeten der übrigen Währungen.

Wenn diese Leitwährung ihrerseits in gewisser Weise durch Gold gedeckt war, dann erschien dies auch als ein sicheres und tragfähiges Fundament des gesamten westlichen Weltwährungssystems zumal die USA gegen Ende des Zweiten Weltkriegs im Besitz der größten Goldreserven der Welt waren. Für diejenigen, die immer noch an den Mythos der Goldwährung und Golddeckung glaubten, erschien diese wenn auch eingeschränkte Goldbindung des Dollars wie eine Garantie für eine gewisse Stabilität des amerikanischen Dollar — und darüber auch der übrigen Währungen. Vielleicht war es auch die ehrliche Absicht einiger Konferenzteilnehmer, währungspolitische Grundlagen für eine langfristig stabile Entwicklung der daran beteiligten Währungen zu schaffen. Aber die Entwicklung ging in eine andere Richtung, und man kann sogar sagen, sie mußte in eine andere Richtung gehen — aus Gründen, die wir noch diskutieren werden.

Aber was hatte es mit der Goldbindung des Dollar auf sich, und wieso war sie nur eingeschränkt? Weil der Dollar als nationales Zahlungsmittel innerhalb der USA in keiner Weise auf das Gold bezogen oder an das Gold gebunden war. Die Dollar-Geldschöpfung hatte sich nicht direkt an irgendeinem Goldkern zu orientieren, und es gab auch kein Recht von Privatleuten oder Privatfirmen, gegenüber der amerikanischen Zentralbank den Dollar in Gold eingetauscht zu bekommen (so wie das früher in den nationalen Goldwährungen der Fall war). Die Goldeinlösegarantie bezog sich vielmehr nur auf die Dollarreserven der anderen Zentralbanken, die diese aus ihren Stützungskäufen gegenüber dem Dollar angesammelt hatten. Aber immerhin: durch die Goldeinlösegarantie hatten die Dollarreserven einen ähnlichen Charakter wie Schuldscheine, ausgestellt von der amerikanischen Zentralbank und ausgestattet mit der Garantie, jederzeit in Gold umgewandelt zu werden: und zwar zu einem vorher festgelegten Dollar-Gold-Verhältnis, der sog. "Goldparität des Dollar" von 35 Dollar pro Feinunze Gold. (Die Einlösegarantie ist in *Abb. 93* symbolisch durch den Pfeilstrom zwischen Dollarreserven der Bundesbank und Goldreserven der USA dargestellt.)

Mit ihrem langjährigen Zahlungsbilanzdefizit und den am Devisenmarkt überschwappenden Dollar haben die USA also im Laufe der Jahrzehnte eine Unmenge der-
artiger Schuldscheine ausgegeben und in die Welt (das heißt auch in die Reservekassen
der anderen Zentralbanken) fließen lassen. Sie mußten eigentlich jederzeit darauf ge-
faßt sein, daß diese Schuldscheine vorgelegt und in Dollar eingelöst werden können.
Von dieser Einlösegarantie wurde auch über die Jahre hinweg von etlichen Zentralbanken mehr oder weniger Gebrauch gemacht, und die riesigen Goldreserven der USA
— gelagert im dafür berühmt gewordenen Fort Knox — waren allmählich und von der
Öffentlichkeit unbemerkt zusammengeschrumpft. Aber ein Großteil der Dollarreserven
blieb dennoch uneingelöst in den Reservekassen der Zentralbanken.

Internationaler Bankrott der USA und Aufhebung der Goldbindung

Erst als 1969 ein einziges Land von mittlerweile an die hundert Mitgliedsländern,
nämlich Frankreich, von der Goldeinlösegarantie vollen Gebrauch machen wollte, kam
das System ins Wanken. Der Hintergrund war der, daß Frankreich damals unter
Staatspräsident de Gaulle die Vision einer neuen Großmacht entwickelte und sich in
vieler Hinsicht aus der Vorherrschaft der USA lösen wollte. Das drückte sich auch aus
im Aufbau einer französischen Atomstreitmacht, in der Durchsetzung einer Sonderrolle
innerhalb der NATO, aber auch auf währungspolitischem Gebiet. De Gaulle traf die
USA an einem ihrer mittlerweile empfindlichsten Punkte, nämlich an ihren zusam-
mengeschrumpften Goldreserven. Als Frankreich die Einlösung seiner Dollarreserven
in Gold forderte, wurde deutlich, daß den USA international die Zahlungsunfähigkeit
drohte. Die Goldreserven reichten kaum mehr aus, um die Forderungen nur eines
Mitgliedslandes zu begleichen.

Kurz nach dieser internationalen Bloßstellung der USA erklärte der damalige
Präsident Nixon 1971, daß die Goldeinlösegarantie mit Wirkung ab sofort einge-
stellt würde. Die USA waren damit international pleite und entzogen sich von einem Tag auf den anderen ihren Verpflichtungen. Und dies nicht etwa nach zähen
Verhandlungen mit den daran beteiligten Ländern oder Zentralbanken über die
Gewährung eines Überbrückungskredits oder eines Schuldenerlasses, sondern
schlicht und einfach durch einseitige Erklärung des amerikanischen Präsidenten — *Abb. 93.* stellt die Durchtrennung der letzten Bindungen des amerikanischen Dollar an das Gold symbolisch dar. Damit hatte das Gold als vermeintliche
Deckung von Geld und Währung endgültig seine Funktion verloren.

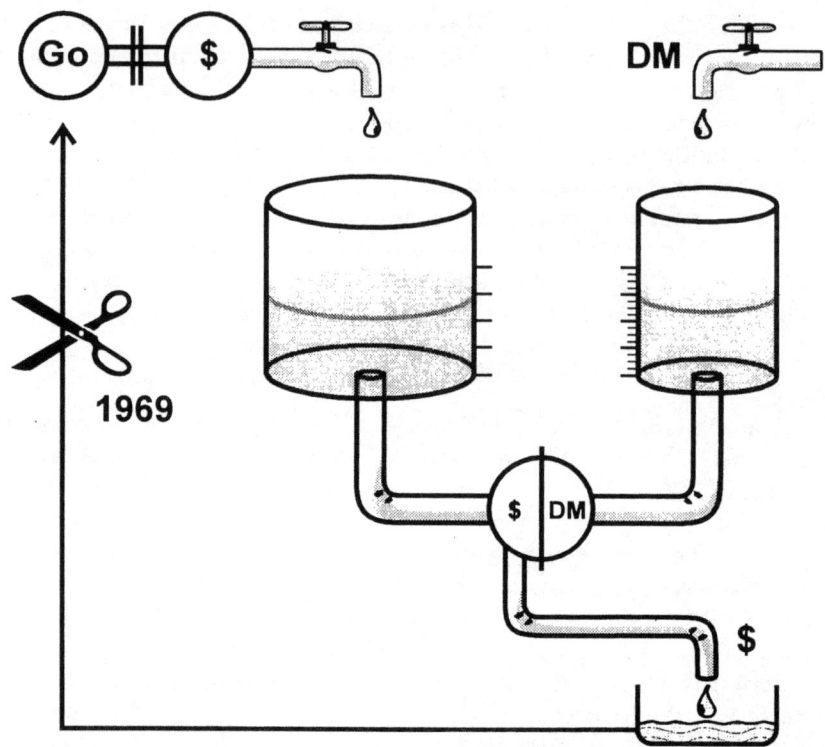

Abb. 93: Die Goldeinlösegarantie des "Reserve- $" wurde 1969 von den USA aufgekündigt.

Wirtschaftskriminalität auf höchster Ebene

Was mit der Aufhebung der Goldeinlösegarantie an die Oberfläche kam, war genau genommen Wirtschaftskriminalität auf höchster Ebene und in größtem Ausmaß. Und keiner der Verantwortlichen wurde jemals dafür zur Rechenschaft gezogen. (Nixon stolperte politisch erst einige Jahre später über der sog. Watergate-Affäre.) Wenn sich in vergleichsweise kleinstem Maßstab ein Unternehmen erlauben würde, Schuldscheine etwa in Form von Wechseln auszustellen und bei Vorlage der Wechsel deren Einlösung zu verweigern, dann würde mit ihm kurzer Prozeß gemacht. Oder ganz allgemein: Wenn Unternehmen aufgenommene Kredite nicht zurückzahlen können, dann wird von den Gläubigern Sach- und Geldvermögen gepfändet und in Geld umgewandelt, oder dem Unternehmen droht der Konkurs. Und im Konkursverfahren geht das gesamte Vermögen in die Konkursmasse ein, um aus dem Verkaufserlös allen voran die Kreditgeber zu bedienen. Es hat also normalerweise üble Konsequenzen, wenn Schuldscheine welcher Form auch immer ausgestellt und bei Fälligkeit und Vorlage nicht eingelöst werden können. Der "betrügerische Bankrott" wird sogar strafrechtlich verfolgt, und es drohen entsprechende Geld- oder Gefängnisstrafen. Auch dem privaten Haushalt, der sich verschuldet hat und die Kredite nicht zurückzahlen kann oder der ungedeckte Schecks ausgestellt hat, geht es dreckig. Ihm droht ebenfalls die Pfändung von Sach-

und Geldvermögen, und wenn nichts mehr zu holen ist, erfolgt über Jahre hinaus eine Lohnpfändung. So sehen die Gesetze und ihre Durchsetzung im Kleinen aus.

Wo es aber — im Zusammenhang mit der Aufhebung der Goldeinlösegarantie — um riesige Beträge ging (1971 betrugen die Dollarreserven allein der Deutschen Bundesbank umgerechnet 40 Mrd. DM!), blieb die Zahlungsverweigerung von Seiten der USA ungestraft. Oder hat man irgendwo gehört oder gelesen, daß amerikanisches Vermögen in dieser Höhe gepfändet und in Gold oder Devisen umgewandelt worden wäre, um die Schuldscheine in Form der Dollarreserven einzulösen? Oder daß irgendwelche Verantwortlichen deswegen in den Knast gekommen wären? Oder auch nur deswegen ihr Amt verloren hätten? Nichts von alledem. Was im Kleinen mit härtesten Strafen belegt wird und als kriminell gilt, ging im großen Maßstab internationaler Währungspolitik ohne Konsequenzen über die währungspolitische Bühne.

8.2.3 Der Zusammenbruch des Bretton-Woods-Systems 1973

Ganz ohne Konsequenzen blieb das dennoch nicht, aber das waren Konsequenzen anderer Art: Denn diese Blamage der USA vor der Weltöffentlichkeit ließ den bis dahin ungebrochenen Glanz des amerikanischen Dollar immer mehr verblassen und leitete eine tiefe Vertrauenskrise in die Stabilität der amerikanischen Wirtschaft und Währung ein. Die Dollarkrise wurde über Jahre hinweg immer wieder zu einem der beherrschenden Themen in den Medien, und die Frage wurde immer akuter, wie lange sich der völlig unrealistische und überhöhte Dollarkurs noch würde stützen lassen.

Verständlicherweise stürzte sich die internationale Devisenspekulation jetzt um so mehr auf die erwarteten Möglichkeiten von Spekulationsgewinnen. Entweder stand eine Abwertung des Dollar bevor oder aber eine Aufwertung der damals stabilsten Währung, der D-Mark. Für die Devisenspekulation bedeutete dies: Flucht aus dem Dollar in die D-Mark, das heißt Dollar am Devisenmarkt anbieten und entsprechend D-Mark nachfragen. Zusätzlich zu den Geldströmen, die sich aus dem Handels- und Kapitalverkehr ergaben (und die ja ohnehin schon ein permanentes Zahlungsbilanzdefizit der USA und ein Überangebot an Dollar mit sich gebracht hatten) wurde der Devisenmarkt jetzt noch regelrecht überflutet durch spekulative Geldströme. Es war, als würden auf einmal alle Dämme brechen, und die Deutsche Bundesbank mußte zeitweise pro Tag mehrere Milliarden Dollar abschöpfen und dafür neu gedruckte D-Mark zum immer noch gestützten Dollarkurs von 4:1 in Umlauf bringen — bis schließlich gar nichts anderes mehr übrig blieb als den Wechselkurs zu verändern, entweder durch eine Abwertung des Dollar oder eine Aufwertung der D-Mark, um die Dollarflut abzuwehren. Ohne Wechselkurskorrektur wäre die Deutsche Bundesbank der internationalen Devisenspekulation völlig hilflos ausgeliefert gewesen und hätte von Tag zu Tag neue Milliardenbeträge von D-Mark zur Stützung des Dollar in Umlauf geben müssen.

Selbst beim besten Willen, selbst bei bester Bündnistreue gegenüber den Amerikanern, war der festgesetzte Kurs von 4:1 nicht mehr zu halten. So kam es 1971 zu einer

Freigabe des Wechselkurses der D-Mark mit deutlichem Kursanstieg der DM bzw. einer beginnenden Talfahrt des Dollar. 1980 war schließlich der vorläufige Tiefpunkt von ca. 1,70 DM für 1$ erreicht *(Abb. 94)*.

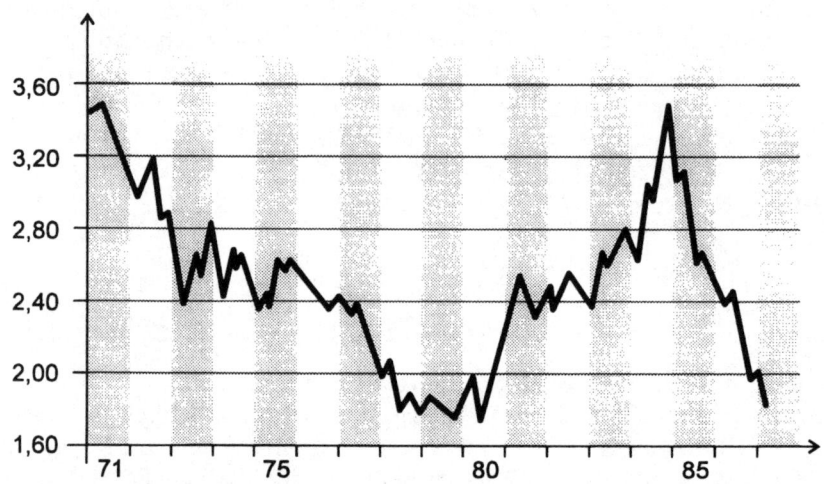

Abb. 94: Entwicklung des Dollar-Kurses von 1971 bis 1987 in DM.

Die Kurse der übrigen Währungen blieben zunächst noch festgelegt, und die internationale Devisenspekulation stürzte sich auf andere aufwertungsverdächtige Währungen. Von diesen Gelegenheiten konnte natürlich nur Gebrauch machen, wer hinreichend Geld flüssig, also nicht fest angelegt hatte. Und je mehr sich im Zuge der Dollarkrise die Gelegenheiten häuften, Spekulationsgewinne im Devisengeschäft mitzunehmen, um so mehr Gelder wurden auch für solche Zwecke flüssig gehalten, gehortet, um im entscheidenden Moment aus ihren Mauselöchern hervorzukommen, den Devisenmarkt zu überschwemmen, die Aufwertung einer Währung zu erzwingen und hinterher wieder mit entsprechenden Spekulationsgewinnen aus der Währung auszusteigen. Die Zentralbanken wurden so immer mehr zum Spielball der internationalen Devisenspekulation.

Die Dollarkrise und in ihrem Zusammenhang verschiedene Aufwertungen und Spekulationswellen eskalierten Anfang der 70er Jahre schließlich derart, daß sich das ganze System fester Wechselkurse nicht mehr halten ließ. 1973 brach es schließlich endgültig zusammen, nach fast 30 Jahren, die die USA reiflich zu ihrem eigenen Vorteil genutzt hatten. Alle Versuche der Zentralbanken, die Dollarfluten einzudämmen, waren gescheitert, die Dämme waren gebrochen, die Dollar-Ankaufspflicht der anderen Zentralbanken mußte aufgehoben werden. An die Stelle fester Wechselkurse trat die Freigabe der Wechselkurse und der Übergang zu einem System flexibler Wechselkurse (auch "floating" genannt) ohne irgend eine Interventionspflicht der Zentralbanken. Damit kam die Wahrheit über die eigentliche Situation des Dollar immer deutlicher an die Oberfläche: Mit Freigabe der Wechselkurse rutschte der Dollar immer mehr in die

Tiefe, bis auf 1,70 DM, weit weniger als die Hälfte des Zwangsumtauschkurses, zu dem die Deutsche Bundesbank — und entsprechende andere Zentralbanken — über Jahrzehnte den Dollar gestützt und aufgekauft hatten.

Der Funktionswandel des IWF

Mit dem Zusammenbruch des Bretton-Woods-Systems und dem Übergang zu einem System flexibler Wechselkurse hatte sich auch die bisherige Funktion des Internationalen Währungsfonds IWF weitgehend erledigt. Denn mit dem Wegfall der Interventionspflichten der Zentralbanken bedurfte es auch keiner Stützungskredite zur Überbrückung von Zahlungsbilanzdefiziten mehr, sondern die Korrektur erfolgte über ein entsprechendes Absinken der betreffenden Währung — und eine Wiederangleichung von Devisenangebot und Devisennachfrage am Devisenmarkt. Lediglich für Fälle, wo bestimmte Währungen nicht mehr aus Pflicht, sondern aufgrund bewußter politischer oder währungspolitischer Entscheidungen vorübergehend gestützt wurden, hatten die Devisenkredite des IWF innerhalb des Systems der Industrieländer noch eine Funktion. Ein Großteil der Mittel des Fonds war aber überflüssig geworden.

Dieser Tatbestand bildete den Hintergrund für einen grundlegenden Funktionswandel des IWF. Die Mittel wurden sozusagen umgewidmet für einen ganz anderen Zweck und flossen zunehmend in Entwicklungskredite an Länder der Dritten Welt. Deren Problematik haben wir an anderer Stelle ja schon kurz behandelt. Rein vordergründig ging und geht es ja auch hier um Kredite, die helfen sollen, Zahlungsbilanzdefizite vorübergehend zu finanzieren. Aber schon der Ausdruck "Überbrückung" wäre falsch, weil für eine Brücke das andere Ufer erreichbar sein muß, in diesem Fall also die Umkehr des Zahlungsbilanzdefizits in einen Zahlungsbilanzüberschuß. Aber davon sind die Länder der Dritten Welt im Großen und Ganzen weiter entfernt denn je. Stattdessen spitzt sich die Schuldenkrise der Dritten Welt immer weiter zu.

Ungeachtet der prinzipiell anderen Ursachen der Zahlungsbilanzdefizite in Industrieländern und solchen in Entwicklungsländern hat der IWF die Kriterien seiner Auflagenpolitik einfach auf die Länder der Dritten Welt übertragen — und sie damit einem wachsenden Druck ausgesetzt, der ihre ökonomischen, sozialen und ökologischen Konflikte immer weiter eskalieren läßt. Ein Zahlungsbilanzdefizit, das wesentlich durch inflationäre Geldpolitik entstanden ist, läßt sich durch eine restriktive Geldpolitik in der Tendenz tatsächlich umkehren — und insofern machte die entsprechende Auflagenpolitik des IWF bei Industrieländern auch einen Sinn. Wenn aber Zahlungsbilanzdefizite im wesentlichen viel tiefere historische und strukturelle Ursachen haben, wie wir dies bezogen auf die Dritte Welt kurz angesprochen haben, dann ist die Auflage einer restriktiven Kreditpolitik und staatlicher Sparprogramme völlig unzureichend und ungeeignet, um die Zahlungsbilanzsituation umzukehren. Sie macht im Gegenteil oftmals alles nur noch viel schlimmer.

8.2.4 Ergänzungen und Vertiefungen zum Bretton-Woods-System

Wir haben bisher die Funktionsweise, Dynamik und Problematik des Bretton-Woods-Systems nur in groben Konturen herausgearbeitet, um erst einmal einen Blick für das Wesentliche zu entwickeln. Im folgenden sollen noch einige Ergänzungen behandelt werden, die ein noch umfassenderes und tieferes Verständnis dieses Währungssystems ermöglichen. Gleichzeitig sind diese Ergänzungen auch als Vorübungen zu einem Verständnis des Europäischen Währungssystems EWS zu verstehen, das einige Jahre nach dem Zusammenbruch des Bretton-Woods-Systems 1979 gegründet wurde und wiederum auf dem Prinzip fester Wechselkurse beruht, aber sich dennoch in wesentlichen Punkten vom Bretton-Woods-System unterscheidet.

8.2.4.1 Die Bedeutung der Bandbreiten

Bisher hatten wir so argumentiert, als ob die Wechselkurse absolut festgesetzt gewesen wären. Das war aber nur eine erste grobe Vereinfachung, um die Funktionsmechanismen des Systems klarer herauszuarbeiten. Tatsächlich konnten die festgesetzten Wechselkurse innerhalb einer sog. "Bandbreite" von der festgesetzten Linie nach oben oder unter abweichen und schwanken. Und erst, wenn der Boden bzw. die Decke dieser Bandbreite erreicht wurde, setzte jeweils die Interventionspflicht der Zentralbanken ein.

Die im Bretton-Woods-System installierte Bandbreite betrug über lange Zeit ± 1%. Der Sinn der Bandbreiten sollte sein, daß die Zentralbanken nicht schon bei kleinsten Wechselkursschwankungen ständig intervenieren mußten, weil sich viele dieser kleinen und kurzfristigen Schwankungen am Devisenmarkt von selbst korrigieren können — zumal wenn es sich um mehr oder weniger zufällige Schwankungen von Devisenangebot und Devisennachfrage handelt, wie sie täglich auftreten können.

Abb. 95 stellt den innerhalb der Bandbreite schwankenden Wechselkurs — zusammen mit unterem bzw. oberen Interventionspunkt — noch einmal grafisch dar. Am unteren Interventionspunkt wären Stützungskäufe gegenüber dem Dollar erforderlich, am oberen Interventionspunkt entsprechende Dollarverkäufe.

Das System von Bandbreite und Interventionspflicht kann durchaus sinnvoll sein, um sonst möglicherweise auftretende extreme Schwankungen der Kurse zu dämpfen. Aber seine längerfristige Funktionsfähigkeit setzt voraus, daß sich die Schwankungen in der einen und in der anderen Richtung im Großen und Ganzen ausgleichen, das heißt daß der Trend konstant bleibt. Unter diesen Bedingungen würde das System ähnlich wirken wie ein Stoßdämpfer bei einem Auto, der die vielen kleinen und mittleren Unebenheiten des Geländes abfedert. Was der beste Stoßdämpfer aber nicht verhindern kann, ist, daß das Auto eine Talfahrt macht, wenn die ganze Straße abwärtsführt.

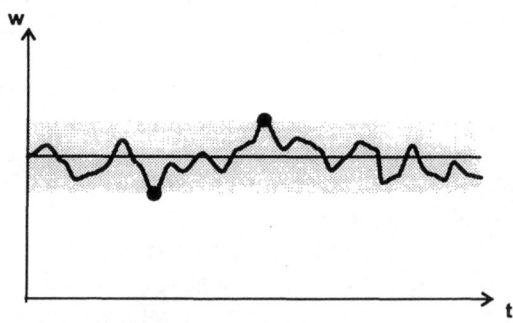

Abb. 95: Bandbreite zulässiger Wechselkursschwankungen mit unterem und oberen Interventionspunkt.

Bandbreite bei fallendem Wechselkurstrend

Ganz ähnlich ist es auch mit der Bandbreite und den Stützungskäufen bzw. -verkäufen in bezug auf den Wechselkurs. Wenn der Wechselkurs sich nämlich im längerfristigen Trend abwärts bewegt, dann kann die Zentralbank zwar immer und immer wieder intervenieren, aber die Krücken, die sie zur Stützung einsetzen muß, werden immer größer, und die zur Stützung aufgekauften Dollar fließen in immer größerer Menge in die Reservekasse der Zentralbank *(Abb. 96)*.

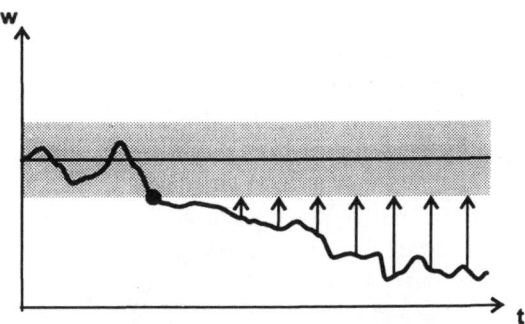

Abb. 96: *Wachsende Stützungskäufe bei fallendem Wechselkurstrend.*

Während vorher der Begriff "Reservekasse" noch einen Sinn hatte, nämlich Dollarreserven zu bilden, um für den Fall von notwendig werdenden Stützungskäufen genügend Reserven zu haben, wird dieser Begriff irreführend, wenn sich die Dollarbestände der Zentralbank einfach nur immer weiter auffüllen, ohne daß man sie noch für irgendeinen Zweck gebrauchen kann.

Der von der Bedeutung her positiv besetzte Begriff der "Reserven" im Sinne einer Sicherheit ist in diesem Fall unangebracht. Das ständige Anwachsen der $-Reserven war umgekehrt vielmehr ein Hintergrund für den schließlichen Zusammenbruch des Bretton-Woods-Systems. Auf Dauer mußten die anwachsenden Dollarbestände der Zentralbanken, hinter denen keinerlei Deckung, nicht einmal mehr die Golddeckung stand, zu einer grundlegenden Erschütterung des Vertrauens in den Dollar führen.

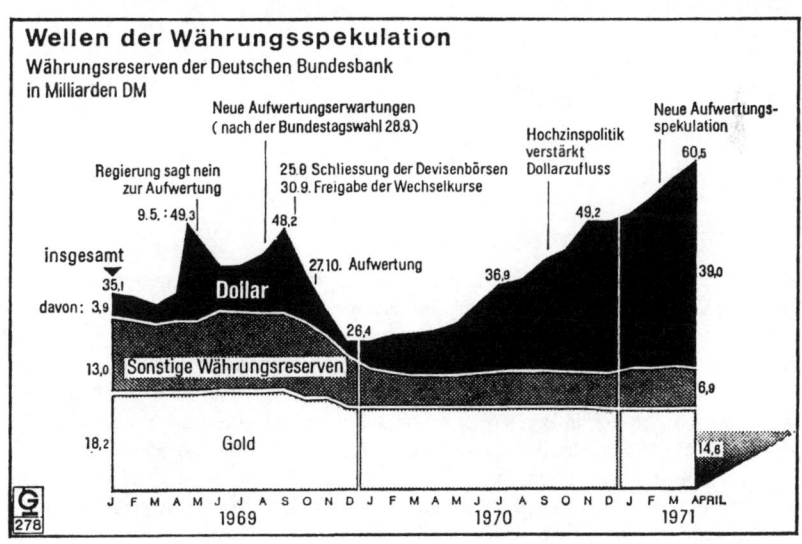

Abb. 97: *(Quelle: Czada/Tolksdorf/Yenal: Internationale Währungsprobleme, S. 86).*

Erweiterung der Bandbreite — Anfang vom Ende fester Wechselkurse

Anstatt nun beim Trend sinkender Dollarkurse das System fester Wechselkurse ganz aufzugeben, wurde 1971 zunächst einmal die Bandbreite erweitert, von ±1% auf ±2,25%. Wenn es sich bei der Talfahrt des Dollar aber um einen langfristigen Trend handelte, dessen tiefere Ursachen nicht angegangen und beseitigt wurden, dann konnte die Erweiterung der Bandbreite nichts weiter als eine gewisse Atempause für die Interventionen der Zentralbanken bringen. Setzte sich der Trend fort, dann mußte der Kurs nach einiger Zeit auch am unteren Ende dieser erweiterten Bandbreite ankommen, und am Prinzip hatte sich nichts geändert *(Abb. 98)*. Man hätte diese Art von Währungspolitik, die ihren Namen eigentlich nicht mehr verdient, natürlich beliebig weiter fortsetzen und die Bandbreite immer mehr erweitern können. Aber das wäre nichts als Augenwischerei gewesen. In einem solchen Fall hätte man zwar formal noch am System fester Wechselkurse festgehalten, tatsächlich aber wäre es eine schrittweise Aufgabe des Systems gewesen.

Die Erweiterung der Bandbreite im Zusammenhang der Dollarkrise Ende der 60er Jahre hat entsprechend den Zusammenbruch des Bretton-Woods-Systems auch nicht mehr aufhalten können, weil damit an den Ursachen der Dollarkrise nicht das Geringste geändert wurde. Was damit allenfalls erreicht wurde, war der Effekt, daß die Öffentlichkeit noch etwas länger über den sich anbahnenden Zusammenbruch des Systems hinweggetäuscht wurde.[48]

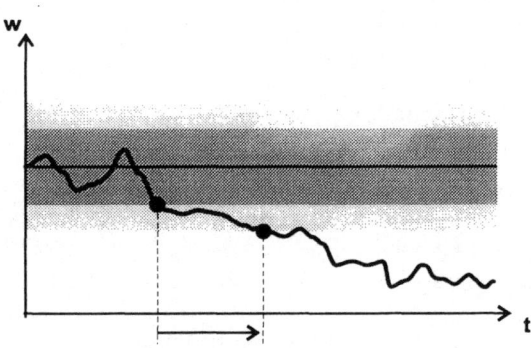

Abb. 98: Erweiterung der Bandbreite und zeitliches Hinausschieben der Intervention.

---

[48] Eine ganz ähnliche Entwicklung hat sich übrigens in jüngster Zeit im Rahmen des Europäischen Währungssystems EWS vollzogen, auf das wir noch im einzelnen zu sprechen kommen werden. Nachdem in Maastricht die Weichen für eine Europäische Währungsunion mit einheitlicher europäischer Währung gestellt wurden, wurde das EWS zweimal in kurzen Abständen von heftigen Währungskrisen erschüttert, in deren Verlauf zunächst das britische Pfund und die italienische Lira und danach der französische Franc und die dänische Krone abstürzten und zu Stützungskäufen der Deutschen Bundesbank von insgesamt über 100 Milliarden D-Mark in wenigen Tagen führten. Daraufhin wurden die Bandbreiten von ursprünglich ±2,5% auf ±15% erweitert, und selbst das reichte in Einzelfällen nicht aus, so daß z.B. das britische Pfund und die italienische Lira aus dem EWS aussteigen mußten. Wir kommen in Kapitel 8.2.6, S. 220 über das EWS näher darauf zu sprechen.

8.2.4.2 Der Einfluß der Produktivitätsentwicklung auf den Wechselkurs

Unsere bisherige Argumentation über Ursachen von Wechselkursänderungen bezogen sich vor allem auf die unterschiedliche Geldpolitik einzelner Länder und auf die davon ausgehende unterschiedliche Inflation oder Deflation. Das Stichwort für die Dollarkrise war die übermäßige Dollar-Geldschöpfung. Aber es gibt noch andere wesentliche Bestimmungsgründe der Wechselkurstendenzen, z.B. die unterschiedliche Zinsniveaus in den einzelnen Ländern, die wesentlichen Einfluß auf die Kapitalströme haben.

Ein weiterer Einfluß geht von der unterschiedlichen Entwicklung der Produktivitäten in den verschiedenen Ländern aus, und dieser Faktor hat auch im Bretton-Woods-System eine wesentliche Rolle gespielt, auf die wir bisher noch nicht eingegangen sind. Das soll nun noch nachgeholt werden. Auch hier gilt wieder, daß es sich gleichzeitig um Vorübungen zum Verständnis der Problematik des EWS und insbesondere der Problematik der deutsch-deutschen Währungsunion sowie der geplanten Europäischen Währungsunion handelt. Wir wollen die Bedeutung unterschiedlicher Produktivitätsentwicklung wieder an einem Modell verdeutlichen, das an unser früheres Gutscheinmodell erinnert. Betrachten wir die Währungen zweier Länder wieder wie Gutscheine auf das jeweilige Sozialprodukt und gehen von dem denkbar einfachsten Fall aus, daß eine Währungseinheit G_a gerade einem Stück Sozialprodukt a entspricht — und eine Währungseinheit G_b gerade einem Stück Sozialprodukt b. Und wir wollen unterstellen, daß a und b gleichwertig sind, also den gleichen Aufwand enthalten und die gleichen Preise erzielen *(Abb. 99a)*.

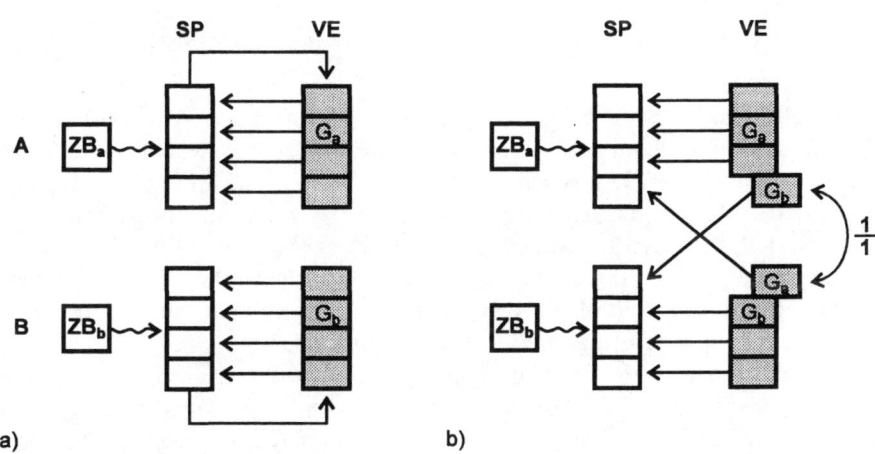

Abb. 99a und b: Zwei Länder mit unterschiedlichen Währungen beim Wechselkurs von 1 : 1.

Wenn sich die Währungen beider Länder am Devisenmarkt austauschen und sich ein Kurs von 1:1 herausbildet, würden die A-Leute mit der eingetauschten Währung G_b ein Stück b bekommen, während die B-Leute für die eingetauschte Währung G_a ein Stück a erhalten *(Abb. 99b)*. Wie würde sich davon ausgehend eine schnellere Produktivitätsentwicklung im Land B auf den Wechselkurs auswirken? *Abb. 99c und d* sollen den Zusammenhang verdeutlichen. Nehmen wir an, die Produktivität im Land B hätte sich gegenüber der Ausgangssituation in zehn Jahren verdoppelt, was bedeutet, daß mit dem gleichen Aufwand, nunmehr die doppelte Stückzahl hergestellt werden kann. Und das heißt auch: die Stückkosten für ein Stück b haben sich halbiert. Und wir wollen auch noch davon ausgehen, daß sich die Senkung der Stückkosten — vermittelt über die Konkurrenz der einzelnen Unternehmen — auch in entsprechenden Preissenkungen durchgesetzt hat. Aufgrund der verdoppelten Produktivität sind also die Preise für 1 Stück b auf die Hälfte gesunken. Eine solche Preissenkung hat nichts mit Deflation zu tun, sondern ist Ausdruck der Produktivitätssteigerung.

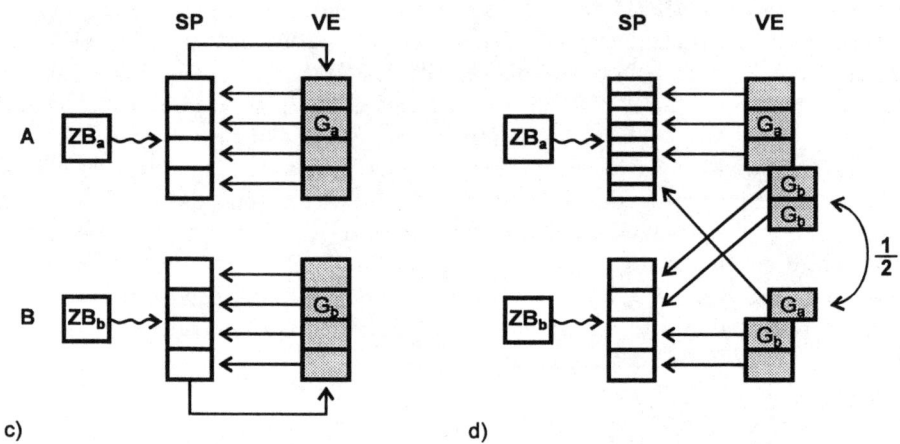

Abb. 99c und d: Steigende Produktivität in Land A läßt Wechselkurs G_a /G_b steigen.

Abb. 99c stellt diese Veränderung grafisch dar: In Land A werden nun 8 Stück a hergestellt, mit jeweils halbem Aufwand und zu halben Preisen, während die Geldmenge die gleiche geblieben ist. Daraus folgt, daß wir für eine Währungseinheit G_a nunmehr die doppelte Menge von a, nämlich 2a gekauft werden können. Aufgrund der Verdoppelung der Produktivität hat sich also die Kaufkraft der Währung G_a unter den gegebenen Bedingungen ebenfalls verdoppelt. Gleichzeitig wollen wir annehmen, daß in Land B die Produktivität und die Geldmenge gleichgeblieben sind. Für eine Währungseinheit G_b bekommt man nach wie vor ein Stück b.

Wie würde sich diese ungleiche Entwicklung der Produktivitäten auf den Wechselkurs auswirken, wenn dieser sich frei einspielen könnte? Der Kurs von G_b würde auf die Hälfte absinken, denn verglichen mit G_a verkörpert G_b nur noch die halbe Kaufkraft, oder G_a die doppelte — wie man will.

Abb. 99d stellt die Situation nach dem Austausch der Währungen dar. Die A-Leute haben 1 G_a gegen 2 G_b eingetauscht und bekommen dafür 2b, während die B-Leute für ein G_a ihrerseits 2a bekommen. Das Land B hat also 2b hingegeben und bekommt im Austausch dafür 2 a. Und wir waren ja davon ausgegangen, daß es sich bei a und b um vergleichbare Waren handelt, die ursprünglich auch den gleichen Aufwand beinhalteten und die gleichen Preise erzielten, die aber aufgrund der Produktivitätssteigerung in

Land A jetzt nur noch mit halbem Aufwand hergestellt werden. Land B ist demgegenüber in der Produktivitätsentwicklung zurückgeblieben.

Aus diesen Überlegungen können wir folgenden Schluß ziehen: Ein Zurückbleiben in der Produktivitätsentwicklung läßt den Wechselkurs der Währung des betreffenden Landes tendenziell absinken. Eine vergleichsweise geringe Produktivitätsentwicklung oder gar ein Produktivitätsrückgang wirken sich also auf den Wechselkurs einer Währung in gleicher Richtung aus wie eine vergleichsweise hohe Inflationsrate. Entsprechend läßt sich umgekehrt auch sagen: Eine hohe Produktivitätssteigerung wirkt sich auf den Wechselkurs in gleicher Richtung aus wie eine relativ geringe Inflationsrate. Die Gesamtwirkung auf den Wechselkurs ergibt sich also auf der Überlagerung beider Tendenzen.

Spannung zwischen festem Wechselkurs und unterschiedlicher Produktivitätsentwicklung

Was nun die Entwicklung nach dem Zweiten Weltkrieg anlangt, war die Produktivitätsentwicklung in den USA deutlich langsamer als in der Bundesrepublik. Außerdem betrieben die USA eine inflationäre Geldpolitik, während die Bundesrepublik mehr auf Stabilitätskurs orientiert war. Beide Tendenzen wirkten insofern in die gleiche Richtung und trugen zusammen dazu bei, daß der Dollarkurs tendenziell immer weiter absank, aber im System fester Wechselkurse eben nicht absinken durfte und deswegen immer mehr gestützt werden mußte. Es war also nicht nur eine Frage der währungspolitischen Disziplin oder Disziplinlosigkeit. Denn auf dieser rein geld- und währungspolitischen Ebene wären die Chancen für eine Abstimmung der Zentralbanken untereinander noch am ehesten gegeben. Aber selbst für den Fall, daß sich die Zentralbanken untereinander auf eine Angleichung in der Geldpolitik einigen könnten oder geeinigt hätten, könnte dies die Tendenz zu einer Veränderung der Wechselkurse nicht aufhalten, wenn unterschiedliche Produktivitätsentwicklungen gegeben sind. Denn diese lassen sich nicht einfach durch Beschluß von Zentralbankpräsidenten oder Zentralbankgremien einander angleichen, weil die Ursachen der Produktivitätsentwicklung viel tiefer begründet liegen als nur in der Geldpolitik.

Die tieferen Ursachen ungleicher Produktivitätsentwicklung

Einfluß auf die Produktivitätsentwicklung hat nicht nur die Qualifikation der Arbeitskräfte, das heißt auch das Bildungssystem, sondern auch die Entwicklung der Technologie und die mehr oder weniger große Ausbeutung von Arbeitskraft und natürlichen Ressourcen. Einfluß hat auch der Grad des Widerstandes, der von Seiten der Gewerkschaften dem Druck des Kapitals entgegengesetzt wird, das heißt auch die sozialen Konflikte und die unterschiedliche Art ihrer Austragung (z.B. viele oder wenig Streiks). All dies drückt einen unterschiedlichen Grad und Charakter gesellschaftlicher Auseinandersetzungen, eine unterschiedliche Streitkultur und unterschiedliche soziale Normen, Traditionen und Motivationen aus. Diese lassen sich nicht einfach per Dekret verordnen und verändern, sondern nur im langfristigen Prozeß politischer, ökonomischer und sozialer Konfliktaustragungen — jedenfalls in demokratisch verfaßten Gesellschaften. In Diktaturen läßt sich einiges davon per Gewalt durchsetzen und verändern, aber selbst damit läßt sich die Produktivität nicht beliebig steigern, weil

Gewalt vielfach mindestens den passiven Widerstand und die Lähmung von Kreativität und Arbeitsmotivation hervortreibt, wenn nicht gar den aktiven Widerstand und die Auflehnung oder Revolution. Es sei denn, es gelingt einer Diktatur, mit einer geeigneten Ideologie und Massenpsychologie den Fanatismus der Massen zu entfesseln.

So gesehen ist es im allgemeinen unrealistisch anzunehmen, daß sich die Produktivitäten verschiedener Länder über längere Zeit parallel entwickeln. Wir kommen auf diesen Aspekt noch einmal ausführlich zurück, wenn es um die Bedingungen für eine Währungsunion, auch für die geplante Europäische Währungsunion, gehen wird.

Das "Wirtschaftswunder" Bundesrepublik — auch Folge des Zusammenbruchs der Schulden?

Was nun die unterschiedliche Produktivitätsentwicklung zwischen der Bundesrepublik einerseits, den USA, Großbritannien und Frankreich andererseits anlangt, ist auffällig, daß nach dem Zweiten Weltkrieg ausgerechnet die Bundesrepublik den stärksten wirtschaftlichen Aufschwung und die größte Produktivitätsentwicklung aufzuweisen hatte — das Land also, das die schwersten Kriegszerstörungen und zusätzlich noch den Zusammenbruch einer Währung hinter sich hatte. Ich will hier nur die Frage aufwerfen, ob diese Entwicklung vielleicht gerade auch Folge der Zerstörung und des Zusammenbruchs war.

Denn mit der Währungsreform war ja auch der ganze über Jahrzehnte hin aufgetürmte Berg der Schulden zusammengebrochen, die auf dem Staatshaushalt und auf den Unternehmen lastete. Während die anderen Volkswirtschaften ohne Währungsreform ihre alten Schuldenlasten weiter mit sich herumschleppten und unter ihren zunehmenden Lasten zu leiden hatten, konnte die bundesdeutsche Wirtschaft in dieser Hinsicht weitgehend ohne Schulden beginnen. Erst allmählich baute sich von neuem ein wachsender Schuldenberg auf, der über vier Jahrzehnte in seinem Verhältnis zum Sozialprodukt immer weiter anstieg. Mindestens dürfte dies — neben vielen anderen Faktoren — einen wesentlichen Einfluß auf die schnellere Produktivitätsentwicklung der bundesdeutschen Wirtschaft gehabt haben — bzw. auf die vergleichsweise langsame Produktivitätsentwicklung der USA, Großbritanniens und Frankreichs (um nur einige Beispiele zu nennen).

Zerstörung, Verdrängung und Wiederaufbau

Hinzu kam, daß der Wiederaufbau und der Nachholbedarf auf längere Zeit große Produktions-, Investitions- und Absatzmöglichkeiten für die deutsche Wirtschaft schaffte und der Produktionsapparat auf dem neuesten Stand der Technik aufgebaut wurde, während andere Länder mit weniger oder gar keiner Kriegszerstörung noch länger ihren alten Projektionsapparat mitschleppten. So absurd es klingt, aber es sieht fast so aus, als habe in Deutschland gerade die verheerende Kriegszerstörung und der Zusammenbruch der Währung wesentliche Grundlagen für das spätere "Wirtschaftswunder Bundesrepublik" geschaffen, das erst Ende der 60er Jahre in seine erste Rezession hineingeriet. Hinzu kam sicherlich die Tendenz großer Teile der westdeutschen Bevölkerung, Faschismus und Krieg aus ihrem Bewußtsein weitgehend zu verdrängen und sich mit voller Kraft in Arbeit und "Wohlstand" zu stürzen.

Studentenbewegung — Blick hinter die Fassaden von Wohlstand und Demokratie

Vor diesem Hintergrund entwickelte sich Ende der 60er Jahre die Studentenbewegung, die gegen die Nichtaufarbeitung der Vergangenheit und gegen die immer noch bestehenden autoritären Strukturen in den Universitäten, aber auch in vielen anderen Bereichen der Gesellschaft rebellierte; und die sich in ihrer Kritik an offenen, aber vor allem auch an verdeckten Herrschaftsstrukturen nicht einfach mit materiellem Wohlstand abspeisen lassen wollte.

Bretton-Woods-System: Verdecktes Finanzierungsinstrument für den Vietnamkrieg

In unserem Zusammenhang interessant ist, daß in der Studentenbewegung auch die ökonomische, politische und militärische Rolle der USA Gegenstand heftiger Kritik und politischer Demonstrationen und Aktionen wurde und die Begriffe "US-Imperialismus" und "Dollar-Herrschaft" viel diskutiert wurden. Mir selbst, der ich bis dahin mehr ein Bewunderer der USA gewesen war, fiel es in diesen Diskussionen immer wieder wie Schuppen von den Augen, und ich habe mein Bild über die USA nach und nach grundlegend korrigiert. Einen wesentlichen Anteil daran hatte die gründliche Aufarbeitung des Bretton-Woods-Systems.

In der Studentenbewegung wurde teilweise die These vertreten, durch das Bretton-Woods-System seien die Mitglieder des IWS, also auch und vor allem die Bundesrepublik, indirekt in den Vietnamkrieg verwickelt, der ja zu dieser Zeit von Seiten der USA mit ungeheurer Grausamkeit geführt wurde — von der führenden Weltmacht, die sich selbst die Verteidigung von Freiheit und Demokratie auf ihre Fahnen geschrieben hatte. Das Bretton-Woods-System habe wesentlich die Funktion eines verdeckten Instruments zur Finanzierung des Vietnamkriegs erfüllt, den sich die USA ohne dieses Instrument gar nicht hätte leisten können. Außerdem hätte sich der inneramerikanische Widerstand gegen den Vietnamkrieg vermutlich viel eher und wirksamer formiert, wenn die USA die vollen finanziellen Lasten dieses Krieges selbst zu tragen gehabt hätten. Indem sie sich aber über Jahrzehnte durch inflationäre Dollar-Geldschöpfung und die Dollar-Ankaufspflicht der anderen Zentralbanken Teile der ausländischen Sozialprodukte aneigneten und auf diese Weise verdeckte Entwicklungshilfe von den Mitgliedsländern bezogen, konnten sie diesen Krieg führen.

Ein Herrschaftssystem struktureller Gewalt

Die Bundesrepublik gehörte mit ihrem großen Anteil an Dollarstützungskäufen insofern mit zu den Hauptfinanziers der USA. Aber über diese indirekte Verwicklung in den Vietnamkrieg hatte es bis dahin keinerlei öffentliche politische Diskussionen und demokratische Entscheidungen gegeben. Das Parlament zu für der Frage einer möglichen Beteiligung an der Finanzierung des Vietnamkriegs nie gefragt worden, und die Empörung der Studentenbewegung über die nur demokratische Fassade, hinter der sich Herrschaftsstrukturen ganz anderer Art durchgesetzt hatten, führte damals zur Gründung einer außerparlamentarischen Opposition (APO).

Bezogen auf das Bretton-Woods-System habe ich selbst aus den Diskussionen in der Studentenbewegung und ihrem Niederschlag in etlichen Veröffentlichungen (z.B. in der Zeitschrift Prokla) viel tiefere Einsichten gewonnen als aus all den anderen wirt-

schaftswissenschaftlichen Abhandlungen oder aus den Veröffentlichungen der Bundesbank über Währungspolitik, die ich bis dahin gelesen hatte. Mir wurde immer deutlicher, daß das Bretton-Woods-System ein verdecktes Herrschaftssystem war, das die
Vormachtstellung der USA untermauerte und die übrigen Mitgliedsländer dieser Vormachtstellung unterwarf, und dies unter Umgehung parlamentarischer und demokra-
tischer Kontrolle — allein durch das Wirken der Spielregeln von Bretton Woods.

Wenn anstelle eines Herrschaftssystems mit offener Gewalt eine Struktur gesetzt
wird, innerhalb deren die Herrschaftsinteressen auf verdecktem Weg gesichert werden,
spricht man von "struktureller Gewalt". Insofern kann man das Bretton-Woods-System
und den IWF als ein Herrschaftssystem struktureller Gewalt bezeichnen, das der Absi-
cherung amerikanischer Weltherrschaftsinteressen diente.

Die Einbindung der abhängigen Länder

Je deutlicher die Problematik des Bretton-Woods-Systems wird, um so rätselhafter
erscheint es, warum die Mitgliedsländer über lange Zeit dieses Spiel mitgespielt haben.
Warum haben sie die USA nicht früher gedrängt, von ihrer inflationären Politik der
Dollar-Geldschöpfung abzukehren und eine Stabilitätspolitik einzuleiten? Haben die
Zentralbanken und Regierungen alle nicht durchgeblickt, oder waren sie alle zu
schwach, oder waren sie interessenmäßig so mit den USA im Rahmen des westlichen
Bündnissystems verbunden (z.B. im Ost-West-Konflikt), daß sie die amerikanische
Dominanz in Kauf nahmen? Vermutlich war von all dem etwas im Spiel. Aber hinzu
kam noch die Tatsache, daß innerhalb des Bretton-Woods-Systems die übrigen Länder
sogar ein Interesse an der übermäßigen Dollar-Geldschöpfung haben mußten, weil der
Dollar nicht nur nationales Zahlungsmittel in den USA, sondern gleichzeitig internationales Zahlungsmittel war. So war es in Bretton Woods entschieden worden. Und ein
sich ausweitender internationaler Waren- und Kapitalverkehr bedarf geradezu einer
wachsenden Menge an internationalem Zahlungsmittel, an "internationaler Liquidität".

Das Interesse der abhängigen Länder an der Dollar-Geldschöpfung

Nachdem diese Funktion auf den Dollar übertragen worden war, hatten auch die
Mitgliedsländer ein großes Interesse an der Dollar-Geldschöpfung, auch wenn sie andererseits unter deren Auswirkung zu leiden hatten. So pervers wie das klingt: Die Leidtragenden der Dollar-Geldschöpfung haben selbst noch die USA um immer mehr
Geldschöpfung gebeten. Wenn in einer emotionalen oder sexuellen Beziehung ein solches Muster zwischen zwei Menschen vorliegt, dann spricht man von Masochismus.
Übertragen auf internationale Beziehungen könnte man die These aufstellen: Das
Bretton-Woods-System hatte den Charakter eines internationalen Masochismus, indem
die von den USA dominierten Länder um immer mehr Ausbeutung baten.

8.2.4.3 Die Funktion internationaler Liquidität

Diese These klingt natürlich sehr provozierend, und sie kann nicht einfach nur so
im Raum stehen bleiben, sondern muß inhaltlich begründet werden. Dazu dienen die
folgenden Modellüberlegungen, die ein Verständnis darüber ermöglichen sollen, was

eigentlich die Funktion eines internationalen Zahlungsmittel oder einer internationalen Liquidität ist — und was es bedeutet, wenn einer nationalen Währung wie dem Dollar diese Funktion übertragen wird. Auch aus diesen Überlegungen werden wir wieder Grundlagen ableiten, die uns beim Verständnis des EWS zugute kommen werden, aber auch bei der Würdigung des Keynes Plans, der in Bretton Woods als Alternative zum White-Plan zur Diskussion stand, aber abgelehnt wurde.

Um die Funktion internationaler Liquidität zu erläutern, bedarf es eines Modells mit drei Ländern, die jeweils miteinander in außenwirtschaftlichen Beziehungen stehen. Auch hier wollen wir wieder von denkbar einfachsten Bedingungen ausgehen. In *Abb. 100* werden die Zusammenhänge am Beispiel USA, Frankreich und Deutschland veranschaulicht. Die Blöcke stellen jeweils die Zahlungsbilanzen dieser Länder dar, und zwar einmal die sog. bilateralen Zahlungsbilanzen zwischen jeweils zwei Ländern.

In diesem Modell wird zunächst unterstellt, daß die Gesamtzahlungsbilanzen aller Länder ausgeglichen sind, während die bilateralen Zahlungsbilanzen jeweils unausgeglichen sind. Deutschland hat z.B. in diesem (willkürlich gewählten) Beispiel einen Zahlungsbilanzüberschuß gegenüber den USA (dargestellt durch die Plus-Schraffierung), und entsprechend haben die USA gegenüber Deutschland ein Zahlungsbilanzdefizit (Minus-Schraffierung). Demgegenüber hat Deutschland im Verhältnis zu Frankreich ein Zahlungsbilanzdefizit, und Frankreich hat gegenüber den USA ein Defizit. Insgesamt aber gleichen sich die bilateralen Defizite und Überschüsse in unserem Modell jeweils aus.

Betrachten wir einmal näher das

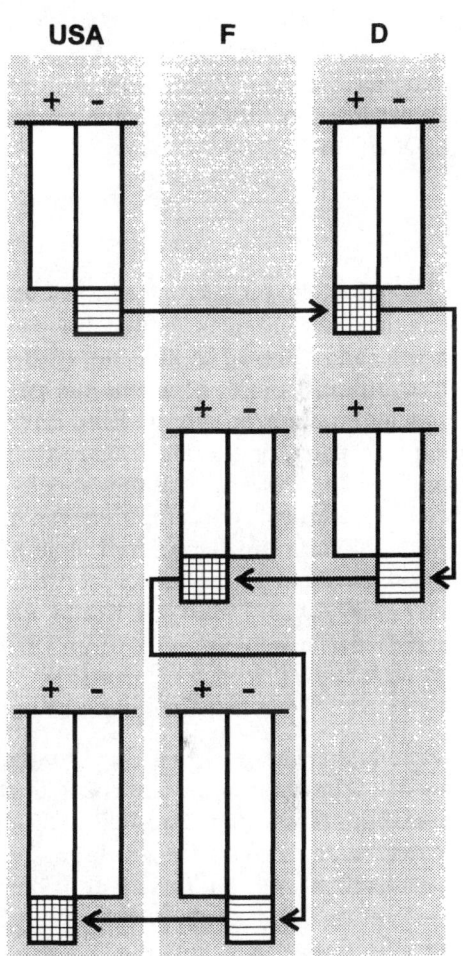

Abb. 100: Internationale Liquidität zur Finanzierung bilateraler Zahlungsbilanzdefizite.

Defizit von Deutschland gegenüber Frankreich. Es bringt ja mit sich, daß z.B. die Exporterlöse (die Deutschland gegenüber Frankreich im Außenhandel erzielt hat und die als Franc auf den Devisenmarkt geflossen sind) nicht ausreichen, um die höheren Importe aus Frankreich mit französischen Franc zu bezahlen. In Höhe des Defizits fehlt es also an französischen Franc. Wenn nun die Situation z.B. im vorangegangenen Jahr genau umgekehrt war, dann hätte die Bundesbank aus ihrer Intervention am Devisenmarkt gegenüber dem Franc entsprechende Franc-Reserven angesammelt, auf die sie jetzt zurückgreifen könnte. Wenn sich aber über Jahre hinweg gegenüber Frankreich eine passive Zahlungsbilanz ergeben hat, dann fehlt es an Franc-Reserven, und die Frage ist, wo die notwendigen Zahlungsmittel herkommen können, die dieses Zahlungsbilanzdefizit finanzieren könnten.

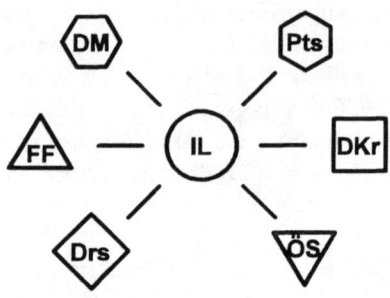

Abb. 101: Internationale Liquidität (IL) als Drehscheibe zwischen nationalen Währungen.

Devisenkredit und Sonderziehungsrecht

Eine Möglichkeit wäre, daß die Deutsche Bundesbank von der Französischen Zentralbank einen entsprechenden Devisenkredit bekäme. Aber Kredit heißt ja, daß der entsprechende Betrag in Zukunft zurückgezahlt werden muß, und das ginge nur, wenn sich in Zukunft die Zahlungsbilanz gegenüber Frankreich aus einem Defizit in einen Überschuß umkehren würde. Eine andere technische Variante davon wäre die Einräumung von sog. "Sonderziehungsrechten" von Seiten der Französischen Zentralbank gegenüber der Deutschen Bundesbank. Das bedeutet im Prinzip nicht anderes als eine Art Überziehungskredit, für den von vornherein bestimmte Kreditlinien eingeräumt werden, die dann im Bedarfsfall ohne besonderen Antrag in Anspruch genommen werden können. Aber es sind eben letztlich auch Devisenkredite, die auf ihre Rückzahlung warten, bzw. darauf, daß das Konto wieder ausgeglichen wird, in diesem Fall also das jetzige Defizit durch einen späteren Überschuß abgelöst wird.

Die Notwendigkeit eines internationalen Zahlungsmittels

Eine andere Möglichkeit der Finanzierung von bilateralen Zahlungsbilanzdefiziten wäre die Schaffung eines internationalen Zahlungsmittels, das von allen Zentralbanken akzeptiert wird und bei Bedarf in die jeweilige Währung des betreffenden Landes eingelöst werden kann. Es würde im Zahlungs- und Verrechnungsverkehr zwischen den Zentralbanken eine ähnliche Funktion erfüllen wie das Geld im Warenaustausch innerhalb eines Landes: nämlich eine Art Drehscheibe zu sein, auf die man zur Erleichterung des Austauschs aufsteigen kann, um von dort aus in jede beliebige Richtung wieder auszusteigen *(Abb. 101)*. Beim Austausch von Waren hieße das: in jede beliebige andere Ware aussteigen und nicht mehr auf den Naturaltausch mit seinen Umständlichkeiten angewiesen sein. Im Devisenaustausch zwischen den Zentralbanken heißt es: beliebig in jede andere Landeswährung aussteigen und nicht mehr darauf angewiesen sein, die Zahlungsbilanz mit jedem einzelnen Land im Gleichgewicht zu halten, sondern nur noch die Zahlungsbilanz insgesamt.

So wie beim Naturaltausch von Waren das Geld zu einer Vereinfachung und Erweiterung des Warenaustauschs geführt hat, so legt entsprechend ein internationales Zahlungsmittel die währungspolitischen Grundlagen für eine Ausweitung des internationalen Waren- und Kapitalverkehrs. Ohne internationales Zahlungsmittel könnten nur solche außenwirtschaftlichen Beziehungen zwischen jeweils zwei Ländern zustandekommen, bei denen die bilateralen Zahlungsbilanzen auf Dauer und im Durchschnitt ausgeglichen sind. Und das hieße auch: Eine Menge sonst möglicher internationaler Wirtschaftsbeziehungen würde verhindert. Ohne ein internationales Zahlungsmittel müßten die außenwirtschaftlichen Beziehungen auf ein Volumen beschränkt bleiben, wo die jeweiligen Zahlungsbilanzspitzen, das heißt die Defizite bzw. Überschüsse, gekappt sind. Von daher entsprach es ganz dem erklärten Ziel des Bretton-Woods-Abkommens, nämlich der Wiederbelebung und Erweiterung des Welthandels und des internationalen Kapitalverkehrs, daß innerhalb dieses Währungssystems eine internationale Liquidität geschaffen wurde.

Die widersprüchliche Funktion des Dollar als nationales und internationales Zahlungsmittel

Was aus dieser Zielsetzung aber nicht zwingend folgte, war die Konstruktion, daß der Dollar (als nationales Zahlungsmittel innerhalb der USA) gleichzeitig die Funktion eines internationalen Zahlungsmittels erfüllen sollte. Denn damit wurde der Dollar von Anfang an mit zwei Funktionen ausgestattet, die — wie wir gleich sehen werden — in sich widersprüchlich sind, die sich grundsätzlich auf Dauer nicht miteinander vereinbaren lassen. In dieser Widersprüchlichkeit lag eine tiefere Ursache der späteren Dollarkrise und damit des Zusammenbruchs des westlichen Weltwährungssystems.

Kommen wir, bevor diese These im einzelnen begründet wird, noch einmal auf *Abb.* 100 zurück: Indem der Dollar nicht nur nationales, sondern gleichzeitig internationales Zahlungsmittel war, konnten die USA einfach durch zusätzliche Dollar-Geldschöpfung ihre Defizite gegenüber der Bundesrepublik finanzieren. Mit diesem Zufluß an Dollar, den die Deutsche Bundesbank mit Stützungskäufen aus dem Devisenmarkt abschöpfen mußte, konnte nun die Bundesrepublik ihrerseits ihre Defizite gegenüber Frankreich finanzieren. Denn gegen Vorlage dieser Dollar bei der französischen Zentralbank war diese gezwungen, die Dollar zum festgesetzten Kurs aufzukaufen und der Deutschen Bundesbank eine entsprechende Menge französischer Franc zukommen zu lassen, die zur Finanzierung des Defizits gegenüber Frankreich verwendet werden konnten.[49] Damit war jetzt Frankreich im Besitz einer Dollarreserve, mit der es sein Defizit gegenüber den USA finanzieren konnte. Auf diese Weise würden — jedenfalls in unserem Modell und nach unseren bisherigen Überlegungen — die ursprünglich geschöpften Dollar zur amerikanischen Zentralbank zurückfließen. Einem Prozeß der Dollar-Geldschöpfung als internationales Zahlungsmittel könnte ein ent-

---

[49] Die Eigenschaft eines internationalen Zahlungsmittels setzt ja gerade voraus, daß es — als Drehscheibe zwischen den nationalen Währungen — von jeder Zentralbank in die jeweilige Landeswährung eingetauscht wird. Es ist mit einer Art Annahmezwang oder Umtauschzwang ausgestattet, so wie das Geld im nationalen Rahmen mit einem Annahmezwang versehen ist: Das Geld muß nämlich als allgemeines Zahlungsmittel von den Warenverkäufern zur Begleichung ihrer Forderungen akzeptiert werden, und es beinhaltet einen Anspruch auf den Kauf beliebiger anderer Waren.

sprechender Prozeß der Dollar-Geldvernichtung gegenüberstehen — ganz analog der Geldschöpfung und Geldvernichtung durch die Zentralbank innerhalb eines Landes. Alle Gesamtzahlungsbilanzen wären auf diese Weise ausgeglichen.

Aber so ist es im Bretton-Woods-System nicht gelaufen, und konnte es auch gar nicht so laufen. Denn während in unserem Modell von einem vollen Durchfluß des Dollar durch die Kette der Zentralbanken ausgegangen wurde, mußten in der Realität die einzelnen Zentralbanken jeweils Dollarreserven in ihren Reservekassen anlegen, um im Bedarfsfall mit hinreichender internationaler Liquidität ausgestattet zu sein, um die jeweiligen bilateralen Zahlungsbilanzdefizite gegenüber anderen Ländern finanzieren und am Devisenmarkt entsprechend intervenieren zu können. So wie innerhalb einer Volkswirtschaft von dem geschöpften Geld jeweils ein gewisser Teil in den Reservekassen z.B. von Unternehmen landet, um der Gefahr von Illiquidität vorzubeugen bzw. um mit den Geldern zu spekulieren, so "versickert" auch in den Reservekassen der Zentralbanken ein gewisser Teil der geschöpften Dollar, der insoweit nicht mehr in die USA zurückfließt.

Das bedeutet aber auch: Um die Zentralbanken der Mitgliedsländer mit hinreichender internationaler Liquidität zu versorgen, mußten auf Dauer ständig mehr Dollar in die Welt fließen, als wieder in die USA zurückflossen. Die Gewährleistung internationaler Liquidität der Zentralbanken machte unter diesen Umständen ein dauerhaftes Zahlungsbilanzdefizit der USA und einen entsprechenden Nettoabfluß an Dollar geradezu notwendig. Der Dollar war insofern nicht nur "Leitwährung", auf die sich die anderen Währungen rein rechnerisch als gemeinsamem Nenner bezogen, sondern er war auch "internationale Reservewährung", er war Grundlage für die Reserven an internationaler Liquidität der einzelnen Zentralbanken und damit Grundlage für die Ausweitung des internationalen Waren- und Kapitalverkehrs. Aber unter dem Strich konnte er diese Funktion nur erfüllen unter der Voraussetzung eines ständigen Zahlungsbilanzdefizits der USA, und das hieß unter den Bretton-Woods-Bedingungen auch: eines ständigen Aneignens ausländischen Sozialprodukts.

Die Dollarkrise als Konsequenz des Widerspruchs

Warum mußte aber diese Konstruktion langfristig zur Dollarkrise und zum Zusammenbruch des Bretton-Woods-Systems führen? Weil die andere und ursprüngliche Funktion, die der Dollar zu erfüllen hatte, nämlich nationales Zahlungsmittel in den USA zu sein, durch die notwendig gewordene übermäßige Geldschöpfung immer mehr ausgehöhlt werden mußte. Je mehr Dollar-Geldschöpfung betrieben wurde, um der Funktion als internationales Zahlungsmittel gerecht zu werden, um so weniger konnte die Kaufkraft des Dollars als nationales Zahlungsmittel erhalten bleiben. Sie wurde stattdessen immer mehr inflationär unterhöhlt. Es war nur eine Frage der Zeit, wann dieser Widerspruch zwischen den unvereinbaren Funktionen so viel Spannung aufgebaut hatte, daß er an die Oberfläche durchbrach und sich in Form der Dollarkrise und der Erschütterung des Weltwährungssystems entlud.

Die Forderung nach Einlösung der Dollarreserven in Gold unter de Gaulle und die bald darauf erfolgte Aufkündigung der Goldeinlösegarantie durch die USA waren insofern nicht die Ursache der Dollarkrise, sondern ein lediglich letzter Auslöser. Die tieferen Ursachen waren im Grunde schon in die Wiege des Bretton-Woods-Systems gelegt:

Sie lagen in dem von Anfang an widersprüchlichen Charakter des Dollar, einerseits nationales Zahlungsmittel und andererseits gleichzeitig internationales Zahlungsmittel zu sein — und damit zwei Funktion erfüllen zu sollen, die sich grundsätzlich widersprechen *(Abb. 102).*

Je besser die eine Funktion erfüllt wird (als nationales Zahlungsmittel durch eine stabilitätsorientierte Geldpolitik eine Preisstabilität zu gewährleisten), um so mehr wird die andere Funktion vernachlässigt (als internationales Zahlungsmittel für ausreichende internationale Liquidität zu sorgen) — und umgekehrt. Wie man es dreht und wendet: Beide Funktionen lassen sich auf Dauer nicht gleichzeitig erfüllen. Und wenn die Erfüllung der einen Funktion, nämlich internationale Liquidität bereitzustellen, derartige außenwirtschaftliche Vorteile für die USA mit sich brachte, wie wir dies abgeleitet haben, dann ist auch verständlich, daß sich diese Tendenz auf Dauer durchgesetzt hat.

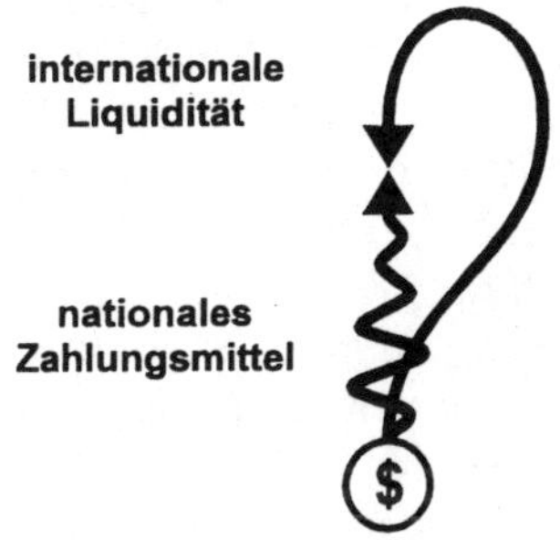

Wir finden also in der Konstruktion des Bretton-Woods-Systems auf erstaunliche Weise in bezug auf den Dollar einen ganz ähnlichen widersprüchlichen Charakter, wie wir ihn früher schon in bezug auf das bisherige Geld herausgearbeitet hatten (und wie er von Gesell aufgedeckt und grundlegend kritisiert worden war). So wie das Geld seine Funktion als allgemeines Zahlungsmit-

internationale
Liquidität

nationales
Zahlungsmittel

$

Abb. 102: Der widersprüchliche Charakter des Dollar im Bretton-Woods-System.

tel einbüßt, wenn es — anstatt zu fließen — gehortet wird und die Reservekassen von Unternehmen und Haushalten füllt, so wurde die Funktion des Dollar als amerikanisches Zahlungsmittel unterhöhlt, wenn er die Reservekassen der Zentralbanken füllte und entsprechend international gehortet wurde — und zum Auffüllen der dadurch entstehenden Lücke im Geldkreislauf immer wieder inflationäre $-Geldschöpfung betrieben wurde. Aber für amerikanische Interessen war diese Konstruktion dennoch von Vorteil, denn die USA haben über fast drei Jahrzehnte auf verdecktem Wege reichlich davon profitiert — bis es dann zum großen Knall kam und es beim besten Willen so nicht mehr weitergehen konnte. Wir dürfen gespannt darauf sein, was sich die USA danach haben einfallen lassen, um unter grundsätzlich veränderten währungspolitischen Bedingungen ihre Interessen auf andere Weise durchzusetzen. Das wird noch einmal spannend wie ein Krimi werden.

8.2.4.4 Anforderungen an ein funktionsfähiges internationales Zahlungsmittel

Bevor wir auf die währungspolitische Entwicklung nach 1973 zu sprechen kommen, wollen wir uns noch mit der Frage beschäftigen, auf welche andere und sinnvollere Art die erforderliche internationale Liquidität bereitgestellt werden könnte, wenn man sich schon für ein System fester Wechselkurse entschieden hat. Und selbst in einem System flexibler Wechselkurse ist in gewissem Maße international Liquidität erforderlich, um zeitweise Interventionen der Zentralbanken in den Devisenmarkt zur Dämpfung von übermäßigen Kursschwankungen zu ermöglichen — ohne deswegen die Trends in den Kursentwicklungen aufhalten zu wollen.

Keine Einheit von nationalem und internationalem Zahlungsmittel

Die klarste Lösung bestände in der Schaffung eines internationalen Zahlungsmittels, das nicht identisch mit irgendeinem nationalen Zahlungsmittel, mit irgendeiner Landeswährung ist. Es müßte in Umlauf gebracht und in seiner Menge gesteuert werden durch eine übernationale Institution, eine internationale Währungsreservebank (IWRB), deren währungspolitische Ziele klar definiert werden müßten. Die nationalen Währungen und nationalen Zentralbanken würden dabei erhalten bleiben, es würde sich also nicht um eine Währungsunion und entsprechend nicht um ein einheitliches Weltgeld handeln. Aufgabe dieser internationalen Währungsreservebank wäre es lediglich, ein internationales Zahlungsmittel für den Reservebedarf der nationalen Zentralbanken und für den Zahlungs- bzw. Verrechnungsverkehr zwischen den nationalen Zentralbanken zu schaffen. *Abb. 103* stellt diese Struktur noch einmal symbolisch dar. Bei den Schalen unterhalb der Geldschöpfung handelt es sich jeweils um die Reservekassen der nationalen Zentralbanken. (Die Verbindungsrohre zwischen den drei Ländern sind aus Gründen der besseren Übersicht in dieser Darstellung weggelassen.)

Vergabekriterien für internationale Liquidität

Die internationale Liquidität müßte sich einerseits an den wachsenden Reserveanforderungen der Zentralbanken orientieren, wie sie sich bei Ausweitung des internationalen Waren- und Kapitalverkehrs ergeben; andererseits müßte darauf geachtet werden, daß damit zwar bilaterale Zahlungsbilanzungleichgewichte finanziert werden, nicht aber dauerhafte Zahlungsbilanzdefizite einzelner Länder. Die Vergabe der Mittel an die Zentralbanken könnte sich an bestimmten Maßstäben orientieren, wie z.B. der Höhe des Sozialprodukts und Volkseinkommens, dem Volumen außenwirtschaftlicher Beziehungen, wie es sich in der Zahlungsbilanz niederschlägt, und an der Struktur der außenwirtschaftlichen Beziehungen; das heißt auch an der Summe der bilateralen Zahlungsdefizite, für deren Finanzierung — selbst bei insgesamt ausgeglichener Zahlungsbilanz, ein internationales Zahlungsmittel erforderlich ist.

Eine Rückzahlung dieser Mittel an die internationale Währungsreservebank zu fordern, wäre im Grunde nicht funktionsgerecht, und noch weniger funktionsgerecht wäre es, darauf einen Zins zu erheben. Damit die Vergabe internationaler Zahlungsmittel an einzelne Zentralbanken diese nicht zu einer inflationären Politik im Inneren mit der Wirkung von Gesamtzahlungsbilanzdefiziten verleitet, müßten allerdings zusätzliche Mittel zur Überbrückung solcher Zahlungsbilanzdefizite in Form von Krediten ausgegeben werden. Damit die betreffenden Länder sich veranlaßt sehen, ihr Gesamtzahlungsbilanzdefizit umzukehren in einen Überschuß, müßten diese Mittel zurückgezahlt werden — allerdings ohne Zinsen.[50]

---

[50] All dies sind natürlich nur Überlegungen in bezug auf entwickelte Industrieländer, bei denen die Umkehrung der Zahlungsbilanzsituation, d.h. die Bekämpfung von Inflation im Inneren und des Zahlungsbilanz-

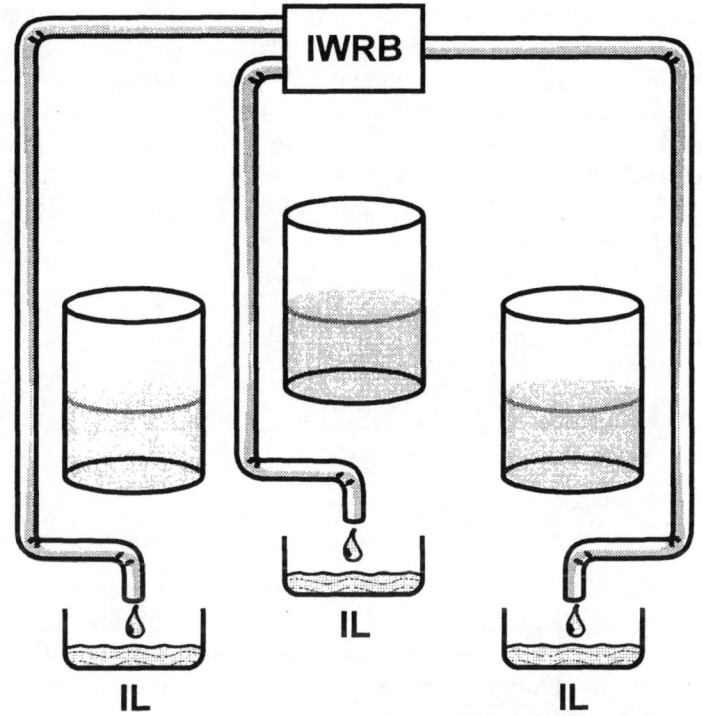

Abb. 103: Zuteilung internationaler Liquidität (IL) durch eine Internationale Währungsreservebank (IWRB).

Der Keynes-Plan — die verworfene Alternative

Ein ganz ähnlicher Vorschlag lag 1944 auf dem Konferenztisch von Bretton Woods: Es war der Keynes-Plan, der aber schließlich abgelehnt wurde — und dies ganz offenbar nicht aus sachlichen, sondern aus machtpolitischen Gründen. In einem solchen Modell wäre dem Dollar keine Sonderrolle zugefallen, und entsprechend hätten die USA auch nicht derart profitieren können wie bei der Realisierung des White-Plans. Keynes sah tatsächlich die Schaffung eines über den nationalen Währungen schwebenden, von ihnen unabhängigen internationalen Zahlungsmittels oder einer internationalen Reservewährung vor, der er den Namen "Bancor" gab — und die Schaffung einer entsprechenden übernationalen Währungsreservebank. Der von uns herausgearbeitete widersprüchliche Charakter des Dollar wäre in diesem System nicht enthalten gewe-

---

defizits nach außen, auch mit geldpolitischen Mitteln realisierbar ist. Derartige Maßstäbe gleichermaßen an Länder der Dritten Welt anzulegen — die aufgrund ihrer ganz anders gelagerten Strukturprobleme ihre Zahlungsbilanzdefizite nicht einfach nur mit restriktiver Geldpolitik abbauen können — wäre natürlich verfehlt. Hier müßten ganz andere Programme entwickelt werden, um die tieferen Ursachen von Zahlungsbilanzdefiziten und Verschuldungen anzugehen und auf deren Veränderung hinzuwirken.

sen, und auch keine andere nationale Währung wäre in die damit unvereinbare Rolle eines internationalen Zahlungsmittels gebracht worden. Die unterschiedlichen Funktionen von nationalem und internationalem Zahlungsmittel wären klar voneinander getrennt gewesen, und die Asymmetrie des Bretton-Woods-Systems hätte es nicht gegeben. All dies hätte — bei Vorliegen nur dieser beiden Alternativen —klar für des Keynes-Plan gesprochen[51]. Aber wie gesagt: Entschieden hat damals offenbar nicht die Vernunft, sondern das Machtkalkül der USA und die Durchsetzung ihrer Herrschaftsinteressen als neue Weltmacht Nr. 1.

8.2.5 Monetarismus und Anti-Inflationspolitik — die Wende in den USA nach 1973

Flexible Wechselkurse und spürbare Inflationsfolgen

Wie ging nun die Entwicklung nach 1973, nach dem Zusammenbruch des Bretton-Woods-Systems, weiter? Zunächst geriet der Dollar in eine Talfahrt, deren vorläufiger Tiefpunkte 1979 mit ca. 1,70 DM erreicht war. Da im neuen System flexibler Wechselkurse auch keine Dollar-Ankaufspflicht der übrigen Zentralbanken mehr bestand, war eigentlich klar, daß es mit der bisherigen inflationären Dollar-Geldschöpfung so nicht weitergehen konnte. Denn erstens hätte sie zu einem noch weiteren Absinken des Dollarkurses geführt, und zweitens dazu, daß die Inflation nicht mehr auf andere Länder abgewälzt werden konnte, sondern sich viel stärker in den USA selbst ausgewirkt hätte.

Gleichzeitig waren die ganzen außenwirtschaftlichen Vorteile der inflationären Politik, wie sie für die USA vorher gegeben waren, nicht mehr vorhanden. Und vor allem um derentwillen hatten ja die USA bis dahin die inflationären Tendenzen im Inneren in Kauf genommen. Nun also fielen die ganzen Vorteile weg, und die Nachteile und Gefahren inflationärer Politik traten um so deutlicher in Erscheinung, auch und gerade für die USA.

Monetarismus: Warnung vor Inflationsgefahren

Es dürfte deswegen kaum Zufall sein, daß sich in den Jahren nach 1973 zunächst in den USA eine wirtschaftswissenschaftliche Richtung immer mehr öffentliches Gehör verschaffte, für die man sich bis dahin herzlich wenig interessiert hatte: der sog.

---

[51] Interessant in diesem Zusammenhang ist, daß Silvio Gesell bereits 1920 einen detaillierten Vorschlag für die Neugestaltung des Internationalen Währungssystems veröffentlicht hatte. Er nannte es "Internationale Valuta-Assoziation (IVA)". Siehe hierzu Silvio Gesell: Gesammelte Werke Band 12, 1920 - 1921, Gauke-Verlag, Lütjenburg 1992, S. 149 - 190.

"Monetarismus", der von Milton Friedman von der Universität Chicago begründet worden war und deswegen auch "Chicago-Schule" genannt wurde.

Hauptkritik der Monetaristen war die inflationäre Geldpolitik und die damit einhergehende Politik staatlichen Haushaltsdefizits, finanziert über Geldschöpfung. Die Grundidee für diese Art staatlicher Beschäftigungspolitik (nämlich über zusätzliche Staatsausgaben die Nachfrage und darüber die Konjunktur anzukurbeln und darüber die Arbeitsplätze zu schaffen) ging ja ebenfalls auf Keynes zurück. Während sich Keynes also mit seinen währungspolitischen Vorstellungen in Bretton Woods nicht hatte durchsetzen können, war die Wirtschaftspolitik in vielen westlichen Industrieländern stark durch die Keynessche Beschäftigungstheorie geprägt und legitimiert. Der Monetarismus holte nun zu einem kräftigen Schlag gegen diese Art von Keynesianismus aus, machte vor allem den Keynesianismus und dessen Umsetzung in der Geld- und Wirtschaftspolitik für die Inflation verantwortlich und warnte eindringlich vor deren vielfältigen Gefahren.

Solange die USA davon profitierten, war Inflation kein Thema

In den Einschätzungen der Inflationsgefahren ist den Monetaristen sogar in vieler Hinsicht recht zu geben, und in deren Vernachlässigung und Unterschätzung ist der Keynesianismus in der Tat zu kritisieren. Aber wie gesagt: Solange die USA von ihrer Inflationspolitik weltweit profitiert haben, hat sich für den Monetarismus kaum jemand interessiert. Erst nach 1973, wo die inflationären Lasten nicht mehr auf andere Länder abgewälzt und daraus eigene Vorteile gezogen werden konnten, kam der Monetarismus in den USA in Mode und drängte mehr und mehr in die Besetzung von Lehrstühlen an den Universitäten, in die Berichterstattung und Kommentierung in den Medien und in die wirtschaftswissenschaftliche Politikberatung. Monetarismus war gleich Anti-Keynesianismus und war verbunden mit der Forderung nach einer "Anti-Inflationspolitik" — als wären nur die Keynesianer an allem Übel Schuld.

Es ist hier nicht der Raum, um auf Keynesianismus und Monetarismus näher einzugehen. Darüber habe ich an anderer Stelle ausführlich geschrieben.[52] Hier will ich lediglich die weitgehend erfolgte Ablösung des Keynesianismus durch den Monetarismus seit Mitte der 70er Jahre vor dem Hintergrund der veränderten währungspolitischen Situation interpretieren. Unter den veränderten währungspolitischen Bedingungen nach 1973 mußten die USA, wenn sie nicht großen Schaden nehmen wollten, von der bis dahin betriebenen inflationären Politik abkehren, und also brauchten sie eine wissenschaftlich klingende Theorie, die diesen Kurswechsel in der Politik scheinwissenschaftlich und letztlich ideologisch legitimierte und durchzusetzen half.

Monetarismus als neue Herrschaftsideologie

In dieser Zeit kam der Monetarismus genau richtig bzw. wurde aktuell. Weil er den Herrschaftsinteressen der USA unter den veränderten Bedingungen besser entsprach

---

[52] Siehe hierzu Bernd Senf: Kritik der marktwirtschaftlichen Ideologie, Berlin 1980 sowie: Konfliktverdrängung und Systemerstarrung in emotion 3, Berlin 1981.

als der Keynesianismus. Die sachliche Überzeugungskraft der monetaristischen Theorie kann es wohl kaum gewesen sein, die ihm zu immer mehr Ansehen und politischem Einfluß verhalf. Denn diese Theorie — das kann hier nur als These in den Raum gestellt werden — ist im wesentlichen nichts anderes als ein Rückfall in den Mythos von einer störungsfreien Selbstregulierung der Marktwirtschaft — wenn erst einmal die inflationäre Geldpolitik zurückgenommen ist und die unvermeidlichen Entzugserscheinungen von Anti-Inflationspolitik durchgestanden sind.

Monetarismus und Konfliktverdrängung

Damit leugnet der Monetarismus nicht nur die theoretischen Krisenerklärungen, wie sie etwa von Marx, Gesell oder Keynes entwickelt wurden und auf eine permanente Krisentendenz des marktwirtschaftlich-kapitalistischen Systems verweisen; er leugnet auch die vielfältigen historischen Erfahrungen, die deutlich gemacht haben, wie krisenanfällig das System auch und gerade dort ist, wo es weitgehend seinen eigenen Mechanismen überlassen wird. Nach meinem Verständnis handelt es sich beim Monetarismus um ein Gedankengebäude mit einem hohen Maß an Realitätsausblendung und Konfliktverdrängung. Aber eine Theorie mag noch so fragwürdig, noch so oberflächlich oder noch so falsch sein; wenn das Ergebnis, das sie liefert, bzw. die Veränderungen, die sie fordert, einem relevanten Herrschaftsinteresse entsprechen, hat sie alle Chancen, zur "herrschenden Lehre", eben zur "Lehre der Herrschenden" zu werden. Warum gerade der Monetarismus den Herrschaftsinteressen der USA nach dem Zusammenbruch des Bretton-Woods-Systems entsprochen hat, will ich im folgenden begründen, und damit gleichzeitig in groben Zügen die Entwicklung nachzeichnen, die die amerikanische Wirtschafts- und Gesellschaftspolitik — soweit sie mit der Geldpolitik zusammenhängt — seither genommen hat. Einige Abbildungen sollen die Gedankengänge wiederum unterstützen und veranschaulichen.

Die Folgen von Anti-Inflationspolitik

In *Abb. 104a* ist ein gesamtwirtschaftlicher Kreislauf dargestellt, wo ein staatliches Haushaltsdefizit durch Geldschöpfung finanziert wurde und zu einem gesamtwirtschaftlichen Nachfrageüberhang und entsprechend zu Inflation geführt hat.

Wird nun der Geldhahn in Zukunft wieder zugedreht und damit dem Staat die Finanzierungsquelle seines Haushaltsdefizits genommen, um die Inflation zu bremsen, dann würde entsprechend die gesamtwirtschaftliche Nachfrage zurückgehen. Inflationäre Preiserhöhungen lassen sich von Seiten der Unternehmen nicht mehr am Markt durchsetzen. Die Konsequenz davon ist, daß viele der erwarteten Gewinne ausbleiben oder gar Verluste eintreten. Es kommt vermehrt zu Entlassungen von Arbeitskräften und zu Firmenzusammenbrüchen *(Abb. 104b).*

Für den Staat geht die monetaristische Politik einher mit drastischen Einschränkungen der Staatsausgaben, das heißt mit Sparprogrammen. Nun könnte der Staat natürlich versuchen, seine Ausgaben auf andere Weise als durch Geldschöpfung zu finanzieren. Eine Möglichkeit wären Steuererhöhungen. Aber mindestens was die Besteuerung der Unternehmen anbelangt, fordern die Monetaristen das Gegenteil, nämlich eine steuerliche Entlastung der Unternehmen.

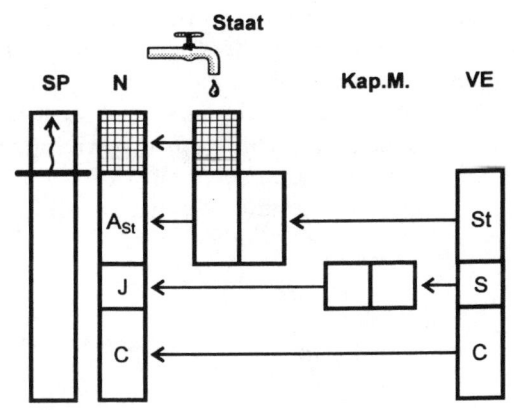

Abb. 104a: Wenn geldschöpfungsfinanzierte Staatsausgaben zur Inflation geführt haben, ...

Betrachten wir dazu einmal die Gegenüberstellung von Kosten und Erlösen eines Unternehmens in *Abb. 105a*: An Kostenbestandteilen sind aufgeführt die Kosten für Lohn (L), Material und Maschinen (M), Finanzierung (F) und Steuern (St). Der dargestellte Gewinn wäre in diesem Fall der Gewinn nach Steuerabzug. Sinken — als Folge monetaristischer Politik der Geldverknappung und der Senkung der Staatsausgaben — die ge-

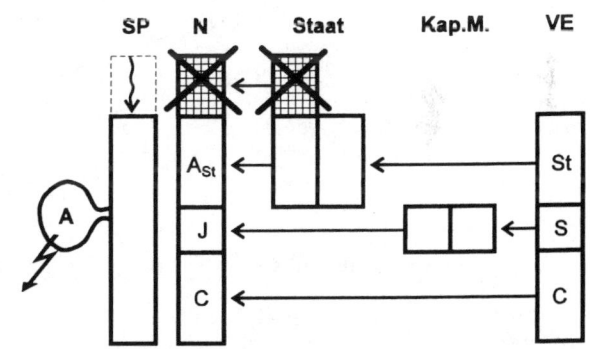

Abb. 104b: ... löst Anti-Inflationspolitik eine Krise aus.

samtwirtschaftliche Nachfrage und damit im Durchschnitt auch die Erlöse der Unternehmen, so geht ein Teil der Unternehmen ganz unter, und andere überleben nur, wenn sie auf ihrer Kostenseite Einsparungen vornehmen bzw. entlastet werden.

"Angebotsorientierte Wirtschaftspolitik" und Druck auf die Kosten

In diesem Zusammenhang wird von den Monetaristen eine steuerliche Entlastung der Unternehmen gefordert, um diese auf der Seite der Produktion bzw. des Angebots wieder zu stärken. Aus diesem Grund nennt sich diese Politik auch "angebotsorientierte Wirtschaftspolitik" — im Unterschied zur "nachfrageorientierten Wirtschaftspolitik" nach Keynes, bei der Unternehmen vor allem durch eine Steigerung der Nachfrage zu mehr Produktion und Investition und darüber zu mehr Beschäftigung angeregt werden sollten.

Da die Finanzierungskosten — jedenfalls für schon bestehende Schulden — eine feste Größe sind und von den Banken erbarmungslos eingefordert werden, bleibt als Manövriermasse für Kostensenkungen im Unternehmen noch die Senkung der Lohn- bzw. der Material- und Maschinenkosten. Das bedeutet konkret: Der Druck auf die Arbeit und der Druck in Richtung Produktivitätssteigerung und Rationalisierung wachsen. Entsprechend werden neben den Unternehmenssteuern (St) auch die Kosten für Löhne (L) bzw. für Material und Maschinen (M) in die Zange genommen *(Abb. 105b)*.

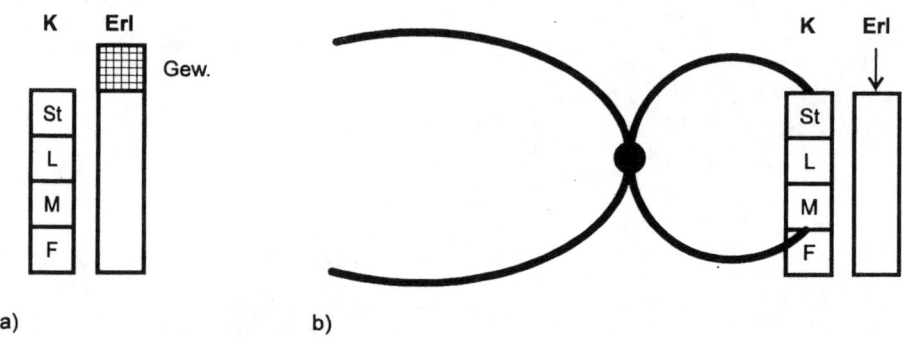

a)   b)

Abb. 105a und b: Durch monetaristische Politik kommen die Unternehmenssteuern (St) sowie die Kosten für Löhne (L) und Material und Maschinen (M) in die Zange.

Massenarbeitslosigkeit und Schwächung der Gewerkschaften

Während in Zeiten annähernder Vollbeschäftigung die Gewerkschaften noch eine wirksame Gegenkraft gegen den Druck von Unternehmerseite bilden, werden sie bei wachsender Arbeitslosigkeit immer mehr in die Defensive gedrängt und können bei Tarifkonflikten Lohnerhöhungen immer weniger durchsetzen — bzw. müssen sich sogar mehr und mehr mit Reallohnsenkungen begnügen (das heißt mit Lohnerhöhungen, die unterhalb der Inflationsrate liegen). Alle diese Tendenzen sind ganz im Sinne des Monetarismus, der davon ausgeht, daß sich unter dem jahrzehntelangen Inflationsklima des Keynesianismus viele Unternehmen nur halten und bestimmte Lohnforderungen nur haben durchsetzen werden können, weil eine inflationäre Geldpolitik genügend Spielraum dafür eröffnete. Auf dem Weg zur Wiedergewinnung von Preisstabilität müßte also zwangsläufig eine Reihe von Unternehmen eingehen, die sich nur in einem künstlich durch Inflation aufgeheizten Klima entwickeln und halten konnten, und ebenso müßte eine Reihe von Ansprüchen an das Sozialprodukt zurückgeschraubt werden.

Monetarismus und Hochzinspolitik

Dabei wurden übrigens die Ansprüche der Geldkapitalbesitzer nie zur Diskussion oder gar zur Disposition gestellt, sondern ganz im Gegenteil: Die Durchsetzung monetaristischer Politik der Geldverknappung bedient sich ja wesentlich der Erhöhung der

Leitzinsen, und also wurde auch das Zinsniveau am Kapitalmarkt in die Höhe getrieben — was angesichts einer allgemeinen Geldverknappung auch die Zinserträge aus Geldanlagen ansteigen ließ. Der Kurswechsel vom Keynesianismus zum Monetarismus führte entsprechend in den 80er Jahren in die Phase der "Hochzinspolitik" der USA, die auch das Zinsniveau auf den interntionalen Kapitalmärkten in die Höhe trieb. Sowohl die Ideologie wie auch die Politik des Monetarismus und damit auch die Hochzinspolitik schwappten mit einiger Verzögerung auch nach Europa herüber und wurden am krassesten in Großbritannien von der konservativen Regierung unter Margret Thatcher vertreten und politisch durchgesetzt. Aber bleiben wir in den USA.

Der Abbau des Sozialstaats

Mit monetaristischer Ideologie ausgerüstet bestritt seinerzeit Ronald Reagan den Wahlkampf um die amerikanische Präsidentschaft, und ein wesentlicher Punkt seines Wahlprogramms bestand im geplanten Abbau der Staatsverschuldung und einem öffentlichen Sparprogramms im Rahmen einer Anti-Inflationspolitik. Unter der 8jährigen Präsidentschaft von Reagan wurde tatsächlich ein rigoroses Sparprogramm in vielen Bereichen des Staatshaushalts durchgezogen. Vor allen kamen dabei die staatlichen Sozialausgaben massiv unter die Räder, was den Prozentsatz des Bevölkerungsanteils unterhalb der Armutsgrenze drastisch erhöhte — und im reichsten Land der Welt eine ungeheure Armut von wachsenden Teilen der Bevölkerung hervortrieb.

Verschärfung der sozialen Spannungen

Auf der anderen Seite wurden die Unternehmen steuerlich entlastet, und die Geldkapitalbesitzer konnten von der Hochzinspolitik ungeheuer profitieren und ihr Geldvermögen in einem Tempo anwachsen lassen wie noch nie zuvor. Die monetaristisch begründete Politik unter Reagan hat in wenigen Jahren die ökonomischen und sozialen Spannungen innerhalb der amerikanischen Gesellschaft enorm anwachsen lassen und zu einer gewaltigen Konfliktverschärfung beigetragen. Ähnlich ist es in Großbritannien unter Margret Thatcher gelaufen.

Privatisierung öffentlicher Leistungen und Zementierung sozialer Ungleichheit

Ein weiteres wesentliches Element monetaristischer Politik liegt in der möglichst weitgehenden Privatisierung von vorher staatlichen bzw. öffentlichen Betrieben oder öffentlich wahrgenommenen Funktionen. Eine solche Politik der Privatisierung hat sicherlich dort ihre Berechtigung, wo staatliche Betriebe vergleichsweise unproduktiv wirtschaften. Aber eine Fülle öffentlicher Funktionen hat gerade darin ihre historische Begründung und Legitimation, daß sie Bereiche abdeckt, die durch privatwirtschaftliche und am Gewinn orientierte Unternehmen nicht hinreichend erfüllt werden können — z.B. im Bereich des Bildungssystems, des Verkehrswesens und des Gesundheitswesens.

Denn in einer nur am Markt orientierten Produktion bzw. eines Angebots werden nur diejenigen bedient, die sich durch kaufkräftige Nachfrage auch Geltung am Markt verschaffen können. Die sozial Schwächeren fallen entsprechend teilweise oder sogar ganz heraus, können sich also z.B. eine privatwirtschaftlich finanzierte Ausbildung, die entsprechend gewinnbringende Studiengebühren beinhaltet, nicht mehr leisten. Und damit werden bestehende soziale Ungleichheiten immer nur noch weiter zementiert — anstatt sie abzubauen.

All dies sind durchaus gewollte Konsequenzen monetaristischer Politik, die teilweise in ihren Konsequenzen mit unglaublicher Brutalität auf dem Rücken der sozial Schwachen ausgetragen wird und immer größere Teile der Bevölkerung aus der Teilhabe am materiellen Wohlstand ausgegrenzt hat. Das Stichwort von der "Zweidrittelgesellschaft" benennt diese Tendenz, die darauf hinausläuft, daß sogar in den reichen Industrieländern von vornherein ein Drittel der Gesellschaft ausgegrenzt wird und keine Chance mehr auf ein menschenwürdiges Dasein hat — von den globalen Tendenzen im Verhältnis der Industrieländer zu den Entwicklungsländern bzw. innerhalb der Entwicklungsländer ganz zu schweigen; denn dort ist das Auseinanderklaffen von Reichtum und Armut noch viel himmelschreiender.

Aufrüstung gegen verschärfte Konflikte

Nachdem also die USA ihre inneren Konflikte nicht mehr — wie unter dem Bretton-Woods-System — durch inflationäre Politik und durch Aneignung ausländischen Sozialprodukts überdecken konnten, bauten sich unter der Reagan-Administration immer mehr soziale Spannungen im Inneren der USA auf, die sich u. a. in einem dramatischen Anstieg der Kriminalität äußerten. Entsprechend erschien es geradezu notwendig und konsequent, die Ausgaben für sog. innere Sicherheit, also für den Polizeiapparat, nicht dem allgemeinen Sparprogramm zu unterwerfen, sondern im Gegenteil deutlich zu erhöhen. Noch mehr schien es der Reagan-Administration notwendig, sich für drohende äußere Konflikte militärisch aufzurüsten, um auf keinen Fall die amerikanische Vormachtstellung und die Sicherung von billigen Rohstoffquellen und von Absatzmärkten und Kapitalanlagesphären in anderen Teilen der Welt zu gefährden. Unter Heraufbeschwörung drohender äußerer Konflikte gelang es Reagan, den Militärhaushalt der USA in astronomische Größenordnungen auszuweiten, die alles Vorstellungsvermögen übersteigen.

An dieser Stelle wurde bezeichnenderweise nicht mehr monetaristisch argumentiert und eine Sparpolitik durchgesetzt, sondern das absolute Gegenteil betrieben, und dies scheinbar ganz im Widerspruch zum Monetarismus. Und dennoch auch wieder nicht: Denn im Grunde ist es eine fast logische Konsequenz monetaristischer Politik und der mit ihr einhergehenden Konfliktverschärfung, daß sich der Staat zur Sicherung der Herrschaftsinteressen gegen eine drohende gewaltsame Eskalation rüsten muß — aufrüsten muß!

Die Finanzierung der amerikanischen Aufrüstung unter Reagan

Die eskalierende Aufrüstung unter Reagan kam natürlich der amerikanischen Rüstungsindustrie und all den davon profitierenden Zweigen und Geldanlegern zugute. Aber was hatte das alles für Konsequenzen für den amerikanischen Dollar? *Abb. 105c* soll uns helfen, der Antwort auf die Spur zu kommen. Sie stellt symbolisch den amerikanischen Staatshaushalt dar, links mit den Staatsausgaben und rechts mit den Steuereinnahmen. An Staatsausgaben habe ich die Rüstungsausgaben (Rü), die Sozialausgaben (Soz) und die Finanzierungskosten (F) für die Staatsschulden angedeutet. (Andere Staatsausgaben sind der Einfachheit halber in dieser Grafik weggelassen). Die Größenverhältnisse sind willkürlich gewählt.

Die Abbildung soll verdeutlichen, daß die Zange monetaristischer Sparpolitik nur an einigen Posten des Staatshaushalts angesetzt hat, während andere davon ausgeklammert wurden. An den Finanzierungskosten, soweit sie aus bereits bestehender Staatsverschuldung stammen, läßt sich scheinbar eh nichts ändern, allenfalls langfristig, indem die Staatsver-

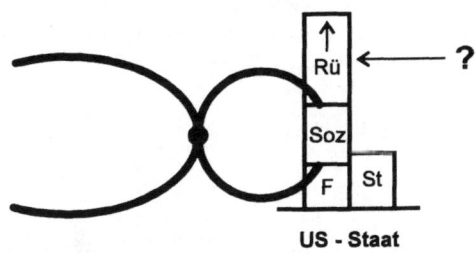

US - Staat

Abb. 105c: Die Sozialausgaben (Soz) im amerikanischen Staatshaushalt kamen in die Zange, während die Rüstungsausgaben (Rü) drastisch gesteigert wurden.

schuldung nach und nach abgebaut wird. Das ginge nur dann, wenn die jeweilige Neuverschuldung innerhalb eines Jahres geringer ausfallen würde als die Tilgung früherer Schulden. In dieser Richtung war ja auch das Wahlprogramm von Reagan formuliert worden. Nur ließ es sich in keiner Weise mehr vereinbaren mit den Anforderungen, die sich aus der gigantischen Steigerung des Rüstungshaushalts bei gleichzeitiger Senkung der Unternehmensbesteuerung ergaben. Als Ausgleich der Senkung der Unternehmensbesteuerung und der steuerlichen Entlastung der Reichen (!) wurde die Besteuerung der mittleren und unteren Einkommen erhöht. Aber das reichte bei weitem nicht aus, um den explodierenden Rüstungshaushalt auch nur annähernd zu finanzieren. Was blieb also sonst noch an Finanzierungsmöglichkeiten?

Geldschöpfung und Staatsverschuldung?

Wir haben diese Frage möglicher Finanzierung von staatlichen Rüstungsausgaben schon weiter oben ausführlich diskutiert und waren seinerzeit dazu gekommen, daß die Geldschöpfung für die jeweilige Regierung das eleganteste Mittel darstellt, weil sie die tatsächlichen Kosten der Aufrüstung erst einmal verschleiert. Dieses Mittel kam nach dem Zusammenbruch des Bretton-Woods-Systems und nach Durchsetzung monetaristischer Politik der Geldverknappung für die US-Regierung allerdings nicht mehr in Frage. Also mußte sich der Staat am Kapitalmarkt Mittel beschaffen, die er in einer Situation knappen Geldes und hoher Zinsen allerdings nur bekam, wenn er selbst noch höhere Zinsen bot als die privaten Kreditnehmer. Damit hätte er nicht nur die privaten Investitionen in die Defensive gedrängt, sondern bei den astronomischen Summen des amerikanischen Rüstungshaushalts wäre der inneramerikanische Kapitalmarkt bald leergefegt gewesen — und es hätten damit doch nur Teile des Rüstungshaushalts finanziert werden können.

Hochzinspolitik und Anlocken von Auslandskapital

Was in dieser Situation also blieb, war das Anlocken von Auslandskapital durch extrem hohe Zinsen, die vom amerikanischen Staat auf neu ausgegebene Staatsanleihen garantiert wurden. Die Folge davon war ein massiver Zustrom von Auslandskapital in die USA *(Abb. 105d)*, denn derart hohe Zinsen ließen sich fast nirgendwo auf der Welt erzielen. Die Verknappung des Geldes an den Kapitalmärkten der anderen Länder ließ entsprechend dort die Zinsen ebenfalls in die Höhe schießen, so daß es in den 80er Jahren weltweit zu einer Hochzinsphase kam.

Acht Jahre Reagan: Eskalation der Staats- und Auslandsverschuldung

Im Inneren hatte Reagan damit das Gegenteil von dem umgesetzt, was er in seinem Wahlprogramm als wesentliches Ziel seiner Politik verkündet hatte: Anstatt das Haushaltsdefizit und die Staatsverschuldung abzubauen, sind in den acht Jahren seiner Präsidentschaft die Staatsschulden auf eine astronomische Höhe angewachsen, die es bis dahin in Friedenszeiten noch nie gegeben hatte. Damit wurde natürlich auch der Anteil der Zinslasten am Staatshaushalt der kommenden Jahre und Jahrzehnte dramatisch erhöht und drückte bzw. drückt immer mehr auf die anderen Posten im Staatshaushalt.

Außenwirtschaftlich wurde unter seiner Präsidentschaft ein weiteres Spitzenergebnis erzielt: Die USA wurden in dieser Zeit international vom größten Gläubigerland zum größten Schuldnerland der Welt! Und dieser Präsident wurde in allen Ehren aus seinem Amt verabschiedet und genießt noch Jahre danach in weiten Teilen der amerikanischen Bevölkerung und der Weltöffentlichkeit großes Ansehen. Wie konnte die Bilanz seiner Politik der Öffentlichkeit derart verborgen bleiben und seine

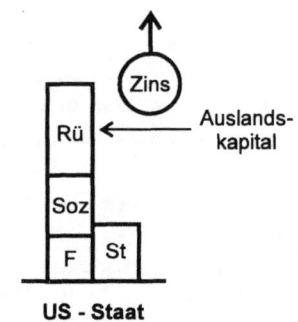

Abb. 105d: Die amerikanische Hochzinspolitik unter Reagan lockte Auslandskapital in die USA — und vergrößerte das Haushaltsdefizit.

Politik noch als Erfolg gewertet werden? Weil sie in ihren Wirkungen nicht gleich offen zu Tage trat, sondern wiederum wie von einem Nebelschleier verdeckt wurde, weil sie mit Täuschungen einherging und die Eskalation der Probleme vor sich herschob. Was damit gemeint ist, soll im folgenden erläutert werden.

Die scheinbare Erholung des Dollars

Betrachten wir dazu das Diagramm in *Abb. 106*. Es stellt wieder den Devisenmarkt dar, wobei diesmal der Einfluß der Kapitalströme in den Vordergrund gestellt ist. Für Kapitalexporte aus Deutschland in die USA muß die D-Mark vorher in Dollar umgetauscht werden, um am amerikanischen Kapitalmarkt angelegt werden zu können. Also entsteht in diesem Zusammenhang eine entsprechende Nachfrage nach Dollar. Kommt es umgekehrt zu Kapitalimporten aus den USA nach Deutschland, so entsteht entsprechend daraus ein Angebot an Dollar am Devisenmarkt. Die Ausgangssituation mit dem Gleichgewichtswechselkurs von 1,70 DM bezieht sich auf 1979 bzw. 1980, als der US-Dollar nach Freigabe des Wechselkurses am vorläufigen Tiefpunkt seiner Talfahrt angelangt war.

Die amerikanische Hochzinspolitik der 80er Jahre und die massiven Kapitalströme in die USA drücken sich in unserer Grafik in der Verschiebung von Angebots- und Nachfragekurve nach Dollar aus. Die Kapitalexporte (aus deutscher Sicht) wachsen an, und die Kurve verschiebt sich in den Bereich größerer Mengen; auf der anderen Seite gehen die Kapitalimporte aus den USA nach Deutschland zurück. Daraus ergibt sich am Devisenmarkt bei flexiblen Wechselkursen ein Anstieg des Dollarkurses. Tatsächlich stieg der Dollarkurs bis Mitte der 80er Jahre wieder auf ungefähr 3,10 DM an, und der Kursanstieg erfolgte nicht nur gegenüber der D-Mark, sondern auch gegenüber anderen Währungen. Trotz des angestiegenen

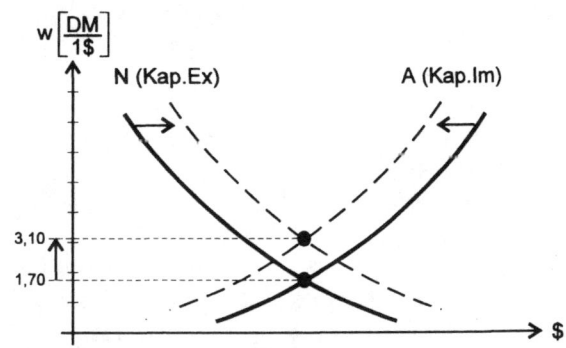

Abb. 106: Wachsende Kapitalexporte in die USA ließen den $-Kurs in den 80er Jahren wieder steigen.

Wechselkurses war es (aufgrund der hohen Zinsen) für das ausländische Kapital immer noch attraktiv, in die USA zu strömen. Und das amerikanische Kapital, das bis dahin in die Welt geströmt war und dort Verwertungsmöglichkeiten gesucht und gefunden hatte, wurde nun — sofern es flüssig war und nach neuen Anlagemöglichkeiten drängte — in die USA zurückgeholt.

Dadurch also kam es für die USA in wenigen Jahren zur Umkehr vom ursprünglich größten Gläubigerland zum größten Schuldnerland der Welt. Denn das hereingeholte Kapital bedeutete Auslandsschulden, die verzinst und zurückgezahlt werden müssen — ganz anders als unter den für die USA paradiesischen Bedingungen des Bretton-Woods-Systems, wo sie ohne Kredit und Zins — einfach durch Dollar-Geldschöpfung — an die ausländischen Währungen herangekommen waren. Ganz im Unterschied dazu müssen die Tilgung und die Zinsen auf Auslandsverschuldung erwirtschaftet werden, was in Zukunft entweder höhere Steuereinnahmen und/oder Ausgabensenkungen des Staates erfordert oder aber von neuem in die inflationäre Geldschöpfung treibt, um auf diese Weise das wachsende Haushaltsdefizit zu "finanzieren".

All diese langfristigen Konsequenzen und Tendenzen wurden von der breiten Öffentlichkeit überhaupt nicht bemerkt. Stattdessen wurde der Kursanstieg als eine "Erholung des Dollar am internationalen Devisenmarkt" gefeiert, und als Ausdruck einer Gesundung der amerikanischen Wirtschaft. Aber das genaue Gegenteil war der Fall! Abgesehen von der wachsenden sozialen Verelendung in den USA unter Reagan und dem Anstieg von Arbeitslosigkeit und Firmenzusammenbrüchen war nicht einmal der Boom in der Rüstungsindustrie solide finanziert, sondern schuf einen wachsenden Berg von Staatsschulden und Auslandsschulden, bei dem völlig rätselhaft ist, wie er jemals auf ehrliche Art und Weise abgetragen werden soll.

Schuldenerlaß für die USA?

Vermutlich werden die USA irgendwann so etwas wie einen Schuldenerlaß — aber nicht etwa für die Dritte Welt, sondern für den amerikanischen Staatshaushalt — fordern müssen; wobei noch unklar ist, welche konkrete Form und welche konkrete Verschleierung er eines Tages annehmen wird. Es wäre nach dem Zweiten Weltkrieg ja nicht das erstemal, daß sich die USA ihren internationalen Zahlungsverpflichtungen einfach entziehen, wenn sich herausstellt, daß sie insoweit zahlungsunfähig geworden sind.

.Ein erster Vorgeschmack in diese Richtung ergab sich bereits aus dem neuerlichen Kursverfall des Dollars seit 1985. Einen neuen dramatischen Höhepunkt erreichte diese Entwicklung mit dem sog. "schwarzen Montag" im Oktober 1987, als es an der New Yorker Wertpapierbörse (und auch an anderen Börsenplätzen der Welt) zu Kurseinbrüchen von durchschnittlich 22 % und einem nochmaligen Absinken des Dollarkurses kam. Vielleicht war diese Entwicklung auch eine Folge davon, daß es sich bei dem Anstieg des Dollarkurses und der Entwicklung der amerikanischen Wirtschaft nur um eine "Schwindelblüte" gehandelt hatte, die auf einem völlig unsoliden Fundament eskalierender Staats- und Auslandsverschuldung aufgebaut war — und zu einer Überspekulation angeregt hatte. Jedenfalls rutschte der Dollar immer weiter in die Tiefe und landete schließlich bei unter 1,50 DM. Von dieser Talfahrt hat er sich bis heute nie wieder richtig erholt. Ganz im Gegenteil: Die jüngste Dollarkrise Anfang März 1995, die für große Aufregung an den internationalen Devisenbörsen und für Schlagzeilen und Kommentare in den Medien sorgte, brachte den Dollar auf sein historisches Rekordtief von 1,37 DM.

Für die Geldanleger in den USA, die sich durch die extrem hohen Zinsen haben anlocken lassen, bedeutet der Kursverfall des Dollars natürlich eine herbe Enttäuschung, jedenfalls für diejenigen, die erst zu dem hohen Dollarkurs von 3,10 DM eingestiegen sind. Wer die jährlichen Zinserträge in D-Mark zurückverwandeln wollte, um z.B. davon zu leben oder sie anderweitig neu anzulegen, bekam nach dem Absinken des Dollar auf unter 1,40 DM nur noch weniger als die Hälfte von dem, was er sich von der Geldanlage erhofft hatte.

Erneute Zahlungsunfähigkeit des amerikanischen Staates

Ein weiterer Höhepunkt in der Krise des amerikanischen Staatshaushalts wurde im November 1995 erreicht, als die amerikanische Regierung vorübergehend zahlungsunfähig wurde und einen Teil der Staatsbediensteten mehrmals für mehrere Tage in unbezahlten Zwangsurlaub schickte. Eine große Zahl öffentlicher Einrichtungen mußte daraufhin bis zum Jahresende 1995 geschlossen werden. Äußerer Anlaß dafür war ein Streit zwischen dem demokratischen Präsidenten Clinton und der republikanischen Mehrheit im Kongreß um den Haushaltsplan 1995/96. Die Republikaner hatten derart drastische Einschnitte in das ohnehin schon demontierte Sozialsystem verlangt, daß Clinton dagegen sein Veto einlegte — und damit das fristgerechte Zustandekommen eines gültigen Haushalts verhinderte. Es entbehrt nicht einer gewissen Ironie der Geschichte, daß gerade die Republikaner, deren Präsidenten Reagan und Bush die Hauptverantwortung für die gigantische Staatsverschuldung der USA tragen, nunmehr als Apostel eines ausgeglichenen Staatshaushalts auftreten und den Staatshaushalt in sieben Jahren zum Ausgleich bringen wollen.

Aber allein schon die Altschulden drücken derart auf den Staatshaushalt, daß der Spielraum für eine soziale und ökologische Politik ungemein eingeschränkt ist, selbst wenn der demokratische Präsident Clinton und sein (früher einmal ökologisch engagierter) Vizepräsident Al Gore sie mit aller Kraft durchsetzen wollten. Entsprechend geht es im Haushaltsstreit auch nicht mehr um die Frage, ob die Sozialausgaben weiter gekürzt werden sollen, sondern nur noch darum, wie drastisch die Kürzungen ausfallen sollen. Und was die Umweltpolitik anlangt, sind die USA international in den letzten Jahren (u.a. auf der UNO-Klimakonferenz in Berlin 1995) als der Hauptbremser aufgetreten. Selbst in ihren Mitgliedsbeiträgen für die UNO sind die USA säumig geworden und haben auf diese Weise mit dazu beigetragen, daß die UNO in eine Finanzkrise geriet. So steht es mittlerweile mit dem vermeintlich reichsten Land der Welt ...

Amerikanische Exportoffensive und verschärfter Konflikt mit EG (EU) und Japan

Die USA ihrerseits nutzten nun die niedrigen Dollarkurse zur einer massiven Exportoffensive am Weltmarkt, denn ein niedriger Dollarkurs bedeutet ja, daß amerikanische Waren am Weltmarkt aus der Sicht anderer Länder relativ billig sind. In diesem Zusammenhang sind auch die neueren Bemühungen der USA zu sehen, die zwei Hauptkonkurrenten am Weltmarkt — die EG bzw. EU einerseits und Japan anderseits — zurückzudrängen. So haben die USA z.B. im Rahmen des GATT (des Allgemeinen Zoll- und Handelsabkommens) auf einen umfassenden Abbau von Handelsbeschränkungen gedrängt, die die EG und Japan als Schutzmauern um sich herum errichtet hatten.

Dabei bewegen sich die USA im Verhältnis zur EG bzw. EU und zu Japan immer wieder hart am Rande eines Handelskrieges, und teilweise wurden auch schon die Waffen eines Handelskrieges eingesetzt. Aus den ursprünglich unzertrennlich erscheinenden Bündnispartnern sind längst härteste ökonomische Konkurrenten am Weltmarkt geworden, und es sieht eher so aus, als stehen wir erst am Anfang einer sich verschärfenden Konfliktsituation zwischen den drei großen Wirtschaftsblöcken USA, EU und Japan. Die Schaffung der nordamerikanischen Freihandelszone (NAFTA) mit den Mitgliedern USA, Kanada und Mexiko dürfte in diesem Zusammenhang auch als ein Versuch der USA zu werten sein, innerhalb der veränderten Weltmarktkonstellation im sich verschärfenden Konkurrenzkampf gegen die anderen Weltmarktkonkurrenten besser gewappnet zu sein.

Aber auch innerhalb der NAFTA haben sich die Konflikte bereits verschärft: Die wachsenden sozialen Spannungen innerhalb Mexikos haben zu den Indioaufständen in Chiappas und deren gewaltsamer Niederschlagung geführt; und der mexikanische Peso stürzte Anfang 1995 in eine schwere Währungskrise, die auch den amerikanischen Dollar mit in die Tiefe riß. Das ohnehin schon angeschlagene Vertrauen in den Dollar wurde in diesem Zusammenhang noch zusätzlich erschüttert, als bekannt wurde, daß die USA 80% ihrer Währungsreserven, die für eventuelle Stützungsaktionen zugunsten des Dollar gedacht waren, zweckentfremdet zur Stützung des mexikanischen Peso verwendet hatten.

Weltweite Sicherung der Rohstoffquellen

Im Kampf um die Sicherung der Rohstoffquellen und der weltweiten Einflußsphären für amerikanisches Kapital hatten sich die USA ja schon unter Reagan bis an die Zähne bewaffnet, und der Golfkrieg um die Sicherung der Rohölquellen in Kuweit bot einen ersten Eindruck davon, wie die USA gedenken, ihre Einflußsphären in der Welt mit militärischer Gewalt zu verteidigen. Wobei diesmal die Kosten des Golfkrieges wenigstens auf durchsichtige Art und Weise den Verbündeten gleich zu Anfang als Rechnung präsentiert und anstandslos bezahlt wurde. Wenigstens darin bestand ein Fortschritt, daß die Finanzierungsbeteiligung anderer Länder am amerikanischen Feldzug nicht mehr verdeckt, sondern offengelegt wurde.

Daß es sich im Golfkrieg nicht in erster Linie um die Verteidigung der Demokratie und um einen Kampf gegen die Diktatur unter Sadam Husein im Irak handelte, dürfte wohl kaum verborgen geblieben sein, denn in Kuweit gab es keine Demokratie, die man hätte verteidigen können, sondern die Herrschaft einer kleinen Clique von Ölscheichs und ihrem Clan. Auch nach dem Golfkrieg wurde Kuweit nicht demokratisiert. Auf der anderen Seite war die Diktatur unter Sadam Husein noch einige Jahre vorher kein Hindernis gewesen, um den Irak mit westlichen Rüstungsgütern bis an die Zähne zu bewaffnen, als man in ihm ein vermeintliches Bollwerk gegen den islamischen Fundamentalismus im Iran gesehen hatte. Im Golfkrieg um Kuweit ging es nicht um die Verteidigung westlicher Werte wie Freiheit, Demokratie und Menschenrechte, sondern ganz wesentlich um die Sicherung der Kontrolle über die Rohölquellen. Und Präsident Bush konnte getrost auf das Waffenarsenal zurückgreifen, das ihm sein Vorgänger — zusammen mit der Staatsverschuldung — überlassen hatte

Rüstungswettlauf und Zusammenbruch des Ostblocks

Was die Hochrüstung unter Reagan international freilich auch mitbewirkt hat, war eine Phase des verstärkten Wettrüstens zwischen Ost und West, das heißt eine entsprechend verstärkte Aufrüstung der Sowjetunion; die ganz sicherlich zum beschleunigten Niedergang der Sowjetökonomie und des sowjetischen Herrschaftssystems und seines Einflußbereiches geführt hat, das heißt zum Zusammenbruch des "Sozialismus", der in Wirklichkeit nie einer war. Die Sowjetunion und die anderen osteuropäischen kommunistischen Staaten waren in ihrer Produktivitätsentwicklung bzw. Nichtentwicklung an ihren eigenen starren bürokratischen Strukturen ohnehin schon immer mehr erstickt, aber die erzwungene Aufrüstung hat den Prozeß des Niedergangs sicherlich noch beschleunigt.

Durch massiven und wachsenden Entzug von Ressourcen, die an anderer Stelle der Wirtschaft dringend benötigt worden wären, hat die beschleunigte Aufrüstung dazu beigetragen, die Versorgungskrise der Bevölkerung mit Kosumgütern dramatisch zu verschärfen. Auch der unter Gorbatschow eingeleitete und notwendig gewordene Reformprozeß konnte den Niedergang und das Auseinanderbrechen des Sowjetimperiums und der Sowjetunion nicht mehr aufhalten. Sollte man wenigstens dieses Resultat als einen Erfolg der Reagan-Politik mit seiner eskalierenden Staats- und Auslandsverschuldung werten? Ich denke, der Zusammenbruch des auf allen Ebenen erstarrten Sowjetsystems wäre auch so gekommen, vermutlich nur einige Jahre später.

8.2.6 Das Europäische Währungssystem (EWS) ab 1979

Welche währungspolitischen Wege hat nun die EG eingeschlagen, nachdem das Bretton-Woods-System zusammengebrochen war und die währungspolitischen Karten sozusagen neu gemischt wurden? Nach einigen Jahren allgemein flexibler Wechselkurse wurde 1979 in Europa ein neues System fester Wechselkurse für die europäischen Währungen untereinander geschaffen, während die flexiblen Wechselkurse gegenüber dem Dollar und dem japanischen Yen aufrechterhalten blieben. Die erklärte Absicht der Schöpfer des Europäischen Währungssystems (EWS), zu denen der damalige Bundeskanzler Helmut Schmidt und der französische Staatspräsident Giscard d'Estaing zählten, war eine währungspolitische Stabilitätsinsel (eine Insel stabiler Wechselkurse) inmitten eines bewegten "Meeres" von schwankenden Kursen.

Feste Wechselkurse mit Interventionspflichten zwischen EWS-Währungen

Wir haben in unserem vorangegangen Überlegungen schon alle theoretischen Grundlagen entwickelt, um in wenigen Sätzen die Struktur des EWS und seine Funktionsprinzipien zu umschreiben: Zwischen den Währungen der Mitgliedsländer wurden die Wechselkurse wieder festgelegt und durften innerhalb einer Bandbreite von $\pm$ 2,5% gegeneinander schwanken. Mit Erreichen des unteren bzw. oberen Interventionspunktes setzt jeweils die Interventionspflicht der jeweils betreffenden Zentralbanken ein: Sinkt z.B. der französische Franc im Verhältnis zur D-Mark ab, so muß die Deutsche Bundesbank den Franc mit entsprechenden Stützungskäufen stützen, das heißt den Angebotsüberhang an französischen Franc abschöpfen und entsprechend D-Mark in den Devisenmarkt hineingeben. Auf der anderen Seite ist aber auch die französische Zentralbank verpflichtet, aus ihren angesammelten D-Mark-Reserven ein zusätzliches D-Mark-Angebot auf den Devisenmarkt zu bringen, was natürlich nur in dem Maße gelingen kann, wie sie selbst über D-Mark-Reserven verfügt, z.B. aus früheren umgekehrten Zahlungsbilanzsituationen.

Der ECU als Recheneinheit innerhalb des EWS

Um nun auch die Finanzierung längerfristiger bilateraler Zahlungsbilanzdefizite zu ermöglichen, mußte innerhalb des EWS ein internationales Zahlungsmittel geschaffen werden. Hier wurde nicht der Konstruktionsfehler von Bretton Woods wiederholt, eine nationale Währung gleichzeitig zur internationalen Reservewährung zu machen. Insofern bedurfte es auch keiner einseitigen Ankaufspflicht gegenüber einer nationalen Währung. Vielmehr wurde eine künstliche Reservewährung oder Reserveeinheit geschaffen, um den Zahlungs- bzw. Verrechnungsverkehr zwischen den Zentralbanken abzuwickeln und die nationalen Währungen auf eine Recheneinheit, auf einen gemeinsamen Nenner zu bringen: die Europäische Währungseinheit (European Currency Unit, ECU). Der ECU ergibt sich als ein gewichteter Durchschnitt aller nationalen Währungen der EWS-Länder, wobei die einzelnen Währungen mit einem um so höheren Gewicht in diese Größe eingehen, je höher ihr Sozialprodukt und ihr Außenbeitrag ist, das heißt der Anteil außenwirtschaftlicher Beziehungen im Verhältnis zum gesamten Sozialprodukt. (Wenn man so will, ist der ECU bildlich vergleichbar mit einer Suppe, die aus einzelnen nationalen Suppen mit unterschiedlichen Anteilen angerührt wurde.)

Wenn nun die nationalen Währungen innerhalb der Bandbreite gegeneinander schwanken dürfen, dann können sie entsprechend auch gegenüber der gemeinsamen Bezugsgröße, dem gemeinsamen Nenner ECU, in Grenzen schwanken. Und sie werden dies in der Regel auf unterschiedliche Weise tun. Die Bandbreite des ECU, innerhalb derer die Währungen der Mitgliedsländer schwanken dürfen bzw. durch Interventionen der Zentralbanken gehalten werden, nennt man auch die "europäische Währungs-schlange". Aufgrund des flexiblen Wechselkurses zwischen ECU und den Nicht-EWS-Währungen — etwa dem Dollar und dem Yen — bewegt sich die Währungsschlage auf und ab.

Der ECU als internationale Reservewährung innerhalb des EWS

Der ECU ist aber nicht nur Recheneinheit und gemeinsamer Nenner der EWS-Währungen, sondern auch Reservewährung oder Reservemedium zur Finanzierung von Gesamtzahlungsbilanzdefiziten — so wie es im Bretton-Woods-System die Dollarreserven der Zentralbanken waren. Für den Fall, daß ein Land über längere Zeit in ein Zahlungsbilanzdefizit gerät und ihm die ECU-Reserven ausgehen, besteht die Möglichkeit von "Sonderziehungsrechten" auf einen ECU-Fonds, in den alle Mitgliedsländer einen bestimmten Anteil in jeweils nationalen Währungen eingezahlt haben.

Werden die Sonderziehungsrechte, das heißt die Überziehungskredite gegenüber anderen Mitgliedsländern, in Anspruch genommen, dann muß dieser Kredit zurückgezahlt werden — was nur gelingt, wenn sich die Zahlungsbilanzsituation umkehrt in einen Zahlungsbilanzüberschuß. Diese Bedingungen gelten für alle beteiligten Länder, und es gibt insoweit keine Sonderrolle einer nationalen Währung, wie das mit dem Dollar im Bretton-Woods-System der Fall war. Alle EWS-Länder sind damit gleichermaßen auf einen währungspolitischen und geldpolitischen Kurs festgelegt, der nicht allzu weit von dem Durchschnitt aller EWS-Länder abweicht. Hält ein Land diesen Kurs nicht durch und gerät z.B. in ein längeres Zahlungsbilanzdefizit, dann wird für eine gewisse Zeit und in gewissem Ausmaß der Kurs dieser Währung durch andere Zentralbanken gestützt. Aber wenn die Entwicklung zu dramatisch wird und auch die Sonderziehungsrechte ausgeschöpft sind, besteht die Möglichkeit und irgendwann einmal auch die Notwendigkeit, den festen Wechselkurs zu korrigieren und die betreffende Währung abzuwerten. Entsprechende Entscheidungen werden gemeinsam von den Zentralbanken der EWS-Länder getroffen.

EWS als währungspolitische Bremse gegen Inflation?

Das EWS wurde seinerzeit vor allem von der Bundesrepublik mit besonderem Engagement auf den Weg gebracht, und man versprach sich davon, daß der währungspolitische Musterknabe Deutschland mit der relativ stabilitätsorientierten Geldpolitik der Deutschen Bundesbank zum Vorbild für die Geldpolitik der anderen Zentralbanken würde. Das System des EWS sollte diejenigen Länder, die allzu sehr aus der geld- und währungspolitischen Disziplin des Durchschnitts ausscherten, in Reihe und Glied zurückpfeifen. Und wenn der Durchschnitt erheblich geprägt wurde durch die ökonomisch stärksten Mitgliedsländer Deutschland und Frankreich und sich beide in bezug auf Stabilitätspolitik relativ einig waren, mußte dadurch das geldpolitische Tempo des ganzen Geleitzuges wesentlich bestimmt werden. Insbesondere von deutscher Seite wollte man die anderen Länder, die bis dahin stabilitätspolitisch mehr oder weniger gesündigt hatten, über das EWS straffer an die währungspolitischen Zügel nehmen; indem man ein System schuf, dessen Spielregeln von jedem Land eine größere währungspolitische Disziplin erforderten, wenn nicht eine Abwertung nach der anderen oder gar der Ausschluß aus dem EWS riskiert werden sollten. Bei den Konstrukteuren des EWS schwang sicherlich auch noch die Überlegung mit, mit einer relativen Stabilitätspolitik im Inneren des EWS die Weltmarktpositition der EG gegenüber den USA und Japan zu stärken und im wohl unvermeidlich schärfer werdenden Konkurrenzkampf um die Weltmarktanteile währungspolitisch besser ausgerüstet zu sein. Der Zug des EWS fuhr aber streckenweise in eine ganz andere Richtung, oder besser gesagt mit einem ganz anderen Tempo: einige Waggons koppelten sich — auf der abschüssigen Strecke in die Inflation —von der bremsenden Lokomotive Bundesrepublik ab (die sich über weite Strecken am Ende des Zuges befand). Die Folge davon war, daß es nach einer Reihe von Interventionen in den Devisenmarkt — insbesondere von Stützungskäufen der Deutschen Bundesbank — immer wieder zu Abwertungen einzelner EWS-Währungen kam.

Wechselkurskorrekturen als Folge ungleicher Entwicklungen

Nach unseren Vorüberlegungen sind solche notwendig werden Korrekturen der Wechselkurse in keiner Weise verwunderlich, insbesondere wenn man bedenkt, daß die Wechselkurse nicht nur die ungleiche Inflations-, sondern auch die ungleiche Produktivitätsentwicklung in den einzelnen Ländern abbilden. Und während die ungleiche Inflationsentwicklung vielleicht noch angeglichen werden könnte durch eine entsprechende Angleichung der Geldpolitik der einzelnen Zentralbanken, hat eine ungleiche Produktivitätsentwicklung — wie weiter oben diskutiert wurde — viel kompliziertere Ursachen, die sich nicht einfach per Beschluß der Zentralbankpräsidenten oder auch der Regierungschefs oder Finanzminister der Migliedsländer verändern lassen. In bezug auf diese Entwicklung sind entsprechende Treffen auf höchster Ebene reine Absichtserklärungen und haben relativ wenig Einfluß.

Wenn die Produktivitätsentwicklungen ungleich sind, muß sich diese Tendenz mehr und mehr auch im Wechselkurs abbilden. Eine langsame Produktivitätsentwicklung führt tendenziell zu einer Abwertung der betreffenden Währung, und Stützungskäufe gegenüber dieser Währung können diese Tendenz nicht aufheben, sondern nur in ihrer Durchsetzung aufhalten. Wenn es ein Gefälle in der Produktivitätsentwicklung zwischen zwei Ländern gibt, dann fließen bei festen Wechselkursen tendenziell die Devisenströme zum produktiven Land hin. Und wenn man sie daran hindern will, stauen sie sich auf. Aber irgendwann wird der Stauungsdruck so groß sein, daß alle Dämme brechen und es zu verheerenden Überflutungen kommt.

Eindämmung der Wechselkursbewegung und Überflutung der Devisenmärkte

Warum kann es bei sich abzeichnenden Abwertungen einer Währung zu so verheerenden Überflutungen der Devisenmärkte kommen? Weil die internationale Devisenspekulation schon auf der Lauer liegt, mit flüssig gehaltenen Devisen im Werte von hunderten von Milliarden Dollar, die gehortet und insoweit dem Wirtschaftskreislauf entzogen sind. Denn das spekulative Horten lohnt sich häufig mehr als die feste Geldanlage zu einem vergleichsweise niedrigen Zins oder einer niedrigen Rendite. Und Anfang der 90er Jahre, als die Hochzinsphase wieder vorbei war, dürften schon aus diesem Grunde die spekulativen Gelder international noch einmal sprunghaft angestiegen sein.

Wenn also im Rahmen des EWS eine Währung abwertungsverdächtig ist, dann steigen die Spekulationsgelder aus dieser Währung aus und in die stabilste Währung ein. Und das war — wie seinerzeit schon in der Dollarkrise — immer wieder die D-Mark. Durch gebündelten Einsatz riesiger Devisenpakete in wenigen Händen können unter den genannten Bedingungen des EWS Abwertungen einzelner Währungen oder Aufwertungen anderer Währungen regelrecht erzwungen werden. Wie schon kurz erwähnt, kam es im Herbst 1992 zu unglaublichen Spekulationswellen im Zusammenhang mit der zeitweisen Stützung der abwertungsverdächtigen italienischen Lira und des britischen Pfundes, für die die Deutsche Bundesbank in wenigen Tagen an die 60 Mrd. zusätzliche D-Mark in Umlauf brachte und der Devisenspekulation überließ. Ein dreiviertel Jahr später — im Sommer 1993 — gab es erneute Spekulationswellen, diesmal vor allem gegen den französischen Franc, aber auch gegen die dänische und schwedische Krone. Und wiederum hat die Bundesbank Milliarden von D-Mark an die Devisenspekulation ausgeliefert.

EWS als Selbstbedienungsladen internationaler Devisenspekulation

Es zeigt sich demnach immer deutlicher, daß das EWS mittlerweile zu einem Selbstbedienungsladen für die internationale Devisenspekulation geworden ist, in den insbesondere die Deutsche Bundesbank immer wieder die Regale mit neu gedruckten D-Mark aufgefüllt hat. In welchen Mauselöchern diese Spekulationsgelder wieder verschwinden, weiß hinterher kein Mensch, auch nicht die Experten der Zentralbanken. Aber daß es sie noch gibt, und in immer größeren Mengen, zeigt sich bei jeder neuen Erschütterung am Devisenmarkt. Was die italienische Lira und das britische Pfund anlangt, reichten nicht einmal drastische Abwertungen aus, um zu einem neuen Gleichgewicht innerhalb des EWS zurückzufinden. Es blieb nur noch der Ausschluß beider Länder aus dem EWS. Und nach der zweiten großen Spekulationswelle gegen den französischen Franc fiel den Währungspolitikern nichts anderes ein als eine Erweiterung der Bandbreite auf ± 15%. Im Grunde ist mit dieser Entscheidung das EWS als ein System fester Wechselkurse praktisch schon zusammengebrochen. Aber da die führenden Politiker insbesondere der Bundesrepublik, die mit aller Kraft auf das EWS und auf den Zug in Richtung Maastricht und Europäische Währungsunion gesetzt hatten (allen voran Bundeskanzler Helmut Kohl), diesen Zusammenbruch des EWS nicht eingestehen wollten, haben sie es einfach nur "Erweitung der Bandbreite" genannt — und als einen Sieg in der Verteidigung des EWS gegenüber der Devisenspekulation ausgegeben. Dieser falsche Schein konnte allerdings nicht lange aufrechterhalten werden. Schon Anfang März 1995 mußte das Feld des EWS erneut der internationalen Devisenspekulation überlassen werden: Zeitgleich mit der jüngsten Dollarkrise rutschten etliche europäische Währungen gegenüber der D-Mark ab, und trotz verschiedener Stützungsversuche mußten einige von ihnen (Peseta, Escudo) schließlich abgewertet werden. Die Politiker und Experten — und erst recht natürlich die breite Öffentlichkeit — sahen dem Treiben der Devisenspekulation ratlos zu.[53]

---

[53] Einige Überschriften aus Zeitungen spiegeln die diesbezügliche Stimmung wieder: "Die Stunde der Spieler" ("Ist das Spiel erst losgetreten, haben die Notenbanken kaum eine Chance, den Kursverfall durch An-

8.3 Voraussetzungen und Funktionsprobleme einer Währungsunion

8.3.1 Die deutsch-deutsche Währungsunion 1990

8.3.1.1 Die historische Situation nach dem Fall der Mauer

Mit dem für die meisten völlig unerwarteten Fall der innerdeutschen Mauer Ende 1989, dem anschließenden Zusammenbruch des DDR-Systems und der sich auftuenden historischen Chance einer deutsch-deutschen Vereinigung stellte sich auch die Frage nach der Neugestaltung des Geldsystems im Bereich der ehemaligen DDR bzw. der neuen Bundesländer. Bereits am 1.7.1990 kam es zur deutsch-deutschen Währungsunion — noch vor der politischen Vereinigung, die erst am 3.10.1990 vollzogen wurde. Damit wurden die währungspolitischen Grundlagen geschaffen für einen Prozeß der Umstrukturierung der Wirtschaft der ehemaligen DDR in Richtung auf ein marktwirtschaftlich-kapitalistisches System. Neben einem ganzen Bündel anderer Umstellungen — wie etwa der Privatisierung vormals staatlicher Betriebe durch die Treuhand und die Abkehr von planwirtschaftlichen hin zu mehr marktwirtschaftlichen Prinzipien — kam der Währungsunion eine wesentliche Bedeutung für die Entwicklung in den späteren neuen Bundesländern zu. Mit diesen währungspolitischen Aspekten der deutschen Vereinigung wollen wir uns im folgenden näher befassen.

Die Tatsache, daß die DDR-Wirtschaft unter 40 Jahren bürokratischem Sozialismus in ihrer Produktivitätsentwicklung immer mehr gelähmt wurde, war zwar auch vor dem Fall der Mauer allgemein bekannt. Aber welche dramatischen Ausmaße diese Lähmung angenommen hatte, wie sehr etwa die Städte verfallen waren und wie sich die industrielle Technologie mit wenigen Ausnahmen auf einem völlig veralteten Stand befand (und welch dramatischer Raubbau an der Umwelt betrieben worden war), trat erst nach Öffnung der Mauer immer mehr an die Oberfläche und in das öffentliche Bewußtsein westlicher Wahrnehmung.

Die Realität — wie sie jetzt immer offensichtlicher wurde — schien in dieser Hinsicht noch die düsterste Beschreibung westlicher DDR-Kritiker um ein Vielfaches zu übertreffen. Und sie mußte erst recht wie ein Schock wirken auf diejenigen Teile der westdeutschen Linken, die sich bis dahin noch mehr oder weniger mit dem DDR-System identifiziert hatten. Wer die Realität auch nur ein bißchen an sich heran ließ, mußte sehen, daß die DDR-Wirtschaft in weiten Bereichen — verglichen mit der Wirtschaft der alten Bundesrepublik — hoffnungslos rückständig war. Und daß es notwendig war, eine grundlegende Umstrukturierung der Wirtschaft auf dem Gebiet der ehemaligen DDR in Angriff zu nehmen, wenn die Lebensbedingungen der Bevölkerung verbessert oder gar auf westliches Niveau gebracht werden sollten.

---

käufe zu stoppen") (Der Tagesspiegel vom 12.3.95). Oder: "Devisenspekulation — Irre regieren die Anstalt" (Der Spiegel 11/1995)

8.3.1.2 Die Dringlichkeit schnellen Handelns

Diese Anstrengung zu unternehmen, schien ja — im Unterschied zu anderen osteuropäischen Ländern — für den östlichen Teil Deutschlands um so dringlicher, weil es sich ja bei Westdeutschen und Ostdeutschen um ein Volk handelte, mit der gleichen Sprache und mit den gleichen kulturellen Wurzeln, das lediglich über einige Jahrzehnte in der Spaltung gelebt hatte. Unter solchen Bedingungen wäre auf Dauer ein krasses Auseinanderklaffen der Lebensbedingungen noch schwerer erträglich gewesen, als wenn es sich um verschiedene Nationalitäten, Sprachen und Kulturen handelt — zumal nachdem die Grenzen geöffnet waren oder es nach der politischen Vereinigung gar keine innerdeutschen Grenzen mehr gab.

Wo schon die Fluchtbewegungen aus der DDR noch vor Öffnung der Mauer immer dramatischere Ausmaße angenommen hatten, wie dramatisch wären sie erst nach Öffnung der Mauer angewachsen, wenn es für die ostdeutsche Bevölkerung keine Perspektiven für eine deutliche Verbesserung ihrer Lebensverhältnisse in absehbarer Zeit gegeben hätte. Und der Prozeß der deutschen Vereinigung mußte — wenn überhaupt — dann möglichst schnell vollzogen werden, um die einmalige historische Chance zu nutzen, die sich angesichts des Reformprozesses in der Sowjetunion unter Gorbatschow bot. Denn bis dahin war ja jeder Versuch der Ablösung des DDR-Systems und einer deutsch-deutschen Vereinigung mit der Gefahr einer sowjetischen Militärintervention verbunden gewesen, und niemand konnte wissen, ob nicht schon bald in der damaligen Sowjetunion die Verhältnisse wieder kippen würden. Von daher ist es völlig klar, daß die historische Situation 1989 ein schnelles und entschlossenes politisches Handeln forderte, auch in bezug auf die Währungspolitik.

Deutsch-deutsche Währungsunion als Lehrstück für eine europäische Währungsunion?

Dennoch halte ich es für wichtig, die Folgen der Währungsunion kritisch zu durchdenken, um aus den gemachten Erfahrungen eventuelle Folgerungen für die Zukunft zu ziehen, insbesondere für die Zukunft der geplanten Europäischen Währungsunion, die ja unter keinem vergleichbaren historischen Zugzwang und Zeitdruck in Ruhe diskutiert und gestaltet werden könnte. In diesem Sinne scheint mir in gewisser Weise die deutsch-deutsche Währungsunion auch ein Lehrstück zu sein für eine viel umfassendere Aufgabe: für die Gestaltung der künftigen währungspolitischen Grundlagen eines vereinigten Europa.

8.3.1.3 Modelle zur Währungsunion

Die folgenden Modellbetrachtungen sollen uns helfen, einige grundlegende Zusammenhänge zur deutsch-deutschen Währungsunion herauszuarbeiten. Wir wollen dafür zunächst zurückgreifen auf das Modell in *Abb. 99d*, wo von zwei Ländern mit unterschiedlichen Produktivitäten ausgegangen wurde. In diesem Modell war also die Produktivität des Landes A doppelt so hoch wie die Produktivität im Lande B, was sich grafisch darin ausdrückt, daß Land A — mit dem gleichen Aufwand — eine doppelte Stückzahl produziert wie Land B.

Wechselkurs als Schutz für weniger produktive Länder

Wir hatten bereits herausgearbeitet, daß sich unter diesen Bedingungen bei flexiblen Wechselkursen ein Kurs zwischen G_a und G_b von 1:2 herausbilden würde. Die Währung des weniger produktiven Landes B wird zwar international gering bewertet, was auf dem ersten Blick wie ein Nachteil erscheint. Aber gerade dadurch, daß es den Wechselkurs gibt, entsteht dem Land B auch ein gewisser Vorteil: Denn obwohl seine Produkte vergleichsweise unproduktiv hergestellt werden, mit dem doppelten Aufwand und also auch mit den doppelten Preisen (sofern sich diese Preise aus den Kosten ableiten), finden diese Waren hinreichenden Absatz. Wie ist das zu erklären?

Ein Großteil stammt aus der Inlandsnachfrage des Landes B, die zwar auch gern billigere Produkte aus dem Ausland kaufen würde; aber dadurch, daß die Auslandswährung G_a durch den bestehenden Wechselkurs von $1G_a:2G_b$ relativ teuer ist, wird der Vorteil der halben Preise für die a-Waren über den Wechselkurs wieder aufgehoben. Was nützen den Käufern die halben Preise, wenn sie vorher erst die Auslandswährung zum doppelten Preis erwerben müssen? Die hohe Bewertung der Auslandswährung — und das ist nur das Spiegelbild der niedrigen Bewertung der eigenen Währung — trägt also dazu bei, daß ein Großteil der inländischen Einkommen des unproduktiven Landes als Nachfrage im Inland wirksam wird.

Und die aus dem Ausland kommende Nachfrage? Wie kann man sich erklären, daß b-Waren überhaupt von A-Leuten nachgefragt werden, wo doch die Produktivität im Land A doppelt so hoch ist und die Preise vergleichbarer Waren nur die Hälfte betragen? Ein möglicher Grund wäre, daß es sich eben nicht um vergleichbare Waren handelt, sondern um solche, die zwar im Land B, nicht aber im Land A hergestellt werden — aus welchen Gründen auch immer. Aber auch bei vergleichbaren Waren käme es zu einer Auslandsnachfrage, weil die Währung dieses Landes billig zu haben ist — und dadurch die doppelten Preise aus der Sicht der A-Leute praktisch halbiert werden und der Preisnachteil aufgehoben wird.

Insofern bietet der Wechselkurs dem unproduktiven Land — gerade durch die Niedrigbewertung seiner Währung — einen gewissen Schutz und sorgt für hinreichende Nachfrage, die auch den Absatz der unproduktiv gefertigten Waren ermöglicht. Der flexible Wechselkurs, in dem sich die unterschiedlichen Produktivitäten Ausdruck verleihen, wirkt also wie eine Schutzhülle, die das unproduktive Land tendenziell vor der übermächtigen Auslandskonkurrenz abschirmt. Ganz ähnlich einem Gewächshaus, in dem ein Klima erzeugt wird, das es auch schwachen Pflanzen ermöglicht, bis zu einer gewissen Größe heranzuwachsen, die unter den Bedingungen des rauhen äußeren Klimas sofort eingehen würden. Wir wollen von einem "Gewächshaus-Effekt" reden. *Abb. 107a* stellt das Ergebnis dieser Überlegungen symbolisch dar: Über dem Land B ist so etwas wie ein Gewächshaus errichtet — als Schutz gegen allzu rauhe Außeneinflüsse. Dabei handelt es sich aber nicht um eine Schutzzollmauer, oder gar um eine "Berliner Mauer", sondern der flexible Wechselkurs wirkt auch unter den Bedingungen freien Waren- und Kapitalverkehrs als Schutzhülle. Aber er kann nur dann wirken, wenn es ihn überhaupt gibt, und das setzt die Existenz zweier unterschiedlicher Währungen voraus, die sich frei gegeneinander austauschen können, also "konvertibel" oder "frei konvertierbar" sind.

Währungsunion und Zusammenbruch der Produktionsstruktur unproduktiver Länder

Mit dem Übergang zu einer Währungsunion würde die Schutzhülle und damit der Gewächshaus-Effekt für das weniger produktive Land schlagartig wegfallen. Denn eine Währungsunion bedeutet ja die Einführung einer einheitlichen Währung. Es kann also demnach gar keinen Wechselkurs mehr geben, der in seinen Veränderungen auch die unterschiedlichen Produktivitätsentwicklungen zwei Länder ausdrücken und widerspiegeln würde — und der einen Schutz für das produktivitätsmäßig schwächere Land bewirken könnte.

Normalerweise würde im Fall einer Währungsunion an die Stelle der bisherigen zwei nationalen Zentralbanken eine neue übernationale Zentralbank treten. Im Falle der deutsch-deutschen Währungsunion war es allerdings so, daß die Staatsbank der DDR außer Funktion gesetzt wurde und die Deutsche Bundesbank die Geldversorgung der ehemaligen DDR und der späteren neuen Bundesländer mit übernahm, sie sozusagen in ihren Kompetenzbereich einverleibte und ebenfalls mit der D-Mark versorgte *(Abb. 107b)*.

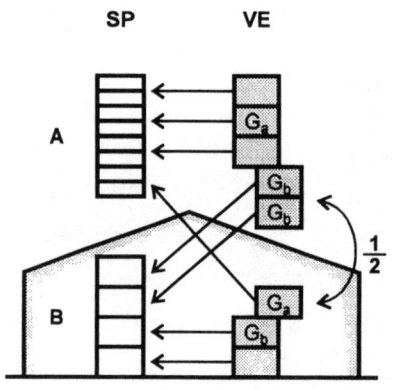

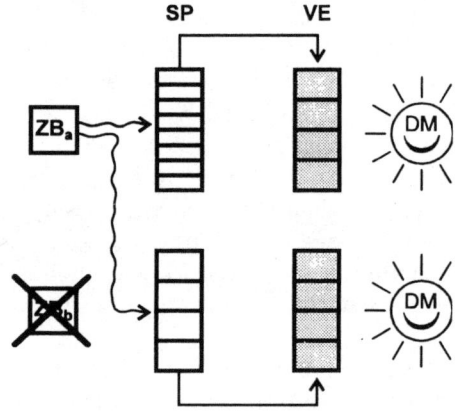

Abb. 107a: Das unproduktive Land wird durch den niedrigen Kurs seiner Währung vor internationaler Konkurrenz geschützt. (Gewächshaus-Effekt).

Abb. 107b: Die deutsch-deutsche Währungsunion 1990 brachte die DM auch nach Ostdeutschland.

Der D-Mark-Rausch nach Öffnung der Mauer

Für die Bevölkerung Ostdeutschlands erschien die Einführung der D-Mark zunächst einmal wie eine Sonne am düsteren Himmel der DDR-Vergangenheit bzw. der Spuren, die diese hinterlassen hatte. Eine erste Kostprobe von der scheinbaren Wunderkraft der D-Mark hatten die DDR-Bürger ja kurz nach der Öffnung der Mauer schon durch das 100-DM-Begrüßungsgeld bekommen, das sie unbürokratisch auf die Hand erhielten. Mit einem Mal schien sich ihnen das westliche vermeintliche Konsumparadies zu öffnen, und viele fühlten sich bei ihrem ersten Besuch westlicher Einkaufsscentren regelrecht überwältigt von dem üppigen und reichhaltigen Warenangebot. Dies alles sollte ihnen nun künftig auch offen stehen, wenn erst einmal die D-Mark in Ostdeutschland eingeführt, wenn erst einmal die Währungsunion verwirklicht ist.

Derartige Hoffnungen wurden auch massiv geschürt von den westlichen Regierungsparteien CDU/CSU und FDP — im Wahlkampf 1990 um das erste gesamtdeutsche Parlament und die erste gesamtdeutsche Regierung nach dem Zweiten Weltkrieg. Die Äußerungen von Bundeskanzler Kohl, daß es durch die Währungsunion und die Umstellung auf die Marktwirtschaft allen besser und niemandem schlechter gehen werde, waren bezeichnend für diese Art von Illusionen, die in breiten Teilen der deutschen Bevölkerung genährt wurden. Und alle kritischen Stimmen, die auf einen bevorstehenden schmerzlichen Umstrukturierungsprozeß und auf die Notwendigkeit großer finanzieller Opfer — auch von Seiten der westdeutschen Bevölkerung (z.B. in Form von Steuererhöhungen) — hinwiesen, gingen in den Wellen der Euphorie sang- und klanglos unter und wurden als Schwarzmalerei diffamiert (allen voran die entsprechenden Gedanken des saarländischen SPD-Ministerpräsidenten Oskar Lafontaine). Das Ergebnis war ein überwältigender Wahlsieg der Regierungskoalition aus CDU/CSU und FDP unter Bundeskanzler Kohl. Aber die erste Euphorie über die Einführung der D-Mark ist Ostdeutschland wich bei großen Teilen der Bevölkerung bald einer wachsenden Ernüchterung. Als wäre ein schöner Rausch verflogen, und zurück blieb nicht nur der Kater, sondern auch die Ernüchterung über die harte Realität.

Währungsunion und Umstellung von Ost-Mark auf D-Mark

Kommen wir auf unser Modell in *Abb. 107b* zurück. Zunächst einmal stellt sich ja die Frage, wie die Umstellung von alter Ost-Mark in neue D-Mark erfolgen konnte. Eine besondere Schwierigkeit in der rechnerischen Umstellung bestand darin, daß es zu DDR-Zeiten keinen freien Austausch zwischen DDR-Währung und westlichen Währungen einschließlich der D-Mark gegeben hatte. Die Ost-Mark war insofern nicht frei konvertierbar. Das hing auch damit zusammen, daß die Handelsbeziehungen nicht zwischen einzelnen Unternehmen zustande kamen, wie in den westlichen Ländern, sondern über den Staat abgewickelt wurden, der seinerseits ein Außenhandelsmonopol besaß. Schon von daher war es nicht zu einem freien Devisenmarkt mit vielen Anbietern und vielen Nachfragern gekommen.

Die Überbewertung der Ost-Mark

Darüber hinaus war der Kurs der Ost-Mark im Verhältnis zur D-Mark offiziell festgesetzt, allerdings in einem völlig unrealistischen Verhältnis von 1:1. Auch der schon früher erwähnte Zwangsumtausch von D-Mark in Ost-Mark (im Umfang von 25 DM pro Tag für westliche DDR-Besucher) war zu diesem unrealistischen Wechselkurs abgewickelt worden. Wenn aber eine Währung in ihrem offiziellen Kurs ständig überbewertet wird und ansonsten keine Stützungsinterventionen am Devisenmarkt stattfinden, bildet sich fast zwangsläufig ein Schwarzmarkt heraus, der zwar illegal ist, aber immer noch mehr oder weniger funktioniert.

Die Spaltung in offiziellen Wechselkurs und Schwarzmarkt

So war es auch mit der DDR-Währung — und mit den Währungen aller übrigen Ostblockländer. Die Wechselkurse, die sich auf dem Schwarzmarkt bildeten, kamen der Realität der Kaufkraftverhältnisse wesentlich näher. Jeder, der in dieser Zeit die DDR oder andere osteuropäische Länder besucht hat, wird an allen Ecken dem Devisenschwarzmarkt begegnet sein, aber auch der ständigen Angst, bei diesen illegalen Geschäften ertappt und hart bestraft zu werden. Um diese Gefahr zu mindern, wurde der Schwarzmarkt teilweise in die dunkelsten Winkel verlagert, wo man sich vor den Augen der Stasi und anderer Kontrollapparate sicher wähnte. Auf dem Schwarzmarkt zeigte sich jedenfalls über Jahrzehnte hinweg — und auch noch nach Öffnung der Berliner Mauer, daß die Ost-Mark im Verhältnis zur D-Mark sehr niedrig bewertet wurde, vielleicht zwischen 4:1 und 10:1.

Die Währungsumstellung als politisches Geschenk

In krassem Mißverhältnis zu dieser Realität erfolgte mit der Währungsunion ein Umtausch von Ost-Mark in D-Mark im Verhältnis 2:1. Die Bevölkerung Ostdeutschlands konnte also auf diese Weise die D-Mark einmalig mindestens zum halben Preis erwerben. Das war ganz eindeutig ein politisch bestimmter Preis — und ein weiteres Geschenk zunächst einmal von Seiten der Bundesbank an die Noch-DDR-Bevölkerung. Hinzu kam, daß zu DDR-Zeiten angesammelte Geldbeträge bis zu einer bestimmten Höhe sogar im Verhältnis 1:1 umgetauscht werden konnten (2000 Mark für Kinder bis 13 Jahre, 4000 Mark für Erwachsene bis 59 und 6000 Mark für Erwachsene ab 59). Diese Geschenke trugen dazu bei, die Illusion vom Eintritt in das westliche Konsumparadies noch weiter zu nähren. Mit einem Male schien der von vielen so begehrte und so lange Zeit entbehrte westliche Lebensstandard in greifbare Nähe gerückt zu sein.

Gesamtwirtschaftliche Auswirkungen der Währungsumstellung

Welche Bedeutung hatte diese Erstausstattung der Bevölkerung Ostdeutschlands mit D-Mark währungspolitisch? Die Ost-Mark wurde mit dieser Umtauschaktion vollständig aus dem Verkehr gezogen und schließlich als Zahlungsmittel ungültig, und an die Stelle trat zunächst die Erstausstattung mit D-Mark *(Abb. 107c)*. Für die weitere laufende Geldversorgung wurden in Ostdeutschland — auch Monate vor der politischen Vereinigung — die gleichen Prinzipien der Geldversorgung in Gang gesetzt, wie sie für die alte Bundesrepublik galten.

Unter den veränderten Bedingungen der Währungsunion brauchten und konnten keine unterschiedlichen Währungen mehr gegeneinander getauscht werden, sondern es bestand die einheitliche Währung der D-Mark, die nun unmittelbar zum Kauf von Waren — auch im Westen — verwendet werden konnte. Was hatte das für Konsequenzen? Zunächst einmal wurde die Erstausstattung mit D-Mark zum großen Teil als Nachfrage nach Westwaren verwendet — aufgrund der vergleichsweise niedrigen Preise und der fast ausnahmslos besseren Qualität. Die Wirtschaft Ostdeutschlands bekam von der neuen Nachfrage in DM relativ wenig ab. In der westdeutschen Wirtschaft entstand dadurch ein Nachfrageüberhang mit inflationären Tendenzen, was deutlich macht, daß letztlich nicht die Deutsche Bundesbank die Geschenke an die ostdeutsche Bevölkerung bezahlt hat, sondern die westdeutsche Bevölkerung — nämlich in Form steigender Preise und einer sinkenden realen Kaufkraft.

Die Bundesbank konnte natürlich versuchen, mit einer ansonsten restriktiven Geldpolitik dieser Art importierter Inflation entgegenzuwirken, aber dadurch änderte sich nichts an dem Tatbestand, daß ein Teil des westdeutschen Sozialprodukts indirekt als Geschenk nach Ostdeutschland floß. Es handelte sich schließlich nur um die Einlösung der ungefähr zur Hälfte geschenkten Gutscheine im Zuge der Währungsumstellung von Ost-Mark auf D-Mark.

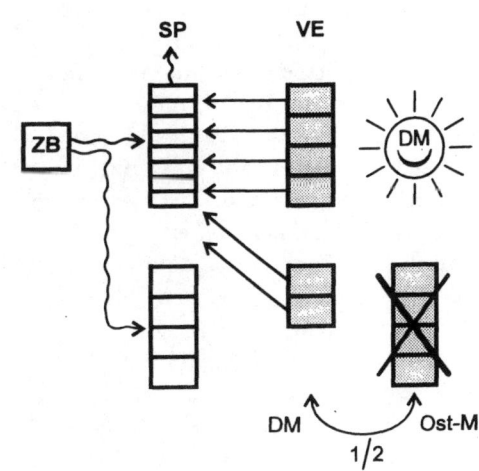

Abb. 107c: Der Umtausch in DM eröffnete neue Kaufmöglichkeiten von West-Waren.

8.3.1.4 Dramatische Einbrüche der Nachfrage in Ostdeutschland

Aber auch nach Durchlaufen der Anfangsphase und der Verausgabung der D-Mark-Erstausstattung, das heißt mit der in Gang gekommenen regulären Geldversorgung Ostdeutschlands mit D-Mark, kam es zu geradezu dramatischen Einbrüchen der Nachfrage in der ostdeutschen Wirtschaft. Nachdem nun mit einem Male die durch den Wechselkurs bedingte Schutzhülle um die ostdeutsche Wirtschaft nicht mehr existierte, wurde die ostdeutsche Wirtschaft ohne jede Vorbereitung schlagartig dem rauhen Klima nicht nur der westdeutschen Konkurrenz, sondern des Weltmarktes insgesamt ausgesetzt. Die Folge davon war, daß die vergleichsweise unproduktiv hergestellten bzw. qualitativ minderwertigen Produkte Ostdeutschlands und der späteren neuen Bundesländer in weiten Bereichen keine Chance mehr hatten, mit dem billigeren und qualitätsmäßig überlegenen westlichen Angebot zu konkurrieren. Hinzu kam ein Sog in Richtung Westwaren, verursacht durch den blendenden Reiz der Aufmachung und Verpackung — selbst dort, wo die Qualität von Ostwaren (etwa bei Lebensmittel) zum Teil höher war.

Abb. 107d stellt diese Veränderung grafisch dar: Große Teile der Nachfrage Ostdeutschlands strömten in Richtung der Westwaren, und die ursprüngliche Nachfrage aus Westen blieb mehr und mehr aus. Hinzu kam ein dramatischer Rückgang der Aufträge aus der Sowjetunion und anderer osteuropäischer Länder. Denn während diese Aufträge vorher in Form von bilateralen und staatlich organisierten Handelsbeziehungen in der Art von Naturaltausch organisiert waren, mußten nun für die Produkte der ostdeutschen Wirtschaft D-Mark, das heißt harte Devisen bezahlt werden — und die mußten erst durch entsprechende Exporterlöse am Weltmarkt erzielt werden, was den wenigsten osteuropäischen Ländern gelang. Und wenn es ihnen schon gelang, dann kauften sie damit lieber Waren der produktiveren und billigeren westdeutschen Wirtschaft, anstatt die Devisen nach Ostdeutschland fließen zu lassen. (Der Einbruch der Aufträge aus Osteuropa hing natürlich außerdem mit dem Zusammenbruch des bürokratischen Sozialismus und dem Auseinanderbrechen des Ostblocks bzw. der Sowjetunion zusammen.)

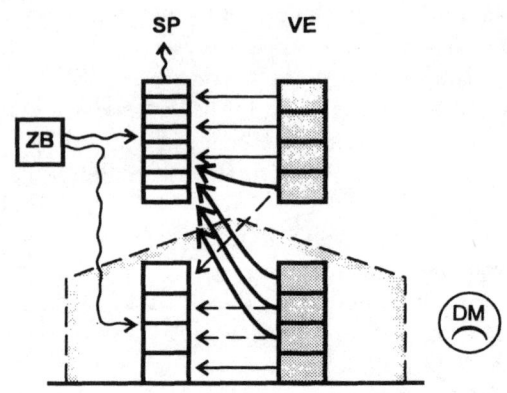

Abb. 107d: Nach Wegfall des Wechselkurs-Schutzes richtete sich die Ost-Nachfrage verstärkt auf West-Waren.

Allein schon das Aufzählen dieser wenigen Faktoren läßt deutlich werden, welche dramatischen Einbrüche die Nachfrage in Ostdeutschland in kurzer Zeit erfuhr. Und dies in einer Zeit, wo ohnehin eine riesige Aufgabe zu bewältigen war, für es historisch keinerlei Vorbilder und Vorerfahrungen gab, nämlich die Umstellung eines ganzen Landes von einer "sozialistischen" Planwirtschaft auf eine kapitalistische Marktwirtschaft.

8.3.1.5 Der Zusammenbruch der Produktionsstruktur in Ostdeutschland

Die Folge davon war, daß ein Großteil der Produktionsstruktur in Ostdeutschland bzw. den neuen Bundesländern in kurzer Zeit zusammenbrach — mit verheerenden Folgen in bezug auf Massenarbeitslosigkeit. Millionen Menschen waren mit einem Male in ihrer ökonomischen Existenzgrundlage bedroht, bzw. sie wurde ihnen jäh unter den Füßen weggezogen. Der Traum vom westlichen Konsumparadies wich dem Alptraum vom Sturz ins Bodenlose und in die soziale Verelendung, oder in einen unerbittlichen Konkurrenzkampf um die knapp gewordenen Arbeitsplätze.

Einige Menschen haben die Zeichen der Zeit und die Notwendigkeiten einer grundlegenden Umorientierung bald erkannt und waren in der Lage, sich den veränderten Bedingungen anzupassen. Für andere waren die neuen und für sie völlig ungewohnten Anforderungen — z.B. in bezug auf Umschulungen und Konkurrenzverhalten — eine Überbelastung, an der sie auch psychisch mehr oder weniger zerbrochen sind. Ein Teil der sonst Arbeitslosen wurde noch vorübergehend in staatlich finanzierten Arbeitsbeschaffungsmaßnahmen (ABM-Programmen) beschäftigt,

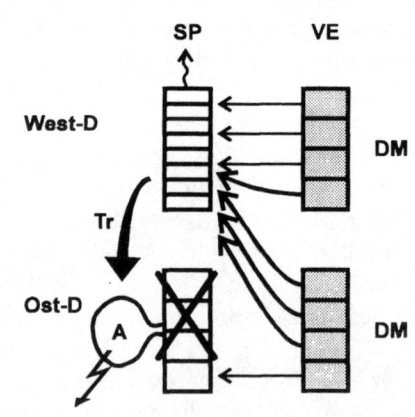

Abb. 107e: Die Produktionsstruktur in Ostdeutschland brach in weiten Bereichen zusammen.

aber diese Programme sind zeitlich begrenzt, und die Mittel dafür wurden immer mehr gekürzt. Die von der Treuhand vollzogene Massenprivatisierung ursprünglich staatlicher Betriebe mußte — unter den geschaffenen Bedingungen der Währungsunion — natürlich darauf achten, daß die privatisierten Betriebe eine Chance auf Konkurrenzfähigkeit mit westdeutschen Unternehmen bzw. mit Weltmarktniveau hatten. Entsprechend hart wurden die Maßstäbe angelegt, die in etlichen Fällen zu Betriebsschließungen oder drastischen Entlassungen und Rationalisierungsmaßnahmen führten. Das durch die Währungsunion schlagartig geschaffene rauhe Klima ließ gar nicht viel Spielraum für eine sozial und ökologisch orientierte Umstellung.

8.3.1.6 Transferzahlungen von West nach Ost

Um die dramatischen sozialen Auswirkungen abzufedern, aber auch und vor allem zum Aufbau einer fast gänzlich neuen Infrastruktur im Verkehrswesen und Kommunikationswesen sowie zur Forderung privater Investitionen in den neuen Bundesländern, wurden riesige Milliardensummen von Transferzahlungen notwendig, die von West nach Ost flossen und noch auf Jahrzehnte hinaus fließen werden. "Aufbau Ost" und "Solidarpakt" sind die politischen Stichworte, mit denen diese Unterstützungszahlungen der Bevölkerung nahe gebracht werden sollten. Der eigens dafür eingeführte Solidaritätszuschlag und die Frage seiner allmählichen Reduzierung sind mittlerweile (Anfang 1996) zu heiß umstrittenen politischen Themen geworden.

Ein kleiner Teil dieser Ausgaben wurde bereits durch Steuererhöhungen finanziert, deren Notwendigkeit die CDU/CSU/FDP-Regierung vor dem Wahlkampf 1990 energisch bestritten hatte. Der größte Teil der Ausgaben wurde jedoch durch eine sprunghaft angestiegene Staatsverschuldung aufgebracht, deren Ausmaße noch gar nicht ins öffentliche Bewußtsein gedrungen sind. Dieser sprunghafte Anstieg der Staatsverschuldung wird noch auf Jahrzehnte hinaus in Form gewachsener Zinslasten auf den Staatshaushalt drücken und immer mehr Einsparungen an anderer Stelle erforderlich machen. Die Opferbereitschaft der westdeutschen Bevölkerung hat teilweise schon jetzt ihre Grenze erreicht, und die anfängliche Begeisterung über die deutsche Vereinigung ist teilweise schon umgeschlagen in eine verdeckte oder offene Feindseligkeit gegenüber den "Ossis". Und die ostdeutsche Bevölkerung ist ihrerseits teilweise schon so ernüchtert von den Segnungen der Marktwirtschaft und dem teilweise arroganten und besserwisserischen Auftreten der "Wessis", daß sie die Nase von diesen "Besserwessis" gestrichen voll hat — und ihnen und ihren Anforderungen dennoch ausgeliefert ist.

So schlimm die Verhältnisse in vieler Hinsicht zu DDR-Zeiten waren, die existentielle Bedrohung und die harten Anforderungen, die große Teile der ostdeutschen Bevölkerung inzwischen zu spüren bekommen haben, bilden sogar den Boden für das Aufkommen einer Art DDR-Nostalgie, die in verklärender Weise von den alten Zeiten schwärmt. Es ist noch gar nicht abzusehen, was sich da an explosivem Gemisch zusammenbraut und vielleicht nur einiger zündender Funken oder eines geschickten Demagogen bedarf, um sich in Gewalt zu entladen. Die rechtsradikalen und ausländerfeindlichen Ausschreitungen vor allem auch in den neuen Bundesländern lassen die schlimmsten Befürchtungen aufkommen, daß in Deutschland ein weiteres Mal in diesem Jahrhundert aus einer politisch und währungspolitisch mitverschuldeten sozialen

Katastrophe eine Eskalation von Gewalt entstehen könnte, die alle demokratischen Errungenschaften hinwegfegt und in einer neuen Barbarei endet. Nicht nur die ökonomische Situation, sondern auch die sozial-psychologischen Bedingungen — wie sie Hans-Joachim Maaz für die von der DDR-Vergangenheit geprägten neuen Bundesländer in seinen Büchern[54] beschreibt, erinnern jedenfalls in vieler Hinsicht in bedrückender Weise an diejenigen Bedingungen, die Wilhelm Reich Anfang der 30er Jahre in seiner "Massenpsychologie des Faschismus" beschrieben hat.

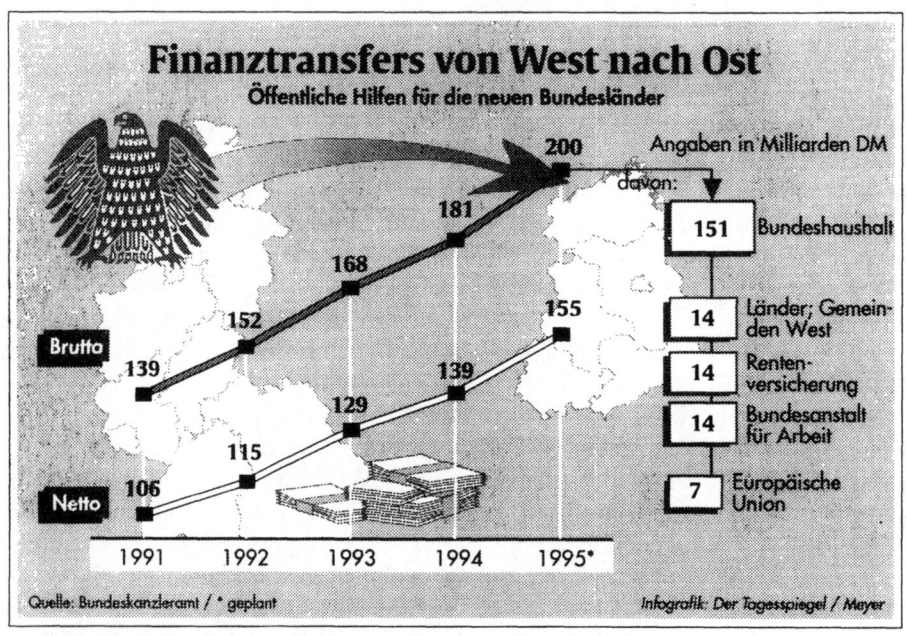

Abb. 108: (Quelle: Der Tagesspiegel vom 31.1.96)

8.3.1.7   Gab es Alternativen zur deutsch-deutschen Währungsunion?

Wären denn überhaupt Alternativen zur schnellen deutsch-deutschen Währungsunion denkbar gewesen? Es ist nicht ganz uninteressant, daß es in der Diskussion um die währungspolitischen Grundlagen der deutschen Vereinigung deutliche Warnungen vor einer allzu schnellen Währungsunion gab, und zwar von Personen bzw. Gremien, denen die Regierung ansonsten immer wieder viel Beachtung geschenkt hat: zum einen vom damaligen Bundesbankpräsidenten Karl-Otto Pöhl, und zum anderen vom Sachverständigenrat zur Begutachtung der gesamtwirtschaftlichen Entwicklung, den sogenannten "Fünf Weisen". Beide haben seinerzeit eindringlich — teilweise hinter,

---

[54] Siehe hierzu z.B. Hans-Joachim Maaz: Gefühlsstau — Ein Psychogramm der DDR, Argon-Verlag, Berlin 1990

teilweise vor den Kulissen — auf die bedrohlichen Konsequenzen für die Wirtschaft Ostdeutschlands hingewiesen, wenn die Währungsunion allzu früh kommen würde, noch bevor die Umstellung von Planwirtschaft auf Markwirtschaft in wesentlichen Bereichen erfolgt ist.

Aber über diese Bedenken ist die Regierung Kohl hinweggegangen und hat stattdessen den damaligen Wahlkampf mit illusionären Versprechungen und Schönfärberei geführt — und gewonnen. Und was danach an krisenhaften Entwicklungen kam, wurde ausschließlich der DDR-Vergangenheit angelastet, die auch ganz ohne Zweifel einen wesentlichen Anteil daran hatte. Aber die Umstrukturierung und der Neuaufbau der Wirtschaft Ostdeutschlands hätte vermutlich mit weniger dramatischen Einbrüchen erfolgen können, wenn man die Bevölkerung von Anfang an auf die anstehenden Aufgaben und Schwierigkeiten vorbereitet hätte, anstatt sie in einen D-Mark-Rausch zu versetzen, dem alsbald die jähe Ernüchterung folgte.

Längere Übergangsphase zur Währungsunion?

Vielleicht wäre es möglich gewesen, die historische Ausgangssituation der deutschen Vereinigung auf politischer Ebene zu nutzen und gleichzeitig eine längere Übergangsphase für eine zu schaffende Wirtschafts- und Währungsunion zwischen beiden Teilen Deutschlands einzuplanen. Während einer solchen Übergangsphase von mehreren Jahren hätten noch zwei getrennte Währungen existieren können, wobei die Geldversorgung Ostdeutschlands auf die Prinzipien marktwirtschaftlich orientierter Geldpolitik umzustellen gewesen wäre. In einer solchen Übergangsphase hätte es ein Nebeneinander zweier Zentralbanken gegeben, und für Ostdeutschland eine Währungsreform, mit der die Umstellung von der alten Ost-Mark auf eine neue D-Mark-Ost vollzogen worden wäre. Die D-Mark-Ost wäre im Unterschied zur vorherigen Ost-Mark frei konvertibel, also austauschbar gegenüber anderen Währungen gewesen und am Devisenmarkt gehandelt worden, und über flexible Wechselkurse hätte sich allmählich ein realistischer Kurs herausgebildet.

Probleme der Umstellung von Planwirtschaft auf Markwirtschaft

Unter dem Schutz des Wechselkurses hätte die Umstellung der Wirtschaft von planwirtschaftliche auf marktwirtschaftliche Prinzipien in Angriff genommen werden können. Dazu gehört u. a., daß die Kosten und Erlöse — und damit auch die Gewinne — in ihrer Aussagekraft den entsprechenden Größen marktwirtschaftlich-kapitalistischer Systeme angepaßt wurden. Denn bis dahin war deren Aussagekraft eine völlig andere. Das soll in diesem Zusammenhang nur ganz kurz erläutert werden:

Unterschiedliche Bedeutung von Gewinn und Verlust

Die Kosten eines Unternehmens ergeben sich rein rechnerisch jeweils aus den Preisen der eingesetzten Faktoren, multipliziert mit ihren jeweiligen Mengen. Die Erlöse ergeben sich aus den Absatzpreisen, multipliziert mit den abgesetzten Mengen der Produkte. Das gilt für die Planwirtschaft ebenso wie für Marktwirtschaft. Aber das Zustandekommen der Preise war ein völlig anderes: In der Planwirtschaft wurden sie weitgehend durch zentrale Planung festgesetzt, in der Marktwirtschaft bilden sie sich an den Märkten — sei es durch Konkurrenz oder auch über die Durchsetzung von Marktmacht.

Wo in einer Marktwirtschaft in einem Unternehmen U_1 auf der Grundlage der Marktpreise ein Gewinn entsteht, kann — selbst unter sonst gleichen Produktionsbedingungen — in einer Planwirtschaft in einem Unternehmen U_3 ein Verlust entstehen, nur weil die zugrunde liegenden Preise ganz andere sind. Und während in einer Marktwirtschaft an das Entstehen von Verlusten — wie bei U_2 — harte Sanktionen gekoppelt sind bis hin zum Konkurs, bleiben Verluste in einer Planwirtschaft ohne derartige Konsequenzen, weil der Betrieb aus dem Staatshaushalt subventioniert wird. *Abb. 109* deutet diese Unterschiede symbolisch an.

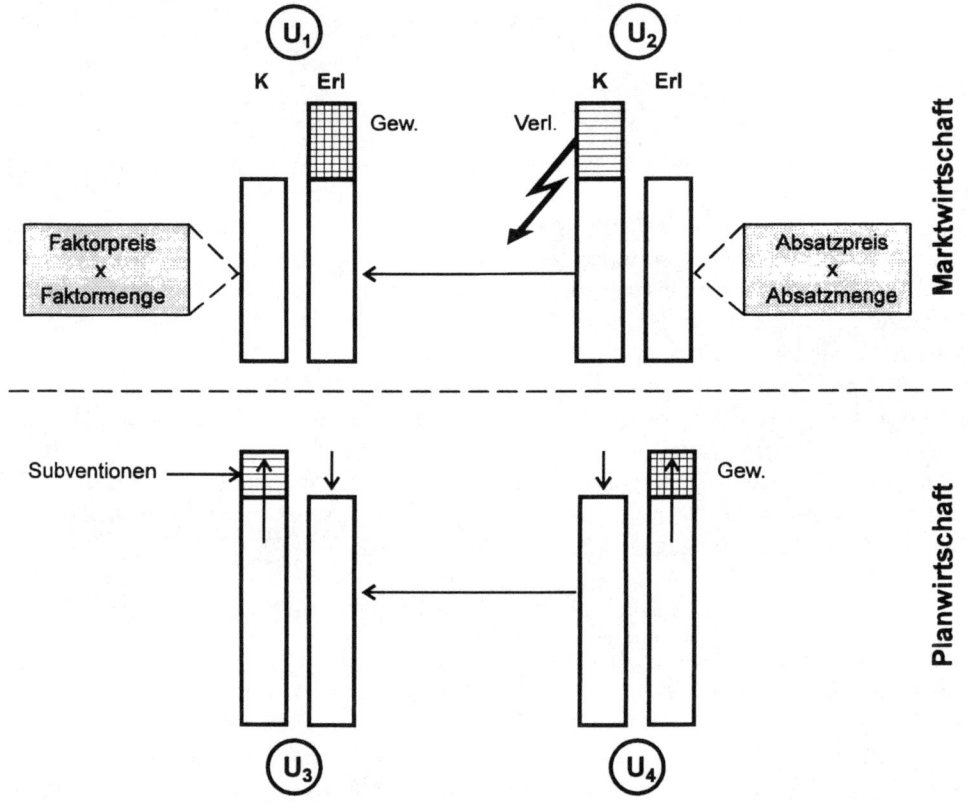

Abb. 109: Unterschiedliche Aussagekraft und Konsequenzen von Gewinn und Verlust in kapitalistischer Marktwirtschaft und sozialistischer Planwirtschaft.

Aber auch die Verwendung von Gewinnen wurde unterschiedlich gehandhabt. Während über die Gewinne nach Steuerabzug in der Marktwirtschaft vom Unternehmen frei verfügt werden kann, wurde in der Planwirtschaft der Gewinn mindestens großenteils an den Staatshaushalt abgeführt, und dort wurde wesentlich über die Neuverteilung der Mittel, z.B. für Investitionen, entschieden. Dadurch wiederum war der Anreiz auf betrieblicher Ebene, Gewinne zu erzielen, sehr gedämpft, während Verluste oder drohende Verluste kaum die Folgen hatten, einen Druck auf die Betriebe in Richtung Gewinnerzielung auszuüben; denn sie blieben weitgehend konsequenzenlos und führten schon gar nicht zu Entlassungen oder gar zu Betriebsstillegungen.

Die Aussagekraft von Gewinn und Verlust, die Grundlagen ihrer Entstehung und die an sie geknüpften Konsequenzen, waren also völlig verschieden, die davon ausgehenden Motivationsstrukturen (Anreiz bzw. Druck) waren ganz andere, und entsprechend unterschiedlich waren auch die Produktivität und die Lenkung der Ressourcen. Das sind nur ganz kurze und natürlich sehr grobe Andeutungen über prinzipielle Unterschiede im Lenkungssystem von Planwirtschaft und Marktwirtschaft.[55]

Übergang zur Marktwirtschaft und veränderte Motivationsstrukturen

Die Umstellung von Planwirtschaft auf Marktwirtschaft ist damit nicht nur eine Umstellung in der ganzen Rechnungslegung, und auch nicht nur in den Eigentumsverhältnissen, sondern ganz wesentlich auch eine Umstellung auf völlig veränderte Motivationsstrukturen. Hier werden nicht nur Dimensionen des Rationalen berührt, sondern jahrzehntelange Erfahrungen von tief und unbewußt verankerten motivationalen Strukturen, die sich nicht einfach per Willensakt verändern lassen, weil sie Teil der Charakterstruktur der Menschen geworden sind. Dazu gehören z.B. die zur große Teile der ostdeutschen Bevölkerung zum großen Teil fehlenden Lebenserfahrungen mit Konkurrenzverhalten, oder die tief verankerten autoritären bzw. autoritätsängstlichen Charakterstrukturen — und daraus folgend auch ganz andere Formen sogenannter "Arbeitsmoral". Derart tief verankerte Verhaltens- und Motivationsstrukturen können — wenn überhaupt — nur langsam verändert werden, und die Menschen brauchen dafür Zeit, wenn sie nicht in tiefe psychische Krisen stürzen sollen. Aber mit der überstürzten Währungsunion fegte der rauhe Wind des Weltmarkts mit einem Male wie ein Orkan über die neuen Bundesländer hinweg und riß erbarmungslos alles mit sich, was diesem rauhen Klima kapitalistischer Marktwirtschaft nicht gewachsen war; um dann mit den Segnungen des Westens — sowohl in personeller Hinsicht wie in bezug auf Sachkapital — Einzug zu halten und den "Ossis" zu zeigen, wo es lang geht.

Allmähliche Veränderungen statt Schocktherapie?

Sicherlich hätten auch ohne Währungsunion — in einer Übergangsphase getrennter Währungen und unter dem Schutz des Wechselkurses — etliche der maroden Staatsbetriebe der ehemaligen DDR schließen müssen. Aber andere Betriebe, die unter der Währungsunion alsbald zusammengebrochen sind, hätten sich vielleicht auf die neuen Bedingungen umstellen können und wären unter dem anfänglich schützenden Klima allmählich in die neue Aufgabe hineingewachsen. Darüber hinaus hätte es selbstverständlich auch eine Reihe von Neugründungen gegeben. Aus den anfänglich schwachen Pflänzchen wären auf diese Weise hinreichend starke Pflanzen herangewachsen, die in

---

[55] Ausführlich bin ich auf Struktur und Funktionsprobleme sozialistischer Systeme — mit unterschiedlichen Varianten und Mischungen von Plan- und Marktelementen — eingegangen in Bernd Senf: Politische Ökonomie des Sozialismus, FHW Berlin 1978

einer späteren Phase auch auf das rauhe Klima einer Währungsunion besser vorbereitet gewesen wären. Es wäre ein Weg gewesen, der von der ostdeutschen Bevölkerung viel mehr hätte getragen und verarbeitet werden können als die abrupte Schocktherapie der frühen Währungsunion.

Gefahr verstärkter Fluchtbewegungen?

Aber wäre es unter solchen Bedingungen eines mehrjährigen Übergangs zur Wirtschafts- und Währungsunion nicht weiterhin zu massenweisen Fluchtbewegungen in Richtung.Westen gekommen, wie ja schon vor Öffnung der Mauer?

Natürlich hätten sich etliche auf den Weg gen Westen gemacht, aber sie haben es auch so, nur daß es nicht mehr statistisch als Fluchtbewegung erfaßt und auch von den Medien nicht mehr als solche gesehen wird. Nach dem Fall der Mauer wären vermutlich auch viele, die sich in ihren Illusionen über den Westen getäuscht sahen und statt im Konsumparadies in der Arbeitslosigkeit gelandet wären, wieder zurückgekommen, denn der Rückweg stand ihnen ja offen. Natürlich hätte es Probleme gegeben, gerade in Berlin, wo dann in einer Stadt zwei getrennte Währungszonen existiert hätten. Aber gemessen an den durch die Währungsunion entstandenen bzw. verstärkten Problemen wären diese Probleme vermutlich gering gewesen. Und wenn man von Seiten der Politik und der Medien der Bevölkerung die Alternativen klar vermittelt hätte, wäre die Bereitschaft für einen längeren, aber dafür weniger dramatischen und besser zu verarbeitenden Umstrukturierungsprozeß vielleicht hinreichend groß gewesen. Aber die Chancen für einen derartigen Weg wurden mit der schnellen Währungsunion von vornherein vertan.

Lehren für eine künftige Europäische Währungsunion

Aber ist es nicht müßig, über mögliche Alternativen überhaupt noch nachzudenken, wo doch der Zug ganz klar in die bekannte Richtung abgefahren ist? Dieser Einwand ist sicherlich richtig, aber dennoch halte ich eine kritische Aufarbeitung der deutsch-deutschen Währungsunion für wichtig. Denn der nächste Zug in Sachen Währungsunion befindet sich ja bereits auf der Strecke,· und für ihn wurden die Weichen bereits gestellt: der Zug in Richtung Maastricht, in Richtung einer Europäischen Währungsunion. Ein Teil der Strecke liegt noch vor uns, und es stellt sich die Frage, ob der Zug wirklich weiterfahren und wer in ihn einsteigen sollte. Vielleicht bleiben auch einige Waggons dabei auf der Strecke oder werden vorher abgekoppelt. Welche Landschaften wird dieser Zug durchqueren, wenn er wirklich weiterfahren sollte? Auf diese Reise sollten wir uns besser vorbereiten als auf den Zug zur deutsch-deutschen Währungsunion, wo für die Vorbereitung gar keine Zeit war. Auch wenn die Reiseveranstalter uns das Blaue vom Himmel versprechen, ist es doch sinnvoll, sich selbst ein möglichst klares Bild davon zu machen, wo hin die Reise geht.

8.3.2 Die geplante Europäische Währungsunion (EWU)

8.3.2.1 Der Fahrplan in Richtung Maastricht

Auf der Konferenz von Maastricht 1993 wurden nicht nur die Weichen gestellt für den EWS-Zug in Richtung Europäischer Währungsunion, sondern auch noch der Fahrplan festgelegt, wann der Zug losfahren und wann er welche Zwischenstationen bzw. die Endstation erreichen soll. Dieser Fahrplan sieht wie folgt aus:

a) 1.1.94 Gründung eines Europäischen Währungsinstituts (EWI) (mit Sitz in Frankfurt/Main) zwecks engerer Zusammenarbeit der europäischen Zentralbanken zur Vorbereitung auf eine spätere Europäische Währungsunion (EWU). Ziel dieser Zusammenarbeit soll es u. a. sein, auf eine weitgehende Angleichung wesentlicher wirtschaftspolitischer Bedingungen und gesamtwirtschaftlicher Kennziffern der Mitgliedsländer hinzuwirken — bzw. Mindestbedingungen zu formulieren, die sozusagen als "Eintrittskarte" in eine Europäische Währungsunion gelten. Man spricht in diesem Zusammenhang von "Konvergenzkriterien". Die zunächst voneinander abweichenden Kennziffern sollen also in den kommenden Jahren einander angenähert werden, sollen "konvergieren".

Die Konvergenzkriterien lauten dabei wie folgt:

- Inflationsrate von maximal 3,4 %
- langfristiger Zinssatz von maximal 8,5 %
- Staatsverschuldung von maximal 60 % des Brutto-Inlandprodukts (BIP)
- Haushaltsdefizit von maximal 3 % des BIP
- Bewegung der Wechselkurse für 2 Jahre innerhalb der Bandbreite (ursprünglich +/-2,5 %), das heißt relative Wechselkursstabilität

b) frühestens am 1.1.97 Beginn der Europäischen Währungsunion für den Fall, daß mindestens die Hälfte der Mitgliedsländer die Konvergenzkriterien erfüllt hat.

c) spätestens am 1.1.99 Beginn der EWU — zunächst nur mit den Ländern, die bis dahin die Konvergenzkriterien erfüllt haben (minimal 2 Länder). Die anderen Länder können später — nach Erfüllung der Kriterien — der Währungsunion beitreten.

Aus *Abb. 110* ist erstens erkennbar, wie unterschiedlich in der Zeit von 1979 — 1992 das Inflationstempo und damit der "Kaufkraftverlust durch Preissteigerungen" der einzelnen EG-Währungen gewesen ist; und zweitens, wie sich die Wechselkurse auseinander-entwickelt haben. Damit es überhaupt zur EWU kommen kann, müßten sich diese Unterschiede (auch in bezug auf die anderen Kriterien) in wenigen Jahren abbauen und in Richtung einer Konvergenz bzw. der Erfüllung der genannten Mindestbedingungen entwickeln.

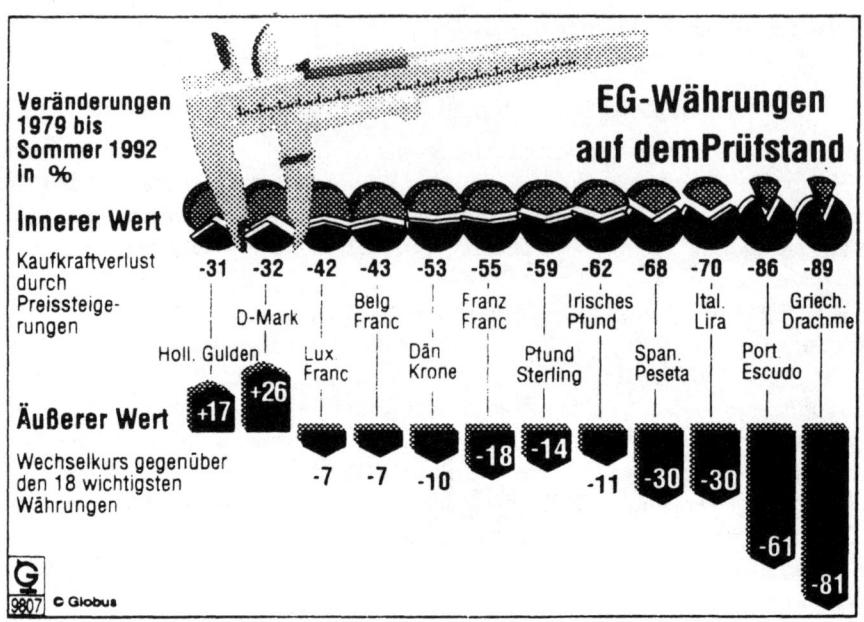

Abb. 110: (Quelle: Michael Tolksdorf: E i n Geld für Europa? Die Europäische Währungsunion, S. 14)

Abb. 111 zeigt, daß es 1993 um die Erfüllung der Konvergenzkriterien noch sehr schlecht bestellt war: Kein einziges Land hatte bis dahin alle Kriterien erfüllt, und in bezug auf Preisanstiege und Staatsschulden waren die Länder mit erfüllten Kriterien noch deutlich in der Minderheit. Bezüglich des Haushaltsdefizits war es sogar nur ein Land (Luxemburg), was den Anforderungen entsprach.

Am 5.4.95 meldete Der Tagesspiegel unter der Überschrift "Schlechte Noten für die EU-Finanzchefs" — unter bezug auf den Jahresbericht des Europäischen Währungsinstituts EWI: "Gegenwärtig dürfte im Grunde genommen kaum eines der EU-Länder die Kriterien für die Währungsunion erfüllen... Allein Luxemburg hat nach Berechnungen des EWI die fünf Konvergenzkriterien für die Währungsunion erfüllt. Deutschland patzte bei der Inflationsrate... Die Verschlechterung der öffentlichen Haushalte in den EU-Ländern blieb besorgniserregend. 1994 lag das Defizit in der Union im Schnitt bei 5,6 % gemessen am Bruttosozialprodukt des jeweiligen Landes." Ob der Fahrplan des Maastricht-Zuges eingehalten werden kann, ist also mehr als fraglich.

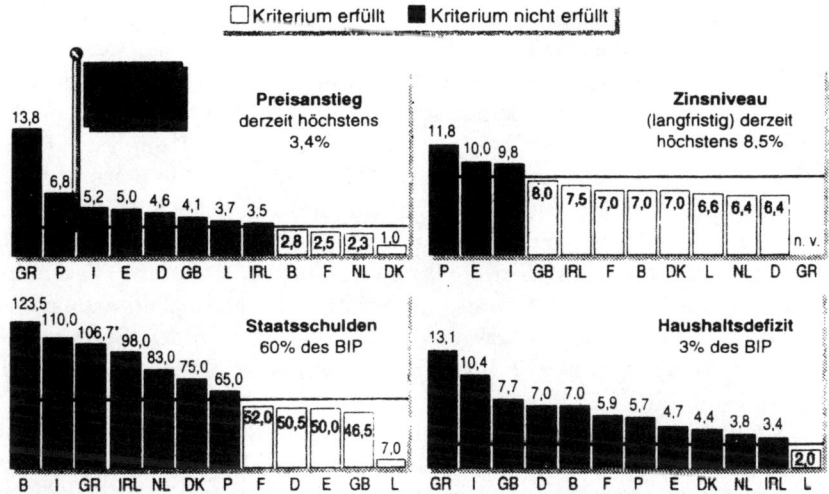

Auf dem Weg zur Europäischen Währungsunion
Konvergenzkriterien des Maastricht-Vertrages

☐ Kriterium erfüllt ■ Kriterium nicht erfüllt

Preisanstieg
derzeit höchstens 3,4%

13,8 6,8 5,2 5,0 4,6 4,1 3,7 3,5 2,8 2,5 2,3 1,0
GR P I E D GB L IRL B F NL DK

Zinsniveau
(langfristig) derzeit höchstens 8,5%

11,8 10,0 9,8 8,0 7,5 7,0 7,0 7,0 6,6 6,4 6,4 n. v.
P E I GB IRL F B DK L NL D GR

Staatsschulden
60% des BIP

123,5 110,0 106,7* 98,0 83,0 75,0 65,0 52,0 50,5 50,0 46,5 7,0
B I GR IRL NL DK P F D E GB L

Haushaltsdefizit
3% des BIP

13,1 10,4 7,7 7,0 7,0 5,9 5,7 4,7 4,4 3,8 3,4 2,0
GR I GB D B F P E DK NL IRL L

Werte für 1993, * Wert für 1992; Vorausschätzung der EG-Kommission, Quelle Europäische Wirtschaft; © Handelsblatt-Grafik

Abb. 111: (Quelle: Michael Tolksdorf: Ein Geld für Europa? Die Europäische Währungsunion, S. 124)

Aber an der Zielrichtung hat sich bisher auf offizieller politischer Ebene noch nichts geändert. Allerdings tauchte seit 1994 hier und da die Frage auf, ob man nicht erst einmal mit den Triebwagen losfahren und die langsameren und bremsenden Anhänger lieber abkoppeln sollte — eine Überlegung, die zuerst von Wolfgang Schäuble, dem Vorsitzenden der CDU/CSU-Bundestagsfraktion unter dem Begriff "Kern-Europa" als Versuchsballon in die politische Diskussion eingebracht wurde. Oder es ist die Rede von einem "Europa der zwei Geschwindigkeiten". Nach heftigen Turbulenzen an den Devisenmärkten innerhalb des EWS im März 1995 mehrten sich die kritischen Stimmen in bezug auf die Realisierbarkeit von Maastricht, und es wurde hin und wieder schon von der Notwendigkeit von Nachverhandlungen ("Maastricht II") gesprochen.

Wer noch vor 1994 Zweifel an der Richtigkeit oder Realisierbarkeit des Maastricht-Abkommens äußerte, galt gleich als "Europafeind" oder gar als "Nationalist", obwohl er oder sie die Entwicklungstendenzen und die daraus entstehenden Probleme vielleicht nur früher und klarer hat kommen sehen. So haben sich denn auch die demokratischen Parteien fast einhellig für Maastricht ausgesprochen, als es anläßlich der Ratifizierung des Abkommens zu einer Diskussion im deutschen Bundestag bzw. Bundesrat kam.

Eine Volksabstimmung zu dieser für die Zukunft Europas und seiner Völker so wesentlichen Frage hat man in Deutschland erst gar nicht riskiert. In Dänemark hatte die Volksabstimmung im ersten Durchgang zu einer knappen Ablehnung geführt (und erst im zweiten Durchgang nach Einräumung einiger Sonderbedingungen für Dänemark eine knappe Zustimmung gebracht), und in Frankreich gab es per Volksabstim-

241

mung nur eine knappe Mehrheit dafür. Da für das Wirksamwerden des Maastricht-Abkommens die Ratifizierung durch alle Mitgliedsländer erforderlich war, hätte ein ablehnender Volksentscheid in Deutschland (oder in einem der anderen Länder) das gesamte Abkommen zu Fall gebracht.

Seit Herbst 1995 ist auch in Deutschland mit einem Mal die Diskussion um die geplante EWU voll entbrannt, wenn auch bisher zumeist auf einer unglaublich oberflächlichen Ebene. Bundesfinanzminister Theo Waigel erregte Aufsehen damit, daß er öffentlich seine Zweifel darüber zum Ausdruck brachte, ob Italien die Bedingungen für den Beitritt zur EWU wird erfüllen können — woraufhin der Kurs der Lira weiter absank. Die Frage, ob eine künftige Währungsunion die gleiche relative Preisstabilität wird halten können wie bisher die DM, wurde immer häufiger und heftiger diskutiert. Anleger von längerfristigen Geldern befürchten, daß die spätere Verzinsung und Tilgung anstatt in stabiler DM in einem weniger stabilen Euro-Geld erfolgen könnte — und sind aus diesem Grund schon teilweise in Geldanlagen in den Schweizer Franken umgestiegen, der freiwillig außerhalb der Europäischen Währungsunion bleiben wird und als relativ stabil gilt.

Mit einem Mal kamen auch aus der Führungsspitze der SPD — vom seinerzeitigen SPD-Vorsitzenden Rudolf Scharping, vom neuen SPD-Vorsitzenden Lafontaine und vom niedersächsischen Ministerpräsidenten Gerhard Schröder — öffentliche Äußerungen, die davor warnten, die Stabilität der DM für eine möglicherweise weniger stabile Euro-Währung zu opfern (wofür sie zum Teil empörte Kommentare in den Medien ernteten). Auf ihrem Gipfeltreffen in Madrid im Dezember 1995 haben sich die EU-Regierungschefs mittlerweile mindestens auf einen Namen für die geplante europäische Währung geeinigt: "Euro" soll die Währungseinheit heißen. Allein dieser Beschluß wurde schon als großer Erfolg gewertet, wobei die sonstigen mit der EWU zusammenhängenden Probleme gar nicht erst diskutiert wurden. In den darauf folgenden Wochen verging allerdings fast kein Tag, an dem das Thema Euro-Geld nicht für politische Diskussionen, Schlagzeilen und Kommentare in den Medien gesorgt hätte. Die Diskussion um die EWU wird sicherlich noch Jahre weitergehen und vermutlich an Heftigkeit zunehmen. Damit ist die Intention der Strategen von Maastricht, die Währungsunion möglichst stillschweigend und hinter den Kulissen einer breiten öffentlichen Diskussion über die Bühne zu ziehen, erst einmal gründlich gescheitert.

8.3.2.2 Auf dem Weg zu einer Europäischen Zentralbank

Um die Diskussionen besser verstehen und vielleicht auch mitgestalten zu können, wollen wir uns anhand einiger Modelle näher mit den Voraussetzungen und Konsequenzen einer Europäischen Währungsunion auseinandersetzen. Die Grundlagen dafür haben wir uns bereits in anderen Zusammenhängen erarbeitet, so daß wir uns schnell auf die wesentlichen Punkte konzentrieren können. *Abb. 112a* stellt noch einmal die denkbar einfachste Ausgangssituation dar — mit zwei Ländern, zwei Zentralbanken, der gleichen Produktivität und zwei unterschiedlichen Währungen. Die Währungseinheiten sollen auch so gestückelt sein, daß sie jeweils dem gleichen Stück Sozialprodukt entsprechen. Dadurch würde sich am Devisenmarkt ein Wechselkurs von 1:1 ergeben (um den die kurzfristigen und zufälligen Schwankungen pendeln würden).

Wenn nun Land B eine andere Stückelung seiner Währungseinheit vornimmt derart, daß man für ein Stück Sozialprodukt vier Währungseinheiten hinblättern muß, ändert sich an den realen Verhältnissen dadurch überhaupt nichts, sondern nur am Geldausdruck und am Zahlenausdruck des Wechselkurses, der entsprechend 1:4 betragen würde *(Abb. 112b)*. Würden für ein Stück Sozialprodukt gar 100 Geldeinheiten geschaffen, dann wäre das Verhältnis 1:100. Ein solcher Wechselkurs würde nicht etwa ausdrücken, daß die Produktivität des Landes B nur ein Zehntel oder ein Hundertstel von Land A betragen würde, sondern es wäre

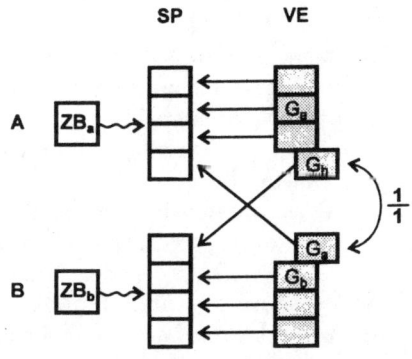

Abb. 112a: Zwei Länder mit gleicher Produktivität und einem Wechselkurs von 1 : 1.

nichts anderes als die Folge einer anderen Stückelung der Geldeinheit.

Nehmen wir nun an, es komme zu einer Währungsunion und damit zur Schaffung einer einheitlichen europäischen Währung für die bisher getrennten Währungsgebiete, und nehmen wir auch an, die Stückelung würde sich orientieren an der bisherigen Währungseinheit G_a. Die bisherigen nationalen Zentralbanken verlieren damit ihre Funktion, und an deren Stelle tritt eine Europäische Zentralbank EZB, die beide in einer Währungsunion vereinigten Länder mit dem gleichen Zahlungsmittel G_e, einer europäischen Währungseinheit dem "Euro", versorgt. Die vorher nationalen Währungen würden damit ihre Funktion verlieren und aus dem Verkehr gezogen und jeweils umgetauscht in die neue einheitliche Währung. In unserem Beispiel ergäben sich Umtauschverhältnisse wie in *Abb. 112c* dargestellt.

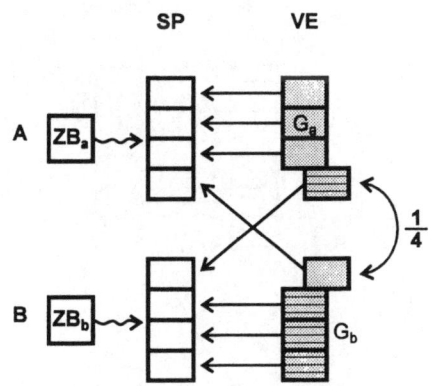

Abb. 112b: Unterschiedliche Stückelung der Währungen und Auswirkung auf den Wechselkurs.

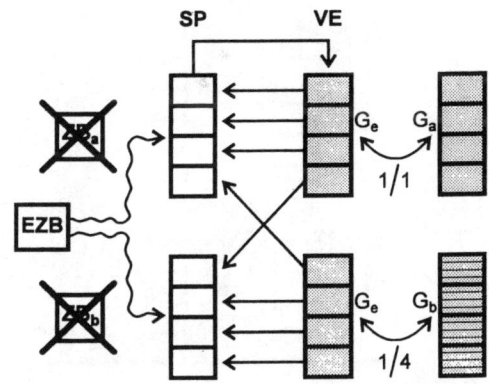

Abb. 112c: Schaffung einer Europäischen Zentralbank (EZB) und Umtausch in Euro-Geld (G_e).

8.3.2.3 Auswirkungen ungleicher Entwicklung innerhalb einer Währungsunion

Bis hierher handelt es sich um rein technische Probleme der Währungsumstellung, die ohne weiteres lösbar sind. Eine solche Umstellung hätte natürlich auch psychologische Aspekte: Der Identifizierung mit der Währung des eigenen Landes (etwa der D-Mark) würde die Grundlage entzogen, und allein das würde etlichen Menschen schon Schwierigkeiten bereiten. Aber davon soll hier nicht in erster Linie die Rede sein. Die Frage soll vielmehr sein, welche Wirkungen im Rahmen einer Währungsunion auftreten, wenn sich die Produktivitäten in den einzelnen Ländern ungleich entwickeln und sich diese Entwicklungen nicht mehr Ausdruck verleihen können in Veränderungen des Wechselkurses — und damit auch keine Schutzhülle des Wechselkurses über dem weniger produktiven Land mehr besteht *(Abb. 112d)*.

Die schwächeren Länder kommen unter die Räder

Es würde tendenziell genau die Wirkung eintreten, die wir schon am Beispiel der deutsch-deutschen Währungsunion diskutiert hatten: Das weniger produktive oder in seiner Produktivitätsentwicklung langsamere Land würde nun ohne die Schutzhülle des Wechselkurses voll der Konkurrenz innerhalb der Währungsunion ausgesetzt, in unserem Beispiel der Konkurrenz durch Land A. Sowohl die Inlandsnachfrage in Land B als auch die bisherige Auslandsnachfrage würden drastische Einbrüche erleiden, und die Produktionsstruktur des rückständigen Landes B würde in weiten Bereichen zusammenbrechen. Im anderen Land A gäbe es inflationäre Tendenzen, denen allerdings die europäische Zentralbank mit restriktiver Politik begegnen könnte (von der allerdings auch Land B getroffen würde). Die Zusammenbrüche der Unternehmen im Land B würden nicht nur die Arbeitslosigkeit ansteigen lassen, sondern auch zu einer entsprechenden Verminderung des dortigen Volkseinkommens und zu einer Verschärfung der sozialen Krise führen *(Abb. 112e)*.

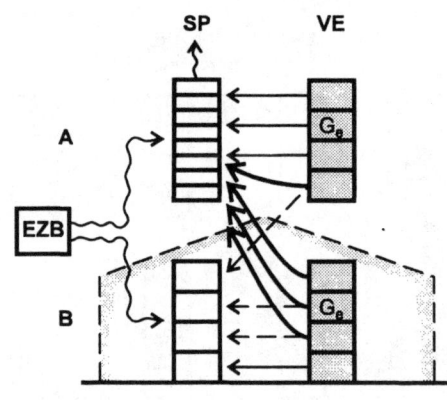 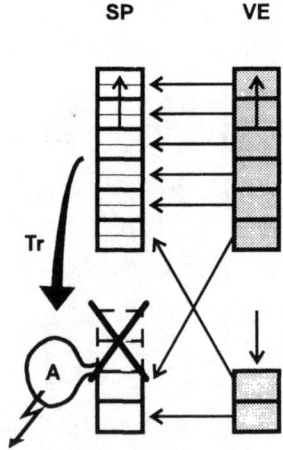

Abb. 112d: Die Europäische Währungsunion entzieht den schwächeren Ländern den Schutz des Wechselkurses.

Abb. 112e: Zusammenbruch der Produktion in Südeuropa und wachsende Transferzahlungen in Richtung Süden.

Verstärkte Transferzahlungen nach Südeuropa

Wenn wir uns konkret vorstellen, daß die produktivitätsmäßig überlegenen Länder Deutschland, Frankreich, die Beneluxländer, Österreich und Dänemark sich in einer Europäischen Währungsunion mit dem weniger produktiven und in ihrer Entwicklung langsameren Länder wie Spanien, Portugal, Italien und Griechenland befinden, so ist zu erwarten, daß es in den südlichen Ländern zu einem massiven Einbruch der Produktionsstrukturen kommen wird. Um die schlimmsten Folgen davon aufzufangen, wären Unsummen von Transferzahlungen von Mitteleuropa nach Südeuropa erforderlich — und dies zusätzlich zu den innerdeutschen Transferzahlungen von West nach Ost, und zu den Unterstützungen der Reformprozesse und des Aufbaus in den Ländern des ehemaligen Ostblocks.

Europäische Ernüchterung und Gefahr wachsender Nationalismen

Wenn schon jetzt die Bereitschaft in bezug auf die innerdeutschen Transferzahlungen bei weiten Teilen der westdeutschen Bevölkerung auf Grenzen stößt, ist gar nicht auszudenken, welche Widerstände sich ergeben würden, wenn Deutschland auch noch wesentliche Teile der Transferzahlungen innerhalb eines vereinigten Europa übernehmen sollte, zugunsten etwa der südlichen Länder. Es ist zu befürchten, daß dann, wenn diese Rechnungen (in Form weiterer Steuererhöhungen und Haushaltskürzungen) präsentiert und spürbar werden, die Begeisterung für ein vereinigtes Europa und eine einheitliche europäische Währung sehr schnell nachlassen und ins Gegenteil umschlagen würden — und daß dann tatsächlich politische Strömungen immer mehr Zulauf gewinnen, die die wachsende Ausländerfeindlichkeit für ihre nationalistische Politik kanalisieren.

Die andere Alternative wäre, daß die südlichen Länder mit ihrer sich verschärfenden ökonomischen und sozialen Krise von den ökonomisch stärkeren Ländern Mitteleuropas allein gelassen werden. Daraus könnten starke Wanderungsbewegungen von Arbeit suchenden Menschen in Richtung Mitteleuropa entstehen, ohne daß sich hier hinreichend Beschäftigungsmöglichkeiten bieten werden. Da in einem vereinigten Europa oder auch jetzt schon im Rahmen des europäischen Binnenmarktes keine Beschränkungen für innereuropäische Bewegungen von Menschen und Kapital bestehen, könnten derartige Zuwanderungen auch nicht mit Einreisebeschränkungen oder verschärftem Asylrecht aufgehalten werden. Es ist zu befürchten, daß unter solchen Bedingungen eine zunehmende Feindlichkeit oder gar ein Haß gegen "Südländer" entsteht und — insbesondere in Deutschland — an alten Vorurteilen angeknüpft wird und neue aufgebaut werden.

Selbst wenn es sich um ein politisch vereinigtes Europa handeln wird und die "Südländer" insofern keine Ausländer mehr wären, schützt eine nur politische Vereinigung nicht vor dem Aufbrechen nationalistischer oder ethnischer Konflikte, wie dies am Zerfall Jugoslawiens und der Sowjetunion überdeutlich wird. Derartige Konflikte brechen insbesondere dann auf, wenn sich die ökonomische Krise zuspitzt und eine ethnische Gruppe sich einen deutlich höheren Anteil am Gesamtprodukt gesichert hat als andere. Bezogen auf ein vereinigtes Europa hieße das: In den benachteiligten Regionen insbesondere des Südens würden sich sehr bald Pulverfässer von Nationalismus und Extremismus aufbauen, die den Traum vom vereinigten Europa schnell zerstören und in europafeindliche Tendenzen umschlagen können.

Verstärkte Kapitalbewegungen nach Südeuropa und soziale Demontage

Die dritte Alternative wäre die, anstelle der in den strukturschwachen Regionen zusammengebrochenen und zusammenbrechenden Produktionsstrukturen neue aufzubauen, mit Hilfe des dorthin fließenden Kapitals aus Mitteleuropa. Diese Alternative schwebt vielleicht auch den Architekten von Maastricht vor: freie Bahn innerhalb Europas für die Kapitalbewegungen, und das heißt auch für die Suche nach besseren Verwertungsmöglichkeiten, insbesondere unter Ausnutzung des niedrigen Lohnniveaus und der insgesamt billigeren Standortbedingungen (z.B. auch geringerer Umweltauflagen) in den weniger produktiven Ländern.

Die zunehmende Verlagerung der Produktion bzw. bestimmter arbeitsintensiver Teile davon in diese Regionen wäre gleichzeitig ein Mittel des Kapitals, um die Löhne und sozialen Sicherungen in Mitteleuropa herabzudrücken und auf diese Weise auch dort die Arbeitskraft zu verbilligen. Und die Gewerkschaften, die jahrzehntelang um die sozialen Sicherungen gekämpft haben, ständen unter diesen Bedingungen immer mehr mit dem Rücken zur Wand und in der Defensive — weil das Kapital im Ernstfall in den billigen Süden abwandern kann. Allein schon die Androhung solcher Möglichkeiten würde die Gewerkschaften in der Durchsetzung ihrer Positionen schwächen. Die gleiche Tendenz wird sich im Umweltbereich durchsetzen, wo die Umweltauflagen, wie sie z.B. in Deutschland bereits gesetzlich verankert sind, immer mehr unter Druck geraten dürften. Eine Europäische Währungsunion würde demnach dem großen Kapital zwar neue Verwertungsmöglichkeiten erschließen, gleichzeitig aber eine soziale Demontage und eine Demontage der Umweltstandards auch in den Ländern Mitteleuropas nach sich ziehen. In diese Richtung dürfte der Zug vermutlich fahren.

Es ist sicher auch kein Zufall, daß in Maastricht zwar eine Europäische Währungsunion beschlossen wurde, daß aber der Vorschlag für eine gleichzeitige Europäische Sozialunion, das heißt eine Angleichung in den Bedingungen der sozialen Sicherung, der Sozialpolitik und des Tarifrechtes auf dem schon erreichten Niveau Mitteleuropas abgelehnt wurde. Der schwarze Peter in dieser Frage konnte zwar Großbritannien zugeschoben werden, das sein Veto gegen eine Europäische Sozialunion einlegte, aber die anderen Regierungen Mitteleuropas dürften über dieses Veto durchaus nicht unglücklich gewesen sein. Und auch eine Europäische "Umweltunion" kam nicht zustande. Das bedeutet, daß keinerlei Sicherungen gegen eine soziale und ökologische Demontage in der geplanten Wirtschafts- und Währungsunion eingebaut sind.

Mit dem Vertrag von Maastricht ging es also wohl gar nicht in erster Linie um die Verwirklichung des Traums vom vereinigten Europa, sondern um möglichst freie Bahn für das europäische Großkapital — sicherlich in der Absicht, im Kampf um die Weltmarktanteile besser gegen die USA und Japan gerüstet zu sein. Aber wenn es wirklich zu einer Europäischen Währungsunion kommen sollte, würde Europa dadurch einer harten Belastungsprobe ausgesetzt, bei der es schnell in einzelne nationalistische Splitter auseinanderbrechen könnte.

Gerade aus dem Gedanken und dem tief empfundenen Wunsch nach einem friedlichen Miteinander und Nebeneinander der Völker Europas scheint es mir dringend geboten, die geplante Europäische Währungsunion noch einmal gründlich zu überdenken — und lieber den Zug zu stoppen oder ihm eine andere Richtung zu geben, als ihn in Richtung einer tiefen sozialen, ökologischen und politischen Krise innerhalb Europas weiterfahren zu lassen.

8.3.2.4 Hindernisse auf dem Weg zum "Euro"

Die Hindernisse auf dem Weg zu einer Europäischen Währungsunion werden in jüngster Zeit immer unübersehbarer. Angesichts der Tatsache, daß Ende 1995 nur noch Luxemburg alle Kriterien des Maastricht-Vertrags erfüllt, wird zunehmend die Frage diskutiert, mit welchen Ländern die Währungsunion 1999 überhaupt gestartet werden könnte — oder ob nicht doch mindestens eine Verschiebung ihres Beginns notwendig werden wird. Um vor allem die Inflationsrate, die Staatsverschuldung und das Haushaltsdefizit unter das zulässige Höchstmaß zu drücken, sind mehr oder weniger drastische Einschnitte erforderlich, die den Gestaltungsspielraum von Politik immer mehr einengen.

Am Streit um die notwendige Sanierung des Staatshaushalts ist zum Beispiel in Österreich im Oktober 1995 die große Koalition aus der konservativen ÖVP und der sozialdemokratischen SPÖ auseinander gebrochen und wurden Neuwahlen erforderlich. Die von der ÖVP geforderten Sparmaßnahmen vor allem im sozialen Bereich gingen der SPÖ zu weit, und die von der SPÖ vorgeschlagenen Steuererhöhungen gingen der ÖVP zu weit. Die Neuwahlen im Dezember 95 brachten zwar nicht die befürchtete Stärkung der rechtspopulistischen FPÖ um Jörg Haider, sondern eine Stärkung der SPÖ. Aber wie die Haushaltskrise von einer neuen Regierung auf sozial- und umweltverträgliche Weise gelöst werden soll, ist unklar.

In Deutschland tat sich mit einem Mal ein unerwartetes Haushaltsloch von 20 Mrd. DM auf, das mit weiteren Kürzungen im Sozialbereich und mit dem "Versilbern" von Bundesvermögen nur notdürftig gestopft wurde — bisher noch ohne größeren politischen Widerstand. Bezogen auf die Länder und Gemeinden überschlagen sich die Meldungen über die dramatische Zuspitzung der jeweiligen Haushaltssituation und über die schon eingeleiteten und noch bevorstehenden Sparmaßnahmen. Die offiziellen Zahlen über die Massenarbeitslosigkeit werden immer alamierender. Mit über 4 Millionen registrierten Arbeitslosen Ende Januar 1996 wurde ein neuer Höchststand in der Nachkriegszeit erreicht.

In Frankreich sah sich die Regierung Juppé gezwungen, ein drakonisches Sparprogramm zum Abbau eines riesigen Defizits von umgerechnet rund 80 Mrd. DM in der Sozialversicherung zu beschließen. Die Gewerkschaften reagierten darauf mit der heftigsten Streikwelle, die Frankreich seit 1968 erlebt hat — und die weite Bereiche des öffentlichen Verkehrs und des öffentlichen Lebens lahmlegte. Trotz der sich ausweitenden und drei Wochen andauernden Protestbewegung will die Regierung an ihrem Sparprogramm festhalten, weil sich ohne dieses Programm die Stabilitätskriterien des Maastricht-Vertrages für Frankreich nicht erfüllen ließen. Und eine Europäische Währungsunion ohne Frankreich erscheint für viele unvorstellbar.

Wenn aber schon Frankreich als eines der produktiveren Länder derartige Schwierigkeiten bei der Durchsetzung einer "Stabilitätspolitik" hat und auf dem Wege dorthin ein hohes Maß an sozialer Instabilität entsteht, wie sollen dann erst die weniger produktiven Länder die Erfüllung der Maastricht-Kriterien schaffen, von denen sie noch viel weiter entfernt sind als Frankreich? Schon auf dem Weg zur Europäischen Währungsunion zeigt sich, daß die Maastricht-Verträge auf viele europäische Länder wie eine Zuchtrute wirken, die vor allem gegen die sozial Schwachen geschwungen wird. Und selbst wenn sich noch einige Länder zu der geforderten währungspolitischen Disziplin bewegen lassen, um die Eintrittskriterien zu erfüllen, so bleibt doch völlig rätselhaft, wie die Einhaltung der entsprechenden Disziplin nach deren Beitritt längerfristig sichergestellt werden soll. Aber auch dafür sind bereits Pläne in der Diskussion, u.a. von Bundesfinanzminister Waigel, der einen "Stabilitätspakt" der späteren Mitgliedsländer fordert und damit diejenigen Länder zusätzlich finanziell bestrafen will, die nach ihrem Beitritt die Kriterien nicht mehr erfüllen. Als wäre es nur eine Frage des guten Willens oder der richtigen Einsicht, ob eine entsprechende "Stabilitätspolitik" gesellschaftlich durchgesetzt werden kann.

Was also bleibt in dieser angespannten Situation an Möglichkeiten? Die Sprunglatte für den Eintritt in die Europäische Währungsunion und für die Mitgliedschaft doch noch niedriger legen, damit sie von einer hinreichenden Zahl von Ländern auch wirklich übersprungen werden kann? Das hieße aber, daß der Euro letztendlich doch weniger stabil würde als bisher die DM. Da hilft auch kein beruhigender Hinweis darauf, daß die Europäische Zentralbank ihren Sitz in Frankfurt/Main, dem Sitz der Deutschen Bundesbank, haben wird. Als hinge die Güte der Geldpolitik von der geografischen Lage der Zentralbank ab! Oder soll die EWU 1999 nur mit wenigen Ländern starten, die bis dahin — wenn überhaupt — die Kriterien erfüllen? Und die anderen Länder erstmal draußen lassen? Wer weiß, ob sie den Beitritt dann überhaupt noch jemals schaffen. Wäre Europa dann nicht eher gespalten als vereinigt — in arm und reich? Oder sollte man den Beginn der Währungsunion hinausschieben, bis es mehr Länder werden? Oder vielleicht doch die Kriterien lockern? "Sabilität" oder "Einhaltung des Zeitplans" — was soll vorrang haben?

Angesichts der sich zuspitzenden Entwicklungen wird sich für immer mehr Menschen, vielleicht auch für immer mehr politische Parteien in den einzelnen Ländern, und vielleicht sogar für die eine oder andere Regierung die Frage stellen, warum eigentlich eine Europäische Währungsunion unbedingt sein muß — wenn schon der Weg dorthin mit derart vielen Problemen verbunden ist. Wenn die demokratischen Parteien der europäischen Länder dieses Thema nicht ernsthaft aufgreifen, die damit zusammenhängenden Probleme offen und sachlich diskutieren und konstruktive Lösungsvorschläge erarbeiten, besteht ein weiteres Mal die Gefahr, daß extremistische und nationalistische Bewegungen in das Vakuum einer geld- und währungspolitischen Blindheit hineinstoßen — und den wachsenden Unmut in der Bevölkerung in eine gefährliche Richtung kanalisieren.

Deutschland ist in diesem Jahrhundert aufgrund des geld- und währungspolitischen Versagens der demokratischen Parteien schon zweimal in soziale Katastrophen gestürzt, die den Boden für den Faschismus bereitet haben. Wenn sich eine ähnliche Entwicklung auf europäischer Ebene nicht wiederholen soll, gilt es, rechtzeitig die Augen zu öffnen gegenüber den fundamentalen Problemen, die mit Geld- und Währungsfragen zusammenhängen — insbesondere der Problematik des Zinssystems und der geplanten Europäischen Währungsunion. Den Nebel um das Geld, der sich bislang so weitreichend über die Gesellschaft ausgebreitet hat, gilt es mehr und mehr zu lichten.

Literatur

Burger, Julian (1991):
Die Wächter der Erde — vom Leben sterbender Völker, Gaia-Atlas,
rororo aktuell 12988, Reinbek bei Hamburg

Creutz, Helmut (1995):
Das Geldsyndrom — Wege zu einer krisenfreien Marktwirtschaft, Ullstein-Taschenbuch 35456
Frankfurt/Main, Berlin

Czada, Peter / Tolksdorf, Michael / Yenal, Alparslan (1988):
Internationale Währungsprobleme, Opladen

DeMeo, James (1991):
Entstehung und Ausbreitung des Patriarchats,
in emotion 10/1991, Volker Knapp-Diederichs Publikationen, Lubminer Pfad 20, 13503 Berlin

Der Dritte Weg — Zeitschrift für die Natürliche Wirtschaftsordnung
Redaktion: Erftstraße 57, 45219 Essen, Versand: Feldstr. 46, 20357 Hamburg

Deutsche Bundesbank (1989):
Die Deutsche Bundesbank — geldpolitsche Aufgaben und Instrumente,
Sonderdruck Nr. 7, Frankfurt/Main

Estermann, Thomas (1994):
Schuldenfreies Tauschgeld TALENT — Entwurf einer grundlegenden Geldreform, Zürich

Gesell, Silvio (1991):
Die Natürliche Wirtschaftsordnung, Gesammelte Werke Band 11, Gauke-Verlag, Lütjenburg

ders. (1992):
Gesammelte Werke Band 12, 1920 - 1921, Gauke-Verlag, Lütjenburg

Glötzl, Erhard:
Über die (In-)Stabilität unseres Geld- und Wirtschaftssystems aus der Sicht eines Technikers,
SBL, Gruberstr. 40-42, A-4010 Linz

Hausmann, Heinrich (1990):
Der Josephs-Pfennig, Fürth

Heinsohn, Gunnar (1984):
Privateigentum, Patriarchat, Geldwirtschaft. Eine sozialtheoretische Rekonstruktion der Antike,
Frankfurt/Main

Kennedy, Margrit (1993):
Geld ohne Zinsen und Inflation, Wilhelm Goldmann-Verlag, München

Maaz, Hans-Joachim (1990):
Gefühlsstau — Ein Psychogramm der DDR, Argon-Verlag, Berlin

Onken, Werner (1995):
Silvio Gesells kritische Distanz zum Rechtsextremismus in der Weimarer Republik,
in: Zeitschrift für Sozialökonomie, 106. Folge, September 1995, Gauke-Verlag Lütjenburg

Otani, Yoshito (1981):
Untergang eines Mythos, 2. Auflage, Arrow Verlag Gesima Vogel, Neu-Ulm

Reich, Wilhelm (1933):
Die Massenpsychologie des Faschismus, 3. erweiterte und korrigierte Auflage,
Verlag Kiepenheuer & Witsch, Köln / Berlin 1971

Senf, Bernd / Timmermann, Dieter (1971):
Denken in gesamtwirtschaftlichen Zusammenhängen, Band 2, Bonn-Bad Godesberg

Senf, Bernd (1978):
Politische Ökonomie des Kapitalismus, 2 Bände, Mehrwert 17/18, Berlin

ders. (1978):
Politische Ökonomie des Sozialismus, FHW Berlin

ders. (1979):
Weltmarkt und Entwicklungsländer, FHW Berlin

ders. (1980):
Kritik der marktwirtschaftlichen Ideologie, FHW Berlin

ders. (1981):
Konfliktverdrängung und Systemerstarrung,
in: emotion 3/1981, Volker Knapp-Diederichs Publikationen, Lubminer Pfad 20, 13503 Berlin

ders. (1996):
Die Wiederentdeckung des Lebendigen, Verlag Zweitausendeins, Frankfurt/Main

Waldert, Helmut (1995):
Geld frißt Welt, 8-teilige Sendereihe des ORF,
zu beziehen über den ORF, Argentinierstr. 30A, A-1041 Wien

Walker, Karl (1959):
Das Geld in der Geschichte, Rudolf Zitzmann Verlag, Lauf

Weitkamp. Hans (1993):
Das Hochmittelalter — ein Geschenk des Geldwesens, 3. Auflage,
HMZ-Verlag, CH - 3652 Hilterfingen

Zeitschrift für Sozialökonomie
Gauke-Verlag, Postfach 1320, 24319 Lütjenburg

Danksagung

Das vorliegende Buch ist entstanden vor dem Hintergrund meiner mehr als 25jährigen Lehrtätigkeit im Bereich Volkswirtschaftslehre. Es waren vor allem immer wieder die Studentinnen und Studenten meiner Kurse, die mich mit ihrer Diskussionsbereitschaft und ihren kritischen Fragen angeregt haben, die Darstellung der Zusammenhänge zu verbessern und zu vertiefen. Daß mich die Problematik von Währungskrisen seit langem interessiert hat, verdanke ich meinem Vater, der mir schon in meiner Jugend immer wieder eindrucksvoll von den verheerenden Auswirkungen der Inflation 1923 und der Deflation nach 1929 erzählt hatte, von denen er selbst unmittelbar betroffen war. Wie oft hat er den Wunsch ausgesprochen, daß meiner Generation ähnlich schlimme Erfahrungen erspart bleiben mögen.

Inwieweit Wirtschafts- und Währungskrisen in ihren tieferen Ursachen mit dem Zinssystem zusammenhängen, habe ich merkwürdigerweise weder in meinem Studium noch in den wirtschaftswissenschaftlichen Fachdiskussionen erfahren, und ich selbst habe die Bedeutung dieses Faktors lange Zeit übersehen. Die wesentlichen Denkanstöße hierzu verdanke ich einigen Menschen, die keine Fachökonomen sind, allen voran Margrit Kennedy und Helmut Creutz - und der Lektüre der Schriften von Silvio Gesell. Helmut Creutz hat mir überdies bei Durchsicht des Manuskripts noch einige wichtige Anregungen gegeben, die ich bei der Überarbeitung großenteils berücksichtigt habe. Sehr beflügelt hat mich der intensive Gedankenaustausch mit meinem Freund Hans Immler während der Abfassung des Manuskripts. Auch mein Freund Dieter Timmermann, mit dem zusammen ich schon Anfang der 70er Jahre die ersten Grundsteine für eine kritische Betrachtung und didaktische Vermittlung gesamtwirtschaftlicher und währungspolitischer Zusammenhänge gelegt habe, hat insoweit einen indirekten Anteil am Zustandekommen dieses Buches. Von der Fachhochschule für Wirtschaft Berlin bin ich mit einem Forschungssemester sowie mit technischer Unterstützung gefördert worden. Mein besonderer Dank gilt Ramona Pohl für die Textverarbeitung sowie José Agueras und Karsten Schomaker für die Erstellung der Grafiken und des Layouts.

Für die Überlassung der Nachdruckrechte für einige Abbildungen danke ich dem Ullstein Verlag, dem Globus Kartendienst, dem Handelsblatt Verlag und dem Berliner Tagesspiegel.

Daß das Rohmanuskript dieses Buches in nur drei Wochen unter südlicher Sonne auf den griechischen Inseln Paros und Karpathos entstehen konnte, betrachte ich als ein Geschenk des Himmels bzw. meiner inneren kreativen Quellen, mit denen ich mich in dieser Zeit zutiefst verbunden fühlte.

Berlin im Februar 1996   Prof. Dr. Bernd Senf

Verzeichnis der verwendeten Abkürzungen

A, B	Land A bzw. B	**Kr**	Kredit
A(Ex)	Angebot an Devisen in Abhängigkeit von Exporten	**Kr-A**	Kredit-Angebot
		Kr-N	Kredit- Nachfrage
A$_{st}$	Ausgaben des Staates	**L**	Lohnkosten
C	Konsum	**M**	Material- und Maschinenkosten
Defl.Gew.	Deflationsgewinn	**MR**	Mindestreserve
E	Einkommen	**N**	Nachfrage
Erl	Erlöse	**N(Im)**	Nachfrage nach Devisen in Abhängigkeit von Importen
EZB	Europäische Zentralbank		
F	Finanzierungskosten	**N$_{pr}$**	private Nachfrage
G.Kap.	Geldkapital	**N$_{st}$**	staatliche Nachfrage
G$_a$, G$_b$	Gutschein auf das Produkt a bzw. b, oder: Geld des Landes A bzw. B	**PU**	Produktionsunternehmen
		Rü	Rüstungsausgaben
G$_{ab}$	Universalgutschein auf die Produkte a und b	**S**	Sparen
GB	Geschäftsbank	**SE**	Sichteinlage
G$_e$	europäisches Geld (Euro)	**Soz**	Sozialausgaben
Gew.	Gewinn	**St**	Steuern
GV	Geldvermögen	**t**	Zeit
H	Horten	**t$_1$, t$_2$**	Zeitpunkt 1 bzw. 2
HH	Haushalte	**Tr**	Transferzahlungen
HU	Handelsunternehmen	**U**	Unternehmen
Infl.Gew.	Inflationsgewinn	**VE**	Volkseinkommen
IWRB	Internationale Währungsreservebank	**w**	Wechselkurs
		w	Gleichgewichtswechselkurs
K	Kosten	**We**	Wechsel
Kap.Ex	Kapital-Exporte	**ZB**	Zentralbank
Kap.Im	Kapital-Importe	**ZE**	(sichtbare) Zinserträge
Kap.M.	Kapitalmarkt	**ZL**	(unsichtbare) Zinslasten

Verzeichnis der verwendeten Symbole

△a □b	Ware a und Ware b mit unterschiedlichem Gebrauchswert
TM, Go, G	Tauschmittel, Gold, Geld mit abstraktem Tauschwert
TM	Tauschmittel mit konkretem Gebrauchswert
Go	Zerstörung des Wissens um den Gebrauchswert von Gold
SP / Gold	Sozialprodukt (Angebot) und Gold (bzw. Geld) als Quelle von Nachfrage (Pfeile)
SP / SP	inflationäre Aufblähung bzw. deflationäre Schrumpfung bei gleichbleibender Menge des Sozialprodukts
(Pfeile nach oben)	mengenmäßige Erhöhung des Sozialprodukts bzw. der Gold- oder Geldmenge
Geld → H	Horten von Geld
A	Arbeitskraft als Quelle der Wertschöpfung

A	Arbeitslosigkeit, freie Produktionskapazitäten
→ Im	Importe als Zustrom von Waren
← Im	Geldabfluß zur Bezahlung der Importe
← Ex	Exporte als Abstrom von Waren
→ Ex	Geldzufluß aus Exporterlösen
Zins	vom Zinssystem bewirkte Krisentendenzen
N, A, $\bar{p}$	Nachfrage (N), Angebot (A) und Gleichgewichtspreis ($\bar{p}$)
I, S, $\bar{z}$	Nachfrage nach Investitionskrediten (I) bzw. Angebot an Spargeldern (S) und Gleichgewichtszins ($\bar{z}$)
(Kreis mit Punkten)	gemeinschaftliche Produktions- und Lebensweise mit Selbstversorgung (Subsistenzwirtschaft)
(Wasserhahn)	Geldhahn, Geldschöpfung
(Wasserhahn mit Becken)	Geldzufluß bzw. Abfluß, Geldmenge (Wasser), Sozialprodukt (Beckengröße) und Preisniveau (Wasserspiegel)